福州三坊七巷歷史文化叢書

《闽谚声律启蒙》释读

卢美松　主编

福州市三坊七巷歷史文化研究會　编

海峡出版发行集团 THE STRAITS PUBLISHING & DISTRIBUTING GROUP | 福建教育出版社

图书在版编目（CIP）数据

《闽谚声律启蒙》释读/卢美松主编；福州市三坊七巷历史文化研究会编. 一福州：福建教育出版社，2024.12. 一(福州三坊七巷历史文化丛书). 一ISBN 978-7-5758-0219-2

Ⅰ. H177

中国国家版本馆 CIP 数据核字第 2024EL8238 号

福州三坊七巷历史文化丛书

《Minyan Shenglü Qimeng》Shi Du

《闽谚声律启蒙》释读

卢美松　主编

福州市三坊七巷历史文化研究会　编

出版发行	福建教育出版社 （福州市梦山路 27 号　邮编：350025　网址：www.fep.com.cn 编辑部电话：0591-83779650 发行部电话：0591-83721876　87115073　010-62024258）
出 版 人	江金辉
印　　刷	福州万达印刷有限公司 （福州市闽侯县荆溪镇徐家村 166-1 号厂房第三层　邮编：350101）
开　　本	787 毫米×1092 毫米　1/16
印　　张	37.5
字　　数	405 千字
插　　页	2
版　　次	2024 年 12 月第 1 版　2024 年 12 月第 1 次印刷
书　　号	ISBN 978-7-5758-0219-2
定　　价	118.00 元

如发现本书印装质量问题，请向本社出版科（电话：0591-83726019）调换。

目　录

凡　例

一、本书系根据陈天尺先生 1930 年代连载在《华报》副刊上的《闽谚声律启蒙》栏目文章进行整理编辑并加以注释而成。

二、本书在整理原文资料时遇有字迹模糊或发现誊抄讹误等情况，尽量通过内文自校或按声韵进行修订或补充，实在无法推定者则用“□”号表示。

三、文中带下划线符号（__）的字，意在表示俗读或借音。

四、《闽谚》初始发表时作《榕谚》，原文有八百多条，部分需要正音释义的字词、短句存在近似或重复者，按照“先出现，先释读，尽量不重复”的原则处理。对高频出现的字词，附表“高频字词读音及释义”，以供参阅。

五、本书“注释”中所注读音及释义均按该字词在文中具体语境下的音义而定，因而存在不同语境中相同的文意而有多个不同的读音或释义现象，请读者注意判别。

六、本书保留《闽谚》中的异体字，个别地方在注释中加以说明。

七、《闽谚》正文的编者录音可通过扫描附录的二维码收听。

前 言

卢美松

本书是对福建近代著名文史学者陈天尺为《华报·闽谚声律启蒙》专栏所作文章的汇集本进行语音辨识与字义诠释。因为他纯用福州方言口语表达民间谚语、熟语或书面成语，许多文字今人不常见也多不识，因而增加了阅读难度，为方便今人阅读，特就其音义作此辨释。古人云“诗无达诂”，何况民间口语谣谚，乃信口而出，久经流传，且转相传布，难免产生讹变与歧解。

陈天尺（1878－1944），原名尺山，字昊玉，号韵琴，福建长乐人，是晚清民国时期著名文史学者和中医家，博涉多能，又勤于笔耕，在文艺创作、方言民俗研究与中医诊疗方面都卓有建树，造诣深湛，尤多著述。其中陆续载诸报刊者如《闽谚声律启蒙》，原题作《榕谚声律启蒙》，于1930年代连载于《华报》，前后历经七年，内容近九百条，涵盖当时福州地区市井及乡村民众生活的诸多方面，这些民谚仿照《声律启蒙》格式进行编排，蔚成大观，为我闽方言研究之独具创格者。此外其戏曲、小说作品在晚清民国的戏曲小说史上也占有一定地位；其学术著作对福建俗文化史研究有重要贡献。

陈天尺长期醉心于家乡民风民俗的采集与研究，凭借他广博的知识和熟悉的福州方言，对这些民俗和谣谚进行深入研究并整理加工，创作成音韵叶调、语意诙谐的文学作品。他善记善述，集腋成裘，实是常人难以企及的成就。细读他的作品不难发现，作者对所搜集的民间谣谚熟语经过加工提炼，形成独创的对句偶文，连缀成篇，夹叙一些戏剧小说、民间故事。总之，民谚中凡可劝世风人者多有采录。可以想见，如此庞大的篇幅，丰赡的内容，生动的语言，没有对家乡风俗民情的洞悉，对传统文化的深厚涵养，是决然难以胜任的。陈天尺深入社会，对市井生活与民间人情世故通过考察体验，积累起如此巨量的口传和文字素材，终以生花妙笔呈现出生动而精彩的社会风情画面。

人们可以设想，陈天尺当时为采风记俗必定也如蒲松龄创作《聊斋志异》那样，为从市井、乡间采集语料，向农夫商贩讨教，与文友艺人切磋，征询掌故，记录遗闻。不同的是，陈先生不止于将道听途说的材料演绎成篇，而是经过熔炼加工，对社会百态都有生动刻画和形象描述。由此推知他也曾深入茶摊、澡堂、书场、戏院之中，向百姓采风问俗，对诸凡民间谣谚、俚语、熟话、俗讲，乃至街谈巷议的听闻，矜戾勃豀的恶言，市人斗嚣的浪语，还有戏台上的故事道白，法事中的科仪咒文进行加工整理。总之，诸凡社会众生相、民间机警语，亦庄亦谐，或雅或俗，无不搜罗，其采风之勤劬周全，令人惊叹。细读可见，文中既有来自古老传统的炯诫良规，高门士族的训诫箴言，也有市井调笑戏嘘之语、暴粗贬责之句，虽皆归为“谣谚”，实含警世励人之意。古人云“刍荛之言，圣人择焉”，正为此意。孔子称“礼失而求诸野”，闽谚中确有不少乡村之礼、市井之规，足资今人借鉴。陈先生规善导良之深心、金针度人之功德，令人铭感。

当然，陈天尺的文章不只是社会众生相和市井口头语的白描实录，而是下过一番采择、改制功夫的。他首先注意选取有积极意义的内容，取意其淑世价值：如劝学兴文、积德行善、忠孝节义、勤勇俭朴、禁奢汰侈、贬邪褒正。其所采编的谣谚，多数内容精炼，语言优美，富于文采，既有百姓生活经验的总结，也有传统文化智慧的结晶。为使民谚便于诵习、利于传播，先生取法清初学者车万育所编儿童《声律启蒙》，仿照其编排方式与音韵表达，按榕腔韵律著为长篇，使老少读者、雅俗观众皆能从阅读中受益。此书因为协韵，读来琅琅上口，闻者入耳入心。大凡熟悉福州方言者，均觉亲切隽永，体悟有味。先生于保存乡邦文化，传布几成绝响之地方俗谚，对于福州方言的延续传承实有再造之功。读其书，观其事，想见其为人，不免让人心生敬慕。

其实大量“闽谚”都是民间积淀传承的掌故熟语，许多已成为传统格言和成语，阅读有得，咀嚼有味，有益于世道人心，有补于世俗风化。因此，我们也学习古代民间采风的传统，对陈天尺的《闽谚声律启蒙》逐条进行汇集整理并作注释，以供读者或研究者赏析。由于这些民谚是属传统文化产物，虽然距今未久，但与时下观念意识或存隔膜，特别是其中某些理念与价值判断乃至文字表达尚存缺陷，因俗近鄙俚，言涉诙诡，故有不尽如人意处。如有的对子不工、音调未谐、例句粗俗、有失雅驯，这应是时代局限与社会风习使然，并非作者本意，编者为忠于原著，未作删节、纠正，望读者原宥。

闽谚中的大量“雅言”，多源于先儒经典和先哲名言，天尺先生国学修养深厚，自可信手拈来；更因谚语采自民间，凭借素材加工而成，乡人益觉亲切可人。一部近九百条声韵集，万余节语词，所涉内容既广，又有“声律”可循，好读易记，足见作者的覃思和匠心。“闽谚”书成非仅可资诵读、赏阅，亦可选编为舞台短剧或艺术表演，以助传播传承。

就本书而言，字数庞大，不啻福州方言宝库；又因长期冷落，识者渐寡，若不及时抢救整理、起衰振微，恐将难以为继，终致消亡。我等因情怀所系，唯使命所驱，故勉力而为，不逮或失误之处望读者谅解、方家匡正。

附表

高频字词读音及释义

又【边孤7】：又，再
仈【日东5】：“人”的白读音
們【蒙光3】：“问”的白读音
飠【时鸡8】：“食”的白读音
僨【蒙西7】：不能
飛【边杯1】：“飞”的白读音
呆【语开5】：坏
乞【气须4】：给
僾【他声3】：疼爱
务【莺孤7】：有
毛【蒙歌5】：无，没
儕【莺西5】：会、能够
伓【莺宾1】：不
掏【低歌5】：拿
拍【波山4】：打
拿【日鸡8】：搦，抓住
濺【曾声2】：味淡
鹹、峸【求灯5】：高

戇【语釭 7】：傻

嫔【非沟 5】：指风骚

胶、骹【气嘉 1】：脚

轉厝【低光 2】【出过 3】：回家

在伊【曾开 7】【莺之 1】：任凭他（她）

在汝【曾开 7】【日须 2】：任凭你

目周（睭）【蒙东 8】【曾秋 1】：眼睛

陶代【低歌 5】【低开 7】：道士

盲、冥【蒙山 5】：夜晚

朘脬【波嘉 1】：阴囊

徕【柳之 5】：“来”的白读音

侕【时嘉 7】：多

○○一

濺[①]對鹹，酸對澀，甜湯對滷汁。餓頓對熬眠，過年對做節。咩咩聲[②]，嘔嘔色[③]，身題[④]對口德。大面像釜蟳，毛胶企砥蝨。在伊嫖嚗[⑤]耳真蕪[⑥]，乞汝卡撩[⑦]心僣恻[⑧]。內手丈故差七八丈，攔轎遞呈；當心鎚乞擂二三鎚，傾盆吐血。

注释：

①濺【曾声 2】：饕，口味淡。

②咩咩聲：轻声絮语。

③嘔嘔色：颜色陈旧，暗淡。

④身【时宾 1】题【他西 5】：体态或形象。

⑤嫖嚗【边歌 4】：爆粗骂人。

⑥蕪【莺孤 5】：指重听或装聋。

⑦卡撩：此指作弄人。

⑧恻：指生气翻脸。

○○二

葷對燉[①]，窄[②]對滂[③]，摔碗對補缸。停停對搭搭，碰碰對扛扛。半路孝[④]，雙門喪[⑤]，過㮑對圍莊[⑥]。討嫫看細舅，養仔拍我孫。㩉[⑦]魚㩉蝦做受怪，變豬變犬來報恩。郎中掏斧頭，那開一帖關門藥；陶代收花彩，先儉三箭[⑧]起馬煙。

注释：

①燉：上火。

②窄：指简约。

③滂【波缸 1】：指宽绰。

④半路孝：守孝期间又遇丧事。

⑤雙門喪：姻亲同门均逢丧事。

⑥過槅、圍莊：皆牌桌上的行话。

⑦捫：摸。

⑧箭【低东 5】：筒，指抽烟的量词。

〇〇三

接對盤，纏對捲，半斤對八兩。黨[①]蒂對生根，跛梢對擒本[②]。達達嗤[③]，卑卑響[④]，原差對保長。上床撲腹臍[⑤]，轉厝拍巴掌。拿着回回戴網巾，教伊鎮鎮做米管。輕輕仔富[⑥]戴糠帽[⑦]，膽大心粗；環環地轉[⑧]掏蒲團，胶酸手軟。

注释：

①黨【低缸 2】：指断。

②跛梢【时郊 1】、擒本：皆指捞回本钱。

③達達嗤：烧水初开声。

④卑卑響：哨子或哨声。

⑤撲腹臍：覆在肚脐上。

⑥輕輕仔富：稍微富裕。

⑦糠帽：瓜皮帽。

⑧環環地轉：晕头转向。

〇〇四

炊對切，泡對熬，鈹打對銃皋[①]。爬山對挖嶺，跳井對投河。寬寬板，樸樸袍[②]，拍獺[③]對鬱駝[④]。不打不相識，無休無奈何。咬伊股穿又嫌臭，做拉膠手價剝毛。人情抵酒樽，半碗半匙，障請呢客[5]；衣食羈裙帶，一針一線，價瞞的婆。

注释：

①銃皋【求歌 5】：喻落入圈套。

②樸樸袍：敲牛角的拟声词。

③拍獺【他奇 4】：一霎时。

④鬱【莺春 4】駝：受憋无出路。

⑤障請呢客：怎么能用来请客。

○○五

扯對擒，攔對奪，捷勞[1]對刻薄。變馬對偷雞，牽猴對養鶴。四胶爬，三腹攧[2]，離胡[3]對剝落[4]。年佬仏糊塗，財破心安樂。嘴脾故紅猴股穿，目周野像犬令核。含顛不遂，碰着先生就看命，單叮單[5]；受怪可憐，我做保長真隙虧[6]，朴吓朴[7]。

注释：

①捷勞：勤快。

②三腹攧：突然间。

③離胡：离谱。

④剝落：破落。

⑤單叮單：指职业市声。

⑥隙虧：疲惫、辛苦。

⑦朴吓朴：指职业市声。

〇〇六

交對換，欿[①]對嘗，去厝對回門。抽筋對截脈，通氣對走陽。破地獄，上天堂，鞋獺[②]對褲豚[③]。身葬螃蟹穴，面覷麒麟牆。牛能[④]看淡[⑤]水豆腐，羊屎那漢[⑥]烏梅丸。柏蟹[⑦]生的呆，一壑一坵田，麻面；竹[⑧]雞倯毛快[⑨]，三頓三腹屎，直腸。

注释：

①欿【出之 3】：指试味。

②鞋獺：拖鞋。

③褲豚：短裤。

④牛能：牛奶。

⑤淡【低山 7】：指错。

⑥那漢：还以为。

⑦柏蟹：八字眉。

⑧竹【低须 4】：指填食。

⑨倯毛快：吃不够爽快或不够饱。

〇〇七

刷對糊，漿對洗，投標對收買。钂譜[①]對鬮書[②]，箔儀對葷禮。渾不拘[③]，死毛解，猴酬[④]對鵝晲[⑤]。皮厚伓驚仏，能[⑥]大就是奶[⑦]。快看新人落竈前，伓管依奶納鞋底。巴結都僨上，山豬碰着人家棒；亞贈以之中[⑧]，老鼠爬裡牛肞脾。

注释：

①籤譜：庙中签辞。

②鬮書：契约。

③渾不拘：什么都不限。

④猴酬：计较没完。

⑤鵜睨：妒忌。

⑥能：指乳房。

⑦奶：指母亲。

⑧亞【莺西 5】贈【曾开 3】以之中：怎会如此正好中的。

〇〇八

煩對悶，歇對恂[1]，毛祖[2]對不宗[3]。瓦楹[4]對廊斗，牆帽對門封。豬頭瘴[5]，鵝掌瘋，的搭對另掄[6]。手指務長短，腹老儨流通[7]。六月風颱生九仔，一年遇閏看两春。樓頂點火樓下紅，五更八早做猴戲；牀頭冤家牀尾好，三腹一時[8]上馬風。

注释：

①恂【时春 1】：温顺。

②毛祖：没规矩。

③不宗：作孽。

④瓦楹【莺山 5】：木屋顶托瓦片的构件。

⑤豬頭瘴：腮腺炎。

⑥另掄：摇摆晃动。

⑦腹老儨流通：喻头脑不开窍。

⑧三腹一時：忽然间。

○○九

煉對燒，燃[1]對鑄，過文[2]對鬥課。胶綁[3]对腰刀，肚爿[4]對肩布。佬不修，胡之註，新章對奇貨。膽大跳過牆，運衰捫裹墓。受罪僻受莫奈何，做情[5]着做務的過。拳頭拔出節，鼻督督，敢量汝通場；螺手氣剝煙，嘴歪歪，多謝伊一厝。

注释：

①燃：烊，固体熔化。

②過文：走过场。

③胶綁：暗绑在腿上的小刀。

④肚爿：肚兜。

⑤做情：做表面人情。

○一○

嘮對嘪[1]，哈對呵[2]，閒屐對佡槽[3]。糊驢對濫鹿[4]，吞鶴[5]對唊鵝[6]。班班姐[7]，像像婆[8]，少體對多勞。炒米花生拌，切麵豆腐捞。笊篱漉泔[9]渣渣漏，硋鼎煮屎慢慢烤[10]。頭靠門墊野於[11]，夾蚤蕩落破綿絮；面掏尿缸去照，老鼠跳上添枰羅[12]。

注释：

①嘮【柳初 5】、嘪【求欢 7】：皆暴怒骂人。

②哈【非嘉 3】、呵【莺歌 5】：皆应付的应答语。

③閒屐【气奇 8】、佡槽【时歌 5】：皆指闲言碎语。

④糊驢、滥鹿：皆指马虎应付。

⑤吞鹤：很痛快。

⑥唊鹅：不顺畅。

⑦班班姐：扭捏的小姑娘。

⑧像像婆：蹒跚的老妇人。

⑨泔【莺山 2】：指米汤。

⑩硋鼎煮屎慢慢烤【气歌 5】：民间偏方的做法。

⑪於：指舒畅。

⑫老鼠跳上添枰羅：歇后语“自秤”。喻自我夸耀。

〇一一

格對量，添對湊，饑荒對械鬥。怨命對破財，起遷[1]對上吊。七轉灣，三折透，忌辰對生肖。京鼓知都打，喇叭懿獨哮[2]。關公面睥[3]紅丹丹，孔子令脬紋縐縐。頭頂中放茶罐[4]，鷺鰗碰著獺犯沖；棺材裡打算盤，豬㹈拍倒粩[5]照扣。

注释：

①起遷：起棺迁葬。

②知都打、懿獨哮：皆吹奏乐器声。

③面睥：脸颊。

④頭頂中放茶罐：喻头顶生烟，气急冒火。

⑤粩【波春 1】：泔水。

〇一二

除對撤，碌[1]對沉，伓副[2]對毛閑。保支[3]對看當[4]，在見[5]對承行[6]。桶盤面[7]，布袋能[8]，刀柄對磨層。符[9]鼻符鼻腦，剃頭剃頭爿。好馬伓飡回頭草，自水僨流別仈田。菩蠅叫拉姨[⑩]，单身哥讨亲自家主意；凤凰不如我，赌钱鬼借债明旦就填[⑪]。

注释：

①碌【柳春 4】：指滑落。

②伓副：来不及。

③保支：担保人。

④看當：估值者。

⑤在見：在场见证。

⑥承行：买卖的中间人。

⑦桶盤面：面大如盘。

⑧布袋能：乳垂如袋。

⑨符：糊，糊贴。

⑩菩蠅叫拉姨：喻把苍蝇当自家亲人。

⑪填：归还。

〇一三

利對鈍，躪對糙，認真對看破。捏緊對放鬆，思豪[①]對駁燥[②]。犬皮膏，雞毛報，翻搜對纏到。尿壺使篾箍，門塾是柴做。三步並作兩步行，只[③]手掏來許[④]手去。令脝毛汝房[⑤]，腂手毛汝上[⑥]，籠臂掏的鹹；皮袍拈去洗，嘴鬏拈去烘，行頭靠[⑦]一套。

注释：

①思豪：舒服。

②駁燥：烦躁。

③只：这。

④許：那。

⑤房【边舂5】：指吹（骂人话）。

⑥上：指舐（骂人话）。

⑦靠【气歌3】：指损失。

〇一四

尋對討，乞對干①，拿溜對叫更。草包對花獵②，火駁③對冰頒④。菩毒述⑤，蕪圖縵⑥，竅能⑦對灣胼⑧。三千年結子，十八省透番⑨。銀錢難買外家路，風水都着別伙山。老闆嫂行時伙，比街中馬肉故罣⑩幾十倍；諸娘仔賠錢貨，是廟裡豬頭務主伓使爭。

注释：

①干【求山1】：迫使。

②花獵：花哨、灵巧。

③火駁：暴脾气。

④冰頒：走路左摇右摆。

⑤菩毒述：打寒噤。

⑥蕪圖縵：耍赖。

⑦竅能【日灯1】：乳房上挺。

⑧灣胼：驼背。

⑨十八省透番：指全国各地。

⑩罣【莺花3】：指畅销。

〇一五

撤對搬，攔對托，光祥對暗暝。幫旺對解衰，買褒[①]對學懊[②]。別仈樓，依奶閣，勸鑾[③]對聽嚗[④]。那做皮面光，故篆[⑤]骨頭乇。乞食伓過爛柴橋，矮爺[⑥]僯爬橫頭棹。膘手驚踮坎肥[⑦]，剩干伊[⑧]老鼠彈琴；胶仔亞插股穿，毛管汝惡牛損索。

注释：

①買褒：哄，讲好话。

②學懊【莺歌4】：学乖巧。

③勸鑾：劝架。

④聽嚗：招挨骂。

⑤故篆【低光7】：还剩下。

⑥矮爺：指下界爷。

⑦坎【气山2】肥【日灯3】：头上囟门。

⑧剩干伊：强迫他。

〇一六

梭對繡，補對痕[①]，破爛對囫圇。簡妝[②]對高照[③]，宜桶對困牀。乞食廠，觀音堂，削痛對驚灴[④]。矮爺食神紬，塌骨[⑤]銜檳榔。師爺搬厝拍蕩媄[⑥]，漁子撐船來討郎。買膏藥看小弟招牌，百發百中；做文章像親母胶帶，又臭又長。

注释：

①痕：指大针脚缝搭。

②簡妝：简易妆奁。

③高照：传统民俗中仪仗用的大灯笼。

④炡【求缸 5】：烫。

⑤塌骨：竹制骨架神像。

⑥拍蕩媄【蒙过 2】：丢了老婆。

〇一七

詐對貪，奸對狡，居奇對取巧。浮面[①]對過肩，破頭對制肘。五毒神[②]，三花丑，幾乎對完了。伲仔解心焦，呆伙假膽小。做花莫做夾竹桃，栽樸伓栽垂楊柳。荔支對葯，奶頭親，媽頭親，不如外家親；西瓜黨藤，兩代表，三代表，就去伊奶表。

注释：

①浮面：社会上有头面的人。

②五毒神：福州五帝神话。

〇一八

兜對攬，剔對抽，羊嚼對貓哮。火狂[①]對金硬[②]，草寫對花銷。胶毛段[③]，腹老歐[④]，拖穗对戰锹。目周光耀耀[⑤]，嘴舌苦雕雕[⑥]。蛇落竹箭節節難[⑦]，馬過柴橋步步敲。爭氣不爭財，傖傖價飽，餓餓價死；笑窮毛笑賤，麻麻的嬌[⑧]，烏烏的超[⑨]。

注释：

①火狂：火气大。

②金硬：经受得起。

③胶毛段：喻经常来往。

④歐：指肚饥。

⑤耀【莺声 7】：指明亮。

⑥雕【低沟 1】：指味苦。

⑦難【日山 3】：指挺起。

⑧麻麻的嬌：麻脸女子爱撒娇。

⑨烏烏的超：黑脸女子爱扮俏。

〇一九

獺對狐，豬對象，貪情對誓願。看轿對提爐，彎刀對叉杖。罵罵啼①，爬爬癢，高升對來旺。羅漢請觀音，陶代換和尚。父母生成那這形，姆嬸相罵像毛様。煮水偝唊②鼎，扒豬屎碰著病瀉豬；看風好使船，開飰店故驚大倉飰。

注释：

①罵罵啼：啼哭不止。

②唊【求山 8】：指粘住。

〇二〇

閂對閘，插對楦，賭本對嫁裝。粗茶對濺酒①，薄餅對厚煙。四寶菜，二丸湯，爬辣②對攤酸③。藥渣鉛鐵碎，花架盆魚缸。嗚吓④段落⑤胶桶⑥下，咷呑⑦闞著甕城中。好是親家呆是冤家，那當乞癲犬咬；日裹徒弟盲裹⑧契弟，毛法着死蛇吞⑨。

注释：

①溅【曾声2】酒：味淡的酒。

②爬辣：摇头。

③攤酸：呕酸。

④鳴吓：指新生婴儿的啼哭声。

⑤段落：掉落。

⑥胶桶：接生婴儿的木盆。

⑦咷【他歌5】吞【他缸1】：指从小口忽然进入大空间。

⑧盲裹：夜里。

⑨毛法着死蛇吞：喻无可奈何，只得承受。

〇二一

踢對跑，跏[①]對蹲[②]，生驚[③]對死算。轉板對排盤，跋盆[④]對扛槓。錢毛孌[⑤]，飵是鋼，賭輸對典當。料好務斤身，空寬毛尺寸。井水毛傖傖雪梨，嶺柴伓燒燒艾烘[⑥]。三嬸婆葫蘆聖，伓像裝共丑二一胚；大少奶桃花顛，相思病屈倭六[⑦]禮困[⑧]。

注释：

①跏【求奇1】：迭坐。

②蹲：【曾缸3】。

③生【出声1】驚：吓人，瘆得慌。

④跋盆：祈福仪式。

⑤錢毛孌：钱不是开玩笑的。

⑥艾烘【非缸3】：艾草（可燃烟驱蚊）。

⑦倭六：谐音“芋麓”，指芋头地的畦。

⑧困：指睡。

〇二二

搜[1]對拌，併對參[2]，解熱對收驚。修胶對接骨，剃面對搥胼。長樂桶，廣東攤，輸夾[3]對贏單[4]。䓅仔䓅禮漉[5]，菜蟲菜裡生。大魚大肉食儨厭，別牛別馬毛相干。老爺要不要高升，窮富伓差汝一粒鴨姆蛋；伲仔多的多賤作，頑墍[6]就賞伊幾條貓筍乾[7]。

注释：

①搜：指抄揉。

②參：掺和。

③輸夾：输给合伙。

④贏單：赢了单挑。

⑤漉：捞。

⑥頑墍：顽劣小孩的俗称。

⑦貓筍乾：教训小孩的麻竹条。

〇二三

撞對掄，搖對擺，前夫對後奶。得罪對開恩，承情對失禮。石敢當，鐵毛解，歪嚽[1]對雜擠[2]。會伯[3]嘴鬆牙，親母股穿脾。生瘡儨瞞鼻空胶[4]，寄信[5]拍段[6]腹老底。五帝務拿野仔務食，現拍現傷；百姓誦鞋老爺誦靴，一鹹一矮。

注释：

①歪嚽【曾歪 1】：人品不正。

②雜擠【曾西2】：东西排列混杂不齐，喻话多刻薄。
③會伯：同辈人尊称对方的父亲。
④生瘡儧瞞鼻空胶：烂鼻角，梅毒症状之一。
⑤寄信：捎口信。
⑥拍段：忘掉。

〇二四

啁對嘩，怒對悰[①]，捏緊對放鬆。封鰻對酥鯽，淵[②]蠘蠘對臭魴。目周翕[③]，腹老空，驚政[④]對罰工。布篷四胶赧[⑤]，火管[⑥]兩頭通。伓像蘿蔔伓像芋，一時韭菜一時葱。牛尾儧遮牛股穿，貪共貧一樣寫；羊毛出着羊身上，扛連埋全包冬[⑦]。

注释：
①悰【曾东1】：㷭，愤怒发火。
②淵【莺香1】：奇臭。
③翕【非宾4】：视物不清。
④驚政：怕事。
⑤赧【日山2】：撑起。
⑥火管：烧火吹气的筒。
⑦扛連埋全包冬：抬棺材和埋葬事务都包干。

〇二五

置對藏，留對蓄[①]，商量對見覺[②]。箬壞[③]對毛拘，枝離[④]對壳落。三股攤，兩頭捽，嘛喳對嘈啐。伊奶氣漲膠，汝哥頭出角。元寶銀庫長春花，鼎筅火管綠豆殼。務理講理，勞動鄉里，的着[5]請東請西；毛頒[6]做頒，受怪轎班，那捌[7]去南去北。

注释：

①蓄【非东 4】：储备。

②見覺：感觉。

③箬壞：多么。

④枝離：凄惨。

⑤的着：强迫。

⑥頒【边山 1】：显摆。

⑦那捌：只知道。

〇二六

忤對愕，慘對悽，短站對長差。慌獐對渦鹿，倒馬[1]對挨犀[2]。長樂我[3]，福安彼[4]，爬挖對佔倪[5]。謝恩面覷北，講話耳斜西。大王毛錢就補庫，乞儈昧飽僻叫街。風雨不移，隔壁婆婆做生日；祖宗務聖，對面妹妹是奴妻。

注释：

①倒馬：累倒。

②挨犀：装着看不见。

③我【语杯 2】：长乐口音。

④彼【波西 1】：福安口音。

⑤佔倪【语西 1】：占小便宜。

〇二七

就對該，兼對僻[1]，討關[2]對駁第[3]。壯骨[4]對頑皮，呆肧對賤劑[5]。邏邏圈，滂滂鏟，覆蝩[6]對含蟹[7]。證做[8]興化兄，寒死佬郎罷。一厝都中做教師，半盲剥想收徒弟。洪山橋光餅本地麥，劉劉[9]倹，劉劉嫌；寶來軒炒米磕齒酥，半半買，半半賣。

注释：

①㑩【莺嘉7】：会。

②討關：求情过关。

③駁第：闯关。

④壯骨：谐音“钻骨”，指坏到骨子里。

⑤賤劑：差的材料。

⑥覆蝩：形容倾覆。

⑦含蟹：事情未了。

⑧證做：下套。

⑨劉劉：次次，回回。

〇二八

殘[1]對刻，滑[2]對倪[3]，目水[4]對面泥[5]。灯燒[6]對躐踢[7]，縛束對排黎[8]。跪踏板，討眠鞋、合式對唊題[9]。拍蛇拍七寸，買馬買四蹄。冤各有頭債有主，街也毛賣攤毛排。叫先生念[10]奴後生，水流灣[11]開間架店[12]；務今旦也毛明旦，鼓樓頂掏時辰牌。

注释：

①殘【出声5】：凶残。

②滑：滑头。

③倪【语西 5】：挑剔。

④目水：眼光。

⑤面泥：面色。

⑥灯燒：指骗子。（俗语有“七釭烧，八光棍”）

⑦躐蹋：邋遢、肮脏。

⑧排黎：转身。

⑨唊题：切题。

⑩念：怜惜。

⑪水流灣：地名，现雅道巷附近。

⑫閬架店：家具店俗称。

〇二九

掛對羁，承對探，請封對慶贊。撇榭[①]對迴廊，籬笆對衕柄[②]。模模光，混混暗，菜婆對花旦。無糧不聚兵，務聲毛來擔。油菜開花滴滴金，竹篙燒火長長炭。半日嘴皮犀犀白[③]，平平路跋死仈；一晡[④]目周獺獺金[⑤]，嘁[⑥]嘁樓企禮看。

注释：

①撇榭：天井两边的小屋。

②衕柄：连接前后厅的通道。

③犀犀白：嘴皮无血色。

④晡：夜晚。

⑤獺獺金：形容眼睛闪烁不停。

⑥嘁【求灯 5】：高。

〇三〇

勾對搭，賽對排[①]，酒碎對鹽箂。罄顱[②]對覆甲[③]，誟嘴[④]對吧頦[⑤]。伓像仔，毛拿孩[⑥]，躭閣對扛臺。先生伓捌字，老板大發财。公婆祖宗坐的正，細姑兄嫂夾真呆。膽小驚賊賊來，去洗烘湯[⑦]，伓洗蘸注[⑧]；命長務奶奶做，得仈錢財，替仈收埋。

注释：

①排：显摆。

②罄顱：头扁似罄。

③覆甲：背驼。

④誟【非郊 2】嘴：使唤。

⑤吧頦：张嘴大喊。

⑥毛拿【日天 1】孩：谐音“毛拈呆”，指无可奈何。

⑦烘湯：发炎。

⑧蘸注：化脓。

〇三一

怪對精，妖對孽，困裝[①]對懷挾[②]。骨梗[③]對筋伸[④]，甲跟[⑤]對毛滅[⑥]。扁擔刀，簸箕笏[⑦]，佤倪對扭捏。干汝滿地爬，詛伊乞天剌[⑧]。放屁也着使紙包，那[⑨]尿僻渦[⑩]的飵飡。年節排椅仔禮做，滿厝僻鬧够八球[⑪]；心肝比剃刀故呆，共仈價夾呢一碟。

注释：

①困裝：藏在心里。

②懷挾：心怀怨恨。

③骨梗：刚硬。

④筋伸：柔韧有筋道。

⑤甲跟：心怀不满。

⑥毛滅：磨灭。

⑦箣【柳鸡 8】：晒谷用大竹席。

⑧天刺【出鸡 8】：天谴。

⑨那【日嘉 5】：拉。

⑩渦【莺过 4】：沃，浇泼。

⑪八球：乱七八糟。

〇三二

枷對拷，紮對箍，解口[①]對請膚[②]。口才對手氣，貌相對工夫。豆腐棗，杏仁酥，麻雜對菩蘇[③]。都司管遊擊，和尚邁[④]尼姑。欲聽親母講世事，故倜郎罷討田租。好漢價儉眼前虧，大窟窿僣出大螃蟹；明人伓講背後話，一山頭都務一鷓鴣。

注释：

①解口：禳解灾厄。

②請膚：请脚伕押解冥钱银箱。

③麻雜、菩蘇：皆油炸小吃。

④邁：背负。

〇三三

整對零，收對束，奪魁對抒卒[1]。割草對添花，唊槽[2]對給縠[3]。打單眩[4]，排等覆[5]，塾腰對縛腹。菩蠅最[6]馬膠，草蜢撩鷄角。三十六計走爲先，二百五樣做盡足。更長夢俪，目周光丹丹，乞鬼邀落坑；福至心靈，肞毛烏碌碌，養仔做總督。

注释：

①抒【他东 4】卒：指拱卒。

②唊槽：形容适配。

③給縠：躯体微动。

④打單眩：眩晕脚不稳。

⑤排等覆：翻覆。

⑥最【曾催 1】：指哄聚在一起。

〇三四

多對寡，碎對權[1]，務勢對毛緣。茶婆[2]對燈媽[3]，醋姆對酒娘。跋不倒，活無常，迸斗[4]對添盆。甲甲拍郎罷，行行出狀元。好仔伓得祖上業，後生不信老人言。貪便宜去多長，隻隻[5]都像漢獻帝；毛好大害着細，齊齊去見梁惠王。

注释：

①權：指整数。

②茶婆：茶壶。

③燈媽：油灯。

④迸【边声 3】斗：全部从斗中倒出。

⑤隻隻：人人。

〇三五

簸對搧，氳對籟，裁刀對寶蓋。嚇影[①]對彈聲[②]，居奇對作怪。馬上吹，雞頭拜，抽租對欠債。本事十般全，古老百年載。送伊兩盞轎後燈，恰着一條褲頭带。浸水蟶两頭吐，大王倜夫人，肞嘴上菩蠅；鳳凰鳥百樣毛，轉奶傻伲婿，能干[③]炒韭菜。

注释：

①嚇影【莺釭 2】：小示威胁。

②彈聲：略通口风。

③能干：奶干。

〇三六

蜆對蚌，蛤對蟶，鼎片[①]對瓢羹。面前對胼後，尾斗[②]對頭笙[③]。鶏毛拂，猪姆針，闊少對佬生。舂臼拍塌底，門楸銃淡邊[④]。三十盲晡剃[⑤]晦遁[⑥]，正月初一鬥夜登[⑦]。時時翻，刻刻變，時時當航[⑧]，毛乞伊騙；劉劉[⑨]架[⑩]，蟹蟹[⑪]森[⑫]，劉劉上轎，故着仈牽。

注释：

①鼎【低声 2】片：锅盖。

②尾斗：后面。

③頭笙：先前。

④門枕銃淡邊：楹柱安装错位。
⑤剃：接连顺着。
⑥晦遁：晦气驱遁。
⑦鬥夜登：斗夜灯，争相早睡。
⑧航：提防。
⑨劉劉：次次，回回。
⑩架【求嘉 3】：教。
⑪蟹蟹：次次。
⑫森：生，回生。

〇三七

鋸對鎚，磨對鑢，猴薑對蛇菿。水撇對灰匙[1]，柴扒對草銼[2]。單倒蚩[3]，亂搖詰[4]，知嗏對嗅秏[5]。護[6]起儰爬單[7]，拿着毛踼踥[8]。君子伓殺頭滿[9]棋，陶代儨困隔盲[10]疏[11]。喚[12]汝儉毛喚汝賭，秣米飴軟時時[13]；好就笑伓好就啼，蕃薯粿肥娜娜[14]。

注释：
①水撇、灰匙：皆泥水工工具。
②草銼：谐音“草错”，草编的锅刷。
③單倒蚩：倒刺。
④亂搖詰：胡乱喊叫。
⑤知嗏、嗅秏：皆乐器声。
⑥護：扶。
⑦爬單：摇晃。
⑧踼踥【他初 3】：乱蹬。

⑨頭滿：开头。

⑩隔盲：隔夜。

⑪疏【时初 3】：道士对神祇写的疏文。

⑫唤：劝诱。

⑬軟時時：软绵绵。

⑭肥娜【日初 3】娜：肥态。

〇三八

熬對泡，煮對烹，夾蝨[①]對冷蠅[②]。脾花[③]對肉菜[④]，血蔭[⑤]對汗斑。老而老，僧不僧[⑥]，票摺[⑦]對錢針[⑧]。過身使目箭[⑨]，見代[⑩]佔頭笙。毛法着來請師父，乞伊恰[⑪]去做門生。存捌存鶩[⑫]，抱拉伲仔痞，僯再抗[⑬]三斗米；務黏務瑞[⑭]，炖隻蓮魚頭，故勝傖四兩參。

注释：

①夾蝨：钻营不停。

②冷【柳灯 1】蠅【他灯 1】：调皮淘气。

③脾花：脾性。

④肉菜：菜鸟。

⑤血蔭：暗色胎记。

⑥老而老，僧不僧：老的太老，和尚不像和尚；指都不适用。

⑦票摺：钱包。

⑧錢針：穿钱针。

⑨過身使目箭：事已过，仍怀恨。

⑩見代：凡事都好见识。

⑪恰【气山 4】：指运气捡到。
⑫存捌存驚：怎么知道也怎么害怕。
⑬抗【气釭 5】：扛。
⑭瑞：指痕迹。

〇三九

綑對牽，搖對動[①]，耳針對髻纮。看底對轉灣[②]，趁嘈[③]對湊噰[④]。硬丢丢，熱滂滂，血池對飦弄[⑤]。畢[⑥]虎僫傷人，偷鷄毛論重。這嘴着掛猪姆粱[⑦]，一銃僫拍鷄角衕。頭過身伓過，圓梨扁柿病屎[⑧]西瓜；目開嘴就開，熱糋清糭隔盲芋蛋。

注释：
①動【低东 7】："动"的白读音。
②看底、轉灣：皆牌桌用语。
③嘈【曾初 5】：乱哄哄。
④噰【莺东 7】：指拥挤不堪。
⑤血池、飦弄：皆穴位名。
⑥畢：逼。
⑦粱：粮。
⑧病屎：干瘪萎缩。

〇四〇

麻對癢，痺對痒，搭壁對碰門[①]。五唏對六另[②]，九怪對八傳[③]。毛乇倚[④]，伓中圈[⑤]，出力對帮言。烏龜做太老，蛹蟻肆[⑥]大王。一錢壓倒英雄漢，雙車難破鳳皇全[⑦]。那者狀告者仈，大犬爬墙，細犬學樣；將伊土塑伊佛，前人栽槵，後人乘凉。

注释：

①搭壁、碰門：皆指关闭门户器具。

②五唏【非奇 1】、六另【柳宾 3】：谐音“五鏄、六埁”，喻四分五裂。

③八傳：得知。

④毛乇【日歌 4】倚【莺开 2】：没东西来倚靠。

⑤怀中圈【气光 5】：无从管教。

⑥蛹蟻肆：白蚁蛀蚀。

⑦鳳皇全：士相全。（象棋术语）

○四一

舊對鮮，長對暫，解鬮[①]對騙撒[②]。吵代[③]對駁家[④]，寡居對破病。拍頂千，帶手二，取齊對認鄭[⑤]。看正鑿倄歪，貪多嚼不爛。麥貴倹餅其出錢，糖価做糖故毛餡。伲仔哥多湫鯽[⑥]，出世昧過百日關；親家母毛濫驢[⑦]，落水倄講一身汗。

注释：

①解鬮：解开纠结。

②騙撒【时山 7】：哄骗孩童止哭。

③吵代：出事。

④駁家：暴露。

⑤拍頂千、帶手二、取齊、認鄭：皆牌桌用语。

⑥湫鯽：小恙。

⑦滥驢【柳初 1】：不清楚。

〇四二

兜對捻，覷[1]對瞕[2]，甜笱對辣薑。呆裝對好塊，鹹配對葷張。做辦辦，看光光，頭桶對話箱[3]。漿袋邁胼後[4]，柴糟[5]塞股穿。鉸刀[6]引針針引綫，衣裳誦[7]布布誦漿。真僫算，真僫華[8]，一個錢剃頭故着連扒耳；務話起，務話倒，毛值[9]伊潑粪也伓使燒香。

注释：

①覷：眼看。

②瞕：窥视。

③話箱：喻话痨。

④漿袋邁胼後：面粉袋背在身后。

⑤柴糟：木楔。

⑥鉸刀：剪刀。

⑦誦：指穿。

⑧華【非花 8】：指计划。

⑨毛值：不要。

〇四三

活對硬[1]，肥對膀[2]，奉承對接送。横秤對直閂[3]，沉糟對浮涌[4]。清明寒，白露睢[5]，搓丸對改粿[6]。荔支暴乍紅[7]，青仔[8]欺負瘧[9]。五帝儥拿世乇愆，一晡僫做毛好夢。孤老孤老，歪頭魘腦[10]，大蟲倹細蟲；青盲青盲[11]，行路倒彈[12]，前巷穿後巷。

注释：

①硬【语灯 1】：喻死。

②膀【波东 3】：指虚胖。

③横秆、直閂：皆门闩的机关。

④涌【他东 3】：漂流走。

⑤晱【求东 3】：指燥热。

⑥改【求杯 2】粿：裹粽。

⑦暴乍紅：刚刚成熟。

⑧青【出声 1】仔：青梅。

⑨欺負瀌【日东 3】：拣软的先吃。

⑩蹙腦：皱眉，苦瓜脸。

⑪青盲：瞎子。

⑫倒彈：反光。

○四四

嚷對喘，罵對噪[①]，糊碌[②]對噢哪[③]。含符[④]對透索，嘸囉[⑤]對噶渠[⑥]。鼻啄啄，齒疎疎，頭垢對灒洙[⑦]。偏偏共我拗，定定佅冬嘈。頭仔只尖即管擂，令脬偝駁佅經嚎[⑧]。轮轮轉偝落財主的皋[⑨]，秦叔寶賣馬；惻惻心[⑩]佅看畜生其面，張果老騎驢。

注释：

①噪【出初 5】：大声斥责。

②糊碌：形容速度快。

③噢哪【日初 5】：形容速度慢。

④含符：含糊。
⑤嘸【低秋 1】囉【柳初 7】：吵扰。
⑥噶渠【求初 5】：搅局。
⑦灗洙【他初 5】：浓痰。
⑧嚎【非初 5】：口呵热气。
⑨皋【求歌 5】：指圈套。
⑩惻惻心：硬心肠。

〇四五

黡[①]對嫌，疑對忌，盡嬌對務媚[②]。爛粿對麻糖，歁薯對佬柿。想當然，賠不是，翻聲[③]對走味[④]。犬面羁[⑤]生毛，豬頭攄過耳[⑥]。相罵九主副煮饅[⑦]，那差半爿價過字。莫笑赢單輸夾[⑧]，那篆[⑨]啦竹桁下仙家[⑩]；伓捌屎臭尿香，也做過粪坑頭守備[⑪]。

注释：
①黡：指嫌弃。
②務媚：有趣，可爱。
③翻聲：违约。
④走味：变味。
⑤羁：指容易。
⑥豬頭攄【柳初 1】過耳：以前请人宰猪，用耳前猪头做报酬。攄，指超过。
⑦副煮饅：来得及煮晚饭。
⑧夾：合伙。
⑨那篆【低光 7】：只剩下。

⑩竹桁下仙家：指穷到只剩一件衣服，晒干后才能穿出门的人。
⑪守備：武官名。“備”谐音“鼻”，嗅、闻。

〇四六

圖對賴，欠對賒，盪痞[①]對蔫疤[②]。直腸對軟骨，眵眼[③]對跂胶[④]。由在我，不理他，托腎[⑤]對嚎脬。毛錢坐中堵，做癖轉外家。加三利錢鶏啄米[⑥]，第一生肖鼠儉瓜。五帝面生驚仏，一哥一達達，二哥臭都拔；六月肒阿[⑦]伺候，九螺[⑧]九俥俥，十螺做老爹。

注释：
①盪痞：褪去痂皮。
②蔫【求山8】疤：留下疤痕。
③眵【出奇7】眼：斜眼。
④跂【气过5】胶：跛脚。
⑤腎：指睾丸。
⑥加三利錢鶏啄米：喻放贷来钱快。
⑦阿【莺歌1】：难。
⑧螺：手指纹。

〇四七

糟對滷，酒對殺，麥熟對糖流。謝年對壓歲，攀數[①]對抽骰[②]。搶錢虎，看命猴，手痺對胶爻[③]。主仏毛箸厝[④]，家伙[⑤]做上樓。缺嘴尿壺渣渣漏，毛胶燈馬跛跛跑。三五兩銀就活成龍，弄籬厝[⑥]上厝搬下厝；十二月卯佅看見草，眠床頭只頭爬許頭。

注释：

①攀數：赌博分发输款。

②抽骰：赌场主抽成。

③手痺、胶爻：手脚冻得麻痹。

④毛箸厝：不在家。

⑤家伙：家产。

⑥弄籬厝：弄堂里的篱笆小屋。

〇四八

嚼對啣，嗆對嗏[①]，剥瘟[②]對上翳[③]。畫號對抽籤，拈鬮對做契。務命根，毛心势[④]，尿槽對屎捺[⑤]。倎酒綰[⑥]桌胶，鬧房掏籠臂[⑦]。一粒橄欖撩過溪，三月枇杷出好世。解怀副那趁綒[⑧]，野花沒名，野仔沒成；侫[⑨]毛定假正經，呆山佪刺，呆仈佪企[⑩]。

注释：

①嗆【出釭 5】、嗏【曾鸡 3】：皆指骂人吃相不好。

②剥【边光 4】瘟【莺春 1】：得瘟病。

③上翳：生白内障。

④毛心势：没本事。

⑤屎捺【他鸡 3】：接屎板。

⑥綰：掼，提起。

⑦掏籠臂：喻主持闹洞房。

⑧綒【曾釭 4】：扯拽。

⑨侯【非沟5】：指风骚。

⑩呆仈俩企：坏人的伦理道德问题多。

〇四九

揀對抽，抄[①]對掊[②]，勢長[③]對截短。毀佛對勞神，衰仈對恶鬼。墙頭花，坎爿藞[④]，肉丸對糖粿。棺材扛上山，牌套[⑤]蕩落水。蝦鮮儉够路通橋，鱟圭寄去粪船尾[⑥]。嘴只擠[⑦]受怪你奶，頭顶蒂剥[⑧]烟；理伓平氣死旁人，手掌中迸火。

注释：

①抄：翻搜。

②掊【边杯2】：翻拣。

③勢長：接长。

④坎爿藞【柳杯2】：碎瓦片。

⑤牌套：神主牌。

⑥蝦鮮儉够路通橋，鱟圭寄去粪船尾：水部谚语，其码头多停靠粪船，船上多捎带虾鲜和鲎圭。

⑦嘴只擠【曾西2】：爱诡辩。

⑧剥：指长出。

〇五〇

闞[①]對契，狀對憑，後事對前情。落元[②]對做晉[③]，愠宋[④]對聲明[⑤]。尋毛主，抱不平，好樣對呆形。九哥戴眼鏡，二婿[⑥]管酒瓶。三層凉傘遮厝脊，一炷名香透天庭。爬上皇帝粪坑，千里傳名，萬里傳姓；抱着金刚胶腿，上馬管兵，下馬管民。

注释：

①關：过关文牒。

②落元：落阱、中圈套。

③做晉：下套、骗人。

④愠宋：喻头脑不清。

⑤聲明：精明。

⑥二婿：旧指娈童。

〇五一

滿對空，乾對净，扒墻對攏岸。開剪[①]對駁錘[②]，偷盤對割樶[③]。禎符包，元寶錠，畫行對賠定。乞倓嫌飰餿[④]，秀才慶糧賤[⑤]。掃帚也務掃帚名，韭菜那是韭菜命。矮仏煞矮馬，僣舞够魂智沙銓[⑥]；平水行平船，那求啦胶手力健[⑦]。

注释：

①開剪：喜事指始制新衣，丧事则指始制丧服。

②駁錘：搏锤。

③割樶【时声7】：制造贮谷物的大木柜。

④餿：【他沟1】。

⑤賤【时声7】：价低。

⑥魂智沙銓：被作弄得晕头转向。

⑦健：【求声7】。

〇五二

糖對蜜，蠟對膠，混帳對夾紗[①]。糊蘆[②]對煞葛[③]，落絮[④]對調瓜[⑤]。沉當當[⑥]，乾巴巴，喝喝對哈哈[⑦]。小事化無事，千家過一家。愆孽僣做頭髮尾，瘪瘥價瞞手門叉[⑧]。久病成郎中，飦頓討的着，故勝倹補藥；欠債怨財主，股穿那毛疤，伓中當仙胶。

注释：

①夾紗：装作能干。

②糊蘆：喻糊涂。

③煞葛：结局。

④落絮：落魄。

⑤調瓜：调皮，无所谓。

⑥沉當當：沉稳妥当。

⑦喝喝、哈哈：皆马马虎虎。

⑧手門叉：虎口部位。

○五三

種對埋，鋤對掃[①]，能膻[②]對話漏[③]。趕早對投盲[④]，拍環[⑤]對過透[⑥]。五爪龍，六骰豹，掛牌對揹竈。施主奴僣驚，先生汝毛拗。三更燈火五更鷄，大暑荔支小暑鱟。鼎糴被，被糴鼎，騙罷騙奶去排塲；盤迸碗，碗迸盤，請公請媽來倹罩。

注释：

①掃：【时郊 3】。

②能膻：喻乳臭。

③話漏【柳郊 3】：话痨。

④盲：指夜晚。

⑤拍環：转圈。

⑥過透：给台阶下。

〇五四

挪對湊，换對移，象正[①]對梟離[②]。石龜对柴馬[③]，硋犬[④]對蔴蛇[⑤]。拜企奶[⑥]，做大爺[⑦]，墨斗對湯匙。神仙佬虎犬[⑧]，和尚猪頭鵝。千刀萬刀鍘毛血，大掌細掌拍伊啼。認明地道賣藥材，本山牛那食本山草；黜[⑨]破天窗講亮話，大家馬着讓大家騎[⑩]。

注释：

①象正：形容行事正派。

②梟【非秋1】離【柳鸡5】：离奇或离谱。

③柴馬：传统木工辅助用具。

④硋【非开5】犬：陶制犬。

⑤蔴蛇：麻绳编的蛇。

⑥企【气鸡7】奶：干娘（贬义）。

⑦大爺：旧时对妓院男佣的谑称。

⑧神仙佬虎犬：形容艺人演的各种角色。

⑨黜【他东4】：指捅。

⑩大家馬着讓大家騎：比喻同等的权利和享受。

〇五五

揑對搓，扛對儎[①]，出恭[②]對受戒。大鼓對破鑼，搖篮對飄带。尾條籤，頭碗菜，小心對大概。毛位占大中[③]，自身難保泰。鳌戥够捌没銀稱[4]，酒席伓倹多仈怪。十八歲倠見廿四代，果然早子[5]救的窮；一句話伓益兩個仈，莫是前世欠伊債。

注释：

①儎【曾开3】：指承载。

②出恭：解大便的雅称。

③大中：当中。

④鳌戥够捌没銀稱：喻学会了本领却没有用场。

⑤早子：早生儿子。

〇五六

匀[1]對拌[2]，夾[3]對參[4]，透夜對巡更。過盤[5]對拍板，照票[6]對看番[7]。牌西席[8]，鎮東丹[9]，凉硬[10]對曝乾。驚政困壁裡[11]，卡撩趁後生[12]。蝦蟆教書講子曰[13]，老鼠掏枷[14]見泰山。光棍[15]那篆一重皮，借火籠，看燈謎；荒唐[16]倠拏四角屎，毛粗紙，塞瓦胼[17]。

注释：

①匀：分开。

②拌：搅和。

③夾：混合。

④參：掺杂。

⑤過盤：过户盘点。

⑥照票：钱庄照验银票。

⑦看番：验看番钱成色。

⑧牌西席：别着翅膀，比喻背手。
⑨鎮東丹：走路失稳。
⑩凉【柳声 5】硬：晾干。
⑪驚政囷壁裡：胆小靠里边睡。
⑫卡撩趁後生：玩乐要趁年轻。
⑬曰【莺花 8】：拟音蛤蟆叫。
⑭掏枷：戴枷。
⑮光棍：指骗子或混混。
⑯荒唐：谐音“方肠”。
⑰塞瓦脟：使用瓦片擦。

○五七

鋸對俥，鎚對鑿，灰爐對粪斛[①]。裡駁[②]對落空[③]，噶糊對漉濯[④]。正面龍，回頭鹿[⑤]，畏羞對使毒。反蓋多開三，零碎合巧六[⑥]。歉哥[⑦]擂鼓通隻通，駝子拍鑼惑一惑[⑧]。半目開半目刻，錢券頭錢券尾在伊抓[⑨]；自腹痛自腹援，米篩上米篩下莽去摔[⑩]。

注释：
①粪斛【非东 8】：装粪容器。
②裡【低鸡 2】駁【边缸 4】：喻进去博弈。
③落【柳缸 8】空【气春 1】：喻落入圈套。
④漉濯【曾东 8】：湿漉漉。
⑤正面龍、回頭鹿：皆戏服的衣饰。
⑥反蓋多開三，零碎合巧六：皆赌博术语。
⑦歉哥：兔唇。

⑧惑【非东 8】：指歇。
⑨錢券頭錢券尾在伊抓：小零钱任他拿。
⑩莽去摔【时东 8】：任它来回摇动摔打。

〇五八

刳[①]對割，綻[②]對線[③]，逞桌[④]對捫床[⑤]。加和[⑥]對定做，附會[⑦]對串行[⑧]。擔水嫂，賣油郎，病笨[⑨]對窮忙。肉爛汁禮[⑩]討，船過水毛痕[⑪]。鳌毫難倒英雄案[⑫]，生死着過按司堂。何若安將伲[⑬]，呆匏偭子[⑭]呆仔偭道理；依舊光力檄[⑮]，孱[⑯]瓜毛囊孱仔毛腹腸。

注释：
①刳【气过 1】：剖挖。
②綻【低宾 3】：缝补。
③線【柳缸 5】：针脚较稀的缝。
④逞【他宾 2】桌：顶着桌子移动。
⑤捫床：摸床。
⑥加和：专门加工。
⑦附會：指马虎应付。
⑧串行：傍正牌的货。
⑨病笨：形容体胖而活动困难。
⑩禮：里边。
⑪毛痕：无痕迹。
⑫案：汉。
⑬何若安將伲：怎会如此。
⑭偭【时嘉 7】子【曾之 2】：多籽。

⑮光力檄：身上什么都没有。(寒号鸟的故事)
⑯孱【曾天2】：指嫩，不成熟。

〇五九

幼[①]對乖[②]，肥對瘖[③]，務充[④]對儨狠[⑤]。破布對呆錢，薄刀對厚板。匏屯狮[⑥]，牌等犬[⑦]，鷄籠對猪筅。兄弟皆座鹹[⑧]，衣裳鉸刀剪[⑨]。聽曲欲聽十八捫[⑩]，揀親莫揀廿一點[⑪]。公修公得，婆修婆得，城隍顶算盤[⑫]；南風南斜，北風北斜，復初庵[⑬]牌匾。

注释：
①幼：细嫩。
②乖：粗老。
③瘖【时灯2】：瘦肉。
④務充：有余。
⑤儨狠：没多少。
⑥匏【边孤5】屯【低春1】狮：蚯蚓在沙子里翻滚。
⑦牌等犬：狗在地上翻滚。
⑧皆座鹹：身高如台阶般错落。
⑨衣裳鉸刀剪：新裁的衣服。
⑩十八捫：十八摸，曲牌名。
⑪廿一點：指头脑不清楚。
⑫城隍顶算盤：喻人算不如神算。
⑬復初庵：福州台江古庵。

〇六〇

霉對醭[①]，爛對醃[②]，變蘁[③]對成精。小匡[④]對大號，短做對長班。坐清椅，跑大攤，㑊死[5]對頭生[6]。牌套蕩落水，棺材扛上山。仈頭一隻六斤四，女命今年七十三[7]。務錢講話響叮單，白面哥拜企罷[8]；毛仔諸娘烏碌黜[9]，青盲媽包外姦。

注释：

①醭【波孤 2】：发霉长毛。

②醃【莺声 1】：奇臭。

③蠆【出开 3】：蝎子类毒虫。

④小匡：小方，小气害羞。

⑤㑊死：老婆。

⑥頭生：生头胎。

⑦女命今年七十三：算命先生的口头禅。

⑧企罷：干爹（贬义）。

⑨烏碌【柳春 4】黜【他春 4】：黑漆漆。

〇六一

罪對愆，關[1]對礙[2]，毛成[3]對自在。苦累對樂捐，厭煩對冤賴[4]。加三歃[5]，带八敗[6]，官場對賊寨。跋捽[7]價開闔[8]，便宜僻上癩[9]。困着袋袋毛內搜[10]，夾隻龕龕放禮僆[11]。郎中三其擺[12]，扛扛扛，扛够大廳當；小姐十般全，邁邁邁，邁去乞陶代。

注释：

①關：关卡。

②礙：障碍。

③毛【蒙歌 5】成【时声 5】：不成样子。
④冤赖：无辜受冤。
⑤加三欹：倾斜。
⑥带八敗：命带败相。
⑦跛摔：指受折腾。
⑧儥開闔：不发达，无成就。
⑨上癩：染上麻风病。
⑩毛内搜：无处搜寻。
⑪傃【时开 7】：指放置。
⑫三其擺：三人抬的小轿。

〇六二

查[①]對認[②]，勸對叨[③]，生醭對臭鹺。平長對細膩[④]，浮燥對禁訶[⑤]。褒褒粿，磕磕糕，竹槓對荷傪[⑥]。半天拍霹靂，平地起風波。裡媽外媽都一樣，七哥八哥差不多。船欹透板[⑦]浮，衣裳褉[⑧]拖來拭屎；兵過籬笆破，掃帚蕩拿去過刀。

注释：
①查：查找。
②認：认可。
③叨：絮叨。
④細膩：细致。
⑤禁訶：喻禁忌太多。
⑥荷傪：肩背丝带。
⑦透板：俗称上下船用的长条板。
⑧褉【气西 1】：前后衣襟。

○六三

迫對催，除[①]對討[②]，新鞋對破襖。在下[③]對原初[④]，居中對夸左[⑤]。謥嘴[⑥]婆，欹頭嫂，秤錘對網栳[⑦]。水鹹船也鹹，墙倒基伓倒。富仫毛病就是仙，大漢伓痴變曰寶[⑧]。挑儨成淘[⑨]，挈儨成箸，課黎[⑩]請親家；東不着店，西不着村，原差儞地保。

注释：

①除：消账。

②討：追讨。

③在下：时下。

④原初：原先。

⑤夸左：偏左。

⑥謥【莺鸡 7】嘴：贪吃。

⑦網【莺光 2】栳【柳歌 2】：称物用的挂盘。

⑧曰【莺花 8】寶：活宝。

⑨儨成淘【低高 5】：不成坨，喻不成器。

⑩課黎：蛩民。

○六四

裁[①]對撇，篤[②]對圜[③]，犬宿對猪欄。穿針對拔綫，走索對拍枰。牛鑾鎮，馬藍嵁[④]，出汗對噶痰[⑤]。刣鷄請和尚，共犬做孝男。狡杯[⑥]連跋三聖駕[⑦]，扁擔拍倒一字平。功勞死，功勞生，借錢一樣面，討錢一樣面；財主長，財主短，起厝半數盲[⑧]，賣厝半數盲。

注释：

①裁：裁刀，书法指捺。

②篤：点。

③圜：圈。

④牛蠻鎮，馬藍嵁：皆指牛马寄生虫。鎮，指叮。

⑤噶【求山8】痰：痰郁不通。

⑥珓杯：卜杯，卜卦的道具。

⑦連跋三聖駕：传说朱元璋问卜天子运，连掷三珓，皆得立杯。

⑧半數盲：半夜。

〇六五

革對升，屯對否[①]，髻心[②]對手指[③]。帮旺對過衰[④]，丁憂對報喜。花生羹，蕃薯米，解差[⑤]對禁子[⑥]。場中莫論文，酒後休評理。各家做債歸一頭[⑦]，百姓講鄭[⑧]拍半死。心肝使磨層壓[⑨]，三姑六婆，閒時不許進曹[⑩]；嘴舌下絲綫羁[⑪]，臭桃爛李，好儉毛内講起[⑫]。

注释：

①革、升、屯【低春1】、否【波之2】：皆《易经》卦辞。

②髻心：一种发饰。

③手指：戒指。

④過衰：渡过衰运。

⑤解差：押解犯人的差役。

⑥禁子：狱卒。

⑦歸一頭：归于一处。

⑧鄭：指错。

⑨心肝使磨層壓【低山 4】：喻安心。

⑩進曹：进屋。

⑪嘴舌下絲綫羁：喻有约束少说为妙。

⑫毛内講起：不知从何处说起。

〇六六

鑲對銃[①]，銲對錤[②]，破膽對開脾。小腰對獨脚，直背對横眉。拖拖轉，講講歧[③]，掌鼓對掏旗。頭髮生蝨姆[④]，脰骨[⑤]像鷺時[⑥]。石頭僢淌[⑦]仔僢大，井水莽象[⑧]城[⑨]莽来。九其九欲排場，偏偏佬媽共知縣；三月三去鬥寶，覩覩[⑩]姊夫接細姨。

注释：

①銃：套接。

②錤【气之 5】：用铆钉粘补器皿。

③講講歧【求之 5】：闲谈。

④蝨姆：虱子。

⑤脰【低郊 7】骨：谐音“脰项”，指脖子。

⑥鷺時：谐音“鸬鹚”。

⑦淌【他东 3】：流动。

⑧象：指从井里汲水。

⑨城【时声 5】：活泉水出。

⑩覩【低孤 2】覩：恰恰好。

〇六七

黜對挑，穿對透，犁巴[1]對張罩。骰管對筝鑼，耶胡對横哨[2]。三劑灣[3]，五亨臭[4]，添盆[5]對企竈[6]。大將趙子龍，呆伙申公豹。揀親儨銃落胶鞋[7]，磨將先防當心炮。爹務奶務，不如自家務，倆胶亭[8]下好歇凉；姊其妹其，都是別伙其，公眾廳中毛伙掃。

注释：

①犁巴：谐音“篱笆”。

②骰管、筝鑼、耶胡、横哨：皆指福州十番乐器。

③三劑【曾奇 7】灣：弯成三折。

④五亨臭：又称“五幸臭”，形容奇臭。

⑤添盆：填火盆。

⑥企竈：砌炉灶。

⑦揀親儨銃落胶鞋：喻相亲要找淑女。

⑧倆胶亭：喻靠山。

〇六八

剛對硬，狠對嚴，儍送對弃嫌。汗花[1]對力草[2]，脾土對心田。蕃椒醬，橄欖鹽，胼臁[3]對胶臁[4]。手網[5]半長橛[6]，目周雙重墘。和尚那偣興化肉，神仙難趁長樂錢。真鳥仔，啄柴牌，伓捌字欲看告示；麻獅爺[7]，綰[8]被帕[9]，仅毛錢晡想彈綿[10]。

注释：

①汗花：出微汗。

②力草：力气。

③胼【波声1】膇【柳初7】：背部。

④胶【气嘉1】臁【柳天5】：小腿胫部。

⑤手【出秋2】䋀【莺光2】：谐音“手椀”，衣袖。

⑥橛【气光8】：量词，段。

⑦麻獅爺：一种大蜘蛛。

⑧綰：提着。

⑨被帕：被褥。

⑩彈綿：指谈恋爱。

〇六九

耐[①]對驁[②]，驕[③]對勁[④]，跑差對卸任。凑鬧對壓驚，帮忙對養靜。長短胶，大細腎[⑤]，跟班對排陣。後行乞鬼抬[⑥]，放屁毛仆認。利利拉拉講價完，邊邊角角做够盡。人中竅[⑦]鼻，價偗廿四，丁香鮰莽大伓值錢；股穿在墙，敢量[⑧]通場，黄花魚共汝去駁[⑨]命[⑩]。

注释：

①耐：耐性。

②驁：傲慢。

③驕：骄傲。

④勁【求宾7】：较劲。

⑤腎：指睾丸。

⑥抬【他开1】：拉、拖。

⑦竅【气秋3】：指翘起。

⑧量：让。

⑨駁：交换。

⑩命：鮸鱼。（黄花鱼贵，鮸鱼便宜）

〇七〇

除[①]對撤[②]，合[③]對姘[④]，騙假對瞞真。過肩對倒手，假腹[⑤]對替身。馬前卦，轎后燈，點卯[⑥]對添丁。閻王出告示[⑦]，強盜畫壽星[⑧]。君子抱孫伓抱仔，亡人見土如見金。大食卖窮，失算偝窮，啄神鳥僴卦；報亡毛份，填錢務份[⑨]，孤老蟲認親[⑩]。

注释：

①除：清除。

②撤：撤离。

③合：联合。

④姘：拼凑。

⑤假腹：假装怀孕。

⑥點卯：点名报到。

⑦閻王出告示：歇后语，给鬼看的意思。

⑧強盜畫壽星：喻坏人求长寿。

⑨報亡毛份，填錢務份：非至亲者不必报丧，烧冥钱给亡者却有份。

⑩孤老蟲認親：指麻风病毒易传染给亲人。

〇七一

翕對偎，披對盪[①]，掏枷對□槓。道喜對舉哀，鬧房對送葬。渾蜚蜚，光崙崙，粗妝對狡算[②]。年佬做水灾[③]，嘁等迎霜降[④]。莊家去看十九炎[⑤]，媒仈着飡百二頓。覆栳神覆栳聖，儨存[⑥]拍符洩[⑦]只快就完；眠床公眠床婆，那曉僻逝尿伓成去困。

注释：

①翕、偎、披、盪：皆烹饪方法。

②狡算：精算。

③做水灾：喻小便失禁。

④嘁等迎霜降：头顶白发似霜。

⑤莊家去看十九炎：赌博术语。

⑥儨存：想不到。

⑦拍符洩：喻快速。

○七二

雙對隻，半對全，漆桶對靛楻[①]。牙槽對指甲，嘴斗對鼻梁。單倒水[②]，半開門，行硬對用強。手快三分臭，屎急兩頭惶。書騃[③]開嘴講書語，賭棍空身落賭場。乞依跋倒去啼，獨木不成林，單絲不成綫；伓使歧襲[④]僻笑，三畫也是王，大肚也是黄。

注释：

①靛楻：染料桶。

②單倒水：只有一面倒水的简易房舍。

③書騃：书呆子。

④歧【求之5】襲【时宾8】：俗语，咯吱。

○七三

掘對埋，屠對宰，貝戎[1]對禾乃[2]。進寶對招財，奪標對開彩。節節高，端端楷[3]，呆錢對粗紙。講話頭肘[4]頭，驚政[5]齘拍齘[6]。法師下山乞鬼迷，卒仔過河當車使。八隻買八隻，上半盲肖鴨，下半盲[7]肖鷄；一帮過一帮，前台家[8]逝尿，後台家逝屎[9]。

注释：

①貝戎：拆字，贼。

②禾乃：拆字，秀。

③端端楷：端正的楷书。

④肘【低秋 2】：顶触。

⑤驚政：胆小怕事。

⑥齘【语开 2】拍齘：牙齿打颤。

⑦盲【蒙山 5】：暝，夜晚。

⑧台家：婆婆的俗称。

⑨逝尿、逝屎：皆喻没担当。

○七四

灯對翕，凍[1]對凝[2]，反面對回心。紙儺[3]對柴客[4]，墓伯對鄉紳。鐵羅漢，硋[5]觀音，風膊[6]對露睛[7]。恶仈僲做鬼，好仔伓當兵。封條總着一轉破，草鞋也務三日新。象，鼻钩钩，大王又着拍，馬夫又着拍；駝，胼韫韫[8]，刣犬也這身，禮佛也這身。

注释：
①凍【低东 3】：冷冻。
②凝【语宾 1】：凉凝。
③紙儺【日歌 5】：纸质人偶冥具。
④柴客：贩柴商人。
⑤硋【非开 5】：陶瓷制品。
⑥風膊：一种皮肤病。
⑦露睛：眼球突出。
⑧胼【波声 1】韞【莺春 2】韞：背驼。

〇七五

嗜對迷[①]，貪對樂[②]，務神[③]對毛貌。排布對搬擔，累追[④]對吵鬧。按司前，總督後[⑤]，駁[⑥]桃對佁[⑦]藕。務轎扛毛仪，同床夾够佬[⑧]。破病着佁猫屎乾[⑨]，發財故快蛇皮疸[⑩]。魯[⑪]搶魯奪，欲佁肉味，火腿猪肝；鄭[⑫]做鄭行，少體[⑬]皮厚，花生蠶豆。

注释：
①嗜、迷：喜好、迷恋。
②樂【语郊 7】：偏好。
③務神：有神采。
④累追：紧跟、靠拢。
⑤按司前、總督後：皆福州老地名。
⑥駁：绽裂。
⑦佁：指折断。
⑧夾够佬：共同生活到老。

⑨猫屎乾：中药名。
⑩蛇皮痘：指发作和消亡都快的皮肤病。
⑪鲁：鲁莽。
⑫鄭：指错。
⑬少體：羞耻。

〇七六

量[①]對搁[②]，格[③]對稱，碼子[④]對錢申[⑤]。鈎鈎對搭搭，沓沓對鈴鈴。揖三揖，升[⑥]一升，遮影對落陰。做晦又毛[⑦]月，喝水僻成冰。猪刀剬死假秦檜，犬棍拍出小方卿。禮生禮之所生，叩首叩首三叩首；乞儉乞隻務[⑧]儉，發心發心大發心。

注释：
①量：指量度谷物。
②搁：指量度液体。
③格【求山3】：检验货物分量。
④碼子：小秤权。
⑤錢申：零头小钱。
⑥升：拜跪起身。
⑦又【边孤7】毛【蒙歌5】：又没有。
⑧隻【曾奇2】務【莺孤7】：才有。

〇七七

搢對搓，攤對捲，咬牙對拍掌。夾带對抽包[①]，割根[②]對擒本[③]。務[④]當毛[⑤]，硬欺軟，大褉[⑥]對小網[⑦]。酉時不殺鷄，日大好曝鮝。看汝横行到幾時，共我把繞[8]伓使想。東討鑼，西討鼓，毛油毛燭點够烇烇光[9]；南逐鹿，北逐獅，又醬又糟，拖伊攆攆轉[10]。

注释：

①抽包：调包。

②割根：割舍资本。

③擒本：捞回本钱。

④務：有。

⑤毛：无。

⑥褛【气西 1】：前后衣襟。

⑦絧【莺光 2】：裷，袖子。

⑧把繞：指纠缠。

⑨烇【语声 7】烇光：亮堂堂。

⑩攆【柳天 2】攆轉：团团转。

〇七八

鬆對墊[1]，慣對便，討聖[2]對坐禪。渣渣對粕粕，粉粉對綿綿。栗栗俭[3]，藜藜墘[4]，拉雜對傜黏[5]。命好做太老，心寬出少年。伲仔伓冬蟲只定[6]，先生毛法馬着嚴[7]。半路死灢渤嚌嚌流[8]，伓講理故加嘴臭；八其扛骸骨蜚蜚重[9]，毛掏錢也着腹炎[10]。

注释：

①墊【低灯 7】：指坚硬。

②討聖：一种迷信活动。

③栗【柳宾 4】栗俭：勉强够用。

④藜【柳西 5】藜蝕【求天 5】：勉强擦边。

⑤條黏：谐音“叨黏”，指纠缠不休。

⑥蟲只定：喻人像懒虫不爱动。

⑦馬着嚴：执行制度要严厉。馬，指规矩。

⑧灢渤【波光 8】嚌嚌流：指口吐白沫。

⑨蜚【波西 5】蜚重【低东 7】：形容沉重。

⑩腹炎：喻吃饱肚子。炎，指圓。

〇七九

撇對叉[①]，爻[②]對竅[③]，糖燒對醋溜。吊掛對横披[④]，小吹[⑤]對高照[⑥]。歡喜喪，啼嘛笑，無圖[⑦]對不肖。胶手犖犖醋[⑧]，心肝爬爬跳[⑨]。頭過人參二過茶，今年菓子明年模。發財故哺想發發，菖蒲花罕的開；光棍僻碰着光光，韭菜命長就扭[⑩]。

注释：

①撇、叉：笔画名。

②爻【语郊 5】：材料变形。

③竅【气秋 3】：上翘。

④吊掛、横披：皆古建筑构件。

⑤小吹：小喇叭。

⑥高照：肩扛的大灯笼。

⑦無圖：无赖。

⑧犖【柳东 4】犖醋：喻酸累。“醋”应作“酸”。

⑨心肝爬爬跳：心跳加速。

⑩扭【日秋3】：拧断。

〇八〇

圍對截，劫對偷，吊帶對搭鈎。排前對退後，企裡[1]對行兜[2]。嘴闊闊，目鬮鬮[3]，盤本對拆梢。猪肝炒猪肚，猫屎投[4]猫糟。昧見呆山出好穴，伓存[5]明月照臭溝。和尚頭卵卵光，故那漢怡顺哥燭蒂；尼姑尿寸寸寶，都着裡忤膩伯[6]荷包。

注释：

①企【气鸡7】裡【低鸡2】：站得靠里，喻行事谨慎。

②行【求声5】兜【低郊1】：走近，靠拢。

③目鬮鬮：眼窝凹陷。

④投【低沟5】：调，掺和。

⑤伓存：不承想。

⑥忤膩伯：戏剧人物名。

〇八一

漬對燃[1]，凉對蔭，噶疤[2]對破稜[3]。百眾[4]對雙生，六章[5]對五信[6]。尺二盤[7]，斤六秤[8]，掛刀[9]對過印[10]。蚯蚓抱當胎[11]，蜈蚣爬上面。三司會審玉堂春，八鎚大鬧朱仙鎮。倚老賣老，七十莫留罩[12]，八十莫留盲[13]；將心比心，上聲毛好講，下聲毛好應。

注释：

①燃【莺香5】：烊，固体熔化。

②噧疤：结痂。

③破稜：破碎。

④百眾：公共的。

⑤六章：指青、赤、黄、白、黑、玄六色。

⑥五信：指五种臭味。

⑦尺二盤：指罗盘。

⑧斤六秤：短斤少两的秤。

⑨掛刀：武官职务交接。

⑩過印：文官职务交接。

⑪抱當胎：谐音“簸弄沙”，指蚯蚓体表沾满沙子。

⑫罩【低郊 3】：指午饭。

⑬留盲【蒙山 5】：过夜。

〇八二

中①對保②，託③對干④，女愛對男贪。話頭對氣尾，颏藏⑤對牙關⑥。那屎仔，臭尿兄，菩蒂⑦對菜乾。苦主儉兇主，新棺逐舊棺。務鬼僙啼毛郎罷，靠俤⑧伓共我先生。四四十四落皋⑨，大舌玻⑩扛竈齊齊死；五五廿五算數，跛胶七拍鑼犖犖寬⑪。

注释：

①中：中间人。

②保：保证人。

③託：拜托。

④干【求山 1】：强制。

⑤颏藏：下巴短缩。

⑥牙關：牙齿咬紧。
⑦菩蒂：指匏蒂。
⑧靠【气西 1】俤【时鸡 3】：为什么。
⑨落皋【求歌 5】：喻落入圈套。
⑩大舌皷【边初 2】：口吃。
⑪犖犖寬：锣声。

〇八三

旺對衰，強對霸，題緣[①]對抄化[②]。短命對長年，小祥[③]對大赦。毛底囊[④]，夾紗褂[⑤]，賤茅對雜蔗。算盘拍鄭橺，牌套上板架。一事無成兩鬢霜，務錢難買六月瀉。山明水秀，狀元歸去馬如飛；春暖花開，尼姑看見犬相侴。

注释：
①題緣：在化缘簿上题署认捐。
②抄化：求人施舍财物。
③小祥：父母死后一年的祭祀名称。
④毛底囊：囊中羞涩。
⑤夾紗褂：夹纱做的长褂。“夹纱”谐音“假师”，喻没水平又好为人师的人。

〇八四

遷對變，調對移，公媽對仔伲。嬸婆對孫婿，姑奶對舅爺。生的好，死毛啼，滷鴨對燒鵝。一針肘一綫，者鎖對者匙。胶踏上門尋相罵，鼻長過卓[①]貪便宜。耳聾策[②]假搠真[③]，臭頭牛是死漢是困[④]；青盲鎚亂不舞[⑤]，廟前馬好看伓好騎。

注释：

①卓：桌。

②耳聾策【他东 4】：听力差。

③假捌真：自认为很精通。

④漢是困：还以为睡着。

⑤青盲鎚亂不舞：瞎子乱舞拳头易伤人。

〇八五

座[①]對厢[②]，椆對堵，通風對起土。節半對年全，明三對暗五[③]。鐵公鷄，柴佬虎，捏嗜[④]對揲股[⑤]。王子去求仙，仁宗不認母[⑥]。城隍祈雨去西雷，學院觀風遊北府。有求必應，做一日和尚撞一日鐘；不打自招，開自家祠堂擂自家鼓。

注释：

①座：座位。

②厢：包厢。

③明三、暗五：皆传统木构建筑样式。

④捏嗜【求开 1】：谐音“捏胲”，捏住禽类嗉囊，使其回吐。

⑤揲【低鸡 3】股：当面奚落人。

⑥王子去求仙，仁宗不認母：闽剧里两本戏的内容。

〇八六

傳對告，拿對囚，洗灰對涔[①]油。猪牢[②]對馬閘[③]，猴桶[④]對雞槅[⑤]。鼓督臼[⑥]，棋溜球[⑦]，孤露[⑧]對鮮潮。耳仔像蒲扇，嘴髀[⑨]做飦瓢。那捌天地務聖，莫代兒孫作馬牛。篡隻單身哥鎚[⑩]，騙騙騙，騙來做鼎片；討條課黎婆盪[⑪]，搖搖搖，搖去買土苗[⑫]。

注释：

①涔【气宾5】：褩，斟倒。

②猪牢：猪圈。

③馬閘：马圈。

④猴桶：吊桶。

⑤雞槅【低秋5】：鸡窝。槅，指橱。

⑥鼓督臼：圆弧形深凹。

⑦棋溜球【气秋5】：弯曲蜷缩成团。

⑧孤露：指父母双亡。

⑨嘴髀【边西2】：腮帮。

⑩單身哥鎚：单身汉。

⑪討條課黎婆盪：找个疍民女子撑的小舟。

⑫土苗：一种海产食品。

〇八七

癬對瘡，疤對痦[①]，開花對結子。潭蝨對水蜞，毫猪對喇鯉[②]。尅嘴頭[③]，換能齒[④]，承情對講理。田塍做枕頭，井欄當班指。攙鵸伓使箸懷鹽[⑤]，偷鶏也着一把米。逢仫都想唐僧其肉，香噴噴偐債來；這货野像劉老身屍，裔流流輔阿起[⑥]。

注释：

①瘔【波之2】：疕，伤口愈合结痂。

②喇鲤：指穿山甲。

③尅嘴頭：出言不善。

④能齒：乳牙。

⑤伓使箬懷鹽：无需多少盐。

⑥裔【莺桥2】流流輔【非孤7】阿【莺歌1】起：软绵绵的身子难扶起。裔，指弱；輔，指扶。

〇八八

平對正，淡對濃[1]，窄窄對重重[2]。貼金對拍錫，换玉對爬銀[3]。泊壁蟹[4]，過山龍[5]，落薄對興隆。風吹單條竹，雷拍萬年松。猪胶故加佬虎手[6]，鹅牳僆對番鴨雄。有福同享，有祸同當，三日風故兼二日雨；是金便赤，是银便白，十家富難濟一家窮。

注释：

①濃【日银5】：“浓”的白读音。

②重重【他银5】：重重叠叠。

③爬銀：制银工艺。

④泊壁蟹：壁虎。

⑤過山龍：中药材名。

⑥佬虎手：虎腿。

〇八九

倒對攲，爬對跪，出匡對落枘[1]。並且對當然，務多對故昧。大八成，長一位[②]，漢寬[③]對带累。死蛇遠遠拖，共犬平平吠。一等光棍朱匡龍，百萬家财康華瑞[④]。福清哥講大話，獅仔拍破葫蘆瓶；下南[⑤]兄發洋財，猪姆也帶金耳墜。

注释：

①落枘【日杯 7】：子母缝对接。

②大八成，長一位：旧时捐官，现银交足八成即可提前得到缺位。

③漢寬：请求宽容。漢，指喊。

④朱匡龍、康華瑞：皆清代演义中人物。

⑤下南：指闽南。

〇九〇

唆[①]對啄，攞對抓，拔竹對調瓜。魚頭對猴耳，犬爪對猪脬。拍達達，做哇哇[②]，接印對掛巴[③]。幾條靈香草，包放牡丹花。黄牛莽哀三策骨[④]，祡犬僯管百人家。做好做呆，諸娘仔贼伓偷鞋面，也偷鞋帛[⑤]；不倫不類，朋友親家昧食鷄習[⑥]，先食鷄胶。

注释：

①唆：指鸭禽类寻食实物的动作。

②拍達達，做哇哇：戏剧舞台音乐。

③接印、掛巴：戏剧舞台动作。

④莽哀三策骨：即便瘦也有三筐骨头。莽，指即便；策，量词，筐。

⑤鞋帛：鞋拔子。

⑥鷄習：鸡翅。

〇九一

早對遲，希對罕，條[1]鹽對趁泔[2]。破爛對光鮮，奢華對儉省。輕重頭[3]，大細眼，醋婆[4]對茶仔[5]。務菜伓偺菰[6]，毛鉠拍破鼎。伓僫仈時也僫錢，不怕官來只怕管。頂[7]水難淌，頂湯難滾，後浦奶阿[8]出宫；見糟就醉，見錢就戕[9]，關老爺抱逮[10]井。

注释：

①條【低沟 5】：指调拌。

②趁泔【莺山 2】：掺着米汤。

③輕重頭：一担物体两头轻重不一。

④醋婆：醋罐。

⑤茶仔：茶杯。

⑥菰：野菇、杂菜。

⑦頂：等，等待。

⑧阿【莺歌 1】：慢吞吞。

⑨戕【出光 5】：蹲下，喻贪婪。

⑩逮【低开 7】：指丢弃。

〇九二

烘對浸，澀對乾，拔直對亞灣[1]。落身[2]對遷世[3]，蕩路[4]對討關[5]。十錦素[6]，三缸青[7]，入利對貼搬[8]。牛頭配着九[9]，馬腦占過三[10]。鬣圭[11]故驚乞湯託，鴨卵莽密務仔生。佬虎偺苦蠅，兩塊半蕃薯粿塞齵角；安蜂[12]拖家蠟[13]，七錢二頭髮線㦸[14]胶單[15]。

注释：

①亞灣：拗弯。

②落身：流产。

③遷世：逝世。

④蕩路：谐音“断路”，不再来往。

⑤討關：打通关系。

⑥十錦素：小菜名。

⑦三缸青：酒名。

⑧貼搬：贴钱让人搬迁。

⑨牛頭配着九：赌牌行话。

⑩馬腦占過三：赌牌行话。

⑪蠻【非郊 3】圭【非鸡 1】：谐音“蚩桸”，用蚩壳制作的瓢。

⑫安蜂：谐音“桁蜂”，木屋桁间的小蜂。

⑬家蠟：谐音“家蝲”，蟑螂。

⑭㦸【波欢 8】：指披挂。

⑮胶單：脚后跟。

〇九三

式對形，模對像，溫馴[1]對漂亮。佡[2]麫對搶糖[3]，唱湯對辭飵[4]。窮秀才，野和尚，開刀對舞杖。在伊請毛辭，邀[5]汝去又遠。一身猫疽躐躐梢[6]，半盲狮疥爬爬癢[7]。隙虧做[8]快活倫，胼脊骨[9]務蝦坧許灣[10]；暴乍富欺負伙，目周子共蠣肚一樣[11]。

注释：

①溫馴【时春 7】：温顺，循良。

②飲【出之 3】：指喂食。

③糬【曾西 1】：有米馅的糍类食品，常做供品用。

④唱湯、辭飦：皆民俗给逝者象征性进食的仪式。

⑤邀：搀扶或带领。

⑥一身猫疸躐躐梢【时郊 1】：身上长疸像被猫抓一样难受。

⑦半盲狮疥爬爬癢：半夜里疥疮痒得像狮子抓一样。

⑧隙虧做：辛苦干活。

⑨胼脊骨：脊柱。

⑩務蝦坵許灣：像虾蛄那样弯。

⑪目周子共蠣肚一樣：眼珠子瞪大像牡蛎肚一样。

〇九四

賠對塾，減對添，肚尾對胶尖。刁才對撇曰，達土對抒天[①]。大細嫰[②]，鹹酸甜，苦惱對冤慦。猴袋儘僻[③]袋，猫鞭自細[④]鞭。猪膽拍破一腹苦，羊肉毛食滿身膻。頭鬧[⑤]價捫着耳邊花[⑥]，燒啦香拍倒佛[⑦]；毛捲[⑧]僻揷呢纏心燭[⑨]，過的海就是仙。

注释：

①刁才、撇曰、達土、抒天：皆为“笔画”的口语说法。

②嫰：小。

③儘僻：很会、真会。

④自細：本就细小。

⑤頭鬮：杆秤第一纽。
⑥耳邊花：杆纽边的铜花。
⑦燒啦香拍倒佛：传说朱元璋烧香，却拜倒了佛像。
⑧毛捲：毛孔。
⑨纏心燭：也叫灯芯烛，供神的蜡烛。

〇九五

盪對挨[①]，鈎對攬，雜條[②]對古板。勢[③]尾對抽頭，通腸對破膽。十一鬚，二五眼[④]，解衰[⑤]對貪懶。房桶簡妝燈[⑥]，草鞋包袱傘[⑦]。碰着場面做糖酸，想起世情傑泔醆[⑧]。鷄上斤，仔上十，攙鹹價下箬壞鹽；糠養猪，米養仏，食餅那漢伓使瀾[⑨]。

注释：
①盪【他釭3】、挨【莺西1】：均指撑船动作。
②雜條：形容花样多。
③勢【时鸡3】：接续。
④十一鬚，二五眼：喻人做事不着调、差劲。
⑤解衰：捣乱、作弄人。
⑥房桶簡妝燈：泛指嫁妆物件。
⑦草鞋包袱傘：泛指随身行李。
⑧泔【莺山2】醆【曾声2】：指如同米汤寡淡无味。
⑨食餅那漢伓使瀾：吃饼还以为不要口水吞，喻以为做事容易。瀾，指口水。

〇九六

纍對笨，巧對俚[①]，黄腫[②]對白麻[③]。慢行對請坐，着踢對趁爬。錢爐掛[4]，火管傻[5]，鋸角對鑲牙。那上三碗菜，多謝一杯茶。人心不足蛇吞象，家運够衰犬侮猫[6]。東坐坐，西行行，文章將萬[7]做；横爹爹，直奶奶，屎尿毛閒那[8]。

注释：

①俚【柳嘉5】：粗俗。

②黄腫：寄生虫病。

③白麻：白癜风病。

④錢爐掛：烧冥钱的炉。

⑤傻【时嘉5】：指扣套，箍。

⑥犬侮猫：猫狗打架。

⑦將【曾光1】萬【莺欢7】：这样。

⑧那：排泄。

〇九七

册對批[1]，憑對據，遮攔對抗拒。剪柳[2]對拍花[3]，做葱[4]對重絮[5]。一當三，五留四[6]，畫師對符使[7]。傖菜[8]強看經，搶標連迸注[9]。親家待仏都毛拘[10]，老板講價做盡漬[11]。女子無才便是福，普庵符抵煞[12]，夫人奶[13]抽籤；郎中自病不能醫，鼻空胶吹簫，喉嚨頭拔鋸[14]。

注释：

①批：书信。

②剪柳：窃取钱财。

③拍花：诱拐儿童。

④做葱：喻不当回事。

⑤重絮：反复重说。
⑥一當三，五留四【时须3】：指欺骗，无理纠缠。
⑦符使【时须3】：画符者。
⑧倹菜：吃素。
⑨搶標連迸注：指竞标时全部押注。
⑩毛拘：随意。
⑪漬【曾须3】：指不紧不慢，无所谓。
⑫普庵符抵煞：端午节贴普庵佛符祈求消灾。
⑬夫人奶：临水夫人。
⑭鼻空胶吹簫，喉嚨頭拔鋸：皆形容病态。

〇九八

穌對脆，臭對淵，排布對開張。扒灰對灌水，夾瓦對拍磚[①]。風透透，月光光，倹蔗對咬薑。擔[②]遲莫擔錯，離祖不離腔。無意栽花花不發，有心拍石石務穿。變犬變猪，好仔來填錢，呆仔相欠債[③]；做猫做鼠，窮仏好看命，富仏欲[④]燒香。

注释：
①扒灰、灌水、夹瓦、拍磚：皆建筑行业用语。
②擔【低山7】：错误。
③相欠債：没完没了的欠债。
④欲【莺傕3】：偏爱。

〇九九

炸對浮[①]，炊對翕[②]，青驚[③]對白急[④]。目暗對頭汪[⑤]，空寬[6]對竅失[7]。安竈胶，壓厝脊，遷居對降級。拏寶[8]不居財，閒民無常職。斷氣乍鎮[9]四條釘，養家那靠一本筆。老爹死寂寂寞寞[10]，手指莽硬價做門宣[11]；烏龜叫奇奇呱呱，股穿竅鹹[12]拍破水滴[13]。

注释：

①浮【波孤5】：烰，油炸。

②翕【非宾4】：熻，煨焖。

③青驚：惊骇。

④白急：干着急。

⑤頭汪【莺光1】：头晕。

⑥空【气东1】寬：指大嗓门（贬义）。

⑦竅失：失智。

⑧拏寶：人名，出自《闽都别记》。

⑨鎮【低宾3】：指钉入。

⑩老爹死寂寂寞寞：熟语，上半句是“奶奶死钦钦磕磕”。

⑪門宣：门闩。

⑫竅鹹：翘高。

⑬水滴：研墨时给水的文具。

一〇〇

棢對堵，柱對梁，直透對横量[1]。鑄錢對駁票[2]，辦酒對完糧[3]。黄燜鴨，紅燒羊，碰壁對騎墻。枇杷倜滚斗[4]，芋卵插[5]香櫞。一猪二鷄三伲使，七龜八蟹六狀元。坐地分贓，王伯當招親，死跟李密；看天倹飦，諸葛亮拜斗，僻碰魏延。

注释：

①直透、横量：皆指屋架构建。

②駁票：旧指到钱庄银票互兑。

③完糧：指缴纳土地税。

④滚斗：指一种乔木果实。

⑤插：比喻干预。

一〇一

認[①]對包[②]，中[③]對保[④]，破鑼對巧鎖。拿字[⑤]對請封[⑥]，過文[⑦]對起稿。耶耶胡[⑧]，撵撵寶[⑨]，代書對赶考。拍快伓見輸，爬𫇿就跋倒。倒運遇着白虎肞，得財渴[⑩]隻金鶏㹀。虎死成伙，伙死成虎，上台容易下台難；龜莫笑鱉，鱉莫笑龜，東廍看見西廍好。

注释：

①認：辨别。

②包：包容。

③中：中间人。

④保：担保人。

⑤拿【日鸡 8】字：斟酌用字。

⑥請封：请求封敕。

⑦過文：走过场。

⑧耶耶胡：乐器椰胡。

⑨撵【柳天 2】撵寶：玩具陀螺。

⑩渴【气山 4】：拾，捡到。

一〇二

尖對秃，曲對灣，平八[①]對再三。修胶對接骨，剃面對爬腁。金龜母，土鷄精，搬架[②]對搖攤[③]。務請務篤銃[④]，莽拍莽翻參[⑤]。露水夫妻伓成代[⑥]，酒肉朋友毛相干。目周儥隙[⑦]一粒沙，伏毒膘[⑧]匼死親家母；喉嚨也生兩個管，白直骨[⑨]骾倒興化兄。

注释：

①平八：指荡平。

②搬架：旧时福州人称推拿按摩。

③搖攤：指赌博。

④篤【低春 4】銃【出银 3】：抵牾。

⑤翻【非欢 1】參【出声 1】：逆反。

⑥伓成代：不成事。

⑦儥隙【气宾 4】：不容。

⑧伏毒膘：贬称阴毒之人。

⑨白直骨：白力鱼多刺。

一〇三

駛對撐，搖對盪，帮鋪[①]對扛槓。縛把[②]對翻梢[③]，強梁[④]對尖壯[⑤]。眉毛菁[⑥]，頭髮亂[⑦]，全來對冒降[⑧]。討姆換衣裳，養仔算飦頓。親家講話務斤身[⑨]，老板發財毛科算[⑩]。講够活靈活現，七驚八驚狐狸猫成精；管依變好變呆，一寸二寸老鼠仔去困。

注释：

①帮铺：与人合铺。

②缚把：捆绑。

③翻梢：翻本。

④強梁：强劲有蛮力。

⑤壯：钻，指钻营。

⑥菁【出声 1】：美好。

⑦亂【日缸 3】：蓬杂不齐。

⑧冒降：突然来到。

⑨斤身：分量。

⑩科算：预先筹算。

一〇四

揑對掏，□對趁[①]，野心對高興。見影[②]對當痕[③]，倒思對參證[④]。口頭禪，手尾勁，出聲對失信。閒頦[⑤]講價完，短命叫毛應。銀錢是白目是烏，傀儡换頭仈换面。久病床前無孝子，傮爬够頭顶當[⑥]裂窩[⑦]；情人眼裡出西施，伓驚伊骨犖下[⑧]臭陰[⑨]。

注释：

①趁：指赚。

②影【莺缸 2】：喻苗头。

③痕：防，防备。

④参證：参与事件中。

⑤閒頦：嘴闲。

⑥頭顶當：头顶正中。

⑦裂【柳鸡 2】窩：坐窝，喻受欺负。

⑧骨犖【柳春 4】下：胳肢窝。

⑨臭陰【莺宾 3】：指狐臭。

一〇五

噴對吹，呛[①]對嚼，鋪攀對忽略。痰累[②]對尿馨[③]，能痕對瀴渤[④]。搭搭柯[⑤]，當當橛[⑥]，塌臺對落局。偷食橄欖鹹，看見枇杷箬[⑦]。鯉魚落鼎目乍[⑧]開，春蠶作繭身受縛。嗄心共藍季子伊奶毛二様[⑨]，犬肉價上蹄盤；這面比猴聖王表妹故禮兼[⑩]，猪肝袍當[⑪]麫餑[⑫]。

注释：

①呛【出缸 5】：指大吃，贬义。

②痰累：痰多。

③尿馨【非声 1】：尿臭味重。

④瀴【柳山 2】渤【波光 8】：唾沫。

⑤搭搭柯【气歌 5】：刚刚好。

⑥當當橛：正当中那块。

⑦看見枇杷箬：典出《闽都别记》。（看見枇杷箬，想起亲娘舅）

⑧乍【曾奇 7】：才。

⑨嗄【非奇 5】心共藍季子伊奶毛二様：戏剧《蓝季子故事》，喻狠心后娘害前妻子媳。嗄，指那。

⑩故禮兼：更难看。

⑪袍當：谐音“簸弄”，指滚粘。

⑫麫餑：面包屑。

一〇六

湔[①]對濾[②]，澤[③]對瀧[④]，皮蛋對肉绒[⑤]。抽菁[⑥]對炒麥，覆竹[⑦]對纏松[⑧]。狐跟貴，猫投窮，嘴角對牙齦。一喝變作鴨，僣講活成龍。天眼乍開務一线，地皮僣滚去幾重。老爹發發财财，請伙客何在一雙箸；少爺大大氣氣，刣郎罷故着三分銀。

注释：

①湔【曾天 1】：洗涤。

②濾：过滤。

③澤【低灯 8】：滴干水分。

④瀧：沾渍。

⑤肉绒：肉松。

⑥抽菁【出声 1】：抽芽转青。

⑦覆竹：竹制抱柱联。

⑧纏松：谐音“缠龙”，指纠缠。

一〇七

張對袻，□對妝，嘴臭對胶酸。企邊[①]對看底[②]，格外對带中[③]。禁尿[④]桶，破粹缸、清□對燥湯。乞伙掌嘴髀，養仔毛股穿。蛹蟻大王鶏角指[⑤]，蟚蜞企弟鵬兄烟[⑥]。和尚管一個包，南無阿彌陀佛；陶代搭三層桌，太乙救苦天尊。

注释：

①企邊：旁观。

②看底：看底牌。
③带中：当中。
④禁【求灯 8】尿：为小儿把尿。
⑤蛹蟻大王鷄角指：分别指小拇指、大拇指和食指。
⑥鵬兄烟：香烟牌子。

一〇八

冲[①]對破[②]，塞對通，保舉對誥封。闔前對顧後，坐北對朝東。牙關硬[③]，額島崩[④]，解癮對開葷。儺詛即管詛[⑤]，好皴又怀皴。表子假做先生母，皇帝看鄭保長公。伊奶去虚[⑥]，做生日請啦歁伲婿[⑦]；這仔毛救，急驚風[⑧]碰着慢郎中。

注释：
①冲：犯冲。
②破：破戒。
③牙關硬：牙关咬紧。
④額島崩：额凸。
⑤儺詛即管詛：叫人尽管发泄。
⑥伊奶去虚：损人话，指不该做。
⑦歁伲婿：傻女婿。
⑧急驚風：抽风急症。

一〇九

遑[①]對迫，歇對停，務式[②]對做形[③]。象裝[④]對猫雜[⑤]，馬報[⑥]對鶏淫[⑦]。水佳蠟[⑧]，金菩蠅[⑨]，樂助對歡迎。萬般都是命，半點不由人。結髮百年爲夫婦，舉頭三尺有神明。老爹老爹，儕聽佬媽嘴榮華富貴。菩薩菩薩，不及地頭神顯應威靈。

注释：

①遑：急忙。

②務式：有样子。

③做形：装模作样。

④象裝：像模像样。

⑤猫雜：杂七杂八。

⑥馬報：快马报信。

⑦鷄淫：早泄的别称。

⑧水佳蠟：水蟑螂。

⑨金菩蠅：金苍蝇。

一一〇

湓[1]對塗，磨對洗，查親對送禮。挑剔對張羅，歸除[2]對開解。紅歧嗥[3]，白洸晥[4]，長琅[5]對矮睥[6]。這話伓使提，務錢毛内買[7]。菜補醬樾[8]拜先生，尾蒂蹄科[9]謝娘奶。三頓泔花醪[10]莽禮過[11]，掃帚柄磕頭[12]；原桶蝦鮮滷迸出來，布袋根斗底[13]。

注释：

①湓【莺春3】：揾，蘸湿。

②歸除：珠算中除法。

③紅歧【求之5】嗥【求歌3】：红彤彤。

④白【边灯8】洗【时西2】睨【语西2】：白眼斜视。
⑤長琅：高个。
⑥矮睥：矮子。
⑦毛內買：无处买。
⑧菜補醬樾：腌萝卜和酱瓜。
⑨尾蒂蹄科：猪尾骨和猪腿肉。
⑩泔花醪【柳歌5】：稀米汤。
⑪莽禮過：将就地过。
⑫掃帚柄磕頭：喻体弱无力。
⑬布袋根斗底：指存货已尽。斗，指抖。

———

拍對吹，褒對許，官親對神主①。冷拌對生炊②，紅燒對白煮。活烏龜，死老鼠，訴牌③對洩語④。命好做夫人，量小非君子。莽仔⑤收成看仲秋，荔支中倃過小暑。做官福蔭鄉里，大模大樣，的着⑥保護奴；毛仔怨誕⑦祖宗，行後行前，好藝⑧思量汝。

注释：
①神主【曾须2】：亡者牌位。
②生【出声1】炊：生米炊饭。
③訴牌：福州曲艺评话中曲牌的唱词。
④洩語：冷言冷语。
⑤莽仔：晚稻。
⑥的【低宾4】着：逮着。
⑦怨誕：埋怨。

⑧好藝：好不容易。

一一二

衰對佬，腐對羸[①]，矮嫩對魁巍。通融對輪活[②]，調動對炎圍[③]。半硬軟，包來回，苦筍對酸梅。火鉗做轎槓，燈芯當鼓鎚。㛿仈儥經三回惹，光棍那篆一重皮。膘手頭抹瀇假精，慍戇做慍戇着[④]。令核子泡茶好幸[⑤]，喇渣[⑥]食喇渣肥。

注释：

①羸【柳杯5】：羸弱。

②輪活：灵活。

③炎圍：调解，通融。

④慍戇做慍戇着：喻傻干碰巧成功。

⑤幸【非灯7】：臭味。

⑥喇【柳嘉2】渣【曾奇1】：肮脏。

一一三

密對疎，鬆對塾[①]，調停對打辦。軟主[②]對衰家，前門對後殿。單單批[③]，嘖嘖唸[④]，貼金對染靛。腹老通[⑤]肘通，拳頭硬拍硬。伲婿寄批乞傳仈[⑥]，宰相轉厝拜知縣。討討討，討啦古董㹌[⑦]，逝屎[⑧]滿眠牀；行行行，行够福州城，搬胶過門限。

注释：

①塾【低灯7】：指坚硬。

②軟主：弱主。

③單單批：喻正对路。
④啧啧唸【日灯 7】：常念叨不休。
⑤腹老通【他春 1】：喻思路灵活、变通。腹老，肚子，指头脑。
⑥伲婿寄批乞傳伙：女婿寄信给丈人。
⑦古董悔：喻肥胖女人。
⑧逝屎：乱遗屎。

一一四

喘對哼，哮對嘔，生腥[1]對噶垢[2]。辯駁對串通，遮攔對把繞。傖碰丁，拍荡卯[3]，鑲牙對請口。頭腦拍顶千[4]，股穿跋参九[5]。家伙一場盪盪光[6]，媒伙七處臂[7]臂走。去街那屎拍粪齪[8]，乞其仔都價開祠堂門；騎馬具杖鋪绵花，過啦關故着拜崑崙斗[9]。

注释：
①生腥【时宾 1】：生鉎，生锈。
②噶【求山 8】垢：积累污垢。
③拍荡卯：喻被除名。
④拍顶千：头朝下，颠倒着。
⑤跋参九："参九"谐音"青垢"，指摔到身上瘀青。
⑥盪盪光：精光。
⑦臂【边鸡 3】：指跑。
⑧粪齪：粪便垢。
⑨騎馬具杖鋪绵花，過啦關故着拜崑崙斗：喻要多重保险，过分求稳。

一一五

娼對婊，贼對官，看鋪對排攤。五魁[①]對四喜，八寶[②]對十歡[③]。兩胶轎，三條簪，倒桶對扛棺。課黎九十七，監生百八三。羅經朝着廿四向，算盘拍够十三欄。福清哥扛轎去城，看底[④]大篤[⑤]看底馬糞；鄉下嫂擔柴落崎，碰呵空手碰呵胶單[⑥]。

注释：

①五魁：科举中五经之首。

②八寶：宗教中八种宝物。

③十歡：“十番”福州地方音乐的一种。

④底【低西 2】：语气词。

⑤大篤：指犬。

⑥胶單：脚后跟。

一一六

渊[①]對漠[②]，滥[③]對渾，馬椅對龍船。門公對縣伯，酒鬼對書僮。邁黄狀[④]，補白裙[⑤]，生相對亡魂。葷其十锦素，白的千日紅。南風不出三日雨，滿天那看五色雲。定定着着[⑥]趁[⑦]俩個錢，公衆糞坑儺那公衆屎；平平安安食三頓飯，各仏燈馬[⑧]那照各仏房。

注释：

①渊【莺香 1】：腐臭。

②漠【蒙缸 4】：腐烂。

③濫【柳山7】：指湿。

④邁黄状：背着黄色诉状申冤。

⑤補白裙：旧时妇女送葬时穿白裙。補，穿。

⑥定定着着：老老实实。

⑦趁：指赚。

⑧燈馬：油灯。

一一七

横對倄①，薄對輕，豆腐對漿冰②。開樽③對搬佽④，接轎對跟燈。鄉下妹，嶺表兄⑤，太歲⑥對魁星⑦。沙面元寶额⑧，油嘴剃刀心。跑去西天拜羅漢，赛過南海活觀音。蝨姆<u>又</u>価，頭髮<u>又</u>毛，伲仔哥伓成劑⑨；鞋鼻相交，門風相對，姑舅表好做親。

注释：

①倄【出奇7】：笡，歪斜。

②漿冰：冰糖。

③開樽：办酒席。

④搬佽：搬运嫁妆。

⑤嶺表兄：旧时贬称山里人。

⑥太歲：值年的星君。

⑦魁星：掌文运的星君。

⑧沙面元寶额：麻脸且额广而凹。

⑨伓成劑：面粉或米浆合不成团，喻不好调教。

一一八

鋤對莗[1]，糴對犂，毛鄭[2]對真齊[3]。烏獅對赤豹[4]，青蛤對黄蜚[5]。牛角管，虎頭牌，懶鷺[6]對穲魔[7]。師父補皮褲[8]，伲仔拍草鞋。此處收買烏龜尿[9]，本店寄賣白馬蹄[10]。自運雲貴川廣南北道地藥材，駜包包鲫棃棃[11]；精褙唐宋元明古今名人字畫，麂掛掛貌排排[12]。

注释：

①莗：锲，割草砍柴用的弯刀。

②毛鄭：没错。

③真齊：整齐。

④烏獅、赤豹：皆狗的称名。

⑤青蛤、黄蜚：两种青蛙。

⑥懶鷺：邋遢。

⑦穲魔：挑剔话多。

⑧補皮褲：指光腚。

⑨烏龜尿：可入药。

⑩馬蹄：荸荠。

⑪駜【边之1】、鲫：皆语气词。

⑫麂【求之2】、貌【波之2】：皆语气词。

一一九

詛對呻，唔[1]對喝[2]，合蝦[3]對扁鴨。兜骨[4]對孔毛，齊眉[5]對踐甲[6]。簸箕紋，斗笠煞[7]，腰包對手塌[8]。毛面見天尊，割膘供菩薩。野像表爺倌鼻烟，昧見小鬼補背搭。一個嘴儘呵僯牌榄[9]，矮仔拍報單[10]過城門；八字胶好藝禮兵班[11]，課黎儥泅水嫌江窄。

注释：

①唔【语孤 1】：絮叨。

②噶：吆喝。

③合蝦：淡水虾。

④兜骨：谐音“脰项”，指脖子。

⑤齊眉：女子刘海。

⑥蹉【曾天 2】甲：手指甲。

⑦斗笠煞：挂斗笠蓑衣辟邪。

⑧手塌：袖套。

⑨儘呵僯牌榄：很会狡辩反复无常。

⑩拍報單：送报单。

⑪八字胶好藝禮兵班：八字脚好不容易摇摆着行走。

一二〇

旺對生，傷[1]對尅[2]，捐班[3]對換帖[4]。絮絮[5]對紋紋[6]，欹欹對側側。串心爿，對面格[7]，封條對綵結[8]。轉厝尋地方[9]，出門看天色。大半一家一行形，本來務貨務仈捌。快活肘痛[10]，嫖賭飲鴉片拳頭伬；苦楚難挨，癆膨[11]膈羊眩痔瘡血。

注释：

①傷：伤害。

②尅：相克。

③捐班：旧指捐钱买官。
④換帖：交换庚帖结拜兄弟。
⑤絮絮：慢慢吞吞。
⑥紋紋：文文绉绉。
⑦對面格：对开襟的衣服。
⑧綵結：张灯结彩。
⑨尋地方：找工作。
⑩快活肘痛：苦中找快乐。
⑪膨：疑作“臌”。

一二一

閏[1]對挨[2]，疲[3]對糕[4]，肝肝對膽膽。滃[5]醋對調油，篤鹽[6]對騙泔[7]。撞木鐘[8]，拍鐵鐧，請安對走反。講話企上風，那尿落古井。伲仔拿來卓[9]飵甑，陶代教伊點油盞。吞又儨裡，吐又儨出，尼姑尿滴葡萄；横伓够濶，直伓够長，和尚頭挺橄欖。

注释：
①閏：慢吞吞。
②挨：拖延。
③疲：疲软。
④糕【蒙山2】：猛烈。
⑤滃【莺春3】：揾，蘸湿。
⑥篤鹽：沾盐。
⑦騙泔【莺山2】：调米汤。
⑧撞木鐘：做事无效果。

⑨卓：双手搬动。

一二二

春對擂[①]，跳對蹚[②]，豈敢對伓存。投軍對做陣[③]，合算對充行[④]。奴才餶[⑤]，伲仔糖，拍破[⑥]對對搪[⑦]。歉哥望小姐，和尚做新郎[⑧]。好鐵價經三爐火，圓鼎晡對四角甑。呼鼻心[⑨]像觀音，月裡孩兒新來新婦[⑩]；曲腿[⑪]柄跳羅漢，地下蘇杭天上天堂。

注释：

①擂：捣碎。

②蹚【低釭 5】：顿脚。

③做陣：结伴。

④充行：充内行。

⑤奴才餶【求釭 4】：面疙瘩。

⑥拍破：打破。

⑦對搪：折断。

⑧歉哥望小姐，和尚做新郎：戏曲剧目名。

⑨呼鼻心：贴高鼻梁。

⑩月裡孩兒新來新婦：形容新来人宝贝。

⑪曲腿：谐音“傀儡”。

一二三

抹對塗，梳[①]對派[②]，講盤[③]對開蓋。貫匣[④]對勸盃，提刀[⑤]對扣帶。拍嘴花[⑥]，閏皮菜。遮瞞對蓋載[⑦]。姆嬸尋冤家，夫妻相欠債。如兄如弟真交情，毛仔毛孫做受怪[⑧]。鷄角仔[9]鬥大，轎上也是仏，轎下也是仏；鴨脰骨削箍[10]，碗面一樣菜，碗底一樣菜。

注释：

①梳：梳理。

②派【波开 3】：分派（发型）。

③講盤：商谈价钱或条件。

④貫匣：掼盒。

⑤提刀：护身小刀。

⑥拍嘴花：耍嘴皮子。

⑦蓋載：应该。

⑧受怪：受苦受罪。

⑨鷄角仔：小公鸡。

⑩鴨脰骨削箍：鸭脖子切成段，喻各段一样。

一二四

虛對腫，脹對膨，作疾[1]對爲難。上轎對當塢[2]，肘椖[3]對行枰[4]。胼黨黨[5]，面䵷䵷[6]，吞鶴[7]對拿鰻[8]。江山有日改，天地儥公平。頭髮僻氣條吊直[9]，心肝着拿打單橫。長長飦配噩噩魚[10]，務錢使鬼來挨磨；南南胶[11]騎在在馬，毛事[12]乞仏去畫圜[13]。

注释：

①作疾：搗鬼。

②當塢【莺孤 3】：凑数。

③肘椖【柳催 3】：作对。

④行枰：放行。

⑤胼黴黴：驼背貌。

⑥面蠶蠶：脸色难看。

⑦呑鶴：顺畅。

⑧拿鰻：拿捏不住。

⑨條吊直：直条条竖起。

⑩長長飰配噩噩魚：地瓜饭配鲚。

⑪南南胶：小脚女人。

⑫毛事：不理睬。

⑬畫圞：背后指指点点。

一二五

命對財，衣對食，多疑對久疾。捫搽對搓挪，挖搜對歧襲[①]。夾手摟[②]，對頭逆[③]，做柴[④]對毛蜜[⑤]。先行爬樓梯，那屎戴斗笠。鴨姆生卵填主仫，燕子啣泥空費力。鷄毛神，鷄毛聖，三隻三其排，帯當第的齊[⑥]；蛇郎哥，蛇郎奴[⑦]，一晬[⑧]一生日，講話價平直[⑨]。

注释：

①歧【求之5】襲【时宾8】：指挠痒痒。

②夾手摟：合伙捞财。

③對頭逆：相视无语。

④做柴：心不在焉。

⑤毛蜜：满心欢喜。

⑥帯當第的齊：中间那排最整齐。

⑦蛇郎哥，蛇郎奴：民间故事人物。

⑧晬【曾催3】：一周岁。

⑨講話儣平直：话说不清楚。

一二六

槌對捽，嚗[①]對吱[②]，年結對月支。太婆對表伯，企奶對乾爹。鼻卓卓[③]，嘴攕攕[④]，柴把對竹批。雷公欸[⑤]欸叫，雨妹傻傻施[⑥]。新黨狐狸強過豹，退毛鸞鳳不如鷄。文武打俱全，元寶灰[⑦]僣斛[⑧]四两錫；堯舜胶拔直，青盲算晡屘十歡伬[⑨]。

注释：

①嚗：爆粗口。

②吱：支支吾吾。

③鼻卓卓：鹰钩鼻梁。

④嘴攕攕：嘴唇薄，很会说话，嘴不饶人。

⑤欸【气欢2】：拟声词。

⑥雨妹傻傻施：喻小雨慢慢飘落。

⑦元寶灰【非孤1】：元宝纸钱烧成的灰烬。

⑧斛【非东8】：指提炼元宝灰中金属的工艺。

⑨青盲算晡屘【气声8】十歡伬：乱弹琴的瞎子掺和在十番伬乐队中。屘，掺杂。

一二七

熱對凉，粗對雅，困遲對起早。正好對歪邪，圓當對扁把。两爿光，對搪亞[①]，割烹對煎炒。大王欲傢雞，皇帝拖下馬。死蛇伓[②]臭命伓長，漢馬[③]莽大心莽野。三姑六婆都是熟，閒錢好使，閒話羁[4]聽；七胶八手亂不來，碎做毛工，碎偣價飽。

注释：

①對搪亞：对折，拗断。

②伓：疑作“不”。

③漢馬：谐音“汉码”，指个头。

④羁【求鸡1】：指容易。

一二八

公對牳，角[1]對雞[2]，鬮[3]酱對噶糊[4]。肥猪對歇馬，癲犬對秃驢[5]。去南嶼，游西湖，國卓[6]對邦菩[7]。行船行板透，祭竈祭葫蘆[8]。尾證[9]揀啦毛尾犬，頭符[10]輸去一頭牛。花旦倜扛戲箱借錢，毛尷尬做啦尷尬；掌鞋共賣水鲊講政[11]，偺胡塗即管胡塗。

注释：

①角：幼雏。

②雞：成年雄性。

③鬮【气郊1】：指掺入。

④噶【求山8】糊：糊状分不清。

⑤肥猪、歇馬、癲犬、秃驢：皆贬义形容人。

⑥國卓：壮实，英俊。

⑦邦菩：萎缩，瘦小。

⑧祭竈祭葫蘆：民谚，“葫蘆”谐音“符图”。

⑨尾證：最后机会。

⑩頭符：赌博称赢第一盘。

⑪講政：闲聊。

一二九

蒂對根，枝對桠，死拖對生咬。真澤[1]對假沙[2]，無塗對加泥[3]。毛噶題[4]，僬拍賣，好心對呆話。橫山白石魚[5]，彭海[6]金錢蟹。跛胶知縣[7]見上司，臭頭軍師收徒弟。慢慢食百二頓，請東請西，毛請對面街；長長盲十八更，看上看下，伓看佬郎罷。

注释：

①真澤：谐音“真值”，真值得。

②假沙：装内行。

③泥【日嘉 7】：涂抹灰泥。

④毛噶題：对不上路。

⑤橫山白石魚：黄瓜鱼、白力鱼。

⑥彭海：海边小螃蟹。

⑦跛胶知縣：市井对有脚疾人的戏称。

一三〇

磋[1]對碇[2]，辣對醃，縋惹[3]對難怔[4]。生[5]吞對活剥，死駁[6]對硬拼。永福表，古田兄，作怪對参驚[7]。乞儂行大路，公婆坐後廳。媳婦孝顺台家乇，兄嫂受治[8]細姑精。務這福地務這財，千里來龍，千里結穴；多啦香爐多啦鬼，一百頭犬，一百樣聲。

注释：

①鲢【出歌 1】：鱼腥味。

②龊【低声 3】：臭味难闻。

③缒惹：纠缠不休。

④難怔：谑称没本事强出头。

⑤生【出声 1】：未熟。

⑥死駁：拼死相搏。

⑦参鷩：突然让人惊愕。

⑧受治：折磨。

一三一

嗦①對嚎②，唆③對嘖④，通瓏⑤對活牐⑥。畢駁⑦對甏拖⑧，另掄⑨對習娶⑩。起雙杯⑪，拍七屐⑫，糊倏⑬對讕翝⑭。桶塌毛下箍，船欹多仈跐⑮。五更嘴舌苦雕⑯雕，半日心肝蜜嘍嘍⑰。覆萬竅索猴投餅⑱，壓莽壓，催莽催；倹罷補奶卡撩爹，擔儥擔，掮⑲儥掮。

注释：

①嗦【时歌 4】：小声啼泣。

②嚎：大声哭号。

③唆：教唆。

④嘖【曾声 8】：责骂。

⑤通瓏：变通。

⑥活牐【曾声 8】：灵活处事。

⑦畢駁：快速处置。

⑧甏【他之 1】拖【他开 1】：拖拉办事。

⑨另揜：吊着晃荡。
⑩習【时宾 8】翜【时声 8】：形容快捷。
⑪起雙杯：形容轻功飞奔。杯，指飞。
⑫拍七屐：扯淡，闲谈。
⑬糊倏：快速一闪。
⑭㩳【柳声 4】翖【非声 8】：开裂。
⑮跐【出声 8】：踩，踏。
⑯雕【低沟 1】：苦味。
⑰蜜嘐【蒙声 8】嘐：拟声词，指紧张心跳。
⑱覆萬竅索猴投餅：麻将玩牌语。“萬”牌面朝下，“索”牌面朝上，“饼”打出去。“猴投”指滚动；“竅”指面朝上。
⑲掮【求声 8】：指单肩扛起。

一三二

歡對喜，苦對哀，火柱[①]對刀梯[②]。水槽對柴塔，錢捽[③]對米篩。九五扣，四六開，酒鬼對書呆。目周古董豹[④]，頭髮瓠東獅[⑤]。頭醋價酸二醋薄，上梁不正下梁歪。秤斤撇[⑥]貯蝦鮮，去年借錢，今年錢篆；被鋪墩恰蝗紐[⑦]，上厝管仔，下厝仔乖。

注释：
①火柱：阴间刑罚，也叫抱火柱，即炮烙刑具。
②刀梯：道士施法时的刀梯道具；也指阴间刑罚，上刀梯。
③錢捽：储钱罐。
④目周古董豹：眼球突出貌。

⑤缽東獅：头发卷曲貌。
⑥秤斤擨：秤盘。
⑦被鋪墩恰螲紐：在被窝中捡到吃剩的蛏纽。

一三三

遁對追，邀[①]對逐，圍屏對掛軸。手鐲對頭梳，骨牌對皮褥。肥瓜瓜，硬萷萷[②]，稀奇對粗俗。錢心總晡長[③]，碗底故禮涮[④]。路上行人口似碑，書中有女顏如玉。巧言不如直道，倒東一擔柴，倒西一擔柴；遠親莫拿[⑤]近鄰，手底也是肉，手面也是肉。

注释：
①邀【莺秋 1】：邀请。
②硬萷【气须 8】萷：硬邦邦。
③錢心總晡長：金钱总要想多得，喻贪心。
④涮【求须 8】：指浓稠。
⑤莫拿：莫怪意误会。

一三四

抬對押，稅對租，拍白對擦烏。前尖對後肘[①]，下皂[②]對中箍[③]。耳聾伯，腹老姑[④]，嘴快對心粗。進進肘正正，吊吊對都都[⑤]。開鼎蕃薯波波熱[⑥]，出爐光餅磕磕酥[⑦]。這親母親母該[⑧]，拿啦[⑨]諸娘形，乞伙做玩具[⑩]；毛台家台家偭[⑪]，中的主伙意，便是好功夫。

注释：

①前尖、後肘：皆喻腹背受敌。

②下皂：谐音“下座”，指底层部分。

③中箍：指中间部分。

④腹老姑：会腹语的神婆。

⑤都都：悬垂貌。

⑥波【波初 5】波熱：热气腾腾貌。

⑦磕【气釭 4】磕酥：酥脆样。

⑧親母該：骂人话。

⑨拿啦：故意做作。

⑩玩具：出洋相。

⑪毛台家台家佴：没婆婆，婆婆更多。

一三五

捷對勞，寬對耐，詐欺對冤賴。凑尅[①]對開鬮[②]，當興對落敗。笑迷迷，啼邁邁[③]，把衙[④]對壓寨[⑤]。錢多錢债多，人在人情在。毛男也着靠女傳，是鬼莽當做神傑[⑥]。開井讓大家倉水，真正公平心；掏錢乞仈客起身，伓貪快活代。

注释：

①凑尅：人多还挤入。

②開鬮：走好运。

③啼邁邁：哭哭啼啼。

④把衙：掌控衙门。

⑤壓寨：镇寨。

⑥傑【时开 7】：指供奉。

一三六

槽對枘，蓋對櫳，厚赤[①]對番紅[②]。謝年對減壽[③]，懺斗[④]對投僮[⑤]。噶鼻齈[⑥]，流耳聾，腹桶對胶箐。乞倹寫大字，產鬼討親仏。前世對頭目出火[⑦]，俤仏[⑧]講話嘴生蟲。鄉紳家，自家騙自家，蟆蝴樸[⑨]貼金箔；秋分夜，一夜冷一夜，蠐齧[⑩]叫縮火籠。

注释：

①厚赤：深红色。

②番紅：红色染料。

③減壽：减寿免灾。

④懺斗：拜忏。

⑤投僮：跳神。

⑥噶鼻齈：鼻里流脓、鼻音重貌。

⑦目出火：眼中冒火，喻恨极。

⑧俤仏：谁人。

⑨蟆【蒙嘉5】蝴【非孤5】樸【边歌8】：蜻蜓停泊。

⑩蠐【曾之5】齧【语山4】：拟声词，指秋蝉。

一三七

繳對催，追[①]對比[②]，將其[③]對可以。撩事[④]對帮言，諒情對評理。衰肘衰，喜冲喜，白丸對烏米。薦賢不薦醫，恨生毛恨死。七層寶塔半天喊，百尺高樓平地起。真話毛蠻，卡撩偝惻[⑤]，吞灠着個心肝；少體羈過，欠債難償，偷倹價瞞嘴齿。

注释：

①追：追征。

②比：指限时办事。

③將其：如何。

④撩事：挑事。

⑤卡撩僬惻：开玩笑出格会翻脸。

一三八

填對塞，罩對縵[1]，查夜對看更。横牌對直幅[2]，拜帖[3]對知單[4]。馬王廟，虎婆庵，搿雀[5]對擘蚶[6]。一晡講七姐[7]，單片拍十歡[8]。看命先生半路死，宰相家人七品官。佬公媽含打顛[9]，隔壁厝腹老筋笑撟[10]都伓顧；親兄弟明算數，自家仈頭髮蒂扭緊放禮爭。

注释：

①縵【蒙山 1】：指用薄物蒙盖。

②横牌對直幅：横放的匾额对直挂的条幅或字画。

③拜帖：拜访别人用名帖。

④知單：旧时请客或集会的通知单。

⑤搿雀：抓麻雀。

⑥擘蚶：掰开蚶壳。

⑦一晡講七姐：指一夜说到天明。姐，谐音“早”。

⑧單片拍十歡：一人耍十番乐。

⑨含打顛：装疯卖傻。

⑩腹老筋笑撟【气秋 5】：肚子笑抽筋。

一三九

鉢對鍋，箱對籠[①]，撤痨[②]對挫腫[③]。鶏髻對鴨絨，龍鬚對馬鬃。旗下婆，湖南勇，臭龜對毒蜢。秤尾枰枰犁[④]，鼎頭帕帕滚[⑤]。洋船拍破[⑥]一聲咳，唐書[⑦]僬匀倆截講。卡撩影僬逝尿[⑧]，一百歲儨捧的香盤；拍破硋[⑨]就發財，十三千故零[⑩]啦水桶。

注释：

①籠【柳东2】：竹编的盛器。

②撤痨：肺痨。

③挫腫：扭伤发肿。

④犁【日西5】：指勉强够秤。

⑤帕【波嘉8】帕滚：沸腾貌。

⑥洋船拍破：海船触礁船破。

⑦唐書：指长的评话故事。

⑧卡撩影【莺缸2】僬逝尿：旧传小孩玩自己影子会尿床。

⑨硋：陶瓷制品。

⑩零：疑作“拎”。

一四〇

拖對欠，仗[①]對掏，覆蔽[②]對簸槽[③]。金龜對土鱉，木蝨[④]對火蛾。海獅姆，川驢婆，僧帽對道袍。面睥白都涷[⑤]，嘴舌紅其噑[⑥]。伲仔腹老三斗火，親母胶下七條毛。雷嘴之甜[⑦]，表兄表兄弟，盪褲拿螃蟹；鬼頭毛出[⑧]，逞功逞功勞，牙箸挈蟑螯[⑨]。

注释：

①仗【低光7】：指剩余。

②覆【波春4】蔽【边之3】：覆盖之物。

③簽槽：屋瓦凹面朝上，铺列成槽。

④木蝨：臭虫。

⑤白都凍：煞白。

⑥紅其嗥【求歌5】：发红。

⑦雷嘴之甜：贬称嘴巴甜。

⑧鬼頭毛出：形容捣鬼，不正经。

⑨牙箸挈【求鸡4】蟑螯：用牙筷夹青蛾（蛤蜊），喻难办。

一四一

雜對純，粗對藐[1]，帳眉對門肘。重整對分開，經拖對耐久。敬節糧[2]，討親酒，骨枷[3]對耳鈕[4]。毛勢頭攲攲[5]，僯蠻嘴扭扭[6]。富貴好比及時花[7]，夫妻本是同林鳥。務厝務厝頭，務墓務墓地。仈雜言蠻，一鶨一鶨米；官大氣小，一仔一仔糧。

注释：

①藐【蒙秋2】：渺，微小。

②敬節糧：发给守节寡妇的粮食。

③骨枷：骨制头饰。

④耳鈕：耳饰类。

⑤毛勢頭攲攲：没靠山的头歪着，形容不自信。

⑥僯蠻嘴扭扭：使蛮的发号施令。

⑦及時花：一放很快就灭的小烟花。

一四二

膏對汁，粕對渣，摔店①對搬家。學奴②對乞汝③，在我④對添他⑤。尿壶陣⑥，手網巴，倒手⑦對横胶⑧。轉去食泔粥，跪禮賣粩粑。陰陽那隔一重紙，衣食⑨都着四季花。趁官錢，賣私鹽，目周看仈倒倒；俍家飯，捺野屎，胶脾粪屁沙沙⑩。

注释：

①摔店：大拍卖。

②學【莺歌8】奴：礼貌自称。

③乞汝：让你。

④在我：任由我。

⑤添他：无稽之谈。添，指天。

⑥尿壶陣：传说林则徐用此阵打洋人。

⑦倒手：倒卖。

⑧横胶：横插一脚。

⑨衣食：办红白事的回馈礼，讨吉利。

⑩胶脾粪屁沙沙：骂人说空话，自以为什么都懂。

一四三

織對梭，挑①對紡，調查對察訪。螖紐對蚶爿，蝦超②對蠘養③。撤骨窮④，遍身軟，池纏⑤對局轉⑥。草蜢僬掮旗，蜘蛛僨結網。頭髮乍留邏邏環，膘手僬做叶叶管⑦。食够土猫爛醉，捺尿渦韮菜，羁肥；講的死馬縛蹄，放屁成梨花⑧，加響⑨。

注释：

①挑：挑纱。

②蝦超：虾须。

③蠘養：蟹腮。

④撤骨窮：穷到透骨。

⑤池纏：纠缠。

⑥局轉：卷曲。

⑦卟卟管：旧时孩童自制玩具（小竹管内放入湿纸团互射）。

⑧成梨花：像放烟花。

⑨加響：特别响。

一四四

熏對熇①，熾②對煵③，肥大對黨成④。修橋對鋪路，上墓對環城。拍鐵衕，洗銀瞥，辭職對記名。目周乞屎潑，肩頭做路行⑤。做癖三吼四伓應⑥，賭錢十輸九毛贏。偝再⑦一伙飽，儥再倆其空，拍股穿放錢債⑧；那求保平安，伓求增福壽，盪踐胶過火埕⑨。

注释：

①熇【非歌4】：食物放锅里加热。

②熾【出鸡3】：大火炒。

③煵【日声5】：小火炒。

④黨【低釭2】成【出声5】：长成。

⑤肩頭做路行：卖苦力。

⑥做癖三吼四伓應：耍脾气，怎么叫都不搭理。
⑦傩再：宁可。
⑧拍股穿放錢債：喻打肿脸充胖子，装阔放债。
⑨盪跷胶過火埕：打赤脚过炭火埕。跷，指跳，打赤脚。

一四五

琢對雕，披①對削，大裁對碎剥。斬草對穿花，跪香②對挺燭③。買買燈，籠籠粟④，多長⑤對欠缺。仫客長股穿⑥，姑婆毛頭髮。世事繁華鏡裡花，自家打掃門前雪。果然務天意，雷伓拍粪船，火伓燒營房；都講好人家，男莫學三國，女莫看小說。

注释：
①披【波鸡 1】：劈削。
②跪香：旧时求神拜香。
③挺燭：举烛，信俗活动中的仪式。
④買買燈、籠籠粟：福州童谣句。
⑤多長：比原计划多出的。
⑥長股穿：长坐不走。

一四六

衝對撞，抵對當，覆鼎對圍莊①。伯公對娘舅，姊俤對姑孫。呵絡下②，囫圇吞，艮顶對坎中③。企弟竹仔撥，親戚薑姆酸。近廟欺神單不信④，賠錢解賊隻是倉⑤。餓又餓，寒又寒，哺發一帮財，着倹烏龜飰⑥；病做病，藥做藥，若是他人母，必用白虎湯⑦。

注释：

①覆鼎、圍莊：皆赌博术语。

②呵絡下：滑落下。

③艮顶、坎中：皆赌博术语。

④單不信：固执不相信。

⑤倉：指错事。

⑥着傦烏龜餙：要靠出卖家人肉体发财。

⑦白虎湯：以生石膏为主的一剂猛药。（出自医家传说，后两句为“因是亲生母，实在不敢当”）

一四七

友對親，師[①]對伙[②]，鳌金[③]對缴火[④]。麵粉對棗泥，肉丸對糖粿。跑馬場，泛船浦，領班對散夥。花盆正好埋，炭甕毛内躲[⑤]。膘手僘講蛇葝[⑥]長，令脬拍破橘皮補。佬虎又來，草鞋帶拍黨，時衰鬼弄人；鱟鶏[⑦]毛柄，水管仔當權[⑧]，家敗奴欺主。

注释：

①師：师父。

②伙：伙伴。

③鳌金：旧时征税，为百分一税金。

④缴火：上缴火耗。

⑤躲：装，藏。

⑥蛇葝：一种细长丝瓜。

⑦鱟鶏：鲎壳制的舀物厨具。

⑧水管仔當權：水管，即水瓢。本处说反，应为“水管毛柄，鬻桸當權”，常用以比喻家政权力倒置。

一四八

漿[1]對蠟[2]，漆[3]對朱[4]，出帳對帮鋪。抄裙對紮褲，盪帽對補靴。日暈蕩[5]，星離渦，鬥快對服輸。紅白都昧見[6]，頭尾毛內摺[7]。牌哥毛共猪見貨，娭仈野像猫討珠[8]。大頭靠[9]傢西瓜，引路龍[10]僯戳[11]野猫衕；韞駝胼[12]拍滚斗，巴話鳥[13]單占客鵲窠。

注释：

①漿：上浆。

②蠟：打蜡。

③漆：刷黑。

④朱：上红。

⑤日暈【莺光 7】蕩【低釭 7】：民谚，日晕预兆下雨。

⑥紅白都昧見：好坏都未现。

⑦頭尾毛內摺：摸不着头绪。

⑧猫討珠：团团转。

⑨大頭靠：戏称人头大。

⑩引路龍：黄鼠狼。

⑪戳【出歌 8】：踔，窜。

⑫韞駝胼：驼背。

⑬巴話鳥：八哥鸟。

一四九

驗對徵，傳對領，辭行對弔請[1]。頦脫[2]對胼灣，嘴歪對胶跛。滑魚湯，烰蠣餅，掌鞋對補鼎。紅青白緑黄，鹹酸苦辣溅[③]。銅刀豆腐兩邊光，芋汁薯湯一下擰[④]。鼻屎糊飰泔刷[⑤]，務做務勞狸風[⑥]；茶豆[⑦]借酒⿰石孛賖，又歇又伓象仔。

注释：

①弔請：丧事中吊请亡灵。

②頦脫【他釭 8】：下巴脱臼。

③溅【曾声 2】：无味。

④擰【日声 2】：指混杂。

⑤鼻屎糊飰泔刷：喻敷衍，不牢靠。

⑥勞狸風：耍性子。

⑦茶豆：旧时土灶边热水的小锅或小罐。

一五〇

顛對混，扼[①]對偎[②]，烏檄[③]對糊蕤[④]。巡風[⑤]對起水[⑥]，放火對燒灰。行毒步[⑦]，做死胚[⑧]，企掮[⑨]對褙坯[⑩]。鄭堂燒火豹[⑪]，張義釣金龜[⑫]。後勇一帮鶏扒杖，頭緒先看馬上吹[⑬]。藍先生騎馬，伊做伊班[⑭]，野像三軍司令；楊壽金倜犬，你作你樂，故勝五子奪魁。

注释：

①扼【莺开 4】：偎偎扼扼。

②偎：遮遮掩掩。

③烏檄【气宾 8】：一种黑色小鸟。

④糊【求孤 1】蕤【曾杯 1】：鹧鸪。

⑤巡風：巡查监视。

⑥起水：船货运上岸。
⑦行毒步：用毒计。
⑧做死胚：装死耍赖。
⑨企掮：竖起房架。
⑩褙坯：贴泥上墙。
⑪烧火豹：谐音“烧火爆”。（民间故事“郑堂烧火爆，除死无大灾”）
⑫張義釣金龜：戏曲故事。
⑬鷄扒杖、馬上吹：皆迎神活动节目。
⑭伊做伊班：让他自装派头。

一五一

嘔對眩，吞對尚[①]，毛名對各樣[②]。彈面[③]對替肩[④]，喊冤對行願[⑤]。糞斗乩，香爐篆[⑥]，倯能對爬癢。除扣就斷銅，毛配伓倯飰。面前講話盡好聽，手裡趁錢儨去遠。徒弟共師父亞手[⑦]，下部夸虛[⑧]；細姑教兄嫂黨臍，內行務傳[⑨]。

注释：
①尚【时光7】：指舔。
②各樣：异样，与众不同。
③彈面：露脸。
④替肩：顶替。
⑤行願：许愿。
⑥糞斗乩、香爐篆：皆求神活动。
⑦亞手：掰手腕，喻对着干。
⑧下部夸虛：底气不足。

⑨務傳【低光 7】：有剩余。

一五二

堆對積，扯對揞[①]，在汝對含伊[②]。鷄糖[③]對鴨擂[④]，猪角[⑤]對猫咪。黄錢紙，白字詩，盪隙[⑥]對開絲[⑦]。蛹蟻[⑧]拜天地，佬虎假慈悲。皇帝晡倫鷄角卵[⑨]，神仙難匌扒蠟[⑩]肐。睹睹出人生[⑪]，花會[⑫]字務頭毛耳；真真講天話，青盲算[⑬]未卜先知。

注释：

①揞【出之 1】：指揪拽。

②含伊：还以为是他。

③鷄糖：小鸡仔。

④鴨擂：公菜鸭。

⑤猪角：公猪。

⑥盪隙：贝壳用热水烫到初开口。

⑦開絲：贝壳类煮到开口露出肉。

⑧蛹蟻：蚂蚁。

⑨晡倫鷄角卵：要吃公鸡蛋，喻强人所难。

⑩扒【边嘉 1】蠟【柳嘉 8】：指不断摇摆。

⑪睹睹出人生：赌局熟语，恰好又是“人生”出彩。

⑫花會：旧时聚众博彩。

⑬青盲算：瞎子算命先生。

一五三

摠對囊[①]，擴[②]對搭[③]，當家對落局[④]。抄紮對鋪攀，帕紗[⑤]

對光縛[⑥]。掌心雷[⑦]，眉毛月，猫哮對羊嚼。一百二層階，五十三對石[⑧]。蕃薯配鶏伓合盤，芋瓠拍犬差一橛。乞伙道毛乞伙號[⑨]，雙料忘八烏龜糖；救的病也救的窮，一囷[⑩]雜症老鼠藥。

注释：

①揔【曾春2】對囊【日缸5】：旋转铜钱让猜正反面。

②擛【蒙嘉1】：用手抓物。

③搭【柳光8】：用手扫物。

④落局：落入圈套。

⑤帕紗：随意摆排，也指大手大脚。

⑥光縛：羁绊，受限。

⑦掌心雷：道家拳法。

⑧一百二層階，五十三對石：皆指乌山风景。

⑨乞伙道莫乞伙號：让人称道，而不让人背后讥讽。

⑩一囷【气银5】：一堆。

一五四

擒對亞[①]，挈[②]對挪，長禁[③]對硬痾[④]。蒙頭對蓋面，創嘴[⑤]對搧嶅[⑥]。水口粉，厦門桃，煞鼓對停鑼。烏字上白紙，藍衫換紫袍。教仔着教仔本事，做伙毛做伙細婆。拍鐵鼓起凉棚，強中賽過強中手；落油鍋抱火柱，惡人自有惡人磨。

注释：

①亞【莺嘉2】：指拗折。

②挈【求鸡4】：提携。

③長禁：久禁。
④硬痾【气歌 5】：硬熬。
⑤創嘴：口疮。
⑥搞㬠：喉疾失声。

一五五

替對帮，安[1]對倩[2]，拍平對卓正[3]。辛苦對丁當[4]，午流[5]對亥痛[6]。打單眩[7]，興頓巘[8]，鋪張對駁迸。鯉魚排等嗤[9]，紙鷂拍黨綫。都是親戚大細倊，那捌公婆祖宗聖。自家文章，別倊老媽，句句中環；旁邊尿缸，帶中金剛，真真難看。

注释：
①安：强迫。
②倩【出声 3】：雇佣。
③卓正：扶正。
④丁當：停当。
⑤午流：无聊。
⑥亥痛：拖拉。
⑦打單眩：晕头转向。
⑧興頓巘：前俯后仰。
⑨排等嗤：翻身，鱼肚朝上。

一五六

楦[1]對墊，座[2]對輪[3]，小帽對橫裙。跑街對出店，接水[4]對伴房[5]。夾蝲縫[6]，搓螺紋[7]，蹙指[8]對猜拳。天上九頭鳥，地下五爪龍[⑨]。好柴儨流閩安鎮，大水拍破山東船。生意行一講就在行，鱘比蟹差的価；親戚轉乞伊騙倒轉，鷄共鴨儨夾群[⑩]。

注释：

①楦【时缸 1】：鞋模的木垫子。

②座：坐定。

③輪：轮换。

④接水：在口岸接收客货。

⑤伴房："伴房妈"的简称，喜娘。

⑥夾蛃縫：裂开小缝。

⑦搓螺紋：螺旋的螺纹。

⑧蹩指：伸开拇指、食指、小指互压比输赢的游戏。

⑨九頭鳥、五爪龍：皆指强势，不好惹的主。

⑩儨夾【求山 4】群：不合群。

一五七

剥對抽，坑[①]對勒[②]，钩連對搭截。急谷[③]對揶湖[④]，含沙[⑤]對淘澤[⑥]。化三千[⑦]，做八十[⑧]，病疳[⑨]對生瘧。搢被對尿壶，補靴掏鞋拔。紅紅帳裡出孩兒，長長手網偕做賊。猪姆務的過，猪豚仔帶使[⑩]驚；牛尾莽禮粗，牛股穿遮儨密。

注释：

①坑：坑骗。

②勒：勒索。

③急谷：动弹。

④揶湖：胡说。
⑤含沙：含沙射影。
⑥洶澤：作弄，戏谑。
⑦化三千：指孔子教化弟子三千人。
⑧做八十：旧称妇女八十做寿不吉利。
⑨病痾【求山 1】對生癧：长不大对淋巴生瘤。
⑩帶使：何必。

一五八

犁[1]對致[2]，邁[3]對骯[4]，帮侣[5]對議行[6]。漏瓢對炖鈷[7]，炒鼎對炊甑[8]。乍浦[9]甕，寧波床，回主[10]對過堂[11]。伓儉鷄肝胗，價曉犬腹腸[12]。親母自羨[13]胶腿白，下人那怕手頭長[14]。僻是膘手塞着喉嚨頭，講話歧噶噶[15]；害我心肝驚蕩[16]腹老底，滿厝閙昂昂。

注释：
①犁【柳西 5】：指软磨硬泡，设法达到目的。
②致【低之 3】：指钻营。
③邁：背负。
④骯【气釭 5】：肩扛。
⑤帮侣：帮手。
⑥議行：商议。
⑦炖鈷：炖食物的金属罐。
⑧甑【时釭 5】：炊具。
⑨乍浦：浙江地名。
⑩回主【曾须 2】：丧葬毕送墓主返回。

⑪過堂：神主牌进厅堂供奉。
⑫伓偗鶏肝胗，儥曉犬腹腸：俗指东家没有善待雇工。
⑬自羡【时天7】：自我欣赏。
⑭手頭長：喻偷东西。
⑮歧噶噶：讲话不流畅。
⑯驚蕩：受惊掉落。

一五九

俊對鮮，齊對滿，回心對放膽。掌櫃對添箱，搨針對摔碗。拍聯墷[1]，倒啖鯁[2]，歸還對教管。胶指拍算盤[3]，目周像燈盞。千言萬語伓八[4]聽，三年五載又一款。扛啦壽身亭[5]儥擺尾[6]，只頭跑許頭[7]；關起矮門仔自做伙，大眼看細眼。

注释：
①拍聯墷：侧手翻。
②倒啖鯁：被痰哽堵。
③胶指拍算盤：喻精明算计。
④伓八：不知道。
⑤壽身亭：放死者遗像的小轿子。
⑥儥擺尾：不懂得转弯。
⑦只頭跑許頭：从这头跑那头。

一六〇

舒對暢，涼對原，上輩對同門[1]。占溪[2]對開路，做局[3]對碰場。搬戲板[4]，抱骰盆，守節對從良。威鑾[5]張許大，慍戇死儥完。嘴舌共齗僆相傍，心肝透腹自思量。三爺使四爺，四爺故蓄[⑥]啦下巴手；窮鬼碰餓鬼，餓鬼又犄[⑦]着監齋王[⑧]。

注释：

①同門：连襟。

②占溪【语西 1】：占小便宜。

③做局：设套。

④戲板：戏台板。

⑤威鑾：耍威风。

⑥蓄【非东 4】：雇养。

⑦犄【低东 4】：指遇上。

⑧監齋王：佛寺中监看僧众用斋的僧人。

一六一

鬱[①]對彎，窩[②]對蹲[③]，活埋對死算。正柿對臭桃，破梨對獨蒜。鴨雄聲[④]，鴉片困[⑤]，缺金對全鋼。五朝[⑥]僻出屯[⑦]，七國毛許亂[⑧]。野像八美拍擂臺，哺想單刀劫皇槓[⑨]。成則爲王，敗則爲寇，拍草鞋毛當伊仔生[⑩]；慈不掌兵，義不掌財，燒火厝那漢呢做烘[⑪]。

注释：

①鬱【莺春 4】：指拗弯。

②窩【莺过 1】：蜷缩。

③蹲【曾缸 3】：下蹲。

④鴨雄聲：公鸭嗓。

⑤鴉片困：睡相不好。

⑥五朝：出洋相，不正经。
⑦出屯【低春 1】：过头。
⑧七國毛許亂【日釭 3】：如战国时代那般混乱。
⑨八美拍擂臺、單刀劫皇槓：皆戏剧名称。
⑩拍草鞋毛當伊仔生：喻不肖子不当亲生儿。（伊，这里是语气词）
⑪烘【非釭 3】：指熏蚊。

一六二

汪對邵，薩對倪，清楚對整齊。插標對起價，過秤對掛牌。戴高帽，補緊鞋，丐首①對曲蹄②。出門不認貨，做文價對題。翕翕③僯倠倆碗半，寢寢④够宙⑤一櫥排。老爹自做，奶奶自稱，出關人長偌壞⑥闊；心氣相通，官官相衛，懇恩救難務冬犁⑦。

注释：
①丐首：乞丐头目。
②曲蹄：水上疍民。
③翕【非宾 4】翕：不露声色。
④寢【出宾 2】寢：刚好够。
⑤宙【低秋 7】：指住。
⑥偌壞：多么。
⑦務冬犁：没完没了地求助。

一六三

扣對捐，提對撥，犁巴①對抄紮②。雪鯗對風鰻，火鷄對水鴨。斗底磚，坎爿塔[3]，生成對收煞[4]。能說不能行，所問非所答。毛共伊急心盡寬，伓使你察[5]頭僻𩯁。上句講下句應，務理務爭，務鳥務欄杆；前仈做後仈傳，各家各法，各廟各菩薩。

注释：

①犁巴：麻利，善于做事。

②抄紮：办事精干。

③坎爿塔：碎瓦片垒成的小塔。

④收煞：收尾结局。

⑤察：理睬，插手。

一六四

勦[1]對猛[2]，畢[3]對於[4]，亂做對胡思。熾[5]鷄對餂[6]鴨，刣鬣對鐓[7]猪。半爿目，二撇鬚，鶴膝對猫疽。眼觀手勿動，膽歉[8]心先虛。一年够尾毛出息，七落透後盡寬舒。二三月糟菜墊不[9]腸，毛厝干汝宙廟[10]；十八錢尿壶買啦嘴，務仔送依讀書。

注释：

①勦【出郊 1】：指焯。

②猛【蒙山 2】：喻火力旺。

③畢【边宾 4】：指穷困。

④於【莺须 1】：指舒服。

⑤熾：刺。

⑥餂【低灯 5】：填。

⑦𨭎【低缸1】：指阉割。

⑧歉：指怯。

⑨不：腹。

⑩干汝宙廟：逼着你住庙。

一六五

篦對梳，鉸[1]對剃，關闌[2]對節制。水字[3]對山標[4]，地租對田契。體面錢，像頭戲[5]，行香對上祭。秀才不出門，乞儈做現世[6]。灢呸[7]犬頭空人情，胶踏馬屎藉官勢。被鋪墩[8]蝘紐恰够嘴，何苦掘依奶墓頭；褲斗裡蝨㹃儈自膘，故勝泊別伙門翅[9]。

注释：

①鉸【求嘉1】：剪也。

②關闌：关卡限制。

③水字：指潮汐时间。

④山標：山岭的道路标志。

⑤像頭戲：指傀儡戏。像，指穿。

⑥現世：遭殃。

⑦灢呸：吐口水。

⑧墩【低缸1】：中。

⑨泊別伙門翅："門翅"指门枕，喻上门求人。

一六六

叉對挐[1]，勺[2]對涔[3]，碎喘[4]對急淋[5]。添丁對發甲[6]，坐癸對向壬[7]。和尚命，細婆形，抽剔對擔承。鈴搖三設拜[8]，鏡破兩分明。日間不作虧心事，世上應無切齒人。無地自容，饑寒起盜心，飽暖生淫慾；惟天可表，家貧出孝子，世亂顯忠臣。

注释：

①挈【求鸡 4】：椅，夹取。

②勺【出光 4】：歠，大口饮。

③涔【气宾 5】：指斟。

④碎喘：聊天。

⑤急淋：尿频、尿不净。

⑥發甲：科举发榜。

⑦坐癸、向壬：皆堪舆学中方位用语。

⑧鈴搖三設拜：指道士做法事。

一六七

慢對閒，寬對朧①，傳流對奉送。炭簍對灰爈，靛缸對油甕。韭菜園，橘皮巷②，拍圜③對絞哐④。風水生的呆，冰霜毛許凍⑤。快轉外媽去倹糯⑥，莽叫先生來詳夢。毛胶師公坐禮做法，破鑼僻拍的天開；青盲親家防⑦去看燈，舂臼伓存乞水涌⑧。

注释：

①朧【柳东 3】：指空隙。

②橘皮巷：谐音“吉庇巷”。

③拍圜：转圈子。

④絞哐【气东 3】：挖深洞。

⑤冰霜毛許湅【低东 3】：比冰霜还要冷。
⑥快轉外媽去食爑：骂人话。
⑦防：指顾着。
⑧涌【他东 3】：被水冲走。

一六八

燒對劫，殺對剿，出馬對牽猴。皮皮對骨骨，面面對胞胞。七穿井，八角樓，美酒對佳肴。滿街做馬遁[①]，轉厝趁猴投[②]。新人偷食糖鷄角[③]，小鬼昧見大猪頭。親兄弟掏刀，佷少那爭一塊肉；大細婆搖會[④]，輸赢都着六粒骰。

注释：
①馬遁：满街游荡。
②轉厝趁猴投：喻溜回家都来不及。
③糖鷄角：新婚的吉利糖果。
④搖會：摇骰子抽签。

一六九

橘對瓜，柑對柿，盤詩對準謎[①]。過路對排場，游街[②]對企市[③]。馬祖生，楊公忌，剥瘟[④]對澤痢。無事起風波，自然[⑤]謝天地。屁放芋漉毛人聽，尿捺石硤乞汝庇[⑥]。青盲錢鼠偝變枇杷豆荚[⑦]，人生何處不相逢；白蜜黄螺故勝茉莉水規[⑧]，好食那篆只一味。

注释：
①準【曾春 2】謎：猜谜。

②游街：串街售货。

③企市：设摊销售。

④剥瘟：生瘟病。

⑤自然：谐音“猪羊”。

⑥庇【边之7】：嗅。

⑦枇杷豆荚：蝙蝠的别称。

⑧茉莉水規：“水規”谐音“水蛙”，形容蛙腿剥皮烹熟像茉莉花开。

一七〇

挼①對撚②，摘對拉，死對③對生拖④。碗糕對盆結⑤，笏粿⑥對鍋粑。集至菜⑦，奔離花⑧，齷齪對喇渣⑨。掩軍掩帶墨⑩，搖船搖檣俥⑪。肞毛僲換把膾鼓⑫，膘手儨搖知都嗦⑬。输够盪裤螺⑭，皇帝皇帝，股穿白粞粞⑮；閒咾鞁鞋獺⑯，老爹老爹，破布之遮遮。

注释：

①挼【日杯5】：用手压揉。

②撚【莺香5】：用手搓揉。

③死對：死对头。

④生拖【他花1】：死活纠缠。

⑤盆結：盆中凝结。

⑥笏粿：在竹编炊具上蒸出的粿。

⑦集至菜：荠菜。

⑧奔離花：俗称菠萬花，即木槿花。

⑨喇渣：肮脏。

⑩掩軍掩帶墨：儿童掩目捉迷藏。墨，指“目”。
⑪橦俥：童车。
⑫把膽鼓：拨浪鼓。
⑬知都嗏：唢呐声。
⑭盪裤螺：脱光裤子。
⑮白粞【出奇 3】粞：白雪雪。
⑯靸【柳声 4】鞋【莺西 5】獭【他声 4】：穿拖鞋。

一七一

鯽對鰱，鯿對鱓[①]，務擒[②]對毛挝[③]。炒亂[④]對撇清，刨光對掃净。看真真，討定定[⑤]，舒齊對輕健[⑥]。尼姑走下山，水鬼爬上岸。財主頭戴雉鶏毛[⑦]，魁星手掏元寶錠[⑧]。扛轎拍京鼓，伓儉便賭，馬膠手凑胶；花架盆魚缸，毛仔傳孫，羊腹腸世命[⑨]。

注释：
①鱓【出声 7】：鳝鱼。
②務擒：有得比。
③毛挝【波声 7】：没得比。
④炒亂【日釭 3】：吵闹混乱。
⑤討定【低声 7】定：斥责人家要安分。
⑥輕健【求声 7】：身轻体健。
⑦財主頭戴雉鶏毛：戏剧中匪首装扮，喻有钱人贪权。
⑧魁星手掏元寶錠：喻文化人贪财。
⑨世命：续命。

一七二

吩對咐，喚對嘈，落薄對消磨。糊蘆[①]對擬艾[②]，漏柿[③]對駁桃[④]。唱小管[⑤]，拍大鑼，撮帽對掛袍。四角十六斛[⑥]，三醭百二毛[⑦]。干伊[⑧]僬急又僨怒，做够務功拍毛勞。驚政[⑨]屈[⑩]炭甕帶中[⑪]，拳頭沛埕死仈[⑫]該悖[⑬]；看錢務栳蒲[⑭]許大，穩駝胼[⑮]做企弟參痾[⑯]。

注释：

①糊蘆：谐音“糊涂”。

②擬艾：小动静。

③漏柿：熟透胀裂的柿。

④駁桃：熟透胀裂的桃。

⑤唱小管：假嗓唱戏。

⑥斛【非东8】：容器。

⑦三醭百二毛：形容发霉长许多毛。

⑧干伊：迫使他。

⑨驚政：怕事。

⑩屈：指躲藏。

⑪帶中：当中。

⑫拳頭沛埕死仈：拳斗中误伤看客。

⑬該悖【边杯7】：该倒霉。

⑭栳蒲：大米箩。

⑮穩駝胼：驼背。

⑯参痾【气歌5】：硬抵，指活受罪。

一七三

熄[①]對焮[②]，烊對着，翻鑾[③]對拗虐[④]。闊辦對儉行，寬餘對約略。紮紮鰻[⑤]，纏纏獝[⑥]，僫顛對毛摸[⑦]。失賊那一更，伲仔毛六月[⑧]。千言總在一言中，上氣價接下氣着。男大當婚，女大當嫁，事過心安；日進斗金，夜進斗銀，財多身弱。

注释：

①熄【曾东3】：暴怒。

②焮【非东5】：火气旺，心里艳羡。

③翻鑾：胡搅蛮缠。

④拗虐：乖戾。

⑤紮紮鰻：每每欺瞒。鰻，指瞒。

⑥纏纏獝：纠缠不休。

⑦毛摸【蒙过8】：无药可救。

⑧伲仔毛六月：小孩大热天仍要防受凉。

一七四

巡對邏，接對迎[①]，灰店對炭埕。難精[②]對古怪，懺浸[③]對驚晾。謝袍巷，打綫营，快去對慢行。乞犬都伓食，刣鷄做毛名。千日養兵一日用，務命生仔毛命攙[④]。七其[⑤]食飦，八其當家，難怪土地公流清汗[⑥]；十隻尼姑，九隻病仔，帶累觀音佛拍腹寒[⑦]。

注释：

①迎【语声 5】：民间游神活动。

②難【日山 5】精【曾声 1】：慌张。

③懺浸：加重病症。浸，指症。

④攙【出声 5】：指继续抚养。

⑤其：个。

⑥清【出宾 1】汗：冷汗。

⑦拍腹寒：疟疾。

一七五

鉢對盆，經[①]對帖[②]，當家對知客[③]。糟菜對香菰，薯湯對芋汁。百衆[④]三，四月八，消灾對解厄。三藐三菩提[⑤]，一錢一功德。僧就不嫁嫁不僧，色即是空空是色。和尚和尚，上下相像，兩頭戳，兩頭惶[⑥]；摩休摩休，清净比邱，半目開，半目尅[⑦]。

注释：

①經：经书。

②帖：法帖。

③知客：迎宾僧人。

④百衆：共有。

⑤三藐【蒙鸡 8】三菩提：佛经语。

⑥惶【非光 5】：指顾及。

⑦尅【气灯 4】：闭眼。

一七六

塌對沉，燒對破，家批[①]對路儀[②]。盤答對排頒[③]，鋪張對編派。箍桶司[④]，掌盤使[⑤]，腰牌對頂戴[⑥]。七處[⑦]跋八仙[⑧]，一年嫁九婿。來朝早旦天又明，一路行程風似快。下邪[⑨]王講下邪話，荒[⑩]鶏伓驚箠[⑪]，荒仈毛面皮；勞碌命趁勞碌錢，好犬𠑟踏碓[⑫]，好仔受苦債。

注释：

①家批：居家批发。

②路儎【曾开3】：沿途接载。

③排頒：显摆。

④司：师傅。

⑤掌盤使：经理的旧称。

⑥頂戴：旧时官帽上表示官阶的标志。

⑦七處：到处。

⑧跋【边花8】八仙：戏剧中拜神的演出。

⑨下邪：不正派。

⑩荒：饥荒。

⑪箠【他杯5】：捶。

⑫踏碓【低开3】：踏板表演。

一七七

檐對槅，瓦對椽，减半對求全。骨筒對毛管，尿道對肛門。敗尾仔[①]，臭頭王[②]，懶惰對顛狂。錢多好做代，仔大不由娘。風飐一起務梨恰，海水伓冬使斗量。龍船鼓響，乍捌[③]粽香，朝南厝，講北話；紙鷂冬起[④]，價累麥熟[⑤]，挖東壁，補西墙。

注释：

①敗尾仔：败家子。

②臭頭王：头生烂疮。

③乍捌：才知道。

④紙鷂冬起：放风筝时节。

⑤僨累麥熟：不会耽误麦收。

一七八

彈對唱，步①對工②，走雪對祭風。碰碑對拜塔，登殿對逼宮③。余三勝④，竇尔墩，探母對投軍⑤。張義倹尾頓，廖化做先鋒。八鎚大閙朱仙鎮，三司會審玉堂春。大鑼大鼓不停臺，三請軍師諸葛亮；真刀真槍連環打，九條好漢尉遲恭。

注释：

①步：台步。

②工【求春1】：工夫。

③走雪、祭風、碰碑、拜塔、登殿、逼宮：皆戏剧名。

④余三勝：京剧祖师爷之一。

⑤探母、投軍：皆剧目名。

一七九

害對傷，煩對惱，虛花①對潦草。報信對投降，困脏②對爬竇③。三條籖④，雙把鎖，至親對相好。看賭輸被單，倹酒縮破襖⑤。唐哺又歘仔又呆⑥，和尚僨做嫫僨討。一世仸單認一條路，兵隨將，仔隨娘；倆個手那撝⑦倆拳頭，人怕老，債怕倒。

注释：

①虛花：虚幻不实。

②困脏：藏匿赃款。

③爬寶：扒财物（一般指在火烧埕里找财物）。

④三條籤：抽三条签，问福、问禄、问寿。

⑤傢酒綰破襖：酒鬼把破袄都当了。

⑥呆【语开5】：指坏。

⑦摀【蒙嘉1】：指手攥。

一八〇

梁[①]對仰[②]，閫[③]對閂[④]，行帳[⑤]對困床[⑥]。花衣對草履，蔗粕對藤囊[⑦]。研研粿[⑧]，㞗㞗糖[⑨]，雙過[⑩]對半長。傳男毛傳女，擒賊先擒王。一仈故加一臂手，倆胶儺踏倆船旁。野和尚哺傢十一方[⑪]，講錢歹成意；諸娘仔儺領兩家禮，做夢都伓存。

注释：

①梁：房梁。

②仰：仰板。

③閫：门栓。

④閂【求釭5】：横閂。

⑤行帳：行军帐。

⑥困【气釭3】床：睡床。

⑦藤囊：藤条内芯。

⑧研研粿：木槌研磨米浆蒸煮的粿。

⑨㞎【气声 8】㞎糖：小贩敲铁片叫卖麦芽糖。

⑩雙過：做两遍，或加料又做一遍。

⑪傖十一方：做过头了。

一八一

插對扦，鋤對鍘，提包對拜匣。苦尾對甜頭，糖心對辣䟓[1]。活登登[2]，行踏踏[3]，葱珠對芥末。親叔郎罷頭[4]，伊奶外家燉[5]。故呆甕蟻[6]扛菩蠅[7]，着務窨蜂[8]治佳蠟[9]。沒猴通弄[10]，老板嫂撟[11]哺灣，借其錢伓够攀[12]；共犬相爭，單身哥富都渤[13]，討啦嫫毛一粒[14]。

注释：

①辣䟓：辣味。

②活登登：喻活络或故意作俏。

③行踏踏：走来走去。

④親叔郎罷頭：亲叔叔与父亲头脸相像。

⑤伊奶外家燉：母亲与娘家人相像。

⑥甕蟻：蚂蚁。

⑦菩蠅：苍蝇。

⑧窨蜂：在檐桁上筑窝的小蜂。

⑨佳蠟：蟑螂。

⑩通弄：耍弄。

⑪撟【气秋 5】：指穷。

⑫伓够攀：不够分发。

⑬渤【波山 8】：指溢出。

⑭毛一粒：没一片钱。

一八二

刳[1]對剥，劈對抓，雜證對利拉[2]。錘錘對棍棍，杖杖對叉叉。鴉片屎[3]，猪油渣，手箬[4]對心花。算盤的篤搭[5]，京鼓宜都呀[6]。君子倜凶不倜吉，生意求現毛求賒。膘手面賞月華，風水生的好，課黎做太老；肞脾骨雕仈仔，日頭單倒俥[7]，新婦管台家。

注释：

①刳【气过1】：剖开，挖空。

②利拉：指瓜葛。

③鸦片屎：鸦片土。

④手箬：指手掌纹。

⑤的篤搭：算盘敲打声。

⑥宜都呀：京鼓吹打声。

⑦日頭單倒俥：太阳从西边出来。

一八三

準[1]對猜，防對禦，閒情對冷語。駁水對拍花[2]，巡風對躲雨。表弟人[3]，外甥女，接神對抱主[4]。破船當柴燒，務鍋毛米煮。舉手無回大丈夫，有恩不報非君子。三十千儬討啦半路嫫[5]，菩蠅虎[6]𠕇麻沙鮎[7]；一百歲儨掏的下界香，青盲猫抱死老鼠。

注释：

①凖：猜测。

②駁水、拍花：皆指戏水。

③表弟人：表弟妻子。

④抱主【曾须 2】：抱神主牌。

⑤半路嫫：二婚的妇人。

⑥菩蠅虎：大苍蝇。

⑦麻沙䗁：一种不会结网的大蜘蛛。

一八四

親對戚，誼對胞，起課[①]對排爻[②]。官艙對客棧，神廟對賊巢。隔壁衕，出街樓，紙鷂對油猴[③]。毛目見肞面[④]，空腹受拳頭。着做老爹癮隻過[⑤]，昧討新婦瀳僠流。菜補醬樾，一對加拉酥[⑥]，話够嘴皮墘由汝講；芙蓉苜莉，出針就是利，胶生腹老下在伊跑[⑦]。

注释：

①起課：算命。

②排爻：卜卦。

③油猴：小油灯。

④毛目見肞面：骂人话。

⑤癮隻【曾奇 3】過：才过癮。

⑥加拉酥：橄榄酥，喻不是好货。

⑦跑【波郊 5】：跑步。

一八五

套對鑲，裝對襯，變遷對希横[①]。跳架對踏俥，卡釘對拔縴[2]。犬頭梨，馬齒莧，簸箕對椿樑。姑爺見面錢，轉奶[3]點心店。明是公事暗荷包，好就棺材呆草薦[4]。巴掌儥掩仈嘴，共汝講一囷[5]好話伓捌聽；心肝都邁够肼[6]，那伊務幾萬臭錢僬做擯[7]。

注释：

①希横【非灯 3】：心狠恶毒。

②拔縴【气灯 3】：拉纤。

③轉奶：指丈母娘。

④好就棺材呆草薦：丧葬收殓好的用棺材，差的用草垫。

⑤一囷【气银 5】：一堆。

⑥邁够肼：长到背上，喻没良心。

⑦做擯【边灯 3】：不听话装横。

一八六

沈[1]對塌，寂對湮[2]，本事[3]對原因。伸冤對抱怨，含盹[4]對生嗔[5]。真包秀[6]，假撇清，補尾對抽心。真金不怕火，好鐵伓打釘。嘰嘰呱呱講南話，搖搖擺擺去北京。麻油滴犬頭[7]，仔仔仔，毛拿荷包仔；鼻血流馬椅[8]，親親親，大半草鞋親。

注释：

①沈【他宾 5】：沉。

②湮【莺宾 1】：淹没。

③本事：事情大概过程。

④含盹【出春 2】：似睡非睡。

⑤生【出声1】嗔【曾宾1】：发怒。
⑥包秀：聪明俊秀。
⑦麻油滴犬頭：戏称人头上抹得油光。
⑧鼻血流馬椅：俗称亲人初见溺死者，死者会流鼻血。

一八七

命對財，婚對嫁，手巾對頭帕。節敬[①]對夜工，月資對年假。二都蚶，大蒲鲊[②]，長班對大駕。狀元天下才，皇帝衆仈罵。上司面前撞木鐘[③]，佬媽背後夾紗褂[④]。心肝把定定，只回乞[⑤]鱉咬，下次扼緊鼎片梁[⑥]；胶腿頒顯顯[⑦]，都當伊犬侴，一晡面覷葡萄架[⑧]。

注释：
①節敬：过年节敬奉的财物。
②大蒲【边过5】鲊【他嘉3】：大朵的海蜇皮。
③撞木鐘：喻敷衍了事。
④夾紗褂：指出轨。
⑤只回乞：这次被。
⑥扼緊鼎片梁：压紧锅盖上面的横木条。
⑦頒顯顯【非奇1】：张的开开的。
⑧葡萄架：旧时木床顶上安放蚊帐的支架。

一八八

藏對躲，走對蹓，含爛[①]對臭焦。大橋對横嶼，中黨對後洲[②]。死毛變，佬不修，添記對保標。無巧不成話，只[③]大故做嬌。一家飽暖千家怨，前人田地後人收。柴在伊搬，米在伊搬，恩深似海難言報；縣禮又误，府禮又误，事大如天醉亦休。

注释：

①含爛【柳山7】：带水分。

②大橋、横嶼、中黨、後洲：皆福州地名。

③只【曾之2】：这么。

一八九

套對匡[1]，倉[2]對局，糟薑對醬兀[3]。泡泡對臌臌[4]，澾澾[5]對渤渤[6]。提拖拖，嚛嚼嚼，風狂對火着。六出毛連符[7]，一棰拍倆橛。通身那篆傻傻錢[8]，一胶𠎮踏蹢蹢石[9]。面前務佛價曉拜，有眼不識泰山；背後乞仈禮畫圜[10]，將心去待明月。

注释：

①匡：诓骗。

②倉：指失误。

③醬兀【莺过8】：谐音“醬樧”，指酱瓜。

④臌【蒙歌1】：指肿块。

⑤澾【他之1】澾：鼻涕。

⑥渤渤【波光8】：泡泡。

⑦符：和，和牌。

⑧傻傻錢：指一点点钱。

⑨蹢【他初1】蹢石：倾斜打滑的石板。

⑩畫圜：被人指指点点。

一九〇

財對禄，運對時，馬肉對猪腼[①]。留鬚對結髮，抖[②]鼻對畫眉。土師父，火孩兒[③]，開剪對下棋。貪錢嫁佬婿，討嫫連細姨。那捌好心務好報，只爭來早與來遲。酒在肚裏，事在心頭，糟肉光餅三重閣[④]；日求三餐，夜求一息，葱湯麥飯兩相宜。

注释：

①猪腼【莺之5】：猪的刀口肉。

②抖【他郊2】：敨，擤也。

③火孩兒：泥塑孩童，俗用辟邪。

④閣【求歌4】：搁，夹。

一九一

毒對妖，邪對歹，抽包對睨簍[①]。覆地對翻天，移山對倒海。五更眠，正月擺[②]，插標對開彩。沒柴領牛膘[③]，大嘴撲犬屎。毛仔趁早換花盆[④]，做鬼也着使錢紙。别仈胶踢犬，乞儉罵猴，氣毛内通；俩個手拿鰻，皇帝賣馬，錢都晡使。

注释：

①睨簍：斜眼看竹篓。

②擺【边开2】：显摆。

③牛膘：牛鞭（难熟）。

④換花盆：喻换妻。

一九二

牽對攝，拭對拉，盞箸對刀叉。分收對碎割，強占對亂撾[①]。釘板架，羅盤俥，滴搭[②]對凝伢[③]。我兄養我嫂，伊奶擱伊爹。學盡南話共北話，過了東家又西家。九其九伓八傳[④]，九嬸九嬸婆九怪[⑤]；五十五故一萢[⑥]，五哥五哥嫂五唏。

注释：

①撾【曾花 1】：抓。

②滴搭：象声词。

③凝伢：象声词。

④八傳：知道。

⑤九怪：狡猾古怪。

⑥萢【边孤 7】：指怀胎。

一九三

結對清，裁對迸[①]，耳聞對心僾。褲斗對袍輪，帳鈎對裙鏡。磕磕皴[②]，懵懵痛[③]，鈴崙[④]對磬嵚[⑤]。毛鼓哺討鐘，無針不引綫。大伬筆尾僯超生，太奶旗頭着掏正。皇帝見監生抖抖顫[⑥]，大王爺補庫——毛文[⑦]；招姐做新婦忙忙眩[⑧]，夫人奶抽箋——僨聖。

注释：

①裁、迸【边声 3】：裁减、拼合。

②磕【气缸 4】磕皴【曾春 1】：冷得牙齿打颤。

③懵【蒙春 1】懵痛【他声 3】：隐隐作痛。
④鈴【柳宾 1】崙【柳春 1】：重物悬挂摇摆貌。
⑤罄【气宾 3】嵚【气声 3】：指前俯后仰。
⑥抖抖颤：发抖。
⑦毛文：没钱。
⑧忙忙眩【非宾 5】：晕头转向。

一九四

瘰[①]對泡[②]，腫對麽[③]，嘔噢[④]對囉唆[⑤]。賤胚對呆乇，野貨對佬遭。鄭二伯[⑥]，丘八哥，行硬對倹褒。毛親也務戚，嫌少不怕多。倆其姐妹去投井，三歲孩兒僫唱歌。膘手落批袋漢[⑦]謝勞，放我褲斗裡栗碌[⑧]；大命共田契一件重，爬伊頭頂當掠窩[⑨]。

注释：
①瘰【柳倠 1】：疙瘩。
②泡：气泡或水泡。
③麽【蒙歌 1】：指肿起。
④嘔【莺郊 2】噢【莺须 4】：反胃呕吐。
⑤囉唆：啰唆。
⑥鄭二伯：指戏剧中丑角。
⑦漢：指还以为。
⑧栗碌：又进又出，喻耍弄。
⑨掠【柳鸡 2】窩：垒窝，喻捉弄。

一九五

啼[①]對跛[②]，跐[③]對跟，塌筆[④]對開弓。飦粑對粿角，蔴稗對麫筋。瞎對瞎[5]，兇對兇，財庫對命宮[6]。先生俪胶轎[7]，陶代一口鐘。小家小户弄籬厝[8]，大街大市捲窿穹[9]。上重下輕，獨脚桌墊板板哥僨載力[10]；左支右絀[11]，一八秤[12]加錘錘仔伓够斤。

注释：

①唏【求歪7】：指崴脚行路貌。

②跛【波声2】：跛脚。

③跐【出声8】：踩踏。

④塌筆：扣笔帽。

⑤瞎【非山4】：指大声吓唬。

⑥財庫、命宮：皆旧时算命术语。

⑦俪胶轎：喻步行。

⑧弄籬厝：弄堂里的篱笆小屋。

⑨捲窿穹：指街市大楼和坊巷口的拱形建筑。

⑩僨載力：承载不起。

⑪左支右絀【他春4】：左右难以应付、摆平。

⑫一八秤：短斤少两的秤。

一九六

陣[1]對帮，团對伙，驚傷對樂[2]補。搗[3]蒂對抽芯，添花對結果。土生金，水剋火，功牌對族譜。私場演官場，好主屐[4]呆主。河墘二姐見代[5]婆，窑角諸娘和尚嫫。自做自受，趁這對頭錢，冤鬼放禮纏；又惡又横[6]，夾着毛好夥[7]，一世莫内[8]躲。

注释：

①陣【低宾 7】：结伙。

②樂【语郊 7】：喜好。

③搗【低釭 2】：指断开。

④屐【气声 8】：指夹杂。

⑤見代：好奇。

⑥横【非欢 5】：蛮横。

⑦夾着毛好夥：结交坏伙伴。

⑧莫內：没地方，无处。

一九七

扁對平，長對短，虎頭對蛇尾。厝運對門風，牌花對符水[1]。八寶糖，九重粿，罪仈對寃鬼。破布包真珠，乾柴近烈火。千手千眼觀世音，三盲三日跳傀儡。烏龜毛其認[2]，轉去拍人命，俤婦撮大伯嘴鬚；緑帽滿天飛，犅[3]着沒奈何，佬媽抱别仈胶腿。

注释：

①牌花、符水：皆道士做法事的用物或术语。

②毛其認：没有人承认。

③犅【低东 4】：指遇到或撞见。

一九八

悶對煩，虛對損，批評對揀選。磚竈對瓦窑，柴埕對石磉[1]。斬鄭恩，罵王朗，手神[2]對肩膀。繼娶補白裙[3]，下科中藍榜[4]。多年朋友會相逢，許夜話文難盡講。嘴叭[5]務糞斗許大，錢鑢又加啦錢鈀[6]；性發比火礟故兇，鐵鎚着對伊鐵鋭[7]。

注释：

①磉【时釭 2】：柱础。

②手神：手劲。

③裲白裙：新守寡的妇人。

④藍榜：科考卷面违式者入蓝榜张示。

⑤叭【边嘉 4】：指张开。

⑥鑢、鈀：皆搂钱币工具。

⑦鐵鋭：打铁的砧。

一九九

堤對界，壩對墘，境遇對才情。想顛對妝惻[1]，賭癮對嫖眩。同進士，如夫人[2]，率直對高明。火燒糞坑厝，紙褙壽身亭。先生把筆號名字，武將提刀定太平。閒時伓差挪[3]，急咾罵婆婆，眠床下放紙鷂[4]；活咧價快樂，死去硬榷榷，胶掌底生菩蠅[5]。

注释：

①妝惻：装作翻脸。

②如夫人：旧时雅称妾。

③伓差挪：不勤快不做准备。

④眠床下放紙鷂：床底下放风筝，喻水平不高。

⑤胶掌底生菩蠅：指尸体发臭。

二〇〇

捧對推，誇對賀，公門對官道。謹慎對謙和，老成對高傲。補柴靴，戴冰帽，該衰對自暴。新人真作佳[①]，乞儉務佪號[②]。伊嫂出仕賣楊桃，細婆做侯儉胰皂[③]。又一番世界，髫頭諸娘，跛胶知縣，都上臺盤；務八板[④]文章，花面公子，草包師爺，咸[⑤]登寶座。

注释：

①作佳：漂亮。

②佪【时嘉7】號：多绰号。

③儉胰皂：吃肥皂，喻寻死觅活。

④務八板：合规矩，有水平。

⑤咸【非山5】：都，全。

二〇一

迷對媚，嗜對饞，金橘對珠蘭。香蝦對醉蟹，醬鴨對糟鰻。雙關柑，九連環[①]，草率對麻煩。東街排米梿[②]，大伯賣飦盤[③]。件件關前共顧後，偏偏走北僻行南。伓使你倜短倜長，鶏務鶏籠，鴨務鴨罩；多謝伊做呆做好[④]，馬歸馬廠，牛歸牛欄。

注释：

①雙關柑【时鸡4】、九連環：皆益智玩具。

②米梿：装米竹箩。

③飦盤：谐音“盆盘”，指水产摊贩。

④做呆做好：处世圆滑，好坏人都做。

二〇二

接對承，升對降，過盤[①]對扛槓。煮打對搬單，排黎[②]對曝啷[③]。含颠脬[④]，詐媚懵[⑤]，落嗃[⑥]對上當。姆相[⑦]鴨雄聲，賊倉鴉片困。一代那理一代伙，半盲着倫半盲頓。伓講共甕一樣[⑧]，福州話短揑[⑨]，三句不離本行；晡赢着錢先行，湖北老空心[⑩]，五朝[⑪]故加絕算。

注释：

①過盤：过手接盘。

②排【边西 5】黎【柳西 1】：转过脸。

③曝【边歌 1】啷【柳釭 3】：稍作敷衍。

④含颠脬【波嘉 1】：似疯似傻。

⑤詐【低嘉 2】媚懵：装糊涂。

⑥落嗃【求歌 5】：掉进陷阱。

⑦姆相：男形女相。

⑧伓講共甕一樣：不说，藏在肚子里。

⑨短揑：对揑，指故意曲解。

⑩空心：喻没真本事。

⑪五朝：不正规做事。

二〇三

狀對行[①]，腔對調，土猪對火鷄[②]。實在對虛張，荒唐對悖謬。紅緞鞋，緑呢轎[③]，當真對將就。親母偝做伙，外甥多似舅。風颱拍倒媽祖宮，大水衝裡龍王廟。痴人說夢，裱褙店搬厝，舊話[4]重提；浪子回頭，下渡尾迎神，好看在後[5]。

注释：

①狀對行【非灯 5】：状态对行为。

②火鵊：指趁火打劫者。

③绿呢轎：旧时高级官员乘的呢料帷帐的轿子。

④舊話：谐音“旧画”。

⑤下渡尾迎神，好看在後：福州谚语。

二〇四

窩對宿[1]，洞對巢，癲犬對恶猴。歇薯[2]對雜蔗，重絮[3]對賤茅。土眼鏡，竹頭鏨，謝謝對劉劉[4]。務名頭磬磬[5]，伓興鼻鐃鐃[6]。倆耳鐴羁草鞋鼻，一雙箸寄竈廊頭[7]。佬媽爺單管老爺，罵伊唐哺[8]骨頭賤；台家奶[9]那驚少奶，討啦新婦目滓流。

注释：

①宿【时秋 3】：动物巢穴。

②歇薯：俗称番薯吃多的人会傻。

③重絮：反复唠叨。

④劉：留，留步。

⑤務名頭磬磬：见有名气的人点头表示敬意。

⑥伓興【非宾 3】鼻鐃【语郊 5】鐃：不感兴趣时鼻孔朝天不理人。

⑦一雙箸寄灶廊頭：单身汉生活貌。

⑧唐晡：丈夫。

⑨台家奶：婆婆。

二〇五

捨對施，容對讓，才情對名望。猴店[①]對鼠船[②]，龜糖對犬飫。單鼻鞋[③]，齊眉杖，調停對救援。三寶[④]做祖先，五帝拿和尚。卯年卯月卯時生，丑形丑狀丑的像。水牛姆譙[⑤]晡死，那使倆其興化兄[⑥]；鴉片鬼恰成困[⑦]，僣抵一隻諸葛亮。

注释：

①猴店：郊区小店。猴，指郊区。

②鼠船：闽清平底小船，适用浅溪内航行。

③單鼻鞋：草鞋。

④三寶：佛、法、僧。

⑤譙【曾秋 5】：指就要。

⑥那使倆其興化兄：只要两个兴化人劳力可抵一头牛。

⑦成困【气银 5】：成群。

二〇六

牽對串，插對穿，橫槓對扁箱。伸冤對叫屈，享福對遭殃。奴才賊，親母娼，在地對居鄉。半盲熥[①]清飫，前世燒好香。三頓傖，三頓吵，各伙洗面各伙光。梁惠王拍够完[②]，橫草伓拈直草伓動；劉伯溫尋毛主，茶行老李洋行老張。

注释：

①熥【他釭 7】：指冷食重新热。

②梁惠王拍够完：《孟子》梁惠王篇的谑词。

二〇七

尺對刀，規對矩，當班對得所[①]。做客對會親，歸宗對轉祖[②]。百壽圖，五更鼓，成雙對落伍。六八下加三，二一添作五[③]。菩蠅噴絮真垃渣[④]，草蜢揹旗也辛苦。蕃薯米飫配鯑盡務味，皇帝看鄭保長公；狐狸猫尾滿地放禮拖，婊子假做先生母。

注释：

①得所：恰当场所。

②轉祖：回归本宗，福州话也指亡故。

③六八下加三，二一添作五：珠算口诀。

④菩蠅噴絮真垃渣：苍蝇吹吐唾沫很肮脏。

二〇八

驚對顫，抖對皴[①]，約約對匆匆。週年對滿月，消夜對接春。蒼耳子，白頭翁，發達對疏通。少爺阿哥舍[②]，太上老平公[③]。嘴鬏攝落筅房桶，頂戴捐便寫屏風[④]。伲仔痞[⑤]大伙灾，拿公[⑥]做王那捌講豪套[⑦]；乞倹身皇帝嘴，嫖爹曝奶就當请誥封。

注释：

①皴【曾春1】：冷颤。

②阿哥舍：称少爷公子。

③太上老平公：太上老君。

④頂戴捐便寫屏風：买好官职，贴写屏风以告慰祖先。

⑤伲仔痞：惹事的小孩。

⑥拿公：民间信仰的神灵。

⑦豪套：闲扯。

二〇九

定對安，停對妥，菜瓜對蘋果。換貼對代書，開尊[①]對排譜。油蔴酥，豆腐乳，招夫對養媄。引港請艄公，躲雨做厝主。槌椅打桌大做風，覆鍋蓋鍋毛舉火[②]。鼇戥鉸刀尺，糞斗天平秤，管家媽下下抄心[③]；猪肚鷄姆仔，魚翅馬胶鯧，好命仈頓頓僋補。

注释：

①開尊：谐音“开樽”，办酒席。

②毛舉火：断炊。

③抄心：操心。

二一〇

誇對賽，鍊對操，地窨對天溝。鬬榴[①]對朒節[②]，躐斗[③]對漏鬮[④]。房桶角，尿缸兜，吊帶對搭鉤。請花親請請，嫪草懿嫪嫪。倆隻耳仔像蒲扇，第一肞脾是荷包。買糟買糟錢買醬買醬錢，一滴含胡儥過字[⑤]。務媄務媄累務仔務仔累，幾回跋摔[⑥]僣開交[⑦]。

注释：

①鬬榴【柳催 1】：榴，树干结节。喻遇上关卡。

②肭【日须 4】節：挤压在一起，指受阻。

③躐【柳山 4】斗：崩塌。

④漏鬮：错失机遇，漏网。

⑤價過字：喻过不了关。

⑥跋摔：挫折。

⑦開交：走运。

二一一

倒對斜，偏對側，够伶[1]對頃刻。折算對提成，長支對倒貼。頭腦漿，鼻目血，翻聲[2]對卸色[3]。你行我也行，先得後不得。象象叔公一房頭[4]，獅獅太老諸仈捌[5]。一言既出，張天師單賣保身符；三思而行，孔夫子伓收隔盲帖[6]。

注释：

①够伶【低山 1】：至今。

②翻聲：反悔。

③卸色：褪色。

④一房頭：家族中同一房派。

⑤諸仈捌：各人都知道。

⑥隔盲帖：隔夜的拜帖。

二一二

氲[1]對漬[2]，潤[3]對乾，下作[4]對高攀。企身[5]對行老[6]，遷世[7]對過番[8]。羅漢果，彌陀柑，七巧對雙關。傻傻[9]五十五，睹睹[10]三月三。家伙篆啦蟛蜞跪[11]，卒仔爬裡蜘蛛縵[12]。開店先做啦招牌，買一包送一包；到任就碰着命案，告在官由在官。

注释：

①氳【莺春3】：蘸水。

②漬【曾须3】：积水浸泡。

③潤【日春3】：潮湿。

④下作【曾歌4】：下三滥做法。

⑤企身：立身在世。

⑥行【莺缸5】老：行业的头人。

⑦遷世：逝世。

⑧過番：谐音“过关”。

⑨傁【时沟5】傁：常常。

⑩睹睹：恰好。

⑪蟛蜞跪：形容很小一点点。

⑫蜘蛛縷：这里指象棋的将帅宫。

二一三

兩對斤，鼇對忽[①]，賤胚對呆脚[②]。倒板[③]對完棋[④]，進香對插燭。一聲雷，六月雪，燈籠對瓶爵[⑤]。高曾祖父身，士農工商借[⑥]。孔子門前讀孝經，魯般廟裡使曲尺。上行下效，財落君子手，米落乞儈袋——毛辭；夫唱婦隨，汝務神仙法，我務鬼畫符——去歇。

注释：

①忽：十万之一为忽。

②脚【气嘉1】：角色。

③倒板：唱不着调。
④完棋：杀棋。
⑤瓶爵：一种酒杯。
⑥借：喻钱庄。

二一四

糕對粿，粽對粣，背運對行時[1]。月華[2]對雷火[3]，雨霂[4]對風霾[5]。親母鬧，姊夫徠，討罵對翻疑。太奶老姑太，姨媽親家姨。拳怕後生杖怕老，葱補丹田麥補脾。叫天天毛應，叫地地毛門，汝點香，我點燭；倚墻墻又崩，倚壁壁又倒，東拜斗，西拜旗。

注释：
①行時：时髦。
②月華：传说月亮垂下的宝物。
③雷火：落雷引起火烧。
④雨霂【蒙杯 3】：蒙蒙细雨。
⑤風霾【柳之 5】：风吹尘飞。

二一五

孽對愆，兇對怒，噶糟[1]對攬滷[2]。趨吉對避凶，貪新對嫌舊。姨呀姨，父不父，隔河對過渡。心正不怕邪，頭平好欺負。年年四季都平安，處處百神僻護助。一世仏昧見過好僉好禴，丁香鮔數頭；二年半伓見覺只大只鰔，鯽魚仔排度[3]。

注释：

①噶糟：喻混杂。

②攬滷：喻肮脏。

③度：量词，指份、堆。

二一六

枷對鍊，剮對刣，董事對連財[1]。當差對趁倖[2]，夥記對奴才。胶骨硬，腹老呆，換鼻[3]對巴頦[4]。討親連搬厝，看戲偝扛臺。好酒僨醉呆酒醉，大魚不來小魚来。拍段路[5]，恰[6]着銀，務這心田，務這福地；昧上床，先爭被，伓像膠手，伓像腹臍[7]。

注释：

①連財：指财神。

②趁倖：佣人。

③換鼻：谐音“放屁”。

④巴頦：指大声说话，吼叫。

⑤拍段路：迷了路。

⑥恰【气山 4】：拾，捡起。

⑦腹臍：肚脐眼。

二一七

判對詳，評對論，憑憑[1]對碰碰。放膽對平肝，寒心對餓臟。養老金，斷能項，夾紗[2]對窽緞[3]。東墻壓西墻，後浪推前浪。冬節是前晦[4]是遲，日頭又出雨又蕩[5]。啼而啼，笑而笑，尼姑死婿，和尚討親；女不女，男不男，唐哺賭錢，佬媽告狀。

注释：

①憑憑：做对比或跟从。

②夾紗：谐音“假师”，喻不懂装懂。

③窽緞：底子厚，有实力。

④晦：大年三十称“晦”。

⑤蕩：指下雨。

二一八

符對咒，斗對乩[①]，打棍對碰碑[②]。紅花對紫草，烏豆對黃芪[③]。吞吐吐，笑唏唏，鶴突[④]對鳩欹[⑤]。五更燙清飦[⑥]，四月賣新絲。堂堂白日莫閒過，淡淡青天不可欺。儕儍故昧親，儕罵隻是[⑦]親，風顛晡講風流話；出痧那伓死，出痘也着死，心病還須心藥醫。

注释：

①斗對乩【求之1】：拜斗对扶乩。

②打棍、碰碑：“打棒入箱”“令君碰碑”，两者皆剧目名。

③烏豆、黃芪：皆草药名。

④鶴突：突然暴出。

⑤鳩欹：歪斜倾侧。

⑥燙清飦：加热冷饭。

⑦隻【曾奇2】是：才是。

二一九

棧對莊，牙[①]對鋪，行房對上墓。看當[②]對收租，加捐對繳課。舊時𠆧，新上貨，重修對改鑄。兵够[③]紫牙關，酒排白面厝[④]。五官那生十不全，一嘴𠆧講八其過。乞食婆論歲數，難爲伊八美走錢塘；孤老院選人才，𠆧講够三英戰呂布。

注释：

①牙：即牙行，旧时交易市场。

②看當：鉴定当品。

③够：指到。

④白面厝：妓院。

二二〇

皮對膜，粕[①]對縵[②]，胎[③]押對逐搬。成雙對加五，塌八[④]對堆三。塔移影，水流灣，轉祖[⑤]對過番[⑥]。蜂王毛着厝，鶏姆𠆧叫關[⑦]。孝順還生孝順仔，糊塗乍出糊塗官。城樓失火，殃及魚池，破鼓故𠆧救的月[⑧]；田園大熟，何在鳥隻[⑨]，好鑼伓使縮過山。

注释：

①粕【波歌4】：渣滓。

②縵【蒙山1】：指油乳类液体表面的膜。

③胎：指拖延。

④塌八：崩塌，喻出事了，倒台了。

⑤轉祖：喻死亡。

⑥過番：出国或指过关。

⑦叫關：公鸡打鸣。

⑧破鼓故僆救的月：古代传说月食时敲鼓驱赶天狗救月亮。

⑨隻【曾鸡4】：隻隻，麻雀。

二二一

諞[①]對囮[②]，謊對諑[③]，喜神對陰宅。軟膔[④]對粗皮，小匡[⑤]對大粒[⑥]。胡梢梢[⑦]，穢馚馚[⑧]，四通對八達。嘴皮碌黜烏，目周脾點白[⑨]。尚幹驗尸照襯搬，尼姑死婿暗柄吤[⑩]。只胶門塹裡，許胶門塹外，自作孽毛面見仸；務時摸[⑪]病尾，沒時摸病頭，伓捌證[⑫]去胼捫脉。

注释：

①諞【波天1】：花言巧语。

②囮【时初5】：指欺诈销售。

③諑【曾花8】：舛误。

④軟膔【日灯2】：肋下软组织。

⑤小匡：小方，小气害羞。

⑥大粒：喻大咖。

⑦胡梢梢：形容胡讲，不靠谱。

⑧穢馚【波山8】馚：形容秽气浓重。

⑨目周脾點白：翻白眼。

⑩暗柄吤【求山8】：心里暗地难受。

⑪摸【蒙过8】：治疗。

⑫伓捌證：不知病症，喻不合时宜做事。

二二二

曚①對烘②，清③對凉④，金箔對錫錆。鬧房對開市，裡院對出廳。拍鱉氣⑤，出猪聲，炒麥對抽菁⑥。卡撩手牽手，伵飰胼尅⑦胼。平講⑧揀啦親母鬧⑨，細婆收隻丫頭精。昧偗三日菜，就想上西天。和尚和尚，莽爬莽癢。晡趁倆個錢，的着⑩行下路；先生先生，又興又驚。

注释：

①曚【蒙春 1】：指捂着发热。

②烘【非东 7】：指热烘，炙烤。

③清【出宾 3】：指冷。

④凉【柳声 1】：稍冷，凉感。

⑤拍鱉氣：挨打无法呼吸。

⑥抽菁【出声 1】：植物抽芯。

⑦尅【气灯 4】：指挤。

⑧平講：地方戏。

⑨親母鬧：剧目名。

⑩的着：被逼。

二二三

秞對錤①，鑲對鍍，孤棲對衆怒。喜捨對歡迎，光臨對樂助。七除三，一當五②，冤家對債户。外科生蛇頭③，來福縮猪肚④。別乇務鑾錢毛鑾⑤，衆生好度伙難度。直伙儨講假話，自牛自刣自馬自剥皮；家事不可外傳，一鶏一萢一仔一新婦。

注释：

①錤【气之5】：指锅瓷器。

②七除三，一當五：珠算口诀。

③外科生蛇頭：手脚生蛇头疔，要找外科治。

④来福綰猪肚：熟语“来福（人名）掼猪肚，生见熟不见”，喻做事有份，吃没份。

⑤別毛務蠻錢毛蠻：别事可商量，论钱没商量。

二二四

孤對另[1]，併對兼，落後對占先。磕頭對拱手，作揖對拍跧[2]。半目拗[3]，兩頭尖[4]，紥脚對套肩。好犬伓擋路，做龍儥上天。僣講的出都是話，晡干伊[5]死又毛愆。篆這佬命放禮拼，倆隻齊齊做八十；好啦財星實在泍，一年算算務幾千。

注释：

①另【柳宾1】：零，指单。

②拍跧【出天1】：清代的一种礼仪。

③半目拗：忤逆脾气。

④兩頭尖：两头受气。

⑤晡干伊：逼迫他。

二二五

奶對嬤[1]，婚對嫁，肥猪對大鲊。海賊對山魈，天帥對地霸。行傳單，拍遞解[2]，幫支對接濟。八角水晶牌，十條香羅帕。倆胶亭下好歇凉，三叉路口來講價。威大勢大跟班故大，烏碌鬼頒帳[③]抗[④]洋槍；官差令差來人不差，保長公毛枷領醋架[⑤]。

注释：

①嬷【蒙嘉 1】：指妈。

②遞解：押解犯人。

③頒帳：装腔作势。

④抗【气缸 5】：扛。

⑤領醋架：用醋缸架代替枷锁。

二二六

煨對焞[①]，焙對熯[②]，扭捏對遮瞞。中秋對端午，小暑對大寒。豆干塊，光餅環，竹簍對花籃。目周囥[③]褲斗，面孔像蹄盤。東園載酒西園醉，早霞揹雨晚霞晴[④]。不陰不陽聽其自然，車行直馬行日。一飲一啄莫非前定，犬毛罩[⑤]猫毛盲[⑥]。

注释：

①焞【边缸 4】：煎炒或烤干食物。

②熯【非山 5】：焚烧。

③囥：园，藏在。

④晴【时山 5】：天晴。

⑤罩：指午饭。

⑥盲：指晚饭。

二二七

出對存，通對塞，四時對八節。稠架[1]對磨層，爐承[2]對桌貼。澤[3]毛油，榨出汁，鼻毛對頭血。行路認胶聲，裡門看面色。衣裳差寸鞋差分，郎罷十七仔十八[4]。山藏海納，書的着[5]讀，讀的着讀的深；柳暗花明，婢不如偷[6]，偷不如偷不得。

注释：

①稠架：橱架。

②爐承：炉中铁箅。

③澤：沥干。

④郎罷十七仔十八：民间关于投胎转世的传说。

⑤的【低宾 4】着：的确要。

⑥偷：偷情。

二二八

聯對搭，派對攤，落袋對加冠。銷差對放告[1]，值宿對當班。麻沙噶[2]，蕪塗謾[3]，内应對旁觀。塌骨[4]陞横槓[5]，後門企旗杆。千年田地八百主，一晡當店十三椆。三千两其下程[6]，知縣知縣，頭靠門殿[7]；七八月之間早，先生先生，面覷鼓山。

注释：

①放告：公示接待告状。

②麻沙噶【求山 8】：混乱纠缠，麻又做“毛”。

③蕪塗謾【蒙山 1】：耍无赖蒙人。

④塌骨：竹制骨架神像。

⑤横槓：用轿杠抬的菩萨。

⑥下程：买下前程。

⑦門殿：门限。

二二九

絅[1]對袿[2]，邊對裹，披肩對戒指。舞打對歸除，調停對制止。倹麵糟，摔盐米，偏財對暗喜。硬弓慢禮開，後槓先爬起[3]。知人知面不知心，講勢講錢毛講理。黄花魚倜春沚[4]，趁其趁長長，僨趁去野長[5]；真鳥仔啄瓦墘，倹的倹死死，毛倹餓半死。

注释：

①絅【莺光 2】：碗，衣袖。

②袿【气西 1】：褑，前后衣襟。

③後槓先爬起：抬轿的起肩要后杠的先起身。

④春沚：指“春只鱼”，外表似黄花鱼。

⑤僨趁去野長：不会赚钱会失去很多机会。

二三〇

聯對接，塞對填，直透對横行。官山對祖墓，丁厝[1]對祭田[2]。熱衝清[3]，苦滷鹹[4]，缘半[5]對魁爿[6]。朗朗重夾夾[7]，耀耀一層層[8]。鍚禮魚蝦又一微[9]，家當猫犬都毛閒。蝻尾星[10]光彈彈，後生哥一心那想班班動[11]；狼機銃拍隻隻[12]，歇大漢七處僯舞榜榜沉[13]。

注释：

①丁厝：停放灵柩的屋。

②祭田：旧时家族内用于祭祀等费用的田产。

③熱衝清：忽冷忽热身体不适。

④苦滷鹹：苦咸相掺，难吃。

⑤缘半：只有一半缘分。

⑥魁爿：指亏欠一半。

⑦朗朗重夾夾：穿内衣套无袖夹衣，无正式的上衣，喻衣着不清楚。

⑧糶糶一層層：也只是加一层，喻混得不好。“糶”同“又”。

⑨黴【波鸡 4】：指竹编浅篓。

⑩蝻尾星：萤火虫。

⑪班班動【低东 7】：到处显摆。

⑫隻隻：麻雀。

⑬榜榜沉：喻四处张扬。

二三一

種對栽，簪[①]對採[②]，長扛[③]對短擺[④]。發炮對跟燈，鋪氈對結綵。舊家私，破字紙，單方對小楷。蝦米下把抓，蚶殼當錢使。碎錢僨捨的拍施[⑤]，現字[⑥]伓存僻落解[⑦]。牛馬犯冲，猪蛇行剋，運衰五帝攔門；龍虎相鬥，蝦鱉做灾，劫够[⑧]八仙過海。

注释：
①簪：簪戴。
②採：采摘。
③長扛：长的杠用扛。
④短擺：短杠单人可以摆弄。
⑤拍施：花销。
⑥現字：当前的事。
⑦落解【求开 2】：没解数，即没办法。
⑧刼够：劫数到来。

二三二

驕對倨[①]，順對從，懵懂對唧□。舒張對急遽，儉省對寬容。公較尺[②]，庫平銀[③]，醆醆對濃濃。合家離苦難，蓋世顯英雄。三鳥害伙鵶雀鴞[④]，四灵除汝鳳麟龍[⑤]。排架排的呆，搊[⑥]伙共馬仔一樣；剥皮剥伓副[⑦]，看伊比犬骨故窮。

注释：
①倨【求须 3】：傲慢。
②公較尺：公平校准用的尺子。
③庫平銀：清代官定标准银两。
④鵶雀鴞：乌鸦、麻雀和老鸮，指黑（毒）、赌、黄。
⑤四灵除汝鳳麟龍：四灵指麟凤龟龙，这里暗指骂人是乌龟。
⑥搊【柳秋 7】：撩，作弄人。
⑦伓副：来不及。

二三三

妙對佳，奇對异，掛名對簽字。盤井對迸鄉[1]，開堂對上市。陰包陽，天比地，收羅對設備。幫困[2]扁擔頭，吊死尿壶耳。螞蜞嗦[3]血伊嗦伊，蟆蝴[4]倹尾自倹自。美人多薄命，務仈救劉錫，毛仈救三娘[5]；小鬼好大頭，昧去拜嚴嵩，先去拜閻二[6]。

注释：

①盤井對迸鄉：清洗水井对全乡出动。

②幫困：指拼铺睡觉。

③嗦【时歌 4】：吮吸。

④蟆蝴：蜻蜓。

⑤務仈救劉錫，毛仈救三娘：戏剧《劈山救母》故事。

⑥閻二：指严嵩府上管家严年。

二三四

嗏[1]對潤[2]，曝[3]對晾[4]，當當[5]對贏贏。東湖對西澗，北庫對南營。前後手，上下名，浪舞[6]對瀾攙[7]。十證[8]毛一證，七成凑三成。活水養魚清更好，狂風吹粟[9]縫[10]先行。南無佛力威，興鼓山，敗雪峰，火燒湧泉寺；東家財主樣，銅延平，鐵邵武，紙褙福州城。

注释：

①嗏【低嘉 1】：干燥。

②潤【日春 3】：潮湿。

③曝【波光 8】：日晒。
④晾【柳声 5】：阴干。
⑤當當【低釭 3】：经常进当铺。
⑥浪舞：指乱舞。
⑦瀾攙：指恶搞。
⑧證：本事。
⑨粟【出光 4】：稻谷。
⑩縫【波山 3】：冇，瘪谷。

二三五

結對支，添對置，奇文對別致。善事對孽緣，惻心[①]對厚意。過五關，加三利，托三對央四。頭腦儥開通，目周又近昵[②]。伓死也去一重皮，莽佬[③]故留三寸氣。郎中講藥使[④]，老鼠屎儉伙儥死，透伙腹腸；小鬼裝書生，土螺目[⑤]縣禮毛名，府禮黨蒂[⑥]。

注释：

①惻心：嫉妒。
②近昵【日之 3】：指近视。
③莽佬：虽老。
④藥使【时开 3】：俗指治病单方。
⑤土螺目：喻目光短浅，没知识。
⑥黨蒂：断根，喻不能考取功名。

二三六

嬡[①]對妗，奶對娘，世故對家常。惡寒對畏暖，儉熱對貪凉。狀元墓，乞食洋，過板[②]對添盆[③]。堵袋迸堵袋[④]，鈕門[⑤]換鈕門。皇帝故務三分倚，細婆難揀十般全。一百句毛同聲，話講駁燥[⑥]，轉厝破牌套[⑦]；十八歲乍[⑧]上運，命帶魁罡，喝鬼罵閻王。

注释：

①嬷【蒙嘉1】：指母亲。

②過板：唱曲换板调。

③添盆：民间祭祀的仪式。

④堵袋：肚袋，钱袋。

⑤鈕門：旧时衣裳上的布纽扣。

⑥駁燥：大发脾气。

⑦轉厝破牌套：回家劈神主牌发脾气。

⑧乍【曾奇7】：刚刚。

二三七

膜[①]對縵[②]，渣對炲[③]，鳥龍對魚篆。百味對千饈，八音對五彩。七條鬚[④]，三吓指[⑤]，龜胸[⑥]對虎齖。伓值半爿錢，那箓一張紙。頭髮解散縛馬裙[⑦]，手網世[⑧]長貯猪屎。虎頭牌透年抵煞[⑨]，平安清吉值千金；犬尾草務日開花，生意興隆通四海。

注释：

①膜：筋膜。

②縵【蒙山1】：油乳类液体表面的膜。

③炲【低开2】：渣滓。

④七條鬚：鲶鱼七条须，喻人须少像鲶鱼。
⑤三吓指：指中医号脉。
⑥龜胸：平胸。
⑦頭髮解散縛馬裙：女子准备撒泼的动作。
⑧世：接续。
⑨虎頭牌透年抵煞：传说陈年虎头盾牌，可抵御煞气。

二三八

搖對漾，寂對湮，壽幛[①]對銘旌[②]。度繩[③]對補鐴，箍桶對捎窨[④]。竈君暴[⑤]，皇帝星，齊發對自稱。馬救劉玄德，犬咬吕洞賓。生當亂世偏長命，富在深山有遠親。毛乇駁[⑥]毛乇貪，賭錢僯利，故漢[⑦]頭椿生意；在伊講在伊痛[⑧]，看命儥真，那去一碗點心。

注释：
①壽幛：写有祝寿词的布帛。
②銘旌：灵柩前的长幡。
③度繩：大工木匠。
④捎【求声 8】窨【莺宾 1】：修缮木地板。
⑤竈君暴：谐音“灶君报”，民间故事指罗隐的传说。
⑥駁：指拼搏。
⑦故漢：还以为。
⑧痛【他声 3】：听。

二三九

餉對糧，修對束[①]，之抓[②]對的篤[③]。躐踢對蹺躋[④]，踹跚對踢缩。擠轉灣[⑤]，排等仆[⑥]，枇爬[⑦]對栗碌[⑧]。陶代搖鈴鈴，土地[⑨]掏拂拂。銀錢嫌少伓嫌多，手指亞[⑩]裡毛亞出。贪得別仈牛，失去自家馬，莫疑陰錯陽差；寧爲太平犬，毛做離亂人，真正天翻地覆。

注释：

①修、束：束脩，旧时送给老师的酬金。修，同“脩”。

②之抓：胡乱抓挠。

③的篤：随意指点。

④蹺【语秋5】躋【曾西1】：死去。

⑤擠【出奇7】轉灣：转向另一方向。

⑥排等仆：翻过来扑倒。

⑦枇爬：爬来爬去。

⑧栗碌：进进出出。

⑨土地：土地公。

⑩亞：指拗向。

二四〇

瘤對癬，痘對瘢，世外對凡間。坐收[①]對行辦[②]，開吊對合歡。拔虎尾，炒猪肝，歸位對企班[③]。穷仈养驕仔，奸相害清官。野仔扛轎拍金鼓，老婆掏扇補纱衫。燈籠殼做枕頭，干汝[④]圓就圓扁就扁；井闌圜當班指[⑤]，榴[⑥]伊死債死生債生。

注释：

①坐收：不入账的收入。

②行辦：按制度办理。

③企班：值班。

④干汝：让你或强迫你。

⑤班指：说书人用的指环。

⑥榴：撩，捉弄。

二四一

點對勾，裁對撇，養廉①對敬節②。經營對探查，撤銷對歸結。虎馱猪，龜笑鱉，綫包對針擎③。做啦假殷勤，嫌伊病清潔④。言三語四真五流⑤，除零去半拍八折。腔寬⑥僐鬧够八橺厝，何苦惹蜂釘頭；鼻長故躔⑦過六柱橋⑧，哺想買蠣連簰。

注释：

①養廉：朝廷为保持官员廉洁而另给的赏金。

②敬節：旧时供养守节寡妇。

③針擎：放针的布包。

④病清潔：洁癖。

⑤五流：不正经。

⑥腔寬：大嗓门。

⑦躔【柳初1】：指慢慢拉长伸过去。

⑧六柱橋：福州白马河上桥名。

二四二

嘻①對吓②，喟③對咳④，前套對原來。排衙⑤對歸局⑥，擔閣⑦對落臺。圓胳碻⑧，矮脾排⑨，拍鐵對燒硋。粗蘆⑩當拐杖，插板做棺材。犁頭又笨牛又笨，肉骨也呆犬也呆。百話鳥[11]學樣薙[12]仏聲，務屁都放够芋篦[13]；隔盲蜆[14]開嘴就是臭，毛肐僻看成米筴[15]。

注释：

①嘻：嬉笑。

②吓：吓唬。

③喟【莺杯 2】：叹气。

④咳【非开 5】：伤感。

⑤排衙：旧时主官升堂，衙署陈设仪仗。

⑥歸局：各归其位。

⑦擔閣：指耽搁。

⑧圓胳【柳缸 8】碻【气缸 4】：圆得像球。

⑨矮脾排【边开 5】：矮个子八字脚走路貌。

⑩粗蘆：粗的芦苇秆。

⑪百話鳥：八哥鸟。

⑫薙【他鸡 3】：跟随，模仿。

⑬芋篦：芋畦。

⑭隔盲蜆【柳秋 5】：隔夜的蚬子。

⑮毛肐僻看成米筴：喻本没啥事当成大事。

二四三

醭對腥，臊對膩，流通對停滞。刮芋對刡[1]梨，駁桃對準柿[2]。同同聲，獨獨味，臭頭對油耳。肘肘儉蕈張[3]，肝肝[4]做噶忌[5]。唐晡那坐觀音堂，佬媽故寄和尚寺。趁倆吓錢故呆拔索尾[6]，破稜犬[7]價益仏；拈一本筆即足[8]掏鋤頭，青盲牛[⑨]伓捌字。

注释：

①刞【蒙天5】：削切。

②駁桃、準柹：民间用桃和柿子作猜赌工具。

③肘肘傖鞏張：指打牌对顶着出张。

④肝肝：谐音“刚刚”，喻正好。

⑤做噶忌：吃苦头。

⑥拔索尾：喻没主见，人云亦云。

⑦破稜犬：指恶犬。

⑧即足【曾须3】：就胜过。

⑨青盲牛：喻文盲。

二四四

蒸對炖，泡對燂[①]，做藥對當茶。晾霉對潑露，罵雨對禳[②]霞。鴣雖目[③]，蛺只牙[④]，烏覞對白麻[⑤]。半爿四角稜，倆隻一橛柴。閩縣真真七步犬[⑥]，連江築築倆頭猫[⑦]。能大能小能發能收，肞睥道臺驢毛襪；不後不前不倫不類，月經會伯嘴鬏芽。

注释：

①燂【曾嘉5】：指油炸。

②禳【莺香7】：祈求。

③鴣【求孤1】雖【曾杯1】目：眼似鹧鸪鸟。

④蛺只牙：牙长不齐。

⑤烏覞【气宾8】、白麻：皆鸟名。

⑥七步犬：民间传说剧毒的蜥蜴。
⑦連江築築俩頭猫：民间教数的童谣。

二四五

俊對香，兼[①]對利[②]，咬牙對貫鼻[③]。實就對虛張，横塍[④]對直致。千家詩，三國誌，抽筋對扭蒂。少奶故[⑤]大方，老爹真小器。寅月先支卯月糧，上喉儥接下喉氣。七月起陶代伓使糴米[⑥]，腹老鰓鰓[⑦]晡想發財；百件毛土地故昧掛袍[⑧]，目周昵昵[⑨]也徕考試。

注释：
①兼：兼顾。
②利：得利。
③貫鼻：呛鼻。
④横塍：蛮横。
⑤故：还算。
⑥七月起陶代伓使糴米：七月民间祭祀活动多，道士不必买米吃。
⑦鰓鰓【时开5】：腹部圆鼓鼓貌。
⑧土地故昧掛袍：土地神还没衣穿，喻土地庙未修好。
⑨昵昵：眯眯眼，喻近视。

二四六

喂對飲[①]，築[②]對餂[③]，桶石對钩鐮。軟差對呆缺，閒飫對碎錢。心肝搭[④]，巴領擒[⑤]，剪斷對磨圓。呆錢買豆腐，破船下[⑥]私鹽。大王不知弟子苦，巧妻常伴拙夫眠。慍戆氣，起華光⑦，南風剁暴⑧，土沙拍到；細膩仈，保身體，秋分加領，繬布捲墘⑨。

注释：

①飤【出之3】：指喂饭。

②築：强制喂食。

③餂【低灯5】：填食。

④心肝搭：拍胸脯。

⑤巴領擒：抓衣领。

⑥下【非嘉7】：运载。

⑦慍戇氣，起華光：喻愚钝者突有超常表现。

⑧剁暴：指生成暴风。

⑨捲墘：包边。

二四七

發對批，抽對採，註銷對塗改。脰骨①對頭皮，鼻心對胶指。佬媽癲，洋裝歹，毛嫌對務使。秤格②綗③明除，針過綫拉紮④。當啦老將偗馬糧，教伊唐哺恰⑤猪屎。東偗仈麥，西偗仈豆，穿手⑥哺想捫天；小時偷鷄，大時偷牛，盪褲故兼攔海⑦。

注释：

①脰骨：脖颈。

②秤格：核实称量。

③綗：指秤物时盛具的重量。

④拉紮【柳催2】：拉紧打结。

⑤恰【气山 4】：拾，捡起。
⑥穿手：伸手。
⑦攔海：围海抓鱼。

二四八

留對歇，住對居，踏實對懸虛。鋪陳[①]對洗蕩，煮打[②]對捐輸[③]。喜蟹蟹[④]，知猪猪[⑤]，拍面對掛鬚。凡人不可度，小弟都毛拘。郎中轎槓三其擺[⑥]，老板烟筒二把噓。講許嚎[⑦]扁擔頭故着帮鋪，躡躡胶[⑧]做企弟；膠毛勢[⑨]尿壶嘴共从扴蹕[⑩]，犂犂面[⑪]請軍師。

注释：
①鋪陳：摆设，布置。
②煮打：烹饪。
③捐輸：捐资赞助。
④喜蟹【非嘉 7】蟹：物品下垂貌。
⑤知猪【低须 1】猪：物品悬吊貌。
⑥轎槓三其擺：较二人抬更有身份的三人抬轿子。
⑦講許嚎【语桥 1】：讲那么夸张生硬。
⑧躡躡胶：蹑手蹑脚，偷偷摸摸。
⑨毛勢：不得法。
⑩扴【求山 8】蹕【边宾 4】：撬裂。
⑪犂犂面：舔着脸。

二四九

煞對收，完對罷，光鮮對華麗。占大對居多，好高對門佤[1]。比目魚，長胶蟹，公開對賤價。走[2]虎走下山，逐鷄逐上瓦。閒茶閒飰養閒仸，大聲大肴[3]講大話。三日不打便成祖媽，梅香[4]做夫人；一將無能累及千兵，李闖拍天下。

注释：

①鬥【低郊 3】佤【时嘉 7】：争多比阔。

②走【曾郊 2】：逃避。

③大肴【语郊 5】：嚎叫。

④梅香：婢女的通称。

二五〇

狸對獺，鱟對鰲，股蒂對牙槽。秋葵對冬菜，夏布對春羅。病笨[1]姐，懶尸[2]婆，落井對開河。老爺咠誐誐[3]，伲仔荒嘮嘮[4]。寶馬也賣田也賣，金龜又毛叔又毛[5]。式[6]褲帶知都都[7]，下底爬龍船，崎頂迎霜降[8]；房桶蓋做鐯鐯[9]，前頭吹烏賦[10]，後斗拍破鑼。

注释：

①病笨：行动笨拙。

②懶尸：懒惰。

③咠【语之 2】誐【语歌 3】誐：喻摆架子貌。

④伲仔荒嘮嘮：小孩子嗷嗷待哺。

⑤金龜又毛叔又毛：出自戏剧《钓金龟》故事，张义钓得金龟，其家嫂为谋得金龟而害死小叔，最后金龟死去其嫂被法办。喻人财两空。

⑥式：塞。

⑦知都【低孤 1】都：物品悬吊貌。

⑧下底爬龍船，崎頂迎霜降：比喻老人的下身小水（尿）多，头顶白发多。

⑨鐐【出奇 7】：铙钹。

⑩烏賦：号角声。

二五一

掛對抓，捫對擋，火燒對水淌[1]。祖□對師豪[2]，公攤對婆黨[3]。梳頭衫[4]，緪身襯[5]，虛花對鹵莽。知縣刮地皮，解元迎天榜。強將手下無弱兵，呆仫背後毛好影。江西仔買魚種，本錢乞侬嫂先烹[6]；湖北老吹牛屄，閒話共表[7]伯去講。

注释：

①水淌【他缸 2】：被水流冲走。

②師豪：舒畅。

③婆黨：突然断开。

④梳頭衫：梳头理发用的披衫。

⑤緪身襯：紧身内衣。

⑥先烹：先用掉。

⑦表：指江西老俵。

二五二

填對塞，噶[1]對黏，床閣[2]對柱聯[3]。跳墻對起衕，爬壁對搭檐。單腹脹[4]，小腸炎[5]，原諒對弃嫌。賣貨不吃貨，講錢就着錢。半世都因名利误，千金難買子孫賢。日日三十盲晡[6]，犁屎猪[7]，汗流共汗刴[8]；年年正月初一，啼嘛蟹[9]，目滓掛目墘。

注释：

①噶【求山8】：指附着，粘在。

②床閣：中式阁形大床。

③柱聯：堂柱的对联。

④單腹脹：肝腹水。

⑤小腸炎：疝气。

⑥日日三十盲晡：喻躲债。

⑦犂屎猪：喻赖债者。

⑧汗剃【他鸡3】：汗流如注。

⑨啼嘛蟹：小孩善哭。

二五三

蒜對葱，薑對豉，耳蕪[1]對嘴蕙[2]。撮撮對拈拈，瞍瞍對瞭瞭[3]。麻太爺[4]，沙婆俤[5]，斯文對了例[6]。滿嘴倹胡椒，一身斷絲紲[7]。務裙毛褲番仔婆，同父异母親兄弟。呆仔細心喚[8]，變猪變羊變啦貪倹王；侯仈假正經，掃蟲掃蟻掃出門塾[9]外。

注释：

①耳蕪【莺孤5】：听力不好。

②嘴蕙【莺鸡7】：贪吃。

③瞍瞍、瞭【曾鸡3】瞭：均指视力差。

④麻太爺：一种长脚不结网的大蜘蛛。

⑤沙婆俤：小昆虫名。

⑥了例：利索干练。

⑦斷絲紲：指衣裳褴褛不整。

⑧嗅：豢，喂养和教育。

⑨門墊：门槛。

二五四

吟對唸，嗦[①]對呃[②]，暱睒[③]對晞膚[④]。包捐[⑤]對拍賣，討價對收租。灰灰鼠[⑥]，碌碌烏[⑦]，藉寡[⑧]對托孤。毛皮芭蕉果，一對橄欖蘇。鮮貨糊鯊[⑨]藉皮厚，墊劑[⑩]火把磕齒穌。火燒厝好看難爲東家，嘴聖請糞坑頭去坐；拍落身鬧熱那漢喜事，髭駁[⑪]叫錤碗担[⑫]來箍。

注释：

①嗦【时歌 4】：吮吸。

②呃：疑作“呼”。

③暱【日宾 8】睒【口声 4】：一闪而过。

④晞【非之 1】膚【非孤 1】：敷衍应付。

⑤包捐：旧时指包税。

⑥灰灰鼠：鼠灰色。

⑦碌碌烏：深黑色。

⑧藉寡：倚仗寡居。

⑨糊鯊：鲨鱼俗称。

⑩墊劑：未发酵的干实面剂。

⑪駁：指破裂。

⑫錤碗担：锔碗摊。

二五五

銲對鑪[①]，錤對鑄，小家對大厝。官道對佛堂，洋樓對祖墓。釣魚牌[②]，騎馬布[③]，夾帮[④]對添註。草鞋補禮跑，鐵轎[⑤]扛價過。信寄揚州廿四橋，家住上海十六鋪。假至誠偷掏佛，門後角證[⑥]做興化兄；倆其睏[⑦]快活仙，被鋪墩[⑧]恰着廣東貨。

注释：

①鑪：熔炉。

②釣魚牌：指一种纸牌。

③騎馬布：指月经带。

④夾帮：合伙。

⑤鐵轎：小轿车。

⑥證：指骗局。

⑦睏：睡觉。

⑧墩：指当中。

二五六

圜對督[①]，點對叉，酒令對詩巴[②]。蚯嘘[③]對蛇嗦，蝦領[④]對蜘拖[⑤]。目出火，鼻流沙[⑥]，闊嘴對歪胶。拳頭拔出節[⑦]，股穿坐生疤。荆州晡取酒晡倿，梁山昧上刀昧擸。倿一頓着拔蜈蚣胶，黄燜水鶏，火燒白菜；拍三錘價過螿蜞啌[⑧]，鬍皮[⑨]老鼠，黨蒂西瓜。

注释：

①督：乩，句读或批点。

②詩巴：一种赛诗活动。

③蚯嘘：俗说蚯蚓呼出毒气。

④蝦領：过一会儿。

⑤蜘拖：拖延。

⑥鼻流沙：爱流鼻涕的。

⑦拳頭拔出節：做好出拳准备。

⑧啌【气东 3】：窟窿或洞。

⑨鬍皮：脱皮。

二五七

攝[1]對兜[2]，敲對蹶[3]，簡單對矜貴[4]。肥腿[5]對磬顱，胜胸[6]對缺嘴。老鼠鬚，丫蛴髻[7]，後生對前輩。關公斬顔良，瘋僧戲秦檜。背書僆背喇喇蘇，倿酒乍倿寢寢[8]醉。臚雷表[9]扁担兩頭竅[10]，恰帮[11]只一陣趁嘈[12]；文藻山火把三條排，跋倒僆俩搪[13]真脆。

注释：

①攝：捏住。

②兜：兜住。

③蹶【求杯 3】：指跌倒。

④矜貴：珍贵。

⑤肥腿：腿疾，血吸虫病。

⑥胜胸：胸部畸形。

⑦丫蛴髻：发髻扁平宽大形似知了头。

⑧寢寢：刚刚。
⑨表：乡下人。
⑩竅：指翘起。
⑪恰帮：结伙成群。
⑫嘈【曾初 5】：吵杂。
⑬倆搪：折断。

二五八

謊對錯，渺對茫，點主[①]對拜堂。串湯[②]對做藥，拌粉對調糖。傻傻硬[③]，弭弭長[④]，撇榭對迴廊。單抽佬虎翅[⑤]，務倆[⑥]死猫腸。門縫看伙總是扁，風前講話真正涼。能者多勞，嫁乞鷄趁[⑦]鷄飛，嫁乞犬趁犬走；好伙難做，伺候牛討牛料，伺候馬討馬糧。

注释：
①點主：在灵牌“主”字上加朱点。
②串湯：谐音“唱汤”，祭奠死者。
③傻傻硬：死硬。
④弭【日之 7】弭長：一点点长。
⑤佬虎翅：喻超强者。
⑥務倆：有很多。
⑦趁：跟着。

二五九

病對痴，思對慕，投胎對報哺。莫怪對多疑，相爭對自誤。父母錢，陰陽簿[①]，發心[②]對起步。羊姆咩咩聲，犬仔囉囉𠾴[3]。務厝晡宙[4]四架亭，毛水僬泗三鋪路。鹹魚蜆仔菜過的去，故勝咬薑督[5]鹽；胡椒豉油醋貼僨完，好藝[6]食薯賠[7]芋。

注释：

①陰陽簿：民间传说指生死簿。

②發心：动念，发愿。

③囉囉𠾴【柳孤 2】：呼狗声。

④宙：指住。

⑤督：戳，用筷子蘸。

⑥好藝：好不容易。

⑦賠【波杯 3】：指配，配菜。

二六〇

憔對懆[1]，懦對恂[2]，失竅[3]對滅踪。生疔對剝疠[4]，過癞對遭瘟。孟姜女，費德公[5]，落套對加封[6]。話聽巴達头[7]，書讀噶渠通[8]。搬單着貼三個月，駛船那看一時風。頭菩屯宗[9]，尾菩屯宗，好像番仔婆哈吧[10]；前行斗舍[11]，後行斗舍，那漢旗下拐鵪鶉。

注释：

①憔【曾秋 5】、懆【出歌 3】：皆指急躁、吵闹。

②恂【时春 5】：恐惧。

③失竅：失去思维能力。

④剝【边光 4】疠【非光 3】：长疖子。

⑤費德公：京剧人物。

⑥加封：追加封赏。

⑦巴達头：直摇头。

⑧噶渠【求初 5】通：半通不通。

⑨菩【边孤 5】屯【低春 1】宗【曾春 1】：毛发蓬松状。

⑩哈吧：哈巴狗。

⑪行【非山 5】斗【低沟 2】舍【时奇 3】：喻落魄貌。

二六一

湍對冲，浮對涌①，趁嘈②對偵朧③。娷娷對磨磨，乖乖對癑癑④。闊嘴厅，秃頭巷，挑唆對挖喹⑤。帶仔腹球球，念經嘴甕甕。一日够暗猴盤車⑥，五更捌早犬咬粽⑦。大婆算米數⑧，只世修心後世罪輕；賭鬼講牌經，莊家拍夢⑨旁家錢送。

注释：

①涌【他东 3】：指顺水漂流。

②趁【他宾 3】嘈【曾初 5】：趁着嘈杂时机。

③偵【低声 2】朧【日东 3】：寻找空闲时间。

④娷【蒙之 1】娷、磨磨、乖乖、癑【日东 3】癑：皆对儿童昵称。

⑤挖喹：钻空子，寻漏洞。

⑥猴盤車：像戏猴踩单车般不安分。

⑦犬咬粽：喻争吵不休。

⑧算米數：喻死亡。

⑨拍夢：四色牌的一种玩法。

二六二

查對察，套對探[①]，嫖友對伬班。犁田對引港，討海對放山[②]。烏碌鬼[③]，紅毛番[④]，能幹對達觀。平平兄弟卷[⑤]，歲歲公婆龕。毛食酒也縮破襖，因爲錢着跋加冠[⑥]。拿着鱉走着龜，世上毛錢難講話；一頭犬兩頭兔[⑦]，朝中務仈好做官。

注释：

①套對探：套路对打探。

②放山：放生。

③烏碌鬼：贬称黑人。

④紅毛番：俗称洋人。

⑤卷：内讧。

⑥跋加冠：演戏前的加演剧目。

⑦一頭犬兩頭兔：喻走狗带跟班。

二六三

捨對捐，超對度，阿二對老五。蛤肉對螋胶，鮓皮對鯨滷。姑老爺，俤新婦[①]，幸灾對樂助。龍虎僐犯冲，鴨雞伓成菢[②]。破鉢單逗玻璃缸，大水價移石舂臼。搭心肝[③]來詛嘴，棺材數故着肘[④]丁厝租；買膘手肏股穿，財主家僐變做欠债户。

注释：

①俤新婦：弟媳。

②鴨鷄怀成菴：指鸡鸭不成一家。
③搭心肝：拍胸脯。
④肘：对抵。

二六四

饋[①]對罩[②]，早對晡[③]，應付對攀鋪。釘鞋對皮褲，鐵轎[④]對柴靴[⑤]。四不像，三下嘘[⑥]，鴉片對燕窝。養鼠咬布袋，走馬看真珠。椅墊氈條交杯盞，爐仔茶罐廣東鍋[⑦]。講也講儧盡，講也講儧完，一帮來一帮去；生呀生真兼[⑧]，生呀生真俊，又好傻又好掙。

注释：
①饋【蒙山5】：指晚餐。
②罩【低郊3】：指午餐。
③晡【边过1】：夜，晚。
④鐵轎：轿车。
⑤柴靴：铐脚刑具。
⑥嘘【语桥1】：指爱理不理。
⑦椅墊氈條交杯盞，爐仔茶罐廣東鍋：旧时为红白事雇请的茶担器物。
⑧兼【求天1】：指俏丽出众。

二六五

散對居，歸對聚，長隨[①]對常住。肅靜對安閒，寬舒對富裕。閒所閒，遇不遇[②]，裝修對干預。出路萬般難，開門七件事[③]。點心火把杏仁酥，潤肺漿冰[④]豆腐箸[⑤]。門後角奪車[6]，城樓頂比炮，莫怨別伙着怨自家；鞋套釘糴米，梭頭甕貯銀[7]，僙再絕嗣儥再玩具[8]。

注释：

①長隨：常年跟班。

②遇不遇：邂逅。

③開門七件事：指柴米油盐酱醋茶。

④漿冰：冰糖。

⑤豆腐箸：腐竹。

⑥門後角奪車：出自梁实秋文章。

⑦梭頭甕貯銀：喻有进没出。

⑧玩具：出洋相（这里指家丑）。

二六六

灰對墨，靛對硼，芥辣對李鹹。七粗對八籟[1]，四棱對半爿。乇大小，半浮沉，躲懶[2]對貪閒。吾弟張翼德，家兄王化行[3]。好花伓插門後角，自水儥流別伙田。居然一竅不通，三隻目周僙挖去倆隻；切莫半途而廢，十層樓梯都爬够九層。

注释：

①七粗：形容粗鲁。

②八籟：低俗。

③躲懶：偷懒。

④王化行：清朝康熙时期名将。

二六七

墓對田，鄉對里，茶丁[1]對蓮子。家當對門標[2]，名堂對年紀。讀死書，倹生米[3]，笑談對褒比。新鞋補鄭邊[4]，號褂牌轉裏[5]。大半殘生活儥成，將萬[6]客氣當儭起。趁伊身邊過，隔一重布，伓捌伊是鬼是神；在汝手頭窮，着三分銀，昧[7]共汝講情講理。

注释：

①茶丁：苦丁茶。

②門標：门前悬挂的标志。

③倹生米：比喻粗野，不通情理。

④補鄭邊：穿错边。

⑤牌轉裏：里外翻转。

⑥將萬：这样。

⑦昧【蒙杯 7】：指未。

二六八

生對旺，硬對僵，异姓對同鄉。花名對草案，篾片[1]對菜張[2]。公案桌，匡門碍[3]，指省[4]對封疆。延平過邵武，雲南透四川。今年着做尅神醮[5]，前世儭燒断頭[6]香。紅蟳仔滃[7]生滃死總儥紅，秀才嘴土土[8]；白鷺命[9]傂來傂去都是白，和尚頭光光。

注释：

①篾片：旧时帮闲清客。

②菜張：或指菜单。
③匡門磚：门框的装饰砖。
④指省：清代捐纳后指定到某省为官。
⑤醮：僧、道设坛做法事。
⑥断頭：喻绝后。
⑦瀹【非宾4】：指焖煮。
⑧嘴土土：嘴唇突出貌。
⑨白鷺命：喻命中受穷。

二六九

袋對筐，鈀[①]對筅[②]，清清對冷冷。大副[③]對長班[④]，中書[⑤]對老板。真多餘，雜不等，菜刀對花剪。急水好討魚[⑥]，掾屎碰着犬。歇奴講理講價通，短命误仈误的很。毛乇賴，賴陶代，爭爭爭，偁爭够二三更；就是貪，贪後生，揀揀揀，故揀啦廿一點[⑦]。

注释：
①鈀：农具耙子。
②筅【出灯2】：竹制的掃帚。
③大副：驾船副手。
④長班：官员身边随从。
⑤中書：古代指文职辅官。
⑥討魚：捕鱼。
⑦廿一點：指最低等次。

二七〇

鎔對鍍，鑷對鉗，軟骨對頑皮。記心[1]對聽嘴[2]，開肺對服脾[3]。桶盤鍘[4]，鼎爿纁[5]，雪螯對花貍。頭髪生白紵[6]，股穿上青呢[7]。一日硋担擔毛歇，雙斗旗杆企出徠。烟墨土丹硋硯盤[8]，鄉下齋先生寫牛契；皮袍困帽金錢銾[9]，洲邊厝仏客倹鶏粬[10]。

注释：

①記心：牢记心上。

②聽嘴：听话。

③服脾：服水土。

④桶盤鍘：近似大杂烩。

⑤纁【出之 5】：满火时锅边水滋滚声。

⑥白紵【气初 2】：头皮屑。

⑦股穿上青呢：屁股长青苔，喻时间坐久。

⑧烟墨土丹硋硯盤：教书先生的文具。

⑨皮袍困帽金錢銾：富家子弟的行头。

⑩鶏粬：鸡屎粬（油麻粬）是闽侯关源里三宝之一。

二七一

帶對牽，懸對掛，離婚對吵嫁。鬥脆[1]對學乖[2]，謀謨[3]對算跨[4]。抱不平，尋相駡，結緣對抄化。話価犬都嫌，禮多人必詐。真正金剛彈琵琶，野像番仔吹喇叭。衣裳憑尺寸，千針萬綫，上海工嫩嫩工[5]；買賣論分毫，六整四除[6]，福州價半半價。

注释：

①閂脆：争高低、争派头。

②學乖：识时务。

③謀謨：谋划。

④算跨：相跨越。

⑤嫩嫩工：精细活。

⑥六整四除：四舍五入。

二七二

蔴對苎，稗[①]對茬[②]，分半對合同。臭鮪對扁鴨，錢鼠[③]對蛀蟲。菩蠅硤[④]，蚡蝨箣[⑤]，鞠血[⑥]對灌膿[⑦]。肖蛇多心緒，拍犬欺主仆。半盲三更坐花轎，六月大夏烘火籠。上馬提金，下馬提銀，皇帝務錢難買萬萬歲；前門叫財，後門叫寶，郎中行運那捌日日紅。

注释：

①稗：稗草。

②茬【蒙东 5】：杂草。

③錢鼠：臭鼩，别名灰背老鼠。

④菩蠅硤【气声 4】：能吃苍蝇的小昆虫。

⑤蚡【非春 1】蝨【蒙光 5】箣【低东 5】：旧指蚊香。

⑥鞠【求须 4】血：指淤血。

⑦灌膿：发炎化脓。

二七三

軟對風，麻對痺，長三對矮四①。暢膽對丟皮②，冒名對換記。豆腐渣，芋瓠蒂，折乾③對納利④。由頭看够胶，洗面待着鼻。鴨仔乍剥四對花⑤，鷄屎也務三寸氣。又驚鬼又驚賊，衝撞八家將⑥，講話噶屎噶滤⑦；也着神也着仏，褒護七姑爺，做代⑧順頭順意。

注释：

①長三對矮四：打牌九的牌名。

②丢皮：调皮。

③折乾：行贿送礼。

④納利：缴纳利润。

⑤乍剥四對花：小鸭子的颈、尾和双翅四处新长的大毛。

⑥八家將：指游神仪式中八个神将。

⑦噶屎噶滤：喻说话结巴。

⑧代：指事情。

二七四

流對盪①，變對遷，火炱②對柴尖。上光③對彈影④，轉�⑤對臭膻。出奶腹，倚娘肩，兔仔對狐仙。務胶行毛路，沒膘飛上天。蜜薦⑥猪肚哩啮滤⑦，煠⑧熟犬頭哈喇顛。那飡閒屐閒伲⑨，荔支對蜈蚣娘，全蒙翳翳瞎⑩；毛嫌粗飰粗菜，橄欖滃⑪蜇蜞醬，故勝鹹酸甜。

注释：

①盪：在水面漂流。

②火炱【低开2】：余烬。

③上光：使物体表面光亮。

④彈影【莺缸2】：反光映影。

⑤瞤【日春3】：指潮湿。

⑥蜜薦：蜜饯。

⑦哩呂【柳孤1】濾【柳初1】：混杂粘糊。

⑧煠【时嘉8】：大火煮熟。

⑨閒扊閒伲：闲扯。

⑩翦剃瞎：蒙骗。

⑪滃【莺春3】：搵，蘸湿。

二七五

刮對刨，篩對研，迸模對彈染①。老酒對鮮花，清湯對便點。自惘心，不要臉，安安對顯顯②。肚尾禮傕糧③，眉頭僣恰繭④。看時容易做時難，搓的圓當捏的扁。頭嫁伓捌嫁，二嫁僣搭架，陳鎮犁麥敲猪⑤；嫂姅就是姅，姑姅犯羅睺⑥，杜殿⑦爬壁假蛲⑧。

注释：

①彈染：福州脱胎漆器工艺。

②安安、顯顯：皆佣人泛称。

③肚尾禮傕糧：喻饥饿。

④眉頭僣恰繭：喻愁眉。

⑤犁麥敲猪：犁掉麦子也不让猪吃。

⑥羅睺：天上星名。
⑦杜殿：指蜥蜴。
⑧蛏【曾天 2】：指壁虎。

二七六

糊對熨，噴對縫[①]，自重對斯文。蚶爿對蠘[②]殻，鴨掌對魚唇。婆奶袋[③]，狀元船[④]，出閣對圓房[⑤]。腹飽目昧飽，心同面不同。務話過身[⑥]就儨記[⑦]，無緣對面不相逢。嘰嘰叫粽蓑毛[⑧]，都捌伊天下儉出名，看錢許重；攤攤開蒲扇耳[⑨]，昧共我地頭神講聖，鼓[⑩]水難渾。

注释：
①糊、熨、噴、縫：皆指裁缝工艺。
②蠘【出鸡 8】：梭子蟹。
③婆奶袋：接生婆的工具袋。
④狀元船：福州民俗送尚书公陈文龙出海的船。
⑤圓房：童养媳成亲。
⑥過身：事情过后。
⑦儨記：忘记。
⑧嘰嘰叫粽蓑毛：喻话多如蓑衣的毛。
⑨攤攤開蒲扇耳：喻张大耳朵听着。
⑩鼓：指搅动。

二七七

席對筵，餐對宴，吊傷對過癮。暗算對明瞞，横拖對強占。和尚衣[①]，將軍箭[②]，敨爿對盪片[③]。抵煞佬藤牌[④]，去风破蒲扇[⑤]。乞儕伓存恰着銀，神仙也𠍲拍段劍。我是我，汝是汝，樓頂務伙，樓下都儥蹾[⑥]；東不東，西不西，船頭做戲，船尾伓聽見。

注释：

①和尚衣：新生儿穿无领衣。

②將軍箭：旧时小儿定时所算，八字命理关煞之一。

③盪【低釭 7】片：分片脱落。

④抵煞佬藤牌：传说佬藤牌可抵煞。

⑤去风破蒲扇：传说破蒲扇可去伤风。

⑥蹾【求奇 1】：趺坐。

二七八

噤[①]對嗅[②]，噏[③]對眐[④]，骨髓對皮膚。談今對說古，道寡對稱孤。火籠帽[⑤]，水桶箍，過嫩[⑥]對拍粗[⑦]。大媽[⑧]僾孫婿，細姨見姊夫。衣裳愛新伙愛舊，銀錢是白目是烏。水裡去，火裡徠，好朋友故勝親兄弟；磚何厚，瓦何薄，醜媳婦不免見翁姑[⑨]。

注释：

①噤【曾银 1】：指亲吻。

②嗅【边之 7】：鼻，嗅闻。

③噏【非宾 4】：指眯眼。

④眐【曾灯 1】：指瞪眼。（疑字音有误）

⑤火籠帽：火笼盖。

⑥過嫩：太细小。

⑦拍粗：粗放些。
⑧大嗎【蒙嘉 2】：曾祖母。
⑨翁姑：公婆。

二七九

炖對炊，熬對燙①，心思對理論。賽馬對教猴，刣龜對儉蚌。桃花癲，蕃薯歁，遮瞞對倚傍。六味地黄丸，一疋天青緞。儉啦馬屎含詐顛②，抱隻鷄㑄去告狀③。歁仔討親一晡價離，鬟圭倒餌④秫米糊；秀才造反三年不成，鶹筆⑤想生天鵝蛋。

注释：
①燙【他釭 7】：冷食重热。
②儉啦馬屎含詐顛：吃马屎诈疯癫，出自孙膑故事。
③抱隻鷄㑄去告狀：母鸡叫声似“告”。
④餌【日之 3】：沾黏。
⑤鶹【柳孤 1】筆【气宾 4】：一种黑羽小鸟。

二八〇

湔對浸，漉對渟①，茶鈷②對酒瓶。招招③對飽飽，遞遞對停停。搶拍奪，敷應承，蟋蟀對螟蛉。三么④出古怪，一鼓透天明。匹馬單槍拍天下，七疤八紐做夫人。春宵一刻值千金，花好月圓，更長夢佃；太極兩儀生四象，風調雨順，福至心靈。

注释：

①渟【低宾 5】：沉淀。

②茶鈷【求孤 2】：烧水茶壶。

③招【柳郊 1】招：疑“招”有误，形容饥饿。

④三么【莺秋 1】：牌语。

二八一

忌[①]對旬[②]，生對誕，老師對太監。禮伯[③]對道公[④]，錢帮對伙販[⑤]。掃手穇[⑥]，鋤頭柄，弃嫌對稱贊。先生倹軟糕，懶子擔重担。炒米馬蛋花生糖，扁擔鷄爬[⑦]竹篙篡[⑧]。一世仈僻紅看志運，窮毛擖[⑨]蒂富毛生根；三吓字拍白[⑩]貼額頭，行不更名坐不改姓。

注释：

①忌：忌辰日。

②旬：十日或十年。

③禮伯：旧指司仪。

④道公：神职人员。

⑤伙販：合伙卖货，特指木柴帮。

⑥穇【蒙东 1】：芦苇花秆，可制扫帚。

⑦鷄爬：竹扒，形似鸡爪。

⑧竹篙篡：撑船的长竹竿。

⑨擖【求山 8】：指粘牢不移。

⑩三吓【非山 4】字拍白：指白纸上写明姓名。

二八二

台[①]對世[②]，配對諳[③]，瑣碎對餘殘。出尖[④]對鬧闊，放大對拔平。真九怪[5]，假三蠻[6]，望北對回南。犁淺[7]拍劍撞，躔[8]倒打彈横[9]。歪奶做鞋歪仔補，初一段雨[10]初二晴。初嫁從父母，再嫁自由身，猪刣[11]白講價；好事伓出門，惡事傳千里，鮓[12]伓洗臭礬[13]。

注释：

①台：俗称“台补”，修补。

②世：接续。

③諳【莺山 5】：指搭配。

④出尖：出风头。

⑤九怪：狡猾古怪。

⑥假三蠻：“加三码”的谐音，狡诈骗人。

⑦犁【柳西 5】淺：触浅滩。

⑧躔【柳初 1】：指打滑。

⑨打彈横：打横。

⑩段雨：下雨。段，指遏。

⑪刣【他开 5】：宰杀。

⑫鮓【他嘉 3】：海蜇皮。

⑬臭礬【非欢 5】：明矾腌制的海蜇有异味，食用前应用清水漂洗。

二八三

隻對雙，單對獨，纏挪[1]對跛匐[2]。七巧對五魁，三么對六噗[3]。抱斗燈[4]，拍包袱，漁樵對耕讀。有恩來報恩，使毒去攻毒。大聖北斗七元君，南無释迦牟尼佛。瞞心昧已，世情看冷暖，仈面逐高低；劫富濟貧，論秤分金銀，換套穿衣服。

注释：

①纏【低天 5】挪【日歌 3】：纠缠不休。

②跛【边欢 8】訇【边春 8】：折腾不休。

③七巧、五魁、三么、六噗：皆为猜拳酒令。

④抱斗燈：旧时婚礼中祈求吉祥的动作。

二八四

囷[①]對積，彙[②]對堆，真悖[③]對夸衰[④]。持刀對拐杖，合扇[⑤]對交杯。毛該債[⑥]，伓是胚[⑦]，長號對小吹。施全刺秦檜，雍正訪李魁。財主愛講毛錢話，巧婦難爲無米炊。武佬[⑧]唱嘮嘮[⑨]，拳不離手，曲不離口；大爺養化化[⑩]，捏又驚死，放又驚㑜[⑪]。

注释：

①囷【气银 5】：叠聚。

②彙【柳杯 7】：归总。

③真悖【边杯 7】：真背运。

④夸衰【时催 1】：大衰运。

⑤合扇：合卺。

⑥毛該債：不是笃定该做的。

⑦伓是胚：不是善茬。

⑧武佬：戏曲老生行当。

⑨唱嘮嘮：指唱京剧。

⑩化化：八哥鸟。

⑪傂：【边杯 1】。

二八五

縡對綿，紗對絹，禮單對壽幛。當事①對替工，藉題對借倜。西照斜，東陽�②，年關對月建③。務佂鬼畫符，偎毛④人情卷。牌套寄著無祀壇⑤，破布綻做將軍帳。坐也儥離，行也儥離，佬公媽共蜜鬮⑥糖；骂又伓驚，拍又伓驚，伲仔哥伓糟便醬⑦。

注释：

①當事：当班主事。

②暎【日香 3】：指逐渐露头。

③月建：指十二地支所对应阴历月份。

④偎毛：还怕没有。

⑤無祀壇：无人祭祀的神坛。

⑥鬮【气郊 1】：指互相掺杂。

⑦伲仔哥伓糟便醬：形容小孩子多事。

二八六

時對運，會①對緣②，入利③對還原。鏡箱對錢褡，扇袋對骰盆。侯官市，與化園，鄭重對周全。海贼做普度，書生中状元。討三條簪④做細姐⑤，坐一頂轎逐上門。也毛面殼也毛燈，拍鼻馬⑥，轉外媽⑦；一把目滓一把濞，啼嘛猿⑧，迎大王。

注释：

①會：相见。

②缘：投缘。

③入利：获利。

④三條簪：旧时农妇的头饰。

⑤細姐：小老婆。

⑥拍鼻馬：骂人话。

⑦轉外媽：骂人话。

⑧啼嘛猿：喻爱哭小孩。“猿”谐音“王”。

二八七

瞎對麻[①]，跂[②]對瘟[③]，暗傷對虚腫。妝啞對詐聾，展威對含盹[④]。千重糕，三凍粉[⑤]，萬巴[⑥]對千總。文章教爾曹，將相本無種。家花不及野花香，馬背何如牛背穩。急跳跳上山逐鹿，福無雙至，禍不單行；滑流流[⑦]滿地拿鰻，蓋世聰明，一時懵懂。

注释：

①瞎對麻：瞎子对麻脸。

②跂【气过5】：指跛脚。

③瘟【莺春2】：指驼背。

④含【非山5】盹【出春2】：似睡非睡。

⑤三凍粉：粉丝原称三凍粉，现俗称“山东粉”。

⑥萬巴：把总，旧时低级军官。

⑦滑【非花8】流流：谐音“滑溜溜”。

二八八

沉對寂，化對渾，古迹對新聞。桌裙對破甕[①]，鞋套對襖輪[②]。兵随將，老還童，得得對云云[③]。腹裹光耀耀[④]，背后氣蓬蓬。木筆斜題十樣錦，傘燈高照满堂红。早起去，盲晡炎[⑤]，水帮魚也着魚帮水；天光□，日罩淀[⑥]，船攏岸昧见岸攏船。

注释：

①破甕：闽北的方言，指被窝。

②襖輪：棉袄或皮袄的外罩衣。

③得得、云云：皆闽剧中仆人和丫鬟的泛用名字。

④耀耀：形容肚子空。

⑤盲晡炎：指晚上收拢家禽圈笼。

⑥日罩淀：阳光照定。

二八九

駐對防，留對守，做盤[①]對含斗[②]。乍乍[③]對常常，真真對了了。燒長香，倹大酒，抗肩對制肘。最毒婦人心，無異劊子手。恩愛由来不到頭，是非只爲多開口。講曹操就碰着曹操，在伊刀對刀槍對槍；成蕭何僻敗也蕭何，究竟花是花柳是柳。

注释：

①做盤：为达到某种目的耍花招。

②含斗：谐音“含抖”。不可靠，也指可怜相。

③乍【曾奇7】乍：刚刚。

二九〇

容對縱，管對圈[①]，雙料對單傳。循良對懦弱，柔軟對剛強。吊上壁，捫毛門，離散對團圓。真寒發假熱，老陰配少陽。命带三座金銀庫，厝租四面風火墻。廿一歲昧討嫫[②]，講話臭朧膻[③]，伓使瞞爹騙奶；十二月裲綌褲[④]，風流透骨髓，那捌拿公做王。

注释：

①圈【气光5】：约束。

②嫫【蒙过5】：老婆。

③臭朧【日灯5】膻【时天1】：乳臭味。

④十二月裲【时银7】綌褲：冬天穿薄纱裤，喻贫穷。

二九一

核[①]對瘢[②]，疔對痡[③]，闒闑[④]對累贅。釘耳對纏跤，磕頭對搥背。買馬標，討魚稅，犯疑對追悔。羅漢請觀音，太平解元貴。陳摶大困[⑤]三千年，彭祖命長八百歲。時來十二月受暑，丫螃[⑥]叫，荔支紅；嘴嗊[⑦]半數盲[⑧]開葷，羊肉俆，老酒配。

注释：

①核：肿块。

②瘢：疤痕。

③痡【边杯3】：痱。

④關闌：关卡，阻拦。
⑤大困：长睡。
⑥丫【莺嘉1】蠐【曾之5】：知了。
⑦嘴嘖【莺鸡7】：指嘴馋。
⑧半數盲：半夜。

二九二

羅[①]對絚[②]，罩[③]對帕[④]，木匠對花司。柴□[⑤]對石磨，水落對火叉。流清汗，着迷痧[⑥]，殼殼對疤疤。小事化無事，千家過一家。賣嘴郎中毛好藥，鬎頭諸娘愛戴花。儎儉苦外苦，方爲人上人，凡事總着耐耐心想法；須防仁不仁，莫信直中直，共伊[⑦]趁早離離手開巴[⑧]。

注释：
①羅：捕鸟网。
②絚【蒙东7】：捕鱼网。
③罩：【低东4】。
④帕【波嘉1】：指撒网捞鱼、捕鸟。
⑤柴□：疑作“柴马”。
⑥着迷痧：中邪犯迷糊。
⑦共伊：和他。
⑧離離手開巴：分手远离。

二九三

臭對鮮，葷對素，砑光[①]對拍污[②]。車站對機房，崗亭對船塢。自然然，如故故，涼風對潑露。無官一身輕，學賭三年富。英雄難過美人關，贼仔想偷布司庫。上句講天，下句擂地，左右真正做仏難；前門拒虎，後門進狼，頭尾不能相兼顧。

注释：

①研光：用光石碾磨使纸张、皮革等紧密光亮。

②拍污：遇到污秽。

二九四

冤對悖①，詘②對漶③，滿當④對圍莊⑤。添油⑥對洗炭⑦，落水對烘湯。半路孝，雙房喪，覆桌⑧對躋缸⑨。僋捌寅呀卯⑩，受怪⑪仔共孫。痴心女子負心漢，隔世冤仇現世恩。肩不離担，担不離肩，伓中做教師，也中做徒弟；命就是錢，錢就是命，僋瞞的施主，價瞞的天尊。

注释：

①悖【边杯7】：背运。

②詘【曾花8】：指偏颇。

③漶【蒙缸1】：指晕头转向。

④满當：典当周期见满。

⑤圍莊：赌博术语。

⑥添油：祈福增寿。

⑦洗炭：民间传说关于彭祖的故事。

⑧覆桌：一种迷信问卜活动。

⑨躋【他初3】缸：蹬缸杂技。

⑩僋捌寅呀卯：诘问会懂得什么。

⑪受怪：受苦。

二九五

祭[①]對齋[②]，祈[③]對禳[④]，唱湯對供飦[⑤]。寬窄對高低，輸贏對衰旺。韃婆[⑥]鞋，孝子杖[⑦]，偏勞對絕望。海底毛許深[⑧]，天邊故禮遠[⑨]。昧算好也昧算呆，儹捌爭就儹捌讓。一日鑽諸娘仈縫，講話毛戇戇[⑩]。好事多磨，半世做單身哥錘[⑪]；務病自偎挼[⑫]，實心所願。

注释：

①祭：祭祀。

②齋：斋供。

③祈：祈祷。

④禳：祈愿消灾。

⑤唱湯對供飦：民俗给逝者象征性洗漱和进食的仪式。

⑥韃婆：旧时称呼外族女子。

⑦孝子杖：孝男的哭丧棒。

⑧毛許深：没有那么深。

⑨故禮遠：还更远。

⑩戇【日山5】戇【日春3】：呆傻模样。

⑪單身哥錘：单身汉。

⑫偎【莺杯1】挼【日杯5】：调理按摩。

二九六

聲對調，嗓對腔，坐賈對經商。監盘[①]對怨斗[②]，拜鏡[③]對封箱。落地狱，破天荒，照相對撥光[④]。娘奶偃尾仔[⑤]，姑爷尅頭婚。剥皮剥骨破腹老，好頭好面臭股穿。長長索放，短短索收，宽宽板共你仈算數；尖尖刀䶊[⑥]，鈍鈍刀劏[⑦]，喊喊楼看弟子遭殃。

注释：

①監盘：监督货物和现金盘点。

②懇斗：拜斗。

③拜鏡：俗作祈求平安长命仪式。

④撥光：旧时请道士通过镜子施法术处罚窃贼。

⑤尾仔：最小的儿子。

⑥䶊【他春 4】：指捅刺。

⑦劏【柳须 3】：指钝刀慢割。

二九七

香對酒，砖[①]對爐，爛粿對噶糊。采蓮對春蒜，製藥對懸蒲。雄黄肉[②]，嘉素魚[③]，重慶對相如[④]。幾回一轉閏，真正五日餘[⑤]。拍鑼拍鼓做新婦，結囷[⑥]結陣遊西湖。又一回龍船鼓轉頭[⑦]，香紋紗白扇臭丸袋；第二次鷄瓶丸[⑧]落腹，午時書黄烟普庵符[⑨]。

注释：

①砖【求郊 3】：指装酒的容器。

②雄黄肉：旧时用雄黄酒泡肉，作外用药。

③嘉素魚：鱼形素食。

④相如：相同，相类。

⑤五日餘：指端午节。

⑥结囷【气银 5】：结伙。
⑦轉頭：新的开始。
⑧鷄瓶丸：指安眠药。
⑨午時書、普庵符：端午节贴在门楣上的祈安符联。

二九八

聘對媒，招對贅，加租對過稅。鳳尾[1]對龍鬚[2]，馬蹄[3]對鷄髻[4]。巳酉哥，寅申妹[5]，調停對安慰。省補衣裳新，饑荒柴米貴。世上毛錢難做仏，人生有酒須當醉。賭錢輸窮鬼，猪欄儥羸晡想羸牛欄；久病成郎中，甕嘴伓幔[6]故着幔缸嘴。

注释：
①鳳尾：指笋。
②龍鬚：指龙须草。
③馬蹄：指荸荠。
④鷄髻：指鸡冠花。
⑤巳酉哥，寅申妹：戏剧《梁祝》中的书童、丫环名（又作四九哥和银心妹）。
⑥幔【蒙山 1】：蒙盖。

二九九

機對會，運對緣，古老對賢良。換名對添記，討勢[1]對當權。腹寒[2]鬼，膏痃[3]王，仰板[4]對匡門。三花做皇帝，百鳥朝鳳凰。見着棺材隻[5]下淚，捫啦油垢是諸娘。將心比心，蠻笑[6]起疑心，伓存汝只拿字[7]；務理毛理，啼嘛[8]奪真理，那驚仈價捌傳[9]。

注释：

①討勢：识时务。

②腹寒：疟疾。

③膏瘥：疥疮。

④仰板：屋瓦或楼板下铺设的薄木板。

⑤隻【曾奇 3】：指才会。

⑥孿笑：开玩笑。

⑦拿字：捏字眼做别解，即故意挑刺。

⑧啼嘛：啼哭。

⑨那驚仈價捌傳：只怕别人不知道。

三〇〇

焍[1]對爄[2]，煨對烙[3]，風搧[4]对火鏊[5]。设色[6]对開光，簽名对掛號。白柴扛[7]，黄土座，拖俥對挨磨。架搬[8]來排排，錢抱去噢噢[9]。伓存嘴快碰□釘，僣曉頭臭撮伊帽[10]。驢仔伓捌虎，上猪八戒門倒拍猪八戒一鈀；鹽甕自生蟲，食秦始皇飦，也講秦始皇無道。

注释：

①焍【边缸 4】：煎炒或烤干食物。

②爄【曾之 5】：高温烫烙。

③烙：【柳歌 7】。

④風搧：风扰。

⑤鏊【语歌 7】：烙饼炊具。

⑥设色：涂色。

⑦白柴扛：咒人死后用最差棺木装殓。

⑧架搬：搬架，指推拿。

⑨錢抱去噢噢：形容爱钱如子。

⑩僯曉頭臭撮伊帽：晓得他头臭故意拿掉他帽子，喻揭人短处。

三〇一

梟對鮓，鱉對凫，灰鼠對草狐。雙簧對五祀①，四色對十胡②。赌錢鬼，扛轎奴，梅𤈦③對芋瓠。屎捺豆腐甕，信寄字紙爐④。虎奶手裡毛仔抱⑤，蛇郎目周乞屎糊⑥。女怕戴帽，男怕䘛靴⑦，大命債顧，僯管珍珠寶塔⑧；上毛樓枰，下毛雨傘，寸草俱無，故想瑪瑙珊瑚。

注释：

①五祀：禘、郊、宗、祖、报五种祭礼。

②四色、十胡：皆纸牌赌具。

③梅𤈦：梅子切片做的蜜饯。

④字紙爐：化纸炉。

⑤虎奶手裡毛仔抱：临水庙中护幼三十六婆官，只有虎婆奶手中无子。

⑥蛇郎目周乞屎糊：民间故事，蛇郎眼睛迷糊，认不清自己妻子。

⑦女怕戴帽，男怕䘛靴：女性头脸肿大、男性腿脚浮肿是病重的体征。

⑧大命債顧，僯管珍珠寶塔：戏剧《珍珠塔》剧情。

三〇二

委對差，陞對薦，清查對積欠。帖式[①]對婚書，籤條對字片。燒紙衣[②]，拍錢劍[③]，懷疑對討厭。鬍鬚換草包[④]，膘毛當令箭。辦親房桶簡妝燈，審案籤筒筆架硯。百货税二五征，零零碎碎，够[⑤]過卡又着征一征；諸娘仔十八變，好好呆呆，臨上轎故僯變三變。

注释：

①帖式：礼仪书帖形式。

②燒紙衣：民俗烧给阴间的一种纸钱。

③錢劍：传统娱乐器具，如同北方的霸王鞭。

④鬍鬚換草包：胡须不修剪像草包。

⑤够：指到。

三〇三

修對煉，戒[①]對參[②]，内應對旁觀。升旗對開印[③]，拜表[④]對企牖[⑤]。錤碗擔[⑥]，搖骰攤[⑦]，廢寢對忘餐。刣仏毛起稿[⑧]，請奶來過關。苦五絕六暗病七，肥二矮四尖頭三[⑨]。一日数石板好藝行[⑩]，近着眼前，遠着幾千里；將錢買炮仗倩仏放，困共老將，俭共興化兄[⑪]。

注释：

①戒：禁戒。

②参：参拜。

③開印：旧时官府开假办公。

④拜表：上奏章；拜神所献祈祷文。

⑤企旛：挂起旗。

⑥鍖碗擔：修补陶瓷或五金制品的流动小摊。

⑦搖骰攤：流动赌摊。

⑧刣仫毛起稿：喻草菅人命。

⑨苦五絕六暗病七，肥二矮四尖頭三：旧时赌局行话。

⑩好藝行：何时才走到。

⑪困共老將，儉共興化兄：喻合伙者皆不自在。

三〇四

發[①]对售[②]，沽对糶，呆番[③]对假票。懇斗對拜香，唱伬[④]對建醮[⑤]。七巧圖[⑥]，三脚钓[⑦]，長班對闊少。肝火乍禮鬃[⑧]，□角實在竅。遁落[⑨]鹽甕苦滷鹹，摔破醋甏酸叫溜。吉凶前途未保，懿旨菜昧大就僣開花；早晚時價不同，金銀仔故鷩毛對作吊[⑩]。

注释：

①發：批发。

②售：零售。

③呆【语开5】番：成色不好的银元。

④唱伬：福州曲艺伬唱。

⑤建醮：设坛祭祀。

⑥七巧圖：七巧板。

⑦三脚钓：三脚渔具。

⑧鬃：燚，怒气、发火。

⑨遁落：掉落。

⑩作吊：吊啥。句意为有钱还怕没处花。

三〇五

巴對魯，鄭對齊[①]，混帳對雜牌。稅章[②]對科學，生計對問題。跳三下，啼一排，狗尾對猫蹄。大鉢重細鉢，舊鞋換新鞋。真正半天拍霹靂，空遥大旱望雲霓。如今是世亂出刀兵，只怕伓出黄巢，也出李闖；自古道國亡做奴隸，可憐昧做印度，先做高麗[③]。

注释：

①巴、鲁、鄭、齊：皆指古国名。

②稅章：税法。

③印度、高麗：皆指被灭亡过之国。

三〇六

填[①]對摄[②]，吊對提，做面對毛脾。獅敲[③]對猫叭[④]，馬遁[⑤]對猴儆[⑥]。開大礮，下半旗，草鱺對花貍[⑦]。正柿六粒核，尖粿三角歧。蘿蔔生孫芥生子，芙蓉如面柳如眉。猪頭羊頭掛着竈頭，年盲兜乇頭毛欠缺[⑧]；桃仔李仔儉死伲仔，小兒科藥仔[⑨]大行時。

注释：

①填：填充。

②摄：摄取。

③獅敲：喻耍性子，敲竹杠。

④猫叭：谑指不知道。

⑤馬遁：喻被人作弄不停团团转。

⑥猴僘：喻被人作弄当猴耍。

⑦花貍：果子狸。

⑧年盲兜毛頭毛欠缺：年关什么年货都不缺。

⑨藥仔：治常见病的小药剂。

三〇七

串對通，穿對透，汪眩[①]對佬嗽。夾罐[②]對雙簧，大吹[③]對横哨[④]。野雞船[⑤]，佬虎竈[⑥]，茶盤對酒碲。揀啦三倎鶏，擲着六骰豹[⑦]。專吹牛屄耶耶胡，毛倎猪肉回回教。一行風一行雨，呆天做變，雷拍秋莽[⑧]毛收；伓像暖伓像寒，小暑曝霉，日彈罩[⑨]禍[⑩]就够。

注释：

①汪【莺光 1】眩【非宾 5】：晕眩。汪，指晕。

②夾【求山 4】罐【求欢 3】：法事活动加音乐伴奏。

③大吹：唢呐。

④横哨：笛子。

⑤野雞船：不正规的船。

⑥佬虎竈：指耗柴火的大灶。

⑦六骰豹：六个骰子全六点。

⑧莽【蒙光 2】：指晚稻。

⑨日彈罩【低郊 3】：指中午出太阳。

⑩禍【非过 7】：指雨。

三〇八

駁對留，携對取，接神對抱主[①]。心照對面交，手談[②]對耳語。縛目牛[3]，回头鼠[4]，承差对帮侣。使钱铺路跻，務鏍毛米煮。曰富曰貴曰康寧，多福多壽多男子[5]。起厝都寫萬年寶蓋，好像僙經的萬古千秋；做田那卜[6]五穀豐登，幾回務碰着五風十雨。

注释：

①主【曾须 2】：神主牌。

②手談：用文字交谈或指下棋。

③縛目牛：牛蒙住双眼推磨。

④回头鼠：传说老鼠回头咬人最狠。

⑤多福多壽多男子：俗称“三多”，祝福语。

⑥卜【边缸 4】：指期望，遇上。

三〇九

鍋對鉢，罐對罋，張罩對轉圜。叉叉對板板，架架對欄欄。三層桌[1]，七寸盤[2]，正派對翻蠻[3]。老鼠倹硶飦[4]，流蜞跻窨墁[5]。去日苦多來日少，別時容易見時難。七擒孟獲到花廳，做文趣[6]僙講够東陽晡暝[7]；三氣周瑜來下渡，全武行那拍伊北斗移南[8]。

注释：

①三層桌：做法事时垒桌。

②七寸盤：法事器具。

③翻蠻：翻脸不讲理。

④硶飦：用瓦罐煨烤糯米供产妇食用。

⑤窨【莺山 3】墁【蒙山 5】：谐音“暗暝”，指下半夜。

⑥做文趣：装模作样。

⑦東陽晡暵：旭日将要升起。

⑧北斗移南：形容时间延续很久。

三一〇

痘對疔，瘡對痢，清香對滋味。門角對竈眉，梂頭[①]對桶耳。日月星，巳午未，通融對停滯。由命不由人，毛天共毛地。中秋姊妹賞月華，半夜客商等水字[②]。大慈大悲，大捨大願，牟尼佛四大皆空；無憂無慮，無禍無災，姜太公百無禁忌。

注释：

①梂【求歪2】頭：指棺材头尾的横板。

②水字：潮汐时间。

三一一

承對繼，接對傳，佚價[①]對產糧。扛臺[②]對趕市，歸位對吵場[③]。教五子[④]，見三娘[⑤]，散本對還原。天下無難事，男兒當自強。水之江漢星之斗[⑥]，春滿乾坤福滿門。共[⑦]我捧够頭頂當[⑧]，腹老僆笑穀篤臼[⑨]；乞依踋[⑩]着胶掌底，心肝故結囫圇丸[⑪]。

注释：

①佚價：未确定价格。

②扛臺：喻捧场，喝彩。

③吵場：拆台。

④教五子：出自《三字经》。
⑤見三娘：出自戏剧《三娘教子》。
⑥水之江漢星之斗：水之首长江汉水，星之魁北斗七星。
⑦共：指把。
⑧頭頂當：头顶上。
⑨𣪘【求孤 4】篤【低孤 4】臼【气孤 7】：深陷貌，指笑弯了腰。
⑩跐【出奇 8】：踩。
⑪囫圇丸：一整团。

三一二

活對鮮，枯對槁，乖乖對寶寶。潤肺對扶脾，安神對補腦。股穿花，膘手棗[①]，舒排[②]對跛倒。俔仔□芋頭，死仈摀薑牳[③]。富貴如花過眼空，光陰似箭催人老。亂極必治，治極必亂，大鼓着對大鑼；來者不善，善者不來，巧匙𠉤開巧鎖。

注释：
①股穿花，膘手棗：骂人话。
②舒排：舒服躺平。
③死仈摀【蒙嘉 1】薑牳：俗有给死人手握生姜之习。

三一三（為省一校舍落成而作）

募對捐，邀對請，經營對主管。勸學對疎財，興工對集款。運動場，圖書館，參觀對展覽。獨木不成林，毛鐵拍破鍋。傖水着記開井仈，做戲儥段[①]拍鑼仔。今年開花，明年結子，攙[②]鲚故着務許俩鹽；前人栽樸，後人乘凉，偺餅汝那漢伓使瀵。

注释：

①儥【蒙嘉 7】段【低釭 7】：指离不开。

②攙【出声 1】：掺。

三一四

度[①]對傳[②]，期對望，参差對摇漾[③]。恭敬對溫和，寬容對體諒。多的多，上等上，安閒對康健。單使[④]别仈錢，乍偺番仔飰。講够傷心目滓流，看仈捺屎股穿癢。兵來將迎，水來土掩，管家仈一身債一身當；光咧布施，暗咧分明[⑤]，老板嫂務這財務這量。

注释：

①度：超度。

②傳：传承。

③摇漾：摇晃不定。

④單【低山 2】使：专门用。

⑤光咧布施，暗咧分明：明处在施舍，暗里钱财也要分明。

三一五

房對庫，局[①]對倉[②]，合夥對分贜。樓梯對階座[③]，户槅[④]對門窗。赤答答[⑤]，圆當當[⑥]，辛苦對鹹酸。九仔十新婦，四代兩公孫。三成風水七成命，一夜夫妻百夜恩。厝瓦做蝴蝶僦，儥累一園菓子樸[⑦]；尿壶灯猪肚偺[⑧]，故勝三碗人参湯。

注释：

①局：官舍。

②倉：仓库。

③階【求鸡 1】座【曾歌 7】：台阶。

④户槅：大门的门扇。

⑤赤答答：指实实在在。

⑥圓當當：圆满。

⑦厝瓦做蝴蝶伬，儙累一園菓子樹：大风吹飞瓦片，但不影响满园果树。

⑧尿壶灯猪肚倫：传说尿可入药，尿壶灯猪肚可进补疗伤。

三一六

破對除，銷對熤，蒜苗對豆蕊。烙餅對酥糕，捲粫[1]對炒粿。洗熱湯，燒猛[2]火，軟腰對肥腿。講話企上風，捺尿[3]成大水。七夕客鵲頭鬅毛[4]，過午黄螺殼噣尾。毛倫猪也看見猪行路，親家變做冤家；昧刣犬就僻捌犬腹腸，窮鬼碰着餓鬼。

注释：

①捲粫【曾天 1】：糯米和豆腐皮做成的小吃。

②猛【蒙山 2】：火旺。

③捺尿：拉尿。

④七夕客鵲頭鬅毛：七夕前后喜鹊从头上开始换毛，民间传说系为牛郎、织女相会搭桥被踩所致。

三一七

聖對靈，威對護，投胎對賴菴。敷衍對裝修，捐輸對輔助。多開三，數挫五[①]，破頭對駁肚。死鬼對活仈，窮店強富户。一文[②]就熟鼎邊糊，伓賣僫酸水豆腐。忘八奴才賊價死，雷公困落眠；表妹親家姑齊徠，月姊做新婦。

注释：

①多開三，數挫五：赌场行话。

②文：指煮鼎边糊时，在鼎边快速浇抹米浆的动作。

三一八

招對判，拷對敲，嘴臭對心焦。割靴[①]對剪綹[②]，光棍對流鏢[③]。乾烤烤，渾飄飄，勞練對買休。呆仈佪目滓，土地毛嘴鬏。乞倯共犬做生日，老鼠邀猫看元宵。汝掏刀我掏槍，拍的佬虎倒，大家務肉倯；西邊田，東邊厝，留得青山在，不怕毛柴燒。

注释：

①割靴：指劈腿。

②剪綹：指偷窃。

③流鏢：闹着玩。

三一九

吉對祥，災對異，平安對禁忌。呈紙[①]對禮書，商標對告示。絞腸痧，噤口痢[②]，小三對阿二。蜢朎菩蠅肝[③]，猴頭老鼠耳。矮矮衖離[4]窄窄廳，紅紅牌匾金金字。看戲齅[5]仫屁，窮毛笑賤，賤毛笑窮；掏杖齾[6]自頭，是代伓做，做代伓是。

注释：

①呈紙：呈文。

②絞腸痧、噤口痢：皆指重病。

③蜢胗菩蠅肝：指微小之物。

④衖離：篱笆弄。

⑤齅【边之7】：嗅。

⑥齾【非缸4】：指击打。

三二〇

綢對縩，翊對呢[1]，法海對鍾馗。青梅對绿豆，白棗對黄梨。過的竅[2]，黏之錤[3]，鬱悶對昏迷。武松拍佬虎，曹操釣鳌蜞[4]。到底好心務好報，只爭來早與來遲。縱横廿一史，上下三千年，縣底又误，府底又误；前村四五家，高樓六七座，冬也相宜，夏也相宜。

注释：

①翊、呢：皆毛料。

②過的竅：通过关键之处。

③黏【日之1】之錤【气之7】：粘修和锔补。

④曹操釣鳌蜞：谑称曹操《观沧海》诗。

三二一

詐對欺，誆對局，牽纏對斷絕。駝背對鳶肩，牛溲對馬勃[①]。長短差，上下兀[②]，孤贫對老弱。赫老進袈裟，張飛賣膏藥。大錢伓爭小錢爭，雙日不着單日着[③]。糊塗官退堂過癮，左嗦嗦[④]二三筒，右嗦嗦二三筒；流蕩子到處爲家，東歪歪一半月，西歪歪一半月。

注释：

①牛溲、馬勃：表面指牛尿、马屎，又指两种中药。

②上下兀：上下马车用的踏足木凳。

③雙日不着單日着：喻赌场押宝总有中彩的一天。

④嗦【时歌 4】：嗍，吸水烟或旱烟。

三二二

酥對蜜，割對烹，全套對半邊[①]。令郎對舍妹，貴姓對尊庚。蛤蛤蛤，蟶蟶蟶，通達對變更。毛菰[②]火腿粥，髮菜海参羹。天皇一萬八千歲，太陽三月十九生[③]。攤開錦被大家遮，故勝雪中送炭；踏破鐵鞋無處觅，當真海底押[④]針。

注释：

①邊：【边灯 1】。

②毛菰：蘑菇。

③太陽三月十九生【时灯 1】：传说太阳星君生日。

④押：摸。

三二三

辭對謝，讓對爭，壓桶[①]對蹼棺[②]。發酵對出滷，抹濫[③]對曝乾。五帝庙，萬人坑，上藝[④]對夾班[⑤]。孤老昧裡[⑥]院，賊仔乍放監。人逢喜事精神爽，命带魁罡鬼怪驚。去，慢慢跻，城隍顶判官落拓[7]落拓；陪，排排坐，開元寺金剛闌單闌單[8]。

注释：

①壓【低山 4】桶：旧称随寡母改嫁的孩子为“压桶仔”。

②蹼【波欢 8】棺：旧时阴婚仪式。蹼，跨过。

③抹濫：沾湿。

④上藝：出师。

⑤夾班：留级。

⑥裡【低鸡 2】：进入。

⑦落【柳釭 4】拓【他釭 4】：清闲溜达。

⑧闌單：为显摆而走路叮当响。

三二四

湽[1]對焦，膻對碇[2]，猴仇[3]對獮僂[4]。退後對行前，托中對卓正[5]。沒鼻針，大頭鏡，搜尋對拍迸。舉心[6]手搖搖，合意頭嵌嵌。後九毛寒節節寒[7]，大王儨聖娘娘聖。喚[8]隻細哥[9]真受罪，話儨講那曉[10]的啼；討啦新婦毛開通[11]，癢伓爬[12]僣挖[13]够痛。

注释：

①湽【时须 4】：指物体长时间被液体浸泡。

②碇【低声 3】：指味重，刺鼻。

③猴仇：喻记仇。

④獮【非开 7】僂【他声 3】：故意拖拉。

⑤卓正：端放正中。
⑥擧心：指动念。
⑦後九毛寒節節寒：福州气候俗语。
⑧喚：豢，养育。
⑨細哥：小孩子。
⑩那曉：只懂得。
⑪開【气杯 1】通【他东 1】：开窍。
⑫爬：抓挠。
⑬挖【莺花 4】：指用力抓挠。

三二五

拘對押，擂對搥，窥伺對偎挼[①]。擒爬[②]對抄紮[③]，扯拍[④]對包圍。鏡肘鏡[⑤]，椎騣椎，合夥對做媒。那瞞伊共我，故捌[⑥]汝是誰。石蟦[⑦]自身伓捌臭，佬虎相抱那[⑧]一回。大伓搓挪[⑨]，細[⑩]伓搓挪，荒唐僣捺四角屎；東價平直[⑪]，西價平直，光棍那仗[⑫]一重皮。

注释：
①偎挼：亲热偎依搓揉。
②擒爬：大肆往里捞取财物。
③抄紮：查抄没收。
④扯拍：拉扯殴打。
⑤鏡肘鏡：喻二人同样吝啬。
⑥故捌：哪晓得。
⑦石【时光 8】蟦【求杯 7】：栖息在树上，味道很臭的爬虫。

⑧那【日嘉7】：指仅、只。

⑨搓挪：揉搓，喻调教。

⑩細：小。

⑪平【边山5】直【低宾8】：喻清楚妥帖。

⑫仗【低光7】：指剩下。

三二六

影對紋，模對暈[①]，施恩對絕望。書毒[②]對醋心，烟容[③]對酒量。小先生，大和尚，逢迎對祭禳[④]。讓猫去偷鱔[⑤]，共犬徠[⑥]爬癢。呆俥晡占好俥頭[⑦]，細鍋僣煮大鍋飰。務柄枕頭毛柄傘[⑧]，含盲[⑨]去巖下收租；倆條燭蒂一條香，起早屈[⑩]灶前喊愿[⑪]。

注释：

①暈【莺光7】：发光物体周围的光圈或光环。

②書毒：书呆子。

③烟容：指鸦片鬼。

④祭禳：驱除灾祸仪式。

⑤鱔【出歌1】：鱼腥味。

⑥徠【柳之5】："来"的白读音。

⑦俥頭：指农田灌溉放水车头的位置。

⑧務柄枕頭毛柄傘：務柄枕頭，指舂米槌；毛柄傘，指簸箕。

⑨含盲：连夜。

⑩屈：指在。

⑪喊愿：许愿。

三二七

詳對究，審對招，再醮[1]對兼祧[2]。司書[3]對主筆[4]，企鐤[5]對保鑣。馬膘手，羊嘴鬏，拿豹對踏鳩[6]。久旱逢甘雨，早節暗中秋[7]。無日不從愁裏過，誰人肯向死前休。唧唧[8]水那養唧唧魚，腹老底催糧[9]，巴掌中辦酒[10]；薹[11]薹仈倠騎薹薹馬，跤覆頭做路，股穿睥臭焦[12]。

注释：

①再醮：专指寡妇改嫁。

②兼祧：指一男儿继嗣两家宗祧。

③司書：掌管文书。

④主筆：主持笔政。

⑤企鐤：主厨。

⑥拿豹、踏鳩：皆戏剧表演术语。

⑦早節暗中秋：福州民俗晚上过中秋节，而其他节日白天过。

⑧唧唧：形容小或少。

⑨腹老底催糧：家无余粮。

⑩巴掌中辦酒：拍完巴掌算请客，喻应付了事。

⑪薹【蒙西 5】：下蹲貌，喻矮。

⑫跤覆頭做路，股穿睥臭焦：脚残疾的人用膝盖走路，屁股也着地擦着前行，而受损伤。

三二八

坑[1]對勒[2]，揹[3]對嗃[4]，目蛤[5]對喉蛾[6]。變遷對沖突，破裂對消磨。解酒癮，病錢痨[7]，拜鏡[8]對傳鑼[9]。佬仈全福壽，天子重英豪。姨娘面生菩蠅屎[10]，財主頭戴雉鶏毛[11]。藕斷絲連，事久見人心，解口着請狮公伯伯[12]；瓜熟蒂落，急時抱佛脚，犯風乍捌馬祖婆婆。

注释：

①坑：坑骗。

②勒：勒索。

③揹【气灯 3】：掩盖。

④嗃【求歌 5】：指诓骗。

⑤目蛤：麦粒肿眼疾。

⑥喉蛾：白喉疾。

⑦病錢痨：旧时痨病难医，费钱。

⑧拜鏡：拜长命镜（一种铜镜），祈求平安。

⑨傳鑼：召集人群。

⑩菩蠅屎：雀斑。

⑪頭戴雉鶏毛：喻上山落草为寇。

⑫狮公伯伯：指老道士。

三二九

送對迎，辭對請，鹽硝[1]對糕餅。討賤對尋□，貪閒對躲懶。搶熱鋪，燒熆[2]鐤，奇離[3]對希罕。趁倯趁卡調[4]，越富越儉省。倔婿故勝一員官，傳仈[5]那生倆吓[6]仔。作孽債死毛面見鄉裹，落水要命，上山要財；逢證莫貪[7]吞瀵倜心肝，跖路驚跋，倯飵驚鯁。

注释：

①鹽硝：糕饼或蜜饯表面析出的盐分或糖霜。

②熢【蒙山2】：指火烧旺盛猛烈。

③奇離：奇特，离奇。

④趁傢趁卡調：赚得吃和玩。

⑤傳伙：丈人。

⑥俩吓：两个。

⑦逢證莫貪：凡事不要贪心。

三三〇

鮮對幼[①]，俊對雄，裙带對帽絨。要求對援助，牵制對服從。夫人李[②]，羅漢松，成陣對結困。驢仔伓捌虎，鯉魚僻化龍。皮袍剥下去換酒，門墊盪起徠爬銀[③]。七嘴八股穿，鬼話連篇，先生講故事；三頭六臂膀，賊形難看，強盜畫喜容[④]。

注释：

①幼：嫩。

②夫人李：也叫芙蓉李。

③門墊盪起徠爬銀：喻卸掉门槛赚大钱。

④畫喜容：装善人面孔。

三三一

彙[①]對堆，區對部，功勞對過误。冲喜對破财，招灾對惹禍。地下枰[②]，天官步[③]，稽查對巡捕。賣面不賣身，窮厝毛窮路。點心炒米花生糖，墊腹[④]切麪豆腐芋。臨凶不凶，臨險不險，好比令脬嵗磨刀[⑤]；有恩報恩，有讎報讎，真正肩頭神[⑥]上簿。

注释：

①彙【柳杯 7】：汇集。

②地下枰【边山 5】：平地上当戏台，流动演出。

③天官步：戏台上天官的台步，也称走方步。

④塾腹：果腹。

⑤令脬嵗磨刀：喻冒风险。

⑥肩頭神：传说人的肩头有神灵监护。

三三二

公對正，暗對陰，桶石對斗升。同安對將樂，永定對宜興。香噴噴，凍冰冰，鄉里對姻親。心大膽故大，恩深怨亦深。拜天拜地拜菩薩，害仏害己害自身。横心横腸，煮飫成楦[①]，務錢倫够生[②]，毛錢倫够死；沒禁沒忌，做代都是，前世也非假，後世也非真。

注释：

①楦【时缸 5】：甑，炊具。

②生【时灯 1】：死的隐语。

三三三

色對財，私對慾，參加對陸續。必得對合同，明珠對良玉[①]。轎後燈，棺底褥，歸宗對撇俗[②]。七處尋地方[③]，全家倫天禄。伓死也去半重皮，莽呆[④]故留一塊肉。丫蠐蛜[⑤]

莽捏莽叫⑥，心肝務毛莫受伊嘀。烘魚肞⑦仅臭仅醃⑧，面睥沒肉不可相熟。

注释：

①必得、合同、明珠、良玉：皆《花会传》小说中人物名。

②撇俗：脱俗。

③七處尋地方：到处找工作。

④莽呆："再不好"的口语。

⑤丫螃悔：知了。

⑥莽【越光 2】捏莽叫：指越捏越叫。

⑦烘魚肞：腌魟鱼。

⑧醃【莺声 1】：指奇臭。

三三四

亂對荒，離對散，定蟲①對光蛋。炊粿對賣糕，扒柴對洗炭②。開倒俥，拍黨线，避灾對使梵③。登高登的嵗④，走反⑤走野慣。蠶豆乍分七月般⑥，蟹生⑦怀食重陽碰⑧。好三碗葷，呆三碗菜，都做甕蟻公甕蟻婆；直一行⑨雨，横一行風，那卜紙鷂神紙鷂聖。

注释：

①定【低声 7】蟲【他东 5】：指懒虫。

②洗炭：民间传说有关彭祖的故事。

③使梵【非欢 7】：用佛法。

④嵗【求灯 5】：指高。

⑤走反：指百姓因兵灾战乱而出逃。

⑥蠶豆乍分七月般：福州有七月七夕分蚕豆结缘的民俗。
⑦蟹生【出声 1】：用活蟹加高粱酒和调料腌制的菜肴。
⑧碰【波山 3】：冇，中空不实。
⑨一行【莺缸 5】：一阵。

三三五

窑對竈，洞對坑，耳角對胶灣[①]。心花[②]對肉菜[③]，骨架對皮丹[④]。牛角管，猪油縵，金箔對錫錆[⑤]。毛魚就睨簍[⑥]，見馬僣思鞍。上界神仙下界鬼，在京和尚出京官。帮三年，學三年[⑦]，響屁儥嗅，響皮儥皺；過一日，算一日，借傘着攤，借囉着寬[⑧]。

注释：
①胶灣：脚弯。
②心花：情绪。
③肉菜：肌肉。
④皮丹：表皮。
⑤锡錆：锡箔。
⑥睨【非西 2】簍【柳开 2】：斜眼瞟着装鱼簍。
⑦帮三年，學三年：以前学徒帮工三年，学艺三年，六年才出艺。
⑧借伞着攤，借囉着寬：借伞要先撑开着，借锣要先敲响。

三三六

藥對丹，符對咒，二婚對再醮[①]。油炸對粉包，糖燒對醋溜。榜榜沉[②]，機機叫[③]，長班對闊少。旺過衰就来，窮嫌富不要。英雄不怕出身低，人世幾回開口笑。吕蒙正祭竈三碗水，饥又饥寒又寒；韓克忠搬厝一頭跻[4]，老而老幼而幼。

注释：

①再醮：专指寡妇改嫁。

②榜榜沉：象声词，喻人声嘈杂。

③機機：同叽叽，象声词。

④一頭跻：作一趟走，喻家财少。

三三七

薪對俸，餉對糧，左道對旁門。前緣對後福，假意對真言。禁子媽[1]，相公娘，两便對單傳。塔巷拍電話，王庄倹湯丸。汝奶養啦慍戇[2]仔，我家出隻啼嘛王。小錢儥趁，大錢儥徠，跑差門簽稿[3]都着做；家火[4]不起，野火不發，田厝粪坑石一下完。

注释：

①禁子媽：旧时女监看守。

②慍【莺春 3】戇【日春 3】：头脑不清楚。

③跑差門簽稿：指外差与内役。

④家火【非杯 2】：指家财。

三三八（花會[1]专作）

牵對解，熟對生，井利對火官。抽籤對養字，覆棹對吊牖。肉擱餅，鶏啄蚶，做鎮對跑攤。伏桑花犬仔，音會鯉魚精。

明珠照鏡現曰寶，天龍掏傘遮日山。相公娘也癲，李厝也癲，六陳六張六女六賊都着壓；下界爺一字，弟子一字，兩林兩鄭兩雲兩利伓够攀。

注释：

①福州曾盛行的一种赌局，以《花会传》人物三十六人为标注招赌，中标者压一赔三十。参赌人为祈祷中标，参与抽签、养字、覆桌、吊播等迷信活动。

井利、火官、伏桑、花犬仔、音会、鲤鱼精、明珠、曰（话）宝、天龙、日山、六陈、六张、六女、六贼、两林、两郑、两云、两利，都是作为标注的人名。

三三九

爹對奶，仔對伲，米斗對茶匙。湖鰍對溪鯧，海虎對天鵝[1]。翅猫太[2]，麻獅爺[3]，酒壑[4]對飦池[5]。鱒鰻水鷄鱉，蜈蚣青蛤蛇。門限又鹹犬又大，高官齊做馬齊騎。門後磕三個頭，哭哭啼啼，儺死都埋落飦鉢；街中摔一巴掌，吞吞吐吐，這嘴故密過笊籬[6]。

注释：

①鵝：【语鸡 5】。

②翅猫太：有刺毛虫的俗称。

③麻獅爺：一种不结网的大蜘蛛。

④酒壑【气釭 4】：酒窝。

⑤飦池：穴位名。

⑥這嘴故密過笊籬：戏称口风不密的人。

三四〇

記對題，簽對註，軍需對私鑄[①]。出數[②]對投標，沾光對門課。印度綢，琉球布，宿齋對拍鋪。得罪幾千伙，做您那一句。行家[③]倒運拍破船，財主裡駁[④]卡搭[⑤]墓。火燒胶後單隻急[⑥]，苜莉花赶頭水[⑦]，鬆先行，甕先行；屎够股穿口來捺，豆毛菜剃尾跟[⑧]，桃也過，李也過[⑨]。

注释：

①私鑄：私铸钱币。

②出數：有出息。

③行【莺釭5】家：行业店。

④裡駁：从内部出事。

⑤卡搭：修理。

⑥火燒胶後單隻急：火烧到脚后跟才着急。

⑦苜莉花赶頭水：争购第一批茉莉花制茶，抢占花茶市场。

⑧豆毛菜剃尾跟：豆芽菜还要剪根再吃，喻生活过分讲究。

⑨桃也過，李也過：儿童游戏语。

三四一

墓對埍[①]，褙對張，北調對南腔。拜香對進斗，祭竈對寄箱[②]。頭碗菜，尾條方[③]，籠粟[④]對磨槳。羊死目伓尅，鷄叫頭就光[⑤]。一主[⑥]分做兩主宙，十年遇着九年荒。三更富，四更窮，幾時幾時手邊就務當票；七轉灣，八轉曲，許遠許遠面前一隻牌坊。

注释：

①塌：拓印。

②寄箱：祭祀活动一种。

③尾條方：病愈前最后一贴药方。

④籠粟：磨谷成米。

⑤頭就光：指天就亮。

⑥一主：指一户。

三四二

贊對稱，誇對唸[①]，跻翻[②]對落硬[③]。正座對邊厢，前堂對後殿。閒又閒，幸不幸，大挑[④]對帮辦。毛胶行浦城，務信寄沙縣。布衣朋友不可忘，鐵桶江山毛許墊[⑤]。仏侯笑，猫侯叫[⑥]，小人得志，勝過登天；錢毛利，厝毛租，原主取贖，不拘年限。

注释：

①唸【日灯 7】：念叨。

②跻【求声 5】翻：逆反。

③落硬：强硬不服输。

④大挑：清代授予未有官职举人的科考制度。

⑤墊：指牢固。

⑥猫侯叫：猫叫春。

三四三

豐對嗇，栗[①]對充，净穢[②]對禁冲[③]。小刀對平尺，軟綫對硬弓。拔透透[④]，居中中，馬尾對牛筋。姊去妹又大，姆跻嬸着跟。大風吹倒梧桐樹，孤王酒醉桃花宫[⑤]。親母將萬粻怒獳[⑥]，煮熟桐油，曝嗏[⑦]橄欖；郎中那捌敷喝噠[⑧]，腰酸杜仲，頭痛川芎。

注释：

①栗【柳宾4】：指勉强够数。

②净【曾声7】穢：清除污秽。

③禁冲：避免犯冲。

④拔透透：离远远的。

⑤孤王酒醉桃花宫：闽剧《反皇城》唱词。

⑥粻【日之1】怒【日孤5】獳【日初1】：做事拖拉敷衍。

⑦曝【波光8】嗏【低嘉1】：晒干。

⑧敷【非孤5】喝【非山4】噠【低山8】：敷衍，胡说八道。

三四四

流對滴，漏对漄[①]，艾烘[②]对松明[③]。當興对不败，太過對毛成[④]。侯官市，蒙古营，宿利[⑤]对除名。錢财輪輪管，親戚淡淡跰。老爹講譮[⑥]再講起，伲仔拍了着拍攙[⑦]。講好就好，伓好就呆，儉碗面[⑧]儉碗底辨别；務錢使錢，毛錢使勢，撠[⑨]刀柄撠刀尾輸赢。

注释：

①漄【曾声5】：溅。

②艾烘：用艾草熏烤。

③松明【蒙声5】：松柴点火。

④毛成：不成事。

⑤宿利：长久得利。

⑥譗【低山 7】：疑为“澹”，指错。

⑦攙【出声 5】：喻连续管教。

⑧碗面【蒙灯 3】：菜肴面上有好料。

⑨搵【蒙嘉 1】：指抓握。

三四五

桁[①]對犂[②]，埕[③]對閘[④]，囓筋[⑤]對着脉[⑥]。窄嫩[⑦]對寬舒，傻長[⑧]對駁雜[⑨]。硬丢丢[⑩]，竅納納[⑪]，碎唔[⑫]對亂劃。懊懊睏眠眠[⑬]，傻傻[⑭]肘噶噶[⑮]。老子道德五千言，大王元寶[⑯]一百合。摩摩雞假大客[⑰]，手邊伓篆錢，轉去沒盤纏；獲獲[⑱]犬咬死仈，胶底故毛襪，偆講許活詘[⑲]。

注释：

①桁【莺山 5】：桁补，补充之意。

②犂【柳西 5】：犂犂俭，刚刚达标之意。

③埕【低声 5】：重物砸下。

④閘：拦截。

⑤囓【语山 4】筋【求银 1】：喻甘心。

⑥着脉：号脉对症，切中要害。

⑦窄嫩：又窄又小。

⑧傻【时郊 1】長【低光 5】：身高者。

⑨駁雜：零碎混杂。

⑩硬丢丢：硬邦邦。

⑪竅納納：有韧性、弹性。

⑫碎唔【语孤 1】：因抵触不满而嘀咕。
⑬燠燠【莺歌 4】睏眠眠：哄婴儿睡觉。燠，形声字。
⑭傻傻【时嘉 5】：容易哄睡。
⑮噶噶：不易哄睡。
⑯元寶：指冥币。
⑰摩摩雞假大客：长毛鸡外观体型大，指虚有其表。
⑱獲獲【非宾 7】：不出声。
⑲活詘【曾花 8】：形容说话浮夸。

三四六

硝對炭，藥對磺，油甕對醬盆。鋪陳對護衛[①]，苦楚對強梁。種子酒，肥兒丸[②]，揭帝[③]對張皇。留咧壓厝脊[④]，再的塞城墻[⑤]。姆嬸莽呆一總套[⑥]，姑孫[⑦]也算是同門。江山易改，秉性難移，後生毛執掌[⑧]，够死害保長；禍福無門，惟人自召，三代莫罵天，養仔中狀元。

注释：
①護衛：指马虎敷衍。
②肥兒丸：旧时少儿营养品。
③揭帝【低嘉 2】：同结打，指干练。
④壓厝脊：指屋脊的镇邪兽。
⑤再的塞城墻：宁可拿去填筑城墙。
⑥一總套：指一家人。
⑦孫：指侄儿。
⑧毛執掌：不能挣钱、自立。

三四七

盹①對眠，酸對痛，磨光對臭碇②。拖縋③對纏綿，欹爿④對拍迸。上上經，中中正，拍針對拔綫⑤。漢口水烟筩，永春玻璃鏡。講七道八嘴毛修，托四央三頭伓嶔⑥。鈍鈍刀碰着利手，賭錢場僙驚走毛驚贏；重重帽伓好剃頭，伲仔哥儥捌親那捌偠。

注释：

①盹【出春 2】：犯困。

②臭碇【低声 3】：臭味难闻。

③拖縋【低杯 3】：拖累。

④欹【气之 1】爿【边灯 5】：歪向一边。

⑥拔綫：治伤取出药线。

⑤嶔【气声 3】：指点头。

三四八

張①對補②，掘對埋，討好對做呆。斡旋③對收拾，整頓對安排④。寧德剪，延平箂，上頜對下頦。務魚蝦伓討，毛猪犬也刣。秀才能知天下事，好女不得外家財。馬頭潑水，馬尾難收⑤，務刣罪毛餓罪；猴戲昧做，猴性先起，乍開臺就塌臺。

注释：

①张：入殓时，为死者伸张肢体。

②補【时银 7】：入殓时，为死者穿上衣裤。

③斡【求光 2】旋【时光 5】：调停，周旋。

④排：【边开 5】。

⑤馬頭潑水，馬尾難收：成语故事《覆水难收》。

三四九

量對跋[①]，格[②]對稱，長發對連陞。歪歪對扁扁，慢慢對輕輕。鷄毛筆[③]，牛目燈，添置對合清[④]。秀才當羅漢，佛子拜觀音。九世同居張公藝，五臺受戒鲁智深。春花香，秋山開，萬紫千紅，一草那諳一滴露；冬節盲，夏至日[⑤]，良辰美景，寸金難買寸光陰。

注释：

①跋【边花 8】：指重新称量。

②格：指校秤。

③鷄毛筆：掏耳工具。

④合清：结清账目。

⑤冬節盲，夏至日：冬至夜最长，夏至日最长。

三五〇

拌對搓，泥對堁[①]，凉棚對暖閣。滴篤[②]對俐拉[③]，視睃[④]對寐瞇[⑤]。莫貪情，伓像乇，歁囮[⑥]對愕托[⑦]。燕菜魚羹鍋，蟳草火腿索。出幼[⑧]着過神霄關，喊冤直上公案桌。老婆數竹莽數莽蹙[⑨]，一句講，一句啼；翕仔賣糖趁賣趁嗆[⑩]，半長歁，半長愕。

注释：

①埬【曾歌 4】：用湿软物质填塞。

②滴篤：指指点点。

③俐拉：拉拉扯扯。

④視睃：扫视。

⑤寐【蒙之 7】眊【蒙歌 4】：视线不清摸着走。

⑥歁【语缸 7】囮【时歌 3】：傻瓜。

⑦愕【莺歌 4】托【他歌 4】：聪明智慧。

⑧出幼：出生的婴儿。

⑨老婆數竹莽數莽蹙：老婆婆教儿童识数的童谣，反而越数越乱。（谣曰："砻糠筑，砻糠猫……"）

⑩噲【出缸 5】：指吃相不佳。

三五一

餿①對腐，滑②對粎③，香片④對條絲⑤。銅鎚對鐵楯，柴塔對石碑。半死活，毛尊卑，看勢對投機。玄穹高上帝，靈寶大法司。清官難斷家務事，好女不穿嫁時衣。猴聖王去東海討茶，免的望梅止渴；餓道佛倹南風過頓，強如畫餅充饿。

注释：

①餿：【他沟 1】。

②滑：【求缸 8】。

③粎【日之 1】：粘。

④香片：茉莉花茶。

⑤條絲：烟丝。

三五二

春對磨，揑對搓，細膩[①]對禁訶[②]。投[③]糖對困餡，洗栳[④]對烧鍋。水淌菊[⑤]，雲片糕，細貨對佬遭[⑥]。拜拜公婆媽，排排兄弟哥。留着橘皮補破塊[⑦]，儉完糒被唱洋歌。真真拍鼓迎猪膘，逢錢都步[⑧]抓，逢式[⑨]都步出；道道[⑩]掛牌價犬肉，務屎在伊逝[⑪]，務屎在伊屙[⑫]。

注释：

①細膩：小心。

②禁訶：禁忌多。

③投【低沟 5】：调和。

④栳：竹编米箩。

⑤水淌菊：一种水菊。

⑥細貨對佬遭：小孩对老人。

⑦留着橘皮補破塊：俗语“橘皮补肸脬”。

⑧步：指想要。

⑨逢式：无论什么花样、手段。

⑩道道：不出所料。

⑪逝：泄，排泄。

⑫屙：排泄。

三五三

暢對舒，勞對倦，拖長對離遠。尋事對碰機，交盤對開仗。金鈎錢[①]，鐵綫篆[②]，奇形對异様。伊奶閣[③]伊爹，來福倜來旺[④]。馬屁拍够馬面前，牛毛出着牛身上。量力擔担，九吊整十吊，轉厝慢慢收地租；洗胶上船，三冬[5]靠一冬，居鄉閒閒[6]倹天飦。

注释：

①金鈎錢：一种钱币。

②鐵綫篆：细如铁丝的篆书。

③閤【求歌4】：偎贴。

④來福、來旺：皆仆人常用名。

⑤冬：指季。

⑥閒【莺灯5】：悠闲。

三五四

墘對角，底對旁，祭墓對拜堂。拖鞋對靠枕，拐杖對吊床。吉凶卜，上下忙，分店對同行。兩家結秦晉，三代行蘇杭。三國全歸司馬懿，八仙拍走呂純陽。愻不愻[1]專做三條籤，難怪老板嫂米缸膨膨淀[2]；佬莽[3]佬故攜一把豆，莫笑怡順哥燭蒂弭弭長[4]。

注释：

①愻不愻：意料之外。

②膨膨淀【低天7】：形容满。

③莽：指虽然。

④弭【日之1】弭長：谐音"仂仂长"，即一点点长。

三五五

駁[1]對頤[2]，歪對挪，活龜對死蟹。唸咒對燒符，行香對賣晝。野猫拖，癲犬咬，當初對是下[3]。短儎搭長船[4]，輕聲講重話。兄弟即是一橛柴，祖宗那留三塊瓦[5]。是伿講伿，是好講好，蒼前山想番仔婆；愛假就假，愛真就真，白面厝做企郎罷[6]。

注释：

①䭲：胀裂。

②䫌【非奇1】：罅，裂开。

③是下：时下。

④短儎【时开7】搭長船：短途的货搭上长途的船。

⑤三塊瓦：人死头下填三块瓦，喻家贫无遗产。

⑥企郎罷：干爹。

三五六

喘對哮[1]，嗔對睨，安排對擁擠。跨角對讓邊，磨墘對漏底。躐蹋膘，歪贅睥[2]，務神[3]對毛體[4]。佬媽偷共伙，伲仔啼討奶。萬水千山有夢通，清風明月無錢買。洋裝歹[5]没猴通弄[6]，吹牛屄都着布魯吉[7]出關；唐晡仏比犬故呆，拍鱉氣[8]去受安立間[9]洗禮。

注释：

①哮：【非沟1】。

②躐蹋膘、歪贅睥：皆骂人话。

③務神：有精神。

④毛體：没体力。

⑤洋裝歹：着洋装的二流子。

⑥没猴通弄：喻无处寻开心。

⑦布魯吉：象声词，忍不住笑出声来。

⑧鱉氣：避气。

⑨安立間：谐音“安立甘”基督教教派。

三五七

拘對扣，捏對鬆，嗶卟對叮咚。殺山對登殿，拜塔對祭江①。寒酸氣，辛苦工，票角對錢空。務啌鑽伓副②，這關拍價通。食飽蘢蘿做皇帝③，倒販檳榔去廣東。笑我做工夫就做工夫，請伊三頓飦，請伊三頓酒；講呀務風水又務風水，墓禮一條草，墓禮一條葱④。

注释：

①殺山、登殿、拜塔、祭江：皆戏剧名。

②務啌【气东 3】鑽伓副【非孤 3】：恨不得有空钻进去都来不及。

③蘢蘿做皇帝：穷开心装老大。

④墓禮一條葱：出自童谣《砻砻谷》。

三五八

健對康，虛對損，猫翦①對狼骯②。結結對鬆鬆，稀稀對郎朗③。長犂犂，寬榜榜④，側身對稽顙⑤。務錢百件能，毛話三句講。跟前跟後只黏挪⑥，務食務通毛揀選，伓使驚這藝學價上，頭髮綫僬染滲滲新⑦；乞伙罵一句佬不修，下巴鬚故撮駁駁黨⑧。

注释：
①猫翳：马马虎虎。
②狼骯："狼犺"，形容庞大笨重。
③郎朗：喻极薄的稀粥。
④長犂犂，寬榜榜：形容过分长和宽。
⑤稽顙：跪地磕头。
⑥黏【日天1】挪【日歌5】：黏糊、纠缠不清。
⑦滲滲新：崭崭新。
⑧撮駁駁黨：拽断一根根胡须。

三五九

絞對繅[①]，纏對绪[②]，該呆對夸笨。清炖对白灯，紅燒對黄焖。子時生[③]，卯子運[④]，毛明對怀順，使伊[⑤]做這形，共我都毛份。姊妹寄落長三堂[⑥]，神仙出着下八洞。莫名其廟[⑦]，自家做玩具[⑧]，晡干[⑨]仈老鼠變牛；僬曉的橋[⑩]，佬媽[⑪]毛正經，那漢伊遊龍戲鳳。

注释：
①繅【时歌1】：抽茧出丝。
②绪【出春7】：指拧绞。
③子時生：俗称"男儿难得子时生"，喻好时辰。
④卯子運：旧说卯时开始走好运。
⑤使伊：谁让他。
⑥長三堂：指妓院。
⑦廟：指妙。
⑧玩具：喻出洋相。

⑨睇干：硬要。
⑩僙曉的橋："桥"谐音"茄"，骂人话，指会懂个啥。
⑪佬媽：老婆。

三六〇

封對鎖，貼對黏，禮券對妝奩。□□對鎊秤，擂鑽[1]對鈎鐮。長胶漉[2]，爛目墘，拍瀉对通便[3]。監生遞白卷，啞子傍黄連。毛事僙做七出戲，再來不值一文錢。藤盤簩拍滚斗出身[4]，膠手莂[5]毛。儥讀書僙叭册[6]，房桶弄攤拳頭做式[7]；嘴睥噶骨[8]，務講話就搭檐[9]。

注释：
①擂【柳催7】鑽【曾缸3】：锥子。
②長胶漉：比喻腿脚长。
③便【边天5】：便溺。
④藤盤簩拍滚斗出身：比喻做小生意出身的人。
⑤莂【边光3】：指长出。
⑥叭册：撕扯书本。
⑦做式：做样子。
⑧嘴睥噶骨：喻两腮无肉。
⑨搭檐：搭讪。

三六一

痔對瘤，疳[1]對痞[2]，形容[3]對舉止。字草[4]對算盤，灶兜[5]對針黹。不聊生，可惜死，咬牙對切齒。貴人頭毛毛[6]，啞子手比比。毛情毛義課黎婆，務福務壽先祖妣。本錢躐蹋柏[7]，富過富其年，窮過窮其年；佬火碆舋椶[8]，公爭公務理，媽爭媽務理。

注释：

①痟：痟积。

②痞：痞痂。

③形容：形态面容。

④字草：粗识字。

⑤灶兜：灶边。

⑥頭毛毛：头顶没有毛，指秃顶。

⑦躐蹋柏【边灯 4】：指输得精光。

⑧碆【边波 1】舋【柳东 5】椶【曾东 1】：指突然大发火。椶，指熢。

三六二

保對存，分對散，議齊對慶贊。接送對跟查，輪流對使喚。番仔名，夫人誕[1]。麻胡[2]對巴撇[3]。乞食罵盡仈，金剛価明旦[4]。沒法盤數[5]做磨釘[6]，幾回告狀攜刀柄。上務例下務企，拜年拜年，毛橘也着錢；做伊了是伊仈，嫁漢嫁漢，穿衣共食飯[7]。

注释：

①夫人誕：民间指临水夫人诞辰。

②麻胡：谐音“马虎”。

③巴撇【日山 7】：平息。

④金剛価明旦：疑用金刚弹琴声比喻拖时间不兑现。

⑤盤數：喻吃亏出力的人。

⑥做磨釘：石磨的芯，喻负重。

⑦飯：【非欢 3】。

三六三

刻對雕，刨對鏨，朱紋[1]對黄彈[2]。轎館對船行，貨倉對俾站。七除三，五找俩[3]，灯糟對困餡。孤老得症仈[4]，尼姑相思病。一碗甜湯夾粉包，半斤切麪芝蔴拌。拿着龜走着鱉，出路由路，待朋友儥容俩樣心；刣這鷄教這猴，隨鄉入鄉，擔神煞[5]僐撝一把汗。

注释：

①朱紋：杨梅。

②黄彈：黄皮果。

③七除三、五找俩：皆珠算口诀。

④孤老得症仈：麻风病人。

⑤擔神煞：俗语，既操心又担责。

三六四

溫對濕，飽對饑，普濟對慈悲。畫符對做契，築卷[1]對盤詩。各自各，伊做伊，本體對根基。捐班[2]鹽大使，匯兑布政司。須知世上多艱苦，切莫人前說是非。務過繼仔，毛過繼孫，親家母何必揀肥揀脂；耕着倜奴，織着倜婢[3]，財主官僐做含盹含痴[4]。

注释：

①築卷：填鸭式教书。

②捐班：古代捐纳银钱换取官职。

③耕着個奴，織着個婢：耕种问家奴，纺织问婢女。

④含盹含痴：似睡似傻。

三六五

降對升，留對替，查梨對比[1]稗。值宿對輪班，當差對起解[2]。毛伍顚，那捌快，紅羅對白縩。嘴舌軟糋糋[3]，股穿白糗糗[4]。有計不在年紀多，毛錢故加仔伲細。話重講討伙嫌，戲重做伓好看，一筆勾銷；湯莽熱那是水，泔莽凍故黏挪，同舟共濟。

注释：

①比：秕。

②起解【求嘉3】：押解犯人动身。

③嘴舌軟糋糋：形容嘴甜话多善变。

④股穿白糗糗：屁股惨白，喻没钱。

三六六

禱對祈，占對卜，窮忙對賤作。酒透[1]對書包，米篩對飭辇[2]。難上難，錯中錯，渾渾對噩噩。死馬當犬埋，佬蟲乞鶏啄。目周生着頭頂墩[3]，腹皮塌够胼脊骨[4]。暢[5]够昂昂騰[6]，捏緊都毛代計，真正長班鬼變蚡蝨[7]；段落[8]壑壑仔，浸死沒伙捌傳，那篆黄土山拿蟋蟀[9]。

注释：

①酒透：也叫酒抽，竹制的沥酒工具。

②飵桊【柳春4】：甑干饭的炊具。

③墩：中。

④胼脊骨：背脊。

⑤暢【他光3】：传扬。

⑥昂昂騰：沸沸扬扬。

⑦長班鬼變蚡蟊【蒙光5】：传说长坑鬼被临水夫人收伏烧成灰后变成蚊虫。

⑧段落：掉落。

⑨黄土山拿蟋蟀：喻人死埋葬在山上。

三六七

氤[①]對馞[②]，戽[③]對氳[④]，滴水對披風。律師對書辦，獵户對漁翁。三國氣，六書通，活佛對拿公。驚癢驚佬媽，望赦望新君。善惡到頭終有報，榮華過眼總成空。害伊夫妻子女不相逢，八字裱燈籠，火星照命[⑤]；干[⑥]汝猪鶏猫犬都價叫，五帝查黄歷，太歲遭瘟。

注释：

①氤【莺宾1】：指烟熏。

②馞【边春8】：指烟气喷出。

③戽【非孤3】：舀水泼出。

④氳【莺春1】：指撒灰土。

⑤火星：指灾星。

⑥干【求山1】：迫使。

三六八

住對停，撟[①]對屈，珠蚶對墨束。守備對同知，按司對監督。丫螃頭[②]，水蛇腹，行醫對走卒。務手托價徠，這面變僻出。自黨價點點蠟跤，好塊[③]伓爭爭肉骨。鞋換鞋套，汝去我也去，拔真透[④]故免鏖糟[⑤]；桶毛桶箍，膽粗心就粗，拿着了伓使擊觳[⑥]。

注释：

①撟【求秋1】：蜷缩。

②丫螃頭：形容人额头宽大。

③塊【低催3】："块"的白读音。

④拔真透：离得远远的。

⑤鏖【语歌5】糟：闹心。

⑥擊【求之1】觳【求春4】：指挣扎、动弹。

三六九

噥[①]對咶[②]，跤[③]對蹬[④]，私飽對公烹[⑤]。筋伸對骨梗，血統對皮牽[⑥]。青面虎，白頭鶯，小號[⑦]對尊庚[⑧]。跤手實在活，心肝毛內攖[⑨]。弟子專跖卯字運，女兒難得午時生。廿五歲小夫妻，撦[⑩]囉撦就做爹，擺囉擺就做奶[⑪]；十三分好癖性，喝一喝變啦鴨，哼一哼變啦蟶。

注释：

①噥【日春1】：小声嘟囔。

②咶【求花8】：大声聒噪。

③踨【低歌 8】：指脚被尖物刺到。

④蹬【低灯 1】：指被锐物顶刺。

⑤公烹：公众同吃。

⑥皮牵：皮肉牵连。

⑦小號：小名。

⑧尊庚：询问年龄。

⑨心肝毛內攖：没处搁。

⑩搭【出奇 2】：稍微一动。

⑪奶【日西 2】：指母亲。

三七〇

口①對丁②，生對旦，長隨對暗看③。腰子對肝花，蹄科對胶柄。犬姆娼，猪仔販，竚缸對踏罐④。股穿跛三空，胶毛蕩九擔。苦主那争人命錢，清官獨斷奸情案。現現成成春聯句，十年樹木百年樹人；早早暗暗風颱冬⑤，六月防初七月防半⑥。

注释：

①口：人口。

②丁：男丁。

③暗看：暗探，也指巫婆。

④竚缸、踏罐：皆为杂技节目。

⑤冬：指季节。

⑥六月防初七月防半：有关台风的农谚“六月初早稻成熟遇大风损收，七月中晚稻扬花遇大风难灌浆”。

三七一

堤對壩，壑對塍[①]，水巷對茶亭。拖長對縮小，減半對除零。歸累縋[②]，迷靈眩[③]，拔竹對穿藤。娘娘登寶座，媽媽邀新人。先學瘋癲後學戲[④]，只愁富貴不愁贫。種豆得豆，種瓜得瓜，猫三犬四猪仔五[⑤]。管山傗山，管海傗海，蜆餓蟹亂蛤太平[⑥]。

注释：

①塍：田间或田边土埂。

②歸累縋：纠结成团。

③迷靈眩：深度迷恋。

④先學瘋癲後學戲：俗谓做戏的疯癫，看戏的傻子。

⑤猫三犬四猪仔五：俗称猫、犬、猪的孕期分别是三、四、五个月。

⑥蜆餓蟹亂蛤太平：旧传蚬多收闹饥荒，蟹多产恐有战乱，花蛤丰收是太平年。

三七二

刺對秾[①]，頭對驃[②]，生蝝[③]對上蛀[④]。十指對五心[⑤]，四蹄對七竅。變食符[⑥]，發財票，模糊對機叫[⑦]。耳鬼譙哺蕪[⑧]，嘴神急儸跳。真話毛掏酒後鑾[⑨]，務錢難買靈前吊[⑩]。蚶開嘴新人禮放屁，腹老大黎黎[⑪]；奶昧炎[⑫]伲仔啼討錢，胶指嶷蹺蹺。

注释：

①秾【柳开 1】：指粗糙不平。

②驃【边秋 3】：指冒出，翘起。

③蟓【莺香 5】：蛘，谷物寄生虫。

④上蛀【曾秋 3】：生蛀虫。

⑤五心：心脏加两对手心脚心。

⑥符：民间法事的符咒。

⑦機叫：唧唧叫。

⑧譙【曾秋 5】晡【边过 1】蕪【莺孤 5】：喻声大震耳欲聋。

⑨鑾：开玩笑。

⑩靈前吊：灵前吊唁。

⑪大黎黎：形容“大”的口语。

⑫奶眛炎：奶水不足貌。

三七三

驕對倨①，懶對獃②，籐簍對粽蓑③。然而對可以，並且對應該。姑董攆④，婆當篩⑤，花架對竹梯。敢倹伓驚毒，除死毛大灾。油灰僣挰⑥呢雨漏，草索價縛的風颱。親家伯倹牛膘含詐癲，捺尿也毛看風勢；嶺表兄⑦搖鬣尾⑧栗碌闊⑨，跋倒故哺搗⑩土沙。

注释：

①倨【求须 1】：傲慢。

②獃【低开 1】：呆傻。

③粽蓑【时开 1】：棕衣。

④姑【求孤 1】董【低春 2】撵【日天 2】：喻在地上打滚。
⑤婆當篩：谐音“籔弄沙”，在沙土上滚动。
⑥捚【曾歌 4】：指堵塞漏洞。
⑦嶺表兄：指山里人。
⑧搖鱟尾：不断摇动鲎尾（防止其死去）。
⑨栗【柳宾 4】碌【柳春 4】闊【气花 8】：喻有活动间隙。
⑩故晡撝【蒙嘉 1】：还想去抓握。

三七四

弃對休，干對涉，七雄對三傑。竹粉[①]對絲綿，石花[②]對金葉。玉麒麟，花蝴蝶，邪魔對妖孽。毛好也毛呆，不生亦不滅。讓伙三分昧算低，送君千里終須別[③]。小老板欠前欠後都是債，連時[④]興賭連時興[⑤]嫖；大郎中配來配去伓成方，一隻樂[⑥]凉一隻樂熱。

注释：
①竹粉：做填料。
②石花：石形植物。
③別：【边鸡 8】。
④連時：谐音“临时”。
⑤興【非宾 3】：起兴致。
⑥樂【语郊 7】：偏好。

三七五

瘋對癲，髺對髫，齷齪對齟齬[①]。苦瓜對甜筍，幼竹對粗蘆。逐鹁鴿[②]，拿蟆蝴[③]，燒紙對勅符[④]。使錢使兜搭[⑤]，扛轎扛糊涂[6]。看見雕鞍思寶馬，安排香餌釣鰲魚。做其别仈代，學的自家工，漿熟成糊，米熟成飰；滿身都是屎，何在一腹尿，仈怕落局，鐵怕落爐。

注释：

①齟【曾孤 5】齬【语孤 5】：参差不齐，也喻人们意见相左。

②鵓鴿：鸽子。

③蟔蝴：蜻蜓。

④勅符：指僧道画的符咒。

⑤兜搭：到位。

⑥扛轎扛糊涂：指后面的轿夫只管跟着前面的走。

三七六

緊對寬，鬆對弛，傳宣[1]對書啓[2]。跨角對裁邊，搶前對彈底[3]。荔支酸，葡萄紫，簡單對奢侈。田挹手掌中[4]，井段襏桶裡[5]。流犯故連關長監，老娘昧願坐清椅[6]。賭跟嫖陣，嫖跟賭陣，一晡僆舞五六更；男假女妝，女假男妝，倆其老做十八扯[7]。

注释：

①傳宣：传告。

②書啓：书信告示。

③彈底：露底。

④田挹【曾歌 4】手掌中：喻依靠双手耕作。

⑤井段襏【波欢 7】桶裡：喻用吊桶提井水。

⑥坐清椅：坐冷板凳。

⑦十八扯：剧目名，喻胡乱瞎扯。

三七七

胸對臟，肚對腸，收納對包藏。抄裙對紮褲，合枕對同床。出街使[①]，報關行，進斗對探囊。目周尅[②]緊緊，耳仔拔長長。鎮殿將軍覺羅桂，和番傳相李中堂。書都讀頭頂墩[③]，秀才哥舉人伯文章郁郁[④]；話就着嘴皮口，男子漢大丈夫志氣昂昂。

注释：

①出街使：采购员。

②尅【气灯 4】：指闭眼。

③墩【低缸 1】：指当中。

④郁郁：文采盛貌。

三七八

痺對麻，皴[①]對顫，唇槍對舌箭。微末對孤單，通同對普遍。紫玉釵，香柴扇[②]，封箱[③]對寄硯。滿嘴發牢騷，一身段點玷[④]。息倒[⑤]塵埃二三行[⑥]，歷盡滄桑千萬變。鄉下老連天叫苦，一年水一年旱一年做風颱；城裡仈坐地分脏，三山藏三山現三山看不見。

注释：

①皴【出春 1】：指肌肉痉挛抖动。

②紫玉钗、香柴扇：皆闽剧剧目。

③封箱：剧团年终封箱停演。
④段黠玷：喻毫无内才。
⑤息倒：晕倒。
⑥行：次。

三七九

裁對劈，劚對刲①，煮汁對熬膠。逞功對干過②，見好對作佳。捌字伯③，使錢司④，爊火對肝花。賊嘴出聖旨，曲蹄請親家。門上大哥咡誐誐⑤，旗下⑥企奶干巴巴。請着糊瘌瞎⑦郎中，三貼方不離馬錢子⑧；揀啦富通俊⑨伲婿，一蒲花故插牛屎粑。

注释：
①刲【莺花1】：用硬物刮刻。
②干過：干系。
③捌字伯：识字老先生。
④使錢司：好花钱的主。
⑤咡【语之3】誐【语歌3】誐：爱理不理。
⑥旗下：八旗籍人。
⑦糊瘌瞎：说大话骗人。
⑧馬錢子：马齿苋。
⑨富【边孤3】通【他春1】俊【曾春3】：恶心貌，令人作呕。

三八〇

哽對呻，吞對咯，價咳對拍咸。剔拍對搊拈，爬擒對蹬揆[①]。務上經，毛下落，碎拖對殘擢。這屁放的呆，毛氣對啦唷[②]。姐夫講話盡糊塗，老板使錢毛逮搞[③]。高也不成，低也不就，轉厝偣蕃薯錢；一莫醫親，二莫醫鄰，關門賣瘖痨藥。

注释：

①揆：【气香 8】。

②啦唷：呻吟声。

③毛逮搞：没章法。

三八一

捞對燗，燃[①]對煲，駁下[②]對登高。佬货對細姐[③]，誼女對契哥。鷄角斗[④]，鯽魚刀[⑤]，翻蹩[⑥]對偣褒。好講儥收受，呆仈佪禁訶[⑦]。肯做那混半腹飽，毛偣僀抹一身鹺。排面子百樣難，青盲那漢開目真好過；帶膘手佩條命，乞偣僀嫌孤老臭腥臊。

注释：

①燃【时山 8】：煤，用开水烫煮。

②駁下【求奇 7】：失算，败露。

③細姐：小老婆。

④鷄角斗：一种酒器。

⑤鯽魚刀：小尖刀。

⑥翻蹩【出银 4】：不满，抵触。

⑦禁訶：禁忌。

三八二

癧[1]對疔，疤對痣，大挑[2]對小試[3]。鹽道[4]對糧臺[5]，海防對水利。撮猴毛[6]，拍馬屁，貪情對悦意。九七六十三，五一尺凡四[7]。斗笠棕篩高低鞋[8]，鼎筅火管笊籬箄[9]。生咧羈[10]過日，死咧羈過七，爲誰辛苦爲誰甜；務花插仈後，毛花插仈前，討啦麻煩討啦氣。

注释：

①癧【柳灯 8】：淋巴瘤。

②大挑：清代授予未有官职举人的科考制度。

③小試：旧时童生应试考秀才。

④鹽道：主管理盐运和制贩盐的官。

⑤糧臺：经管粮食的官。

⑥撮猴毛：喻奉承。

⑦五一尺【出鸡 1】凡四：工尺谱。

⑧高低鞋：木屐。

⑨鼎筅火管笊籬箄：刷锅具、吹火筒、竹编捞勺，皆为厨具。

⑩羈【求鸡 1】：指容易。

三八三

單對獨，弱對微，寡婦對孤兒。過肩[1]對携手，接面[2]對齊眉[3]。驚破瞻，氣脹脾，烟蛊[4]對戲迷。夾[5]生[6]莫夾熟，掏去再掏倈。馬登棧道收韁晚，船到江心補漏遲。一腹老[7]那塞偌壞[8]柴糟[9]，是話伓講，講話伓是；毛膘手僻跛幾十聖架[⑩]，疑人莫用，用人莫疑。

注释：

①過肩：挑担子换肩或接过别人担子。

②接面：丧偶后续婚，仍与前妻家接续亲戚关系。

③齊眉：举案齐眉，喻夫妻关系和谐。

④烟盅：老烟枪。

⑤夾【求山4】：与人相处。

⑥生【出声1】：生分的人。

⑦腹老：肚子。

⑧偌【日过8】壞【非歪7】：多少。

⑨柴糟：喻没用的东西。

⑩聖架：圣珓，占卜用具。

三八四

瘠對肥，饑對飽[①]，牌坊對號碼。十足對雙關，萬全對五假[②]。一總包，連環打，粗成[③]對細雅。敷啦兩面光，藉着一身寡。梭麪[④]味做架先排，猪肝好偩鍚禮炒。地理老師羅盤當酒偩，毛法毛的[⑤]，着空手拿龍；度繩司務[⑥]門枕使篾箍，務必務緒[⑦]，共別仈出馬。

注释：

①飽：【边嘉2】。

②五假：奇门遁甲术语，指天假、地假、神假、鬼假、人假。

③粗成【出声5】：指粗鲁，蛮横。

④梭麫：线面。
⑤毛法毛的：无办法没能力。
⑥度繩司務：建筑木匠师傅。
⑦務必務緒：有必要该管束。

三八五

銷對算，理對攀[①]，籌碼對片單[②]。爭強對占大，認錯對求寬。添媖黨[③]，跛仔坑[④]，賴債對闢監。天他二五四，野講八十三[⑤]。孩兒做官娘做鬼，唐晡過海仔過番[⑥]。長跤補鞋，短跤出錢，角死佬媽，別仈諸娘仔；黄犬偸肉，白犬當罪，事伊[⑦]伯督[⑧]，隔壁科場兄[⑨]。

注释：
①攀：铺攀。
②片單：名片或数单。
③添媖黨：指连续生女孩。
④跛仔坑：喻多生子女受累大。
⑤天他二五四，野講八十三：指吹牛皮，胡说八道。
⑥過海、過番：均指出洋谋生。
⑦事伊：理睬他的反话。
⑧伯督：八督，清代全国共有八个总督为地方最高军政长官，泛指有权势的人。
⑨隔壁科場兄：考场内禁止交流，喻互不相干。

三八六

性對情，脾對癖，開除對煞熄[①]。惡惡對兇兇，勻勻對積積。旗下妝，廣東滃[2]，牙關對鼻息。呆犬當路頭，土猫[3]壓厝脊。床尾偝爬够床頭，鐤乾[4]故加啦鐤熚[5]。手關[6]解的快，卵伓倹頭伓剃，細哥笑話成三；頭縮桶禮拚[7]，錢又去濽又流，鬎仔猜拳獨一。

注释：

①煞熄：同稍息，喻停止。

②廣東滃【非宾 4】：传说广东人焖的干饭最好，口味好且少锅巴。

③土猫：古建筑屋脊上的陶制辟邪兽像。

④乾【求山 1】：干燥。

⑤熚【边宾 4】：指裂开。此句形容家庭生活拮据。

⑥手關：俗为婴儿手腕绑红绳，祈求平安。

⑦頭縮桶禮拚【边声 3】：头埋在桶里呕吐；喻回吐。

三八七

湔對漬[1]，漠[2]對烊[3]，坐痛[4]對驚庠[5]。米船對柴塔，花圃對菜園。百歲酒，六君丸，刻苦對虔遑[6]。狸猫換太子，泥馬渡康王[7]。鴨㑳妝死嘴是扁，犬頭灯癰[8]倹儥完。親上加親，上厝搬下厝，也着三疋布；客不送客，前門肘後門，那隔一重墻。

注释：

①漬【曾须 3】：浸泡。

②漠【蒙缸 4】：泡烂。

③烊【莺香 5】：熔化。

④坐【曾歌 7】痛【他声 3】：忍痛。

⑤驚庠【时光 5】：怕痒。

⑥虔【求天 5】遑【非光 5】：诚惶诚恐。

⑦康王：指南宋皇帝宋高宗。

⑧癑【日东 3】：指软烂。

三八八

臟對骸，胚對魄，天南對地北。鐵櫃對銀箱，票包對錢捽[①]。伓在行[②]，毛的摝[③]，思量對見覺。犬頭假羊頭，蛤殼刣蜆殼。掌鞋司務[④]使猪針[⑤]，看命先生拍牛角。草生一春，人生一世，老爹等企百歲坊；蝨多不癢，債多不愁，乞倹價過三門樜[⑥]。

注释：

①錢捽：储钱罐，即扑满。

②伓在行：不在意。

③毛的摝【柳东 4】：无法解脱。

④司務：师傅。

⑤猪针：修鞋匠用的粗针。

⑥門樜【柳东 4】：门罩，大宅院门口。

三八九

疳對痢，濁對淋[①]，新樣對异形。粗糠對粿粉[②]，宿糞對氲塵。湯婆子[③]，竹夫人[④]，靠枕對圍屏。學啦渾點點[⑤]，詛够赫靈靈[⑥]。居多好意變呆意，莫道無神却有神。人身那務七尺長，做賊僻瞞呢鄉里；骨頭故毛四兩重，相拍價過的田塍[7]。

注释：

①濁對淋：白浊对淋病，均为性病。

②穛【气天3】粉：淀粉或地瓜粉。

③湯婆子：汤壶，热水取暖具。

④竹夫人：竹制圆柱形消暑床具。

⑤學啦渾點點：学到一点点皮毛。

⑥詛够赫靈靈：喻恶毒诅咒。

⑦相拍僨過的田塍：喻打架无能力。

三九〇

契對條，根對證，當權對參政。八穩對四平，雙抽[1]對十趁[2]。假捌真[3]，熱衝清，分爿對割稜[4]。鳩膽[5]三角肩，獅頭八卦面[6]。關勝雪中擒索超，蕭何月下追韓信。暴乍下[7]偾着燕窝席，目周就生够額頭；拍顶扞[8]段落牛屎坑，膘手僻驚蹜[9]坎頭[10]。

注释：

①雙抽：两边抽油水。

②十趁：赚头十足。

③假捌真：自认为很精通。

④稜【柳宾3】：块。

⑤鳩【气秋3】膽【日灯2】：胸脯挺得老高。

⑥獅頭八卦面：喻蓬头散发脸形难看。

⑦暴乍下：难得一次。

⑧拍顶扦【出天 5】：侧手翻。
⑨蹜【他须 4】：指缩进去。
⑩坎顛【低宾 3】：囟门，指头顶。

三九一

關對照，備對防，後福對前緣。貨倉對兵站，旅館對公園。造幣廠，拍球場，落袋對傾盆。五鼠五義士，一獅一法門①。應夢投軍薛仁貴，開科取士洪秀全。放啦屁干伊②使紙來包，又興③反山東，又興劫皇槓；趁④其銀的着夾龕去僫⑤，一半養妻子，一半完錢糧。

注释：
①一獅一法門：相传有人模仿桥柱上各石狮子形态创作的拳法。
②干伊：迫使他。
③興【非宾 3】：偏好，使性子。
④趁：指赚。
⑤僫【时开 4】：指贮藏。

三九二

押對填①，賒對買，灯燒對漂洗。落盪②對當痕③，出屯④對雜擠⑤。竈眉頭，床嘴啤⑥，前夫對後奶。嘴舌糖霜甜，目周橄欖睨⑦。外媽除起自家仏，本縣也是歹仔底。暗罵够光，光罵够暗，惻惻心⑧詛嘴，生毛見死毛啼；烏僐變白，白僐變烏，犁犁面⑨討情，做這官行這禮。

注释：

①填：填补或归还。

②落盪：指稳当安逸。

③當痕：当心，防备。

④出屯【低春 1】：出格。

⑤雜擠：混杂歪斜。

⑥床嘴䏡：嘴䏡本指面颊，此指床沿两边。

⑦睨【语西 2】：斜视貌。

⑧惻惻心：形容极端愤懑的心情。

⑨犁犁面：死皮赖脸。

三九三

姨對妗，奶對嬷，報國對傳家。輕飄對重揣[①]，宿瞯[②]對乾嗏[③]。三重悶[④]，一把撾，地照[⑤]對天倠[⑥]。大口偣細口，短跤笑長跤。企奶額頭一粒痣，新人嘴䏡倆對[⑦]疤。居然起死回生，活馬當死馬醫，奪魂轉竹[⑧]；都是瞞真騙假，白刀裡紅刀出，刣仔種瓜[⑨]。

注释：

①重揣【出崔 2】：慎重揣摩。

②宿瞯【日春 3】：长时放置而受潮。

③乾嗏：干燥无水分。

④三重悶：重复啰唆。

⑤地照：古代殡葬买地契约。

⑥天倠：传说载日之车，也指最高规格的灵车。

⑦倆對：两块。

⑧奪魂轉竹：旧时民间招魂法术。

⑨剖仔種瓜：传说江湖上的巫术表演。

三九四

猜對準，算對科，鐵罐對硋鍋[①]。呆銀對好錫，假玉對真珠。偗白膳[②]，困乾鋪，毛卜[③]對相輸[④]。闊少伓戴帽，課黎儹補靴。毛水扒船乾烤烤[⑤]，務油點火暗捫捫[⑥]。覆落[⑦]門縫真瞕瞕[⑧]，轉奶耐心揀伲婿；排着街墩[⑨]之擠擠，惡婆創嘴罵[⑩]唐晡。

注释：

①硋【非开5】鍋：陶锅。

②偗白膳：吃白食。

③毛卜：不确定输赢。

④相輸：打赌。（福清俗语相输——包赢）

⑤乾烤烤：干巴巴的玩，喻无趣味。

⑥暗捫捫：暗摸摸。

⑦覆落：趴在。

⑧瞕：指偷窥。

⑨街墩：街上。

⑩創嘴罵：破口骂。

三九五

在對徵[①]，期對約，批評對解說。熟手對生頭[②]，衰胶[③]對好脚[④]。猫仔雲[⑤]，鵝毛雪，坐莊對補缺。偗菜強看經，啼麻當唱曲。痛够儹止纔着捱[⑥]，盪[⑦]都伓副[⑧]那趁剥。做仈莫做混等等[9]，女大须嫁，男大须婚；起厝晡起孤伶伶，前不靠村，後不靠郭[10]。

注释：

①徵【低宾1】：征兆。

②生【出声1】頭：菜鸟，喻生手。

③衰胶：倒霉的人。

④好脚：能干的人。

⑤猫仔雲：传说会引起诈尸反应的猫魂云朵。

⑥捱【语开1】：挨着，忍受。

⑦盪：褪，脱。

⑧伓副：来不及。

⑨混等等：混时间者。

⑩郭：外城。

三九六

牌對票，嘜[1]對標，恰對對開週。三三對五五，六六對么么[2]。鶏角衞，鴨牳洲，舌辯對肩挑。無梁不成殿，有路莫登舟。遇煩惱事莫煩惱，得好休時便好休。言三語四，都是聲音，亂嘈嘈炒蠶豆；横七直八，乞伙倜算[3]，辣睠睠倎胡椒[4]。

注释：

①嘜：英文 mark，进出口货物的标记。

②恰對、開週、三三對五五、六六對么么：皆玩“四色牌”的术语。

③僩算：奚落，质问。

④辣㷟【求东3】㷟飡胡椒：如同吃胡椒一样火辣辣的难受。

三九七

值[1]對抽[2]，征對估，官章[3]對台甫[4]。出口[5]對歸心[6]，拚頭[7]對夾股[8]。中協[9]埕，大王府，整齊對清楚。目飽腹中饑，嘴甜心裏苦。莫管他人瓦上霜，終須一個饅頭土[10]。佬虎牳當權，百靈効順，犬守夜鷄司晨；海龍王做壽，萬派朝宗，鰻吹簫蟹拍鼓。

注释：

①值：价值。

②抽：抽取。

③官章：尊称他人姓名。

④台甫【非孤2】：尊称他人表字。

⑤出口：说出话。

⑥歸心：往心里去。

⑦拚頭：牵头集资。

⑧夾股：合股。

⑨中協：古代武将衙门。

⑩饅頭土：指土冢。

三九八

迴對避，戒對嚴，踼拍對爬擒。拍獅[1]對拿豹[2]，騎虎對釣蟾[3]。活跳跳，死綿綿，碗菜對刀鹽[4]。四象生八卦，一計害三賢[⑤]。如今事急無君子，自古心寬出少年。鮮其驚鹺[⑥]，醃其驚鹹，道道鬍哥煎蚵仔；吞又儥裡，吐又儥出，真真親母倹烏黏[⑦]。

注释：

①拍獅：福州民间传统武术表演“拍狮马”。

②拿豹：传统武术。

③騎虎、釣蟾：皆民间神话剧目。

④碗菜、刀鹽：福州民俗，供奉生菜、刀与盐请神明自助。

⑤一計害三賢：《三国演义》中故事。

⑥驚鹺：怕鱼腥味。

⑦烏黏【日天5】：一种小贝类，一般人难以食用。

三九九

貂對獅，鱉對梟，手織對肩挑。歸除對整頓，攀發[①]對開消。碰嘴卦[②]，奪頭標，扛樂[③]對擔憂。猪油調飦倹，馬屎當柴燒。五更想盡千條路，一量無常[④]萬事休。窄路窄跰，闊路闊跰，窮仏愛算命，富仏愛夾檻[⑤]；頭做頭著，尾做尾著，早仔看龍舟[⑥]，莽仔看中秋[⑦]。

注释：

①攀發：铺攀发落。

②碰嘴卦：卜卦的一种。

③扛樂：享受快乐。

④一量無常：“一量”疑为“一旦”；“无常”为传说到人间勾魂的鬼差。

⑤夾樤【时声 7】：制作储谷柜。

⑥早仔看龍舟：早稻收成要看端午前后气候。

⑦莽仔看中秋：晚稻收成要看中秋前后气候。

四〇〇

記對登，抄對録，聽佤對演劇。自得對相宜，不堪對該絕。本身經①，大牳略②，死拖對生嚼③。見血就封喉，無痰不成瘧④。揀親嫌醬共嫌糟⑤，治病換湯毛換藥。求財得財，求子得子，劉海仙釣金錢⑥，利重本輕；講假就假，講真就真，關老爺賣豆腐，人強貨弱。

注释：

①本身經：自身经历。

②大牳略：大概，约略。

③生【出声 1】嚼：生吃。

④無痰不成瘧【语桥 8】：中医认为患疟疾必有痰症。

⑤嫌醬共嫌糟：喻什么都不中意。

⑥劉海仙釣金錢：民间传说故事，刘海用金钱钓金蟾。

四〇一

撾對撈①，剔對劏②，癲犬對禿驢③。奸官對�道，闊老對腐儒。安奶廟，范公祠，扯膀④對趨蹰⑤。毛詩唱成曲，務飦去飡薯。千斤萬擔歸伊去，三求四請毛汝辭。和尚偷飡葷，鷄丁冬菜，燕窩髮菜，猪油酥落菜⑥；親人相欠債，新婦尤魚，細婆鯿魚，諸娘仔盆魚⑦。

注释：

①捞【柳歌5】：从液体中取物。

②㓾【出须5】：指去除。

③驢：【柳须5】。

④扯膀：喻攀附。

⑤趨踽【莺须5】：快速独行。

⑥落菜：海苔。

⑦尤魚、鯿魚、盆魚：分别喻圆滑、阔气、娇养。

四〇二

革對参，宣對召，新章對老調。倒店對搬家，把衙[1]對宙廟。通通通，妙妙妙，斡旋對遷就。無巧不成書，莽硬那是尿[2]。一日心緒亂糟糟，俩隻目周光耀耀[3]。一個錢出口是願，佬媽攊蒲扇——凄凉[4]；三塊瓦遮頭都毛，外甥掏燈籠——照舊[5]。

注释：

①把衙：看守衙门。

②莽硬那是尿：喻没有真本事。

③光耀耀：喻明亮。

④佬媽攊【莺声8】蒲扇——凄凉：歇后语。

⑤外甥掏燈籠——照舊：歇后语。

四〇三

狼對狽，猾對猊[1]，開目對藉題。本途[2]對中道，正號對雜牌。羊肉袋[3]，鳳尾鞋[4]，薑米對蒜泥。野牛毛貫鼻，快馬不停蹄。五官先帶三分賤，十指難尋一様齊。雲秘[5]中秋月，雨打上元燈，麥芽糖，倆頭拔；街邊犬世長，墻角鷄叠厚[6]，尾梨串，三粒排。

注释：

①猊【语西 5】：狮子古称。

②本途：正道。

③羊肉袋：指丧宴。

④鳳尾鞋：少数民族女鞋。

⑤秘：蔽，遮掩。

⑥世長、叠厚：皆指动物交尾。

四〇四

蒂對苗，芽對蕊，銷差對謝委[1]。合意對同心，講頭對知尾。撮頭毛，谿骨髓[2]，麵包對糖粿。倹鐵僣捺金，使紙去包火。竈君竈媽討藥方[3]，墓主墓客講風水。衣食都羇馬肚带[4]，千里投主萬里投親；日盲倒輂[5]鴉片鋪，三分像伙七分像鬼。

注释：

①謝委：旧称感谢上司委任。

②谿【气西 1】：指啃咬。

③竈君竈媽討藥方：喻自身难保。

④衣食都羇馬肚带：喻生计全靠忙碌奔波。

⑤日盲倒輂【柳天 3】：日夜躺倒。

四〇五

燒對烤，炸對炊，竹節對柴瘰[①]。漏瓢對炒鍋，匡匣[②]對交杯。半路嫫[③]，長頭胎[④]，縛把對結縲。承行[⑤]做白蟻[⑥]，乞食變烏龜[⑦]。一朝權在跤牛目[⑧]，八字帶著歇馬[⑨]胚。細姐生的兼[⑩]，幾隻大婆儙倯醋；佬官[⑪]死毛變，一討新婦就爬灰[⑫]。

注释：

①瘰【柳杯 1】：指木头结节。

②匡匣：指装礼品盒子。

③半路嫫：半路结合的妻子。

④長【低光 2】頭胎：头一胎。

⑤承行：旧指官衙文书小吏，也指中介。

⑥白蟻：旧指房地产中介。

⑦烏龜：旧称龟奴，指男妓。

⑧跤牛目：喻位卑者藉势弄权。

⑨歇馬：粗鲁、粗暴。

⑩兼：指俏丽，风骚。

⑪佬官：公爹。

⑫爬灰：指公爹与儿媳偷情。

四〇六

熟對生[①]，明對昧，通瓏[②]對賢匯[③]。蝙蝠對鴛鴦，螟蛉對狼狽。七步槍，千斤墜，居間對務外。捐官大八成[④]，食酒長一位[⑤]。倜病降降糞斗乩[⑥]，借錢醵[⑦]醵笊籬會。擠倒興化兄湯丸擔，青盲跴路到彈[8]；食慣福清哥蕃薯錢，歙子流濞務隧[9]。

注释：

①生【出声 1】：未熟。

②通瓏：伶俐。

③賢匯：贤惠。

④大八成：超八成。

⑤長一位：辈分长一辈。

⑥糞斗乩：形似粪斗的降乩用具。

⑦醵【气山 4】：凑钱。

⑧青盲跴路到彈：半瞎子凭光感走路。

⑨務隧：指形成习惯。

四〇七

灰對釉，漆對湔[1]，轉竹[2]對採蓮[3]。剥皮對削稜[4]，缺角對欹爿。毛大小，半浮沉，擔粪對販能[5]。借錢共借債，買厝連買田。講盡功勞拍天下，食啦肥白出仫前。八旬壽考，五代同堂，一厝仔孫長長陣；十載寒窗，三元及第[6]，倆其兄俤平平鹹。

注释：

①湔【波灯 5】：英文“paint”的音译，油漆。

②轉竹：招魂。

③採蓮：一种歌舞。

④削稜【柳灯 3】：切成块状。

⑤皈能：请奶妈喂奶。

⑥三元及第：乡试、会试、殿试均得头名。

四〇八

銼對磨，雕對刻，生蝝[①]對上蝨。交份[②]對結緣，犯冲對跖尅。喜年圖[③]，寒食節，黃錢[④]對素貼[⑤]。念佛不離心，殺人須見血。年紀不多二十三，傢伙[⑥]講少萬七八。講東一樣話，講西一樣話，耳聾聽鴨姆叫更；床頭也是錢，床尾也是錢，情願養猪哥[⑦]倒貼。

注释：

①蝝【莺香5】：蝆，谷物寄生虫。

②交份：结交情分。

③喜年圖：年画。

④黃錢：冥钱。

⑤素貼：丧帖。

⑥傢伙【非杯2】：家财。

⑦猪哥：指情夫。

四〇九

頑對賤[①]，拗對馴[②]，依厝[③]對偏房。千秋對十臘[④]，三旦對六旬[⑤]。靠手板，圍身裙，道長對行童。暢[⑥]够通街白[⑦]，輸啦滿堂紅。太歲頭上徠起土，宰相腹老好撐船。清明門出[⑧]，穀雨門長[⑨]，到底強自強弱自弱；進士毛跤，舉人毛手[⑩]，真正武不武文不文。

注释：

①戕：指贪玩，好动。

②馴【时春5】：顺从。

③依厝：老鸨。

④十臘：持戒十年。

⑤六旬：六十天或六十岁。

⑥暢：指传播。

⑦白【边山8】：知晓。

⑧清明鬥出：清明时节禾苗争着出芽。

⑨穀雨鬥長【低釭5】：谷雨时节禾苗争相拔节。

⑩進士毛跤，舉人毛手：事不躬亲。

四一〇

勸對和，爭對鬥，猪猪對豹豹。鞋拔對帽圍，床裙對桌罩。都盛盤[①]，自鳴炮，請封對發奏[②]。厝租大龍湫[③]，官拜驍騎校。篆萬把銀在汝嗻[④]，捺一腹屎乞仸掃。惡婆惡檄屐[⑤]，揀啦好日子，京鼓花轎扛裡徠；番仔番牌簦[⑥]，犯着下界爺[⑦]，冥衣錢紙燒昧透。

注释：

①都盛盤：文房托盘。

②發奏：启奏。

③大龍湫：福州鼓楼地名。

④嗻【语桥1】：指耍横，显摆。

⑤惡檄屐：坏恶言行。

⑥番牌簦：喻做事违反常理。

⑦下界爺：阴间神祇。

四一一

郎對舅，主對奴，務意對毛辭。干連①對隔斷，迫窄對敷餘②。乞儉票③，陞官圖④，芥載⑤對麻胡。盤盤拍八馬，滿滿斷九魚⑥。請客東街三山座，開齋下渡十境祠。前仫馬後仫騎，前門磬崁崁⑦，後門起帖仔⑧；一把蚶倆把殼，一帳噶糊糊，倆帳犯官符⑨。

注释：

①干連：牵连关涉。

②敷餘：富余。

③乞儉票：指低价票券。

④陞官圖：指桌棋玩具。

⑤芥載：笃定。芥，指该。

⑥拍八馬、斷九魚：皆指纸牌术语。

⑦磬崁【气声 3】崁：作法事的法器声，喻办丧事。

⑧起帖仔：讲亲发帖。

⑨犯官符：犯官司。

四一二

薄對稀，遲對慢，监盘①對包办。折本對存根，加封對移贈。珠珠圆，鐵鐵硬，無端對有限。童生假秀才，翰林做知縣。好仔伓趁六月錢，無事不踏三寶殿。曲蹄仔僯眩岸②，皋突跤③插落土煤漿④；嶺表兄⑤乍裡城，鬆覆掌闒跋石門墊⑥。

注释：

①监盘：监督盘点。

②曲蹄仔僆眩岸：疍民会晕陆岸，喻不合理或罕见现象。

③皋【求歌 1】突【低缸 8】跤：脚下打滑。

④土煤漿：泥水浆。

⑤嶺表兄：山里人。

⑥鬆覆掌闢跋石門墊：被石门槛绊倒，双手扑地。

四一三

撩對逗，駁對拼，北仔對南兄。吊傷對發汗，解熱對收驚。樸門翅①，使瓦胼②，醫院對官廳。目尾生鈎鈎③，嘴鬏④氣狎狎⑤。少爺生成少爺癖，陶代拍死陶代聲。剜骨剥皮，舞够躙蹋精光⑥，毛篆半粒老鼠屎；追魂奪魄，害伊朦朧顛倒⑦，都是一陣土鷄精⑧。

注释：

①樸【边歌 8】門翅：为求人依附他人门边框。

②瓦胼【波声 1】：瓦片。

③鈎鈎：眼角上翘。

④嘴鬏：胡子。

⑤狎狎【语声 1】：气急竖起。

⑥躙蹋精光：败光家产。

⑦朦朧顛倒：神魂迷糊颠倒。

⑧一陣土鷄精：喻一伙不三不四的人。

四一四

保對扶，尊對拜，車輪對羅蓋[①]。馬面對牛頭，蝦精對鱉怪。蝦蟆兵，蝙蝠派，貨捐對船儎。老做手網巴[②]，單放屏風債[③]。新人僯剪竈君花[④]，老板那倯雷公菜[⑤]。莫貪紹[⑥]長福長壽，故着配錢高北斗粟爛南倉；昧經過大雪大霜，都伓覺萬象回春三羊開泰。

注释：

①羅蓋：旧时车辆顶盖。

②手網巴：喻袖手不做事。網，指裷。

③屏風債：不肖子借外债，约定父死后才还。

④竈君花：指灶公花，装饰在灶君图边的画。

⑤雷公菜：一种野菜，药食两用。

⑥貪紹：贪恋赞赏。

四一五

筋對脉，汗對膿，雅緻對通瓏。醋鷄對錢蝨[①]，水蜢[②]對柴蟲。歁膘手，大喉嚨，光瞎[③]對臭聾。棕蓑做馬褂，金被罩鷄籠。倯够嘴夥[④]豪猪白，急啦面睥吉獾紅[⑤]。世事冷如冰，銀錢第的親[⑥]，蕃薯籐縛牌套；人情迫似火，關門毛内躲[⑦]，荔支紅送轉伙[⑧]。

注释：

①錢蝨：喻乱花钱的主。

②水蜢：水上昆虫。

③光瞎：青光眼。

④嘴夥【非杯5】：嘴唇。

⑤吉獾紅：像橘子一样红。

⑥第的親：第一亲。（嫡嫡亲）

⑦毛內躲：无处躲。

⑧轉仈：丈人。

四一六

（原注：日來城市甚囂塵上，萬衆若狂，花會之聲，洋洋盈耳。而中下社會，尤爲顛倒。戲採市間口語，編爲專號，聊以誌俗風之變。）

開對壓，替對輪，急駁[①]對生從[②]。坤山對合海，井利對漢雲。羅只得，雙合同，務識對毛文[③]。元貴做乞偣，天申撑溪船。元吉犯冲换安士，日山落解出天龍。三槐那跟定解衰[④]，狂錢[⑤]换碎錢。正叫做偣薯賠芋；五帝都價拿伊去，上閘跳下閘，僣輸够務褲毛裙。

注释：

①急駁：急切对搏。

②生【出声1】從【出银5】：蛮干。

③毛文【莺春5】：没有运气。

④解衰：作弄人。

⑤狂錢：大额整钱。

补充：这里的坤山、合海、井利、汉云、罗只得、双合同、元贵、乞食、天申、元吉、安士、日山、天龙、三槐等皆指花会的押注名称。

四一七

珠對寶，鬼對人，扭捏對搜尋。抽籤對養字[①]，告佛對求神。宋正順，朱光明，三李對六陳。上超冲井利，元貴解太平。伏桑花贈鄭必得，攀桂香生方茂林。花會頭儘滑頭，只頭跳許頭，好比草蜢撩鶏角；台灣仔伓像仔，愣仔騙歇仔，故嫌佬虎食菩蠅[②]。

注释：

①養字：测字。

②故嫌佬虎食菩蝇：喻还嫌赚得太少。

补充：这里的宋正顺、朱光明、三李、六陈、上超、井利、元贵、太平、伏桑花、郑必得、攀桂香、方茂林等皆指花会的押注名称。

四一八

納對交，爭對競，贏輸對折趁[①]。肉胺[②]對筋紋[③]，皮單[④]對血瘡[⑤]。出海舟[⑥]，翻天印[⑦]，風聲對火證[⑧]。賣篦[⑨]洪塘街，討船臺江汎。財主當過表子頭，親姨待着娘奶面。食生米[⑩]碰着食生豆，藉強欺弱，務八板[⑪]大道生財；補白裙[⑫]換做補紅裙[⑬]，送舊迎新，又一番良緣匹聘。

注释：

①折趁：折本和赚钱。

②肉胺：肌肉部分。

③筋紋：经络纹路部分。

④皮單：指皮肤。

⑤血癥：淤血的痕迹。

⑥出海舟：迎神活动中的纸扎大船。

⑦翻天印：传说的神仙宝物。

⑧火證：火邪所致病症。

⑨篦【边之7】：篦梳。

⑩倯生【出声1】米：喻野蛮无礼。

⑪務八板：有规矩。

⑫補白裙：指办丧事。

⑬補紅裙：指办喜事。

四一九

嘈對呬[①]，誐[②]對嘘，凑担對帮鋪。花衣對水被[③]，冰帽對土靴。滴韃韃[④]，迷捫捫，肉桌[⑤]對油鍋。傳仈僾伲婿，佬媽養唐晡。黃牛面前讀白契，佬虎脰骨掛素珠。一样米僣食百样仈，僣撵僓算[⑥]買餅當頓；三把刀[⑦]也毛半把利，相拍吼叫[⑧]務贏沒输。

注释：

①呬【时须3】：指纠缠絮叨。

②誐【语歌3】：指傲慢。

③水被：盖尸体的被褥。

④滴鞋鞋：不停走动。
⑤肉桌：指肉摊。
⑥僫撵儥算：会计划不会算账。
⑦三把刀：指剪刀、厨刀、剃刀，喻手艺。
⑧相拍吼叫：打架时大声吼叫。

四二〇

碾對礱[1]，硠[2]對硤[3]，雜謅[4]對亂睊[5]。栗碌[6]對偎挼[7]，接連對兜搭[8]。房桶神蔴衣煞[9]，鼻驢[10]對目獺[11]。自醉自伽投[12]，又淺又拍濺[13]。昧見佬鼠倫鹽鬈，野像菩蠅企亭礶[14]。棋子麵[15]送生日，有喜當賀，中亭街洗厝曝牙[16]；水豆腐[17]辦苦差，奇貨可居，塔巷裡拍門討册[18]。

注释：
①礱【柳东5】：碾谷脱壳。
②硠【柳缸1】：指抡拳击打。
③硤【气声4】：指挤压。
④雜謅【曾沟1】：胡编乱讲。
⑤亂睊【日声4】：瞎扯附会。
⑥栗【柳宾4】碌【柳春4】：喻捣鬼作弄人。
⑦偎挼：喻奉迎讨好。
⑧兜搭：到位。
⑨蔴衣煞：五行八字关煞之一。
⑩鼻驢：浓鼻涕。
⑪目獺：眼睫毛。
⑫伽【求嘉1】投【低郊5】：滚动。

⑬濺【曾声4】：液体溅出貌。
⑭企亭磕：立定原地踏步。
⑮棋子麵：包装像棋子的薄扁面。
⑯牙【语嘉5】：牙行。
⑰水豆腐：喻软主，无能力。
⑱拍門討册：敲门讨债。

四二一

詞[①]對摺[②]，稟[③]對呈[④]，活動[⑤]對生成[⑥]。内容對外貌，後運對前程。拍鐵弄，洗銀營，雅座對凉棚。三吼四伓應，十輸九毛赢。盤數親家盤禮數，掛名董事掛啦名。專喚這毛野友[⑦]喝六呼么，骰家兼賭，輸汝沒祖[⑧]；聽伊老爹們講七道八，鄉下裡城，傖咾就跻。

注释：
①詞：陈词。
②摺：奏折。
③稟：告禀。
④呈：递呈。
⑤活動：指走门道，通关节。
⑥生成：原有固定的。
⑦專喚這毛野友：专找这类不三不四朋友。
⑧沒祖：无底止。

四二二

袋對包，筐對簋，藥籤[①]對花彩[②]。錫箔對銅油[③]，鐵砂對銀紙。天外天，海底海[④]，傳聞對見解。老鼠存月糧，衰[⑤]猪捺硬屎。開化和尚倆吓頭，下道大哥十一指。耳空掏紙丸來塞，都伓察[⑥]皇帝老叔公；肚袋務銀粉拍施[⑦]，驚伊毛丫頭伲仔使[⑧]。

注释：

①藥籤：指到寺庙求的治病签。

②花彩：指红包。

③銅油：养护铜器的油。

④天外天、海底海：皆店招名。

⑤衰：指瘦。

⑥察：理睬。

⑦務銀粉拍施：有零钱开销。

⑧驚伊毛丫頭伲仔使：还怕他没丫鬟小童使唤。

四二三

油對粉，蠟對脂，玉葉對金枝。抽包[①]對具結，收數[②]對寄批。裙釵[③]會，鑼鼓伬，短算對長支。油蔴假老鼠[④]，斗米养斤鷄。尚幹外甥大過舅，洪塘伲仔伓捌爹[⑤]。犁犂墘[⑥]，沒够擒[⑦]，鴨卵晡共[⑧]石頭鬥塾[⑨]；定定 慺，傛務乇，犬嘴都毛飰粒拍施。

注释：

①抽包：调包。

②收數：收款。

③裙釵：喻妇女。

④油蓏、老鼠：皆指传统零食。
⑤洪塘伲仔伓捌爹：旧时洪塘男人早出晚归谋生，以致孩子少见亲爹。
⑥犁犂墘：刚好达到。
⑦沒够擒：够不着。
⑧哺共：要和。
⑨鬥塹：斗硬。

四二四

箬[①]對披[②]，根對蕊，隔山對参水。革職對輪班，連陞對加委。猫筍乾[③]龜桃粿，收成對捽毁。腹老寒脹風，目周碰出火。尖刀剚[④]着心肝窩，黄土埋够頭髮尾。鷄鳴狗盗，錢儛看藤枰栳[⑤]大，螃蟹跤請親家[⑥]；兔死狐悲，命那務紙媒[⑦]蒂長，麒麟布出吊鬼[⑧]。

注释：
①箬：竹叶。
②披：竹披。
③猫筍乾：也称麻笋干，旧时惩教顽童用的麻竹篾片。
④剚【他东 4】：刺，扎。
⑤藤枰栳：秤盘。
⑥螃蟹跤請親家：喻用廉价食物招待贵客。
⑦紙媒：引火的纸捻子。
⑧麒麟布出吊鬼：旧时女子上吊常用青花布条。

四二五

惆對悵，惻[①]對烘[②]，拍銃[③]對企籠[④]。生芽對剥秧[⑤]，扯榜對拔�[6]。歪嘴蛤，磕頭蟲，刣白對掛紅[7]。好心乞雷拍，急性使水漴[8]。跤仔僬跑手僬弄，目周又㾪[9]耳又聾。燒回頭香，一碗供公婆，就當大魚大肉；食空心酒，三錢銀買墓地，哺值[10]石馬石仸。

注释：

①㥘【出宾4】：指翻脸。

②烘【非东5】：指心动。

③拍銃：开枪。

④企籠：站笼，旧时一种酷刑。

⑤剥秧【莺香2】：露出芽尖。

⑥拔穠【蒙东5】：拔节出芒。

⑦掛紅：出血。

⑧漴【曾东5】：淙，用水冲泼。

⑨㾪【非宾4】：指眯缝眼，视力差。

⑩哺值【低宾8】：还要，喻过分要求。

四二六

暗對陰，光對艷[1]，當灾對拍燗[2]。海闊對天高，沙明對水净[3]。放平平，討定定，孤恓對輕健。在伊莽去嘘[4]，共汝毛毛拼[5]。揾門[6]逐犬一總包，行船走馬三分命。爭錢盡僬爭，尋骱拍駁迸[7]，那見掏刀掏槍；講話伓像講，隨嘴亂菩蘇[8]，真正毛山毛岸[9]。

注释：

①艷【莺声7】：闪亮。

②拍爛【日声 7】：一闪而过。

③净：【曾声 7】。

④在伊莽去嚧：任由他耍横摆阔。

⑤毛毛拼【波声 7】：没得比。

⑥揾【莺釭 3】門：看门。

⑦尋骱拍駁迸：寻衅闹事，争强斗胜。

⑧菩蘇：口无遮拦。

⑨毛山毛岸【语声 7】：不着边际，没有规矩。

四二七

將[①]對即[②]，也對耶，鎖毦[③]對硨訝[④]。中材對大貨，細草[⑤]對橫柴[⑥]。鷄籠罩，馬桶枷，驢股對象牙。三家夾五黨[⑦]，一正遏千邪。蝦蟆想偗天鵝肉，強龍不压地頭蛇。巴結仏故呆揀佛烧香，挖够已肉，心肝痛断；卡調代那漢[⑧]奉旨祀典，做盡人情，膘手搬斜[⑨]。

注释：

①將【曾光 1】：将要。

②即：即刻。

③鎖【时歌 2】毦【蒙歌 4】：喻糊涂。

④硨【出奇 1】訝【语奇 7】：惊愕。

⑤細草：喻幼弱。

⑥橫柴：喻蛮横的人。

⑦三家夾五黨：喻家族或派别纷争不和。

⑧卡調代那漢：玩笑事还以为。

⑨膘手搬斜：喻累倒人。

四二八

乏對勞，艱對苦，凴公對轉祖[①]。耳翻[②]對頭搖，目森[③]對嘴努。知者來，得其所，蝦鬆對蠣肚。閒工補笊籬，好式[④]拍茶鈷。賠了夫人又折兵，見着拳師就比武。只邊跤娘奶，許邊跤郎罷，姑舅表，好做親；先下手爲強，後下手遭殃，番仔兵，毛隊伍[⑤]。

注释：

①轉祖：喻死亡。

②耳翻：竖起耳朵听。

③目森：指使眼色。

④式：锡。

⑤番仔兵，毛隊伍：旧时嘲笑洋人军队没有秩序。

四二九

浮對躁，薄對菲，討勢[①]對乘機。通腸對補腹，接骨對晾尸。好脚色[②]，呆傢私[③]，停擺對敲欹[④]。罵伙毛起稿，相體[⑤]好裁衣。太婆自做自怨命，人子不可不知醫。講儂僬趨踽[⑥]，講錢更僬趨踽，耳角剥毛，額頭破稜[⑦]；共伙夾儨落[⑧]，共犬也夾儨落，膘手蠟隙，�脾開絲[⑨]。

注释：

①討勢：附势，顺势。

②好脚色：好角色。

③呆傢私：坏家伙。

④敲敧：讲条件，敲竹杠。

⑤相體：仔细观察体型。

⑥趨【出须 1】蹺【日须 5】：快速趋附，想享受腿脚都软了。

⑦耳角剥毛，額頭破稜【柳灯 3】：戏剧中土匪山贼的形象。剥毛，长毛；破稜，形容丑貌。

⑧夾儧落：合不来。

⑨膘手蠟隙，肞睥開絲：骂人脏话。

四三〇

摔對□，丟對挸[①]，風俥對火箭。少取對多來，通行對罕見。倂布符[②]，拍錢劍[③]，裁縫對補綻[④]。滿厝抙尿壶，謀天做鍚片[⑤]。不生不滅火中蓮，自去自來梁上燕。天灾人禍，四萬八千劫，免不了水火刀兵；陰錯陽差，三十六槓箱，僻揀啦筆墨紙硯。

注释：

①挸【非天 3】：抛弃掉。

②布符：做法事用的符咒。

③錢劍：钱套，娱乐器具。

④補綻【他天 3】：缝补。綻，同裢。

⑤謀天做鍚片【蒙天 3】：喻野心太大。鍚片，锅盖。

四三一

兵對匪，盗對娼，合股對分賍。西賓[①]對東道[②]，北派對南帮。糟菜粪，楊梅瘡[③]，郭宅對潘墩。老帥[④]見面禮，親母洗跤湯。知縣拍差差拍犯，郎罷管仔仔管孫。暴乍[5]窮犅着[6]暴乍富看輕，孫行者過火焰山酺酶燥[7]；糊塗福註定糊塗伙受用，猪八戒食人参果囫圇吞。

注释：

①西賓：来客。

②東道：主人。

③楊梅瘡：梅毒疮。

④老【柳郊 7】帥【时开 3】：老婿。

⑤暴【边歌 7】乍【曾奇 7】：突然。

⑥犅【低东 4】着：指遇到，撞见。

⑦酺【边歌 5】酶【低歌 5】燥：急性子爆发。

四三二

舉對行，謀對幹，合盤[1]對加貫[2]。鼈脚對猾頭，潑皮對光蛋。鵝尾珠[3]，鷄腿柄，相疑對自贊。山深虎豹藏，樹倒猢猻散。病啞講話自家聽，青盲洗湯快来看。寃枉生[4]就務寃枉死，寃枉伙故着使寃枉錢；風流罪僻坐風流監，風流官價曉判風流案。

注释：

①合盤：合伙。

②加貫：指戏班合演。

③尾珠：家禽尾部的油脂腺。

④生【时山 1】：活着。

四三三

捐對稅，罰對賠，買板[①]對開箠[②]。洗清對解熱，消毒對曝霉。制電表，流星鎚，過竅[③]對拍圍[④]。做盡膠手款，保啦股穿皮。孟孫問孝於我我，賜也何敢望回回[⑤]。討私情那值[⑥]大量包涵，老爹老爹，恩典恩典；求差事的着[⑦]內爻[⑧]發動，姨太姨太，栽培栽培。

注释：

①買板：买通打板的衙役。

②開箠【出杯5】：开始捶打。

③過竅：过关。

④拍圍：打圆场。

⑤孟孫問孝於我我，賜也何敢望回回：出自《论语》。

⑥那值【低宾8】：只要。

⑦的着：必须。

⑧內爻：指内眷。

四三四

栲對枷，鞭對撒[①]，分居對競走。正配對私休[②]，孽緣對佳偶。鐵骨鷄，金毛狃[③]，堂堂對表表。股份四六開，仙家十八抖[④]。許仙借傘遇白蛇，張生彎弓射天狗[⑤]。凡事總着留三分退步，犬急爬墻，仏急跳梁；好命也伓通[⑥]十足思豪，衣來伸手，飯來張口。

注释：

①撽【时沟 2】：指鞭打。

②私休：指私下休妻。

③金毛犼【非沟 2】：传说为观音菩萨坐骑。

④仙家十八抖：神灵附体，全身发抖状。

⑤張生彎弓射天狗：传说张仙射天狗星，护佑妇女儿童。

⑥伓通：不可。

四三五

擒對綁，劫對剿，閑坐對快跑。稱斤對量尺，叫局[1]對抽骰[2]。永祚社，開元樓，嵺角[3]對窩巢[4]。死馬當活馬，大猴罵細猴。夫妻本來相欠債，朋友故勝亲同胞。本又着薄，利又着豐，三錢銀晡見皇帝面；風冬娜[5]起，禍[6]冬娜落，一桶水都倒别伙頭。

注释：

①叫局：旧时叫妓女陪席。

②抽骰：开赌场抽成。

③嵺角：边角，喻细致。

④窩巢：鸟兽聚集地，也指歹徒藏身地。

⑤冬娜：什么地方。

⑥禍："雨"的土话。

四三六

隧對塍[1]，空對堤[2]，直跻對倒退。活貨[3]對呆裝[4]，葷張[5]對好塊[6]。菩敦篩[7]，爬躐擂[8]，禁冲對攜晬[9]。五花鄧將軍，三田都元帥。干伊家伙做糖霜⑩，害我心肝叭粉碎⑪。我養阿三，阿三養我，這猴又着這乞倃徠犁⑫；奴罵忘八，忘八罵奴，務豹當然務佬虎去對。

注释：

①塍【出宾 5】：土坎。

②空【气东 1】、堤【他催 3】：皆指洞穴。

③活貨：紧俏货。

④呆裝：差的包装。

⑤葷張：指出错牌。

⑥好塊：好地块。

⑦菩敦篩：毛发蓬松貌。

⑧爬躐擂：木匠钻孔工具。

⑨搗晬：小孩周岁抓阄。

⑩家伙做糖霜：家财败精光。

⑪心肝叭粉碎：喻操碎了心。

⑫犁：指不顾颜面地乞求。

四三七

奸對狡，直對剛，澗殿①對鄉村。上轎對環井②，起弄對拍墩③。倃糒被，打麵缸，背義對忘恩。剃頭連請酒④，擦背兼擔湯。篆啦一仔一新婦，扛够大伯大廳當。牛跤壑僬浸死仌，佬媽縛馬裙⑤，一街邁冤狀⑥；虎頭牌價抵的煞⑦，陶代倃犬肉，毛面見天尊。

注释：

①澗殿：指地方小神庙。

②環井：指离乡仪式。

③拍墩：打地基或桥墩。

④剃頭連請酒：指婴儿满月剃头仪式接办满月酒。

⑤馬裙：妇女裙装。

⑥邁冤狀：背黄状喊冤。

⑦虎頭牌儨扺的煞：喻请神也不抵煞气。

四三八

怪對妖，邪對蠆[①]，掃除對屠宰。滑溜對逆沙[②]，噶糟[③]對病皃[④]。父母軒[⑤]，公婆紙[⑥]，官官對歹歹。短跤笑長跤，上齴拍下齴。連江依嫂肥昵昵[⑦]，長樂諸娘旖乃乃[⑧]。目周困落褲衕[⑨]，單爿狀[⑩]晡想告死仈；膘手婆當火灰[⑪]，發財票伓存着頭彩。

注释：

①蠆【出开 2】：蝎子类毒虫。

②逆沙：谐音“凝傻”，突然愣住，不知所措。

③噶糟：卡住，动弹不了。

④病皃【低开 2】：长不大。

⑤軒：香，拜香。

⑥公婆紙：祭祖的纸钱。

⑦肥昵【日初 3】昵：肥胖笨拙貌。

⑧旖【莺之 1】乃乃：旧时缠脚妇女行走貌。

⑨困落褲衕：藏在裤裆里。

⑩單爿狀：单方告状。

⑪婆當火灰【非孤 1】：沾裹草木灰。

四三九

瘀對垢，穢對膻，膔角[①]對解邊[②]。耳刀對牙刷，手套對跤氈[③]。面覷面，肩尅肩，猪尺[④]對牛鞭。手腕實在活，嘴頭那捌甜。殺人不過頭點地，做賊真正膽包天。看伊胼脊骨哺豹[⑤]出徠，足足五粒排算盤只[⑥]；尅够跤肚灣都鳩僨直[⑦]，真真三其困斧頭尖[⑧]。

注释：

①膔【日灯 2】角：肋下软组织。

②解【求开 2】邊：指外生殖器或肛门旁边。

③氈【曾天 1】：牛皮制的衬垫。

④猪尺：猪胰子。

⑤豹【边沟 3】：指凸显出来。

⑥算盤只：指脊椎骨。

⑦鳩【气秋 1】僨直：指伸不直。

⑧三其困斧頭尖：民谚。

四四〇

抱對邀，喂[①]對萢[②]，畚台對塌臼。豆醬對桐油，米粺對鹽滷。蜘蜘長[③]，燭燭舊[④]，火燒對電鍍。帶閏[⑤]八十三，出屯二百五[⑥]。暑往寒來又一年，山窮水盡疑無路。先着留人情，後時好相見，莫做癲犬狀癲犬形；家無流蕩子，官從何處來，務佃死猫腸死猫肚[⑦]。

注释：
①喂：偎依。
②菢【边孤 7】：抱窝。
③蜘【他之 1】蜘長：一点点长。
④燭【曾须 4】燭舊：十足旧货。
⑤帶閏：带上闰月计算年龄。
⑥出屯二百五：喻傻出圈了。
⑦死猫腸死猫肚：喻见不得人的脏东西。

四四一

諳[1]對補，散對匀，機緞對織絨。呆聲[2]對笑色，凶信對喜容。百家利，一國窮，拘束對服從。小姐千金石，師爺四兩銀。李逵怒殺沂嶺虎，魏徵夢斬涇河龍。蠻笑話蠻笑僣狂[3]，拍股穿[4]又兼啦放錢債；巴結伙巴結價着，尚[5]膘手故嫌汝臭齗齦。

注释：
①諳【莺山 5】：补偿搭配。
②呆聲：恶声。
③蠻笑僣狂：玩笑过头会惹人发火。
④拍股穿：喻身无分文。
⑤尚：指吮。

四四二

卷對宗，箋對稿，開差[1]對退老。補缺對蒐遺[2]，貤封[3]對認保④。淺腹腸⑤，新頭腦，神經對命寶⑥。死蛇干伊吞，佬虎拍的倒。不是知音莫與彈，究竟吃力儨討好。推牌九又興，壓攤⑦也興，一腹老偝兌着⑧樏菘⑨；買棺材務錢，食藥毛錢，倆拳頭那搗啦薑拇。

注释：

①開差：军队开拔。

②蒐【时沟 1】遺：搜寻遗漏。

③貤【莺之 5】封：旧时朝廷将官员封爵移授给亲族尊长。

④認保：出面担保。

⑤淺腹腸：见识少。

⑥神經對命寶：精神病对惜命者。

⑦壓攤：压牌赌博。

⑧兌【低崔 3】着：遇着。

⑨樏【柳催 1】菘【时东 1】：喻空荡荡。

四四三

跑對躃①，跛對蹭②，銅片③對銀圓。要人對重地，寶座對華筵。烏豆老④，白梅丸⑤，得法對從權⑥。蘇州出美女，興化中解元。做官着做包文拯，養女毛養韓月娘⑦。生我我生，與我同生⑧，五百年前，衕柄頭舞杖⑨；欠人人欠，無人不欠，三十盲晡，厝脊頂開門⑩。

注释：

①躃：【波奇 2】：跛足。

②蹭【出光 5】：蹲下。

③銅片：铜钱。
④烏豆老：老酒名称。
⑤白梅丸：乌鸡白凤丸。
⑥從權：权变。
⑦韓月娘：民间传说的不孝女。
⑧生我我生，與我同生：易学中相生相克的说法。
⑨銜柄頭舞杖：喻分不清。
⑩厝脊頂開門：为躲债从屋顶逃走。

四四四

撥[①]對銷[②]，歸對抵，謀人對克己。少禮[③]對多情，不仁對無耻。毛輸贏，半生死，包捐對奉旨。窪[④]市賣毛錢，窮伙食貴米。騙伙儺騙珠珠炎[⑤]，做家[⑥]也做蓬蓬起。好伙相逢，呆伙遠離，野通野通，佳蠟屎去風；愛者不明[⑦]，嫌者搜尋[⑧]，恭喜恭喜，麻獅豸[⑨]盪痞。

注释：
①撥：拨付。
②銷：销售。
③少禮：害羞，羞耻。
④窪【莺花3】：指生意兴旺。
⑤炎：圆，喻圆滑。
⑥做家：经营家庭。
⑦愛者不明：对喜爱的失去明察。
⑧嫌者搜尋：对嫌弃的总找短处。
⑨麻獅豸【莺鸡5】盪痞：长脚蜘蛛蜕壳。

四四五

唆[1]對咬，拌[2]對撩[3]，日倹[4]對夜遊。盤盤對碋碋，匣匣對瓢瓢。乞倹袋，狀元籌，貪賭對興[5]嫖。縫粟[6]籠[7]毛米，花生搾出油。四海之内皆兄弟，三年以後報冤讐。務這牢獄，關這罪仈，一蟹不如一蟹[8]；好就棺材，呆就草薦[9]，五蜆[10]那是五蜆。

注释：

①唼【时歌1】：鸭子觅食时嘴巴动作。

②拌：羁绊。

③撩：撩拨。

④日倹：白天吃食。

⑤興【非宾3】：偏好。

⑥縫【波山3】粟【出光4】：秕谷。

⑦籠：砻，加工稻谷工具。

⑧一蟹【非嘉7】不如一蟹：喻一个不如一个。

⑨好就棺材，呆就草薦：丧葬收殓好的用棺材，差的用草垫。

⑩五蜆【柳秋5】：指不正经的人和事。

四四六

燁[1]對熗[2]，爊對熇[3]，灶廊[4]對床閣。行帳對搖籃，提箱對駁桌。踏[5]踏踏，懵懵懵，肩章對手絡[6]。擒爬[7]趁務錢，細膩[8]倹毛乇。味當光棍當仙家，伓做度繩做細嘶[9]。遠水難救近火，三行四牌西[10]，做代放禮挨[11]；好山僨出呆柴，俩其一吓乇[12]，伓僾乞伙嚗。

注释：

①熚【边宾 4】：指热锅煎出油。

②熣【曾奇 5】：油炸。

③熇【求歌 4】：热锅上干烤。

④灶廊：灶前通道。

⑤蹌【出釭 1】：指上当出错。

⑥手絡【柳歌 4】：手套。

⑦擒【气天 5】爬：喻肯干。

⑧細膩：过分客气。

⑨細斲【低釭 4】：指细工木匠。

⑩牌西：指回头或转身。

⑪挨【莺西 1】：延误时间。

⑫俩其一吓乇：两人都一样。

四四七

歡對愛，惱對嗔，嗡石[1]對泥金。離婚對改嫁，定聘對成親。換甲子，守庚申，拍瀉[2]對調經。畏首又畏尾，顧嘴伓顧身。干你頭仔奔虧傢[3]，含伊腹老假捌真[4]。僻做共孤哀子[5]一樣悽凉，爹一句，奶一句；真正像佬公媽十分親熱，男有心，女有心。

注释：

①嗡【非宾 4】石：装饰工艺。

②拍瀉：用泻药。

③頭仔奔虧傖："奔亏"谐音"分开"，喻脑袋搬家。
④含伊腹老假捌真：还以为他真的都精通。
⑤孤哀子：没爹妈的孩子。

四四八

臼對俥，舂對碓[①]，逞功[②]對酬債[③]。報孝對養廉，承歡對戀愛。小姑姑，老太太，三陞對八拜。目尾𠊎開檌[④]，牙仔昧擬艾[⑤]。盤數務倆也務三，便宜可一不可再。面皮都伓顧，劉劉[⑥]乞擔蠷脔[⑦]，𠊎问賣蛤掏錢；頭腦實在纏，現現是張三帽，晡盪李四去戴。

注释：
①臼、俥、舂、碓【低开3】：皆指粮食加工设备。
②逞功：显示功劳。
③酬債：喻小孩驯良听话。
④開檌【时西1】：指瞪大眼睛。
⑤昧擬艾：未有动静。
⑥劉劉：次次，回回。
⑦乞擔蠷脔：喻上当受骗。

四四九

粧[①]對噶[②]，剥對頣，熱火對寒沙[③]。獅頭對鰲角，螺耳[④]對鳩胶[⑤]。長頭髮，大令脬，梯椅對桁叉[⑥]。甘臭伓甘爛[⑦]，毛粕共毛渣。病仏犯着半天吊[⑧]，閒話講啦長地拖。肚袋毛錢含混過年，看汝乜處做現世；巴掌莽[⑨]大儨掩仏嘴，干伊一帳就駁家[⑩]。

注释：

①粑【日之1】：黏。

②噶【求山8】：粘住了。

③寒沙：冷到发呆。

④螺耳：揪耳郭。

⑤鸠胶：跷脚。

⑥桁【莺缸7】叉：晒衣叉竿。

⑦甘臭伓甘爛：情愿发臭也不愿意腐烂。

⑧半天吊：喻庸医。

⑨莽：指尽管。

⑩一帳就駁家：一膨胀就露馅。

四五〇

倒對崩，傷對壞，長扛對重艖[①]。殼攎[②]對虔逴[③]，歪攢[④]對塊巍[⑤]。都毛明，故禮昧，做呆對使搣[⑥]。漢碼炮仗咸[⑦]，股穿釘板[⑧]大。鷄毛務聖也務神[⑨]，犬肉附勝不附敗[⑩]。馬是趕路騎，賊是急伙做，由來君子防未然；牛着用錢買，仔着破腹生，真正成人不自在。

注释：

①艖【时开7】：重载。

②殼攎：敷衍了事。

③虔【求天5】逴【非光5】：认真勤勉。

④歪攢【曾歪1】：喻歪瓜裂枣。

⑤塊巍【语杯7】：魁梧。

⑥使捇【求歪7】：指使坏或用蛊害人。
⑦漢碼炮仗咸：个子只有炮仗高。
⑧釘板：指砧板。
⑨鷄毛務聖也務神：传说公鸡毛粘在门上可辟邪安宅。
⑩犬肉附勝不附敗：狗肉对身体好的人有补益，对体质差的反害。

四五一

讒對譖[①]，謗[②]對譆[③]，嗶卟[④]對呟唎[⑤]。魚絨對肉醬，蟶餅對鷄絲。也務好[⑥]，實在悲，公厕對台基[⑦]。衫長手綱短，帽正鼻梁欹。明日無錢明日事，自家有病自家知。病啞四賣飦盤，也趁一胲[⑧]，僯銃着[⑨]五年好志運；耳聾八僋糖粿，那餬啦嘴，伓管伊十絕呆傢私[⑩]。

注释：
①讒【曾声5】、譖【曾灯3】：皆指说别人坏话。
②謗【边釭3】：诽谤。
③譆【非之1】：赞美。
④嗶【边宾4】卟【边釭4】：鞭炮声。
⑤呟【曾之1】唎【柳之1】：小烟花燃爆声。
⑥也務好：还好过得去。
⑦台基：指风月场所。
⑧趁一胲：赚一大把。
⑨銃着：碰巧，遇。
⑩十絕呆傢私：非常吝啬的坏家伙。

四五二

犬對猪，羊對兔，招呼對看顧。烏米對緑茶，紅糟對白醋。離骨丹，還魂數[①]，傳宣[②]對起訴。偏風手先風，寒露身不露。老子一氣化三清[③]，窮伙沒病拆[④]半富。八百塊光番討細姐，愆做頭髮尾，里路[⑤]講嫖經；十二月出世愛值錢[⑥]，氣結心肝窩，後門開酒庫。

注释：

①數：指方术。

②傳宣：传达宣布。

③老子一氣化三清：封神榜传说。

④拆：指抵得上。

⑤里【柳之 2】路【低过 7】：到处。

⑥愛值【低宾 8】錢：爱钱财。

四五三

悽對惻[①]，愕對怔[②]，拔納對抽經[③]。過房[④]對接店[⑤]，回府對出廳[⑥]。姑欺嫂，俤拍兄，鴨姐對猴精。腏手塞着嘴，心肝邁够胼[⑦]。歇仔討親三不像，老爺講話倆吓聲。狐，狐鼻心[⑧]，狐，像觀音，啼呀的伙僾[⑨]，笑呀的伙僾；獅，獅頭眩，獅，獅酒醉[⑩]，講伊也捌聽，罵伊也捌聽。

注释：

①惻【出灯 4】：同情。

②怔【曾宾 1】：惶恐。

③拔納、抽經【求声 1】：皆织布动作。

④過房：过继。

⑤接店：承接商铺。

⑥出廳：老人弥留之际，移床到厅堂。

⑦心肝邁够胼：心长背上，喻没良心。

⑧狐鼻心：捏提鼻梁。

⑨的仈儍【他声 3】：受人疼爱。

⑩眩、醉：舞狮动作。

四五四

活對殂[①]，存對歿[②]，加冠對成服[③]。鐵漢對石仈，醋婆[④]對糖佛[⑤]。洋芥藍，野蘿蔔，拖延對褻瀆。十成算十成，一物降一物。做啦媒仈親保親，碰着呆乇[⑥]毒肘毒[⑦]。好仔出仕，呆仔玩具[⑧]，空費伊半生心血乇收成；務錢當家，沒錢敲跤[⑨]，莽讓汝一陣骨頭[⑩]去跛匐[⑪]。

注释：

①殂【曾孤 2】：死亡。

②歿【蒙春 8】：死亡。

③成服：旧时丧礼大殓之后，亲属按礼制穿丧服。

④醋婆：醋坛。

⑤糖佛：糖罐。

⑥呆乇：喻坏人。

⑦毒：【低春 8】。

⑧玩具：指出洋相而损害名声。

⑨敲跤：跷脚，喻办不成事。

⑩莽讓汝一陣骨頭：且让你这一伙行尸走肉。

⑪跋【边欢8】訇【边春8】：喻折腾。

四五五

湔對漂，泼對潺，牌桌對戲枰。企身[①]對使嘴[②]，雜臂[③]對丫鬟。治喪處，暖壽盲[④]，現任對空銜[⑤]。淺暖香乾緊，潘驢鄧小閒[⑥]。驚蛰昧够雷先發，鴟雏禮叫雨阿睛[⑦]。腹痛迨使[⑧]請郎中，老鼠屎焙灰[⑨]，便呀伓便；面麻仍原[⑩]做小姐，蜜蜂窝盖印[⑪]，圜咾又圜。

注释：

①企身：人身独立者。

②使嘴：使唤人。

③雜臂【边鸡3】：跑腿杂役。臂，跑。

④暖壽盲：做寿前晚。

⑤空銜：闲职。

⑥淺暖香乾緊，潘驢鄧小閒：风月场所顺口溜。

⑦阿【莺歌1】睛：难以放晴。

⑧迨使：何用。

⑨焙灰【非孤1】：焙烧成灰。

⑩仍原：仍然。

⑪蜜蜂窝盖印：喻麻脸像蜂窝。

四五六

掃對除，斟對酌，單頭[①]對獨脚[②]。謀事對講情，求幫對謝借。拍嘴巴，割頭髮，商量對訂約。猶唱後庭花，獨釣寒江雪。一年四季都平安，八字五行毛欠缺。做官莫做小，一把凉伞僻遮偌壞[3]伙；生女伓生男，十其燈馬[4]伓如單條燭。

注释：

①單頭：分别角色演唱文本。

②獨脚：独角戏。

③偌【日光8】壞【非歪7】：（不知）多少。

④燈馬：小油灯。

四五七

瓜對橘，豆對瓠[1]，捎把[2]對合符[3]。維持對看顧，引惹對招呼。催命鬼，看財奴，警察[4]對防虞[5]。自然謝天地[6]，大半跻江湖。後世變猪共變犬，他人騎馬我騎驢[7]。好仔不在多，三把鋤頭，毛拿[8]一本筆；善人終有后，單條香綫，着插倆个爐。

注释：

①瓠【边孤5】：瓜类。

②捎把：指在棍术上身棍合一的要求。

③合符：双方以符器对合为凭证。

④警察：警醒与觉察。

⑤防虞：防备。

⑥自然：谐音“猪羊”。

⑦驢：【柳初5】。

⑧毛拿：不抵。

四五八

劈對燒，埋對砍，通行對便覽。碎屐[1]對流鏢[2]，長琅對古板[3]。西湖亭，北庫井，何曾對豈敢。一竅不通膏，滿身都是膽。磬顱[4]頭碰磬顱頭，流淚眼觀流淚眼。毛事幹拍鑼驚鬼，可憐七處鬧昂昂；何苦來借刀刣伙，那見一街論反反[5]。

注释：

①碎屐：闲扯。

②流鏢：玩笑。

③長琅【柳釭 5】、古板：皆乐器。

④磬顱：豹头。

⑤論反反：议论纷纷。

四五九

裙對带，穗對絛[1]，節粽[2]對年糕。鬮書[3]對狀紙，乩筆[4]對屠刀。伓支事[5]，毛禁訶[6]，經罵對倉褒[7]。鼠栂拖蚿殼，猫妮倉魚鮭。萬古千秋價剥落[8]，三言兩語毛啰唆。破蒲扇儺去風[9]，那使犬皮膏剔[10]貼貼；新粪坑好捺屎，都毛菩蠅蛊[11]凝哦哦。

注释：

①絛：用丝线编成的带子。

②節粽：端午节的粽子。

③鬮書：民间契约文书。

④乩筆：乩童降乩用具。

⑤伓支事：不管事。

⑥毛禁訶：没有禁忌。

⑦倯褒：指爱听好话。

⑧剥落：败落。

⑨去風：祛风寒、风湿。

⑩别：语气词。

⑪菩蠅蛊：大苍蝇。

四六〇

塞對填，塗對泥[①]，當初對是下。五蝠對雙獅，七龜對八蟹。粉包湯，飰黏劑[②]，慌獐[③]對尅猊[④]。賈瑞單相思，蘇秦九不第。奴爹奴奶伓像伙，表兄表弟好排棣[⑤]。暗箭難防，明槍易躲，看伊沒時[⑥]遇着對頭伙；落花有意，流水無情，干汝務鬼僣啼毛郎罷[⑦]。

注释：

①泥【日嘉7】：涂抹。

②飰黏劑：指比较粘稠的稀饭。

③慌獐：谐音“慌张”。

④尅猊【语嘉7】：喻过分挑剔。

⑤排棣：闲谈消遣。

⑥沒時：运气不好。

⑦干汝務鬼僣啼毛郎罷：要让你哭到没人可怜。

四六一

槝對堵，架對槽，鉢仔對缸婆[①]。模糊對邋遢，迦溉[②]對囉嘈[3]。平平価[4]，搭搭肩[5]，困帽[6]對光袍[7]。自講自毛趣，無休無奈何。八隻神仙齊過海，倆其姊妹去投河。讀書那捫着書皮，腹老草包[8]，做啦蜘蛛僨結網；講話單恰[9]仈話屁，口頭花獵[10]，看伊蠶繭[11]偕變蛾。

注释：

①缸婆：大海碗。

②泖【曾宾8】濈【曾宾4】：唧唧哝哝。

③囉嘈：啰里啰唆。

④平平価【时嘉7】：一样多。

⑤搭搭肩【气歌5】：正正好。

⑥困帽：睡帽。

⑦光袍：睡袍。

⑧腹老草包：喻无真才实学。

⑨單恰：专挑。

⑩花獵：说得天花乱坠。

⑪蠶【出灯5】繭【语灯2】：蚕蛹，也通指蚕。

四六二

貼對糊，粔對噶[1]，舒排[2]對夾雜[3]。扒炭對揀茶，討漁對打獵。搖楞楞[4]，拍沓沓[5]，甜脬[6]對辣拔[7]。我哥內政通[8]，汝奶外家燉[9]。拿仈着務火管鞦[10]，請客那使桶盤鍘[11]。掌盤使[12]爬錢爬够棧[13]，掃完犬骨，草鞋補跤咧，好跑；大律師辯訴辯過珠[14]，吹起牛屄，漿袋邁胼底，假活[15]。

注释：

①粑【日之1】、噶【求山8】：有粘性，粘牢。

②舒排：舒心顺畅。

③夹雜：杂七杂八。

④搖楞楞：拟声词，摇铃声。

⑤拍沓沓：拟声词，打击乐。

⑥甜脬：疯子。

⑦辣拔：吹牛加摆谱。

⑧內政通：貌似啥都精通。

⑨外家燋【时嘉8】：喻为娘家谋利。

⑩火管靿【时嘉5】：带管子的绳套。

⑪桶盤鍘：大盘杂烩。

⑫掌盤使：主事人。

⑬爬够棧：喻捞钱足够多。

⑭過珠：胜出。

⑮假活：歇后语“假袜”，喻虚骄。

四六三

安對頓，歇對停，做式[①]對承情。财财對福福，德德對仁仁[②]。皇帝殿，聖君亭，拍破對凑成[③]。毛天共毛地，由命不由人。知止而後有定定，大學之道在明明[④]。乾血痨護咧拜堂，上更咳咳呻[⑤]，下更咝咝[⑥]嗽；單腹脹假啦娠喜[⑦]，一步膨膨顫[⑧]，两步婼婼形[⑨]。

注释：

①做式：装模作样。

②财财、福福、德德、仁仁：皆旧时仆人常用名。

③凑成【时宾5】：凑合成全。

④知止而後有定定，大學之道在明明：《大学》中名句。

⑤咳【非开5】咳呻【出灯1】：呻吟声。

⑥咥【气东5】咥：咳嗽声。

⑦假啦娠喜：假称有身喜。

⑧膨膨顫：颤颤巍巍。

⑨婼【日过1】婼形：身子扭来扭去。

四六四

票對番[①]，鈔對錠[②]，花罇對粟櫶[③]。滿當[④]對過盤[⑤]，包租對賠定。桃花顛，韭菜命，擔承對比摙。公侯伯子男，生旦丑末淨[⑥]。五官中正福壽全，四季平安跤手健[⑦]。大橋頭烰鱺餅[⑧]，心横跖死路，僆做青衣旦祭江[⑨]；鋪前頂看猴骰[⑩]，酒醉出真言，野像曲蹄婆眩岸[⑪]。

注释：

①番：番钱，即银元。

②錠：银锭。

③花罇對粟櫶：花盆对贮谷柜。

④滿當：当期届满。

⑤過盤：过手盘点。

⑥淨：【曾声7】。

⑦健【求声7】：力健。

⑧大橋頭烰鱺餅：喻跳水寻死。

⑨青衣旦祭江：旧戏孙尚香祭江由青衣旦角主演。

⑩猴骰：翻滚。

⑪眩【非宾5】岸：坐船看岸会眩晕。

四六五

強對壯，健對康，酒庫對鹽倉。蠣膏對蝦子，肉汁對魚湯。拿曹操，斬鄭恩，做陣對扛幫[①]。水中空撈月，雪上又加霜。李固燕青盧俊義，哪吒楊戩土行孫。存心奪別仈功，東瞞西瞞，火頭軍那驚何宗憲[②]；結果害自家命，汝死我死，桃花女毛讓袁天罡[③]。

注释：

①做陣對扛幫：作伴对相帮。

②火頭軍那驚何宗憲：《隋唐演义》故事中火头军薛仁贵被何宗宪冒领军功。

③桃花女毛讓袁天罡：桃花女和袁天罡都精通术算、禳解阴阳。

四六六

偈對符，齋對醮[①]，驗收對查照。管本對存根，轉機對開竅。親母賅[②]，仙人跳，糖燒對醋溜。篤篤鳥仔俄[③]，疾疾[④]鼠犅叫。下水容易上水難，裡門煩惱出門笑。唸經學價象，食菜拜和尚，白白話叫汝題緣；告狀真正猪，掏錢倩律師，光光番[⑤]換啦傳票。

注释：

①偈、符、齋、醮：分别指神道的道具和法事。

②親母眩【求开 1】：骂人话。

③篤篤鳥仔傂：童谣。笃笃，啄啄。

④疾疾：老鼠叫声。

⑤光光番：指银元。

四六七

親對戚，友對鄰，鉢鉢對瓶瓶。開通對迷信，戀愛對精神[①]。盤馬道，覆龜亭，介意對留情。藥醫不死病，佛度有緣人。龍王祖殿签靈感，虎奶婆官駕降臨。膘手頭塗金鳳[②]，又硬又紅，二品官員二品俸；骨骼下生榜鱼，大模大樣[③]，一朝天子一朝臣。

注释：

①精神：精神病。

②金鳳：指春药。

③骨骼下生榜鱼，大模大樣：腋下生疮，手臂放不下，走路摆手形似大模样。

四六八

欠對賠，賒對掛[①]，笑談對怒罵。出帳[②]對升旗，站崗對留駕。全包冬[③]，半開化，良緣對惡霸。地牛禮轉肩[④]，禄馬[⑤]沒上卦。大士手執楊柳枝，新人面覷葡萄架。百里不同風，千里不同俗，難怪諸葛亮招親；三日就鬧米，俩日就鬧柴，故呆買臣媽[⑥]吵嫁。

注释：

①掛：挂账。

②出帳：开帐点卯。

③全包冬：全部包着干。

④地牛禮轉肩：俗称地震。

⑤禄馬：俗谓人生禄食命运随天马运行。

⑥買臣媽：以汉代人物朱买臣老婆比喻。

四六九

清對白，濁對渾，夾合[①]對通同[②]。劫牢對越獄，摔店[③]對鬧房。千斤墜[④]，卍字文[⑤]，虎齘對猴拳。鄉下卡搭[⑥]墓，江中拍破船。陳宮可惜放曹操，關羽何曾怕吕蒙。毛配儉猪肝，毛米儉粉干，嘴皮努努[⑦]證做[⑧]親母；做祭論修墓，做福論起廟，捺屎紋紋[⑨]褒護門輪[⑩]。

注释：

①夾合：联合。

②通同：共同。

③摔店：甩卖。

④千斤墜：建筑测量工具。

⑤卍字文：即万字花纹，一种吉祥符号。

⑥卡【气嘉 3】搭【低山 4】：指修缮。

⑦嘴皮努努：嘴皮呶动（发暗号）。

⑧證做：设圈套骗人。

⑨捺屎紋紋：撒尿耍花纹。

⑩褒護門輪：润湿门轴，使不出声。

四七〇

遞[1]對填[2]，傳[3]對繳[4]，風俥對電表。能幹對捷勞[5]，靈通對技巧。金銀湯[6]，土木偶，火頭[7]對水手。孀居半爿伙，喜字俩个口。短笛無腔信口吹，重帘不捲留香久[8]。好傢價便宜，便宜價好傢，十碗菜也那揀五柳居[9]；美人毛長命，長命毛美人，四盞燈故不如三花丑[10]。

注释：

①遞：递送。

②填：填充。

③傳：传唤。

④繳：追缴。

⑤捷勞：快捷勤劳。

⑥金銀湯：中医方药。

⑦火頭：伙夫，又称火头军。

⑧短笛無腔信口吹，重帘不捲留香久：旧时烟馆对联。

⑨五柳居：饭店名。

⑩四盞燈：官轿灯前后四盏。

四七一

瘤對癬，痔對疳[1]，芥辣對榆甘。欄欄對座座，洞洞對坑坑。聖君殿，婆奶山，狗吊[2]對雞冠。跛跤跛跤六，驘子驘子三。苦瓠那生苦瓠仔，麻筍傢够麻筍乾。做戲癲諸，看戲歁諸[3]，金龜母出路[4]；捺屎昧臭，鼓[5]屎故臭，佬虎姨坐甏[6]。

注释：

①疳：疳积，消化疾病。

②狗吊：狗的项圈。

③諸：谐音“猪”，喻傻瓜。

④金龜母出路【低过 7】：戏剧名。

⑤鼓：指搅动。

⑥佬虎姨坐甏：《闽都别记》中虎婆奶的故事。

四七二

嚇①對呼②，哈③對嗙④，蓆堉⑤對牌欃⑥。出面對當頭⑦，盤腸⑧對截腈⑨。上上籤，中中櫬⑩，燒硋對換甑⑪。胡奎價仈頭⑫，武松拍飰店。昧見好也昧見呆，將樣⑬做就將樣更⑭。船裡老鼠，堵⑮禮⑯討倹，跤指拍算盤；井底蝦蟆，坐咧⑰看天，翻鬚掛草薦⑱。

注释：

①嚇：惊吓。

②呼：呼喊。

③哈：过得去。

④嗙【柳灯 3】：随便应答。

⑤蓆【出过 8】堉【他过 1】：指旋转。

⑥牌【边西 5】欃【低灯 3】：指翻转过来。

⑦當頭：充当领头。

⑧盤腸：“盘肠大战”出自中国古典戏曲《界牌关》。

⑨截【曾灯 8】腈【气灯 3】：击伤胸隔膜。

⑩中【低缸 1】中榇【出灯 3】：处在中间部位。
⑪甑【曾灯 3】：蒸饭瓦器。
⑫胡奎儣仈頭：戏剧故事。
⑬將樣：怎么样。
⑭更【求灯 3】：“习惯”的口语。
⑮堵：船舱内隔间。
⑯禮：语气词。
⑰咧：语气词。
⑱草薦【曾灯 3】：草垫。

四七三

抓對扭，插①對揹②，局騙對拗坳③。駁桃對炒麥，偸蔗對蚼枹④。拍火燥⑤，看水操⑥，擁索⑦對分鬮⑧。死够儣曉倒，借了故着偷。窮仈儣偸四兩肉，和尚那管一個包。創嘴⑨諸娘討仈嫌，目周僣剜徠滃⑩醋；毛錢二婿欠晡數，腂手都割去炒糟。

注释：
①插：穿插。
②揹：揹带。
③拗【莺郊 1】坳【日郊 1】：喻贪多务得。
④蚼【他孤 4】枹：柚子外皮插上香，做成柚子灯。
⑤火燥【低开 2】：余烬。
⑥看水操：喻做不成事。
⑦擁索：疑指训练项目。
⑧分鬮：疑指训练项目。

⑨創嘴：多话伤人。
⑩滃【莺春 3】：揾，蘸取。

四七四

損對虛，成對毀，精靈對奸詭。柿餅對蘇酥，藕糕對芋粿。三角肩[①]，一字腿，交盤[②]對受賄。舉手不饒人，疑心多見鬼。小姐容貌一蒲[③]花，佬仫腹老三斗水[④]。歇仔有時务使用，坎爿藟[⑤]儺墊的桌跤；呆仫毛法惹伊倿[⑥]，带魚頭價配昵飰尾。

注释：
①三角肩：形容行走姿态不正。
②交盤：交往。
③蒲【边过 5】：朵。
④腹老三斗水：喻尿多。
⑤坎【气山 2】爿【边灯 5】藟【柳杯 2】：碎瓦片。
⑥毛法惹伊倿【语开 5】：拿他没办法。

四七五

刲[①]對割，痛對瘀[②]，中正對偏旁。襖輪[③]對鞋放[④]，桌罩對俥門[⑤]。做文趣[⑥]，無事忙，粤漢對蘇杭。出門不認貨，落轎就拜堂。閻王叫汝三更死，觀音賜伊四兩糖。水牛姆那賣三吓錢，肚袋底竅天[⑦]毛辦法；草蜢腿[⑧]儺拍八其過，跤後單搭地[⑨]盡在行。

注释：

①刣【求鸡 1】：刺杀。

②滲【时缸 5】：指微感酸痛刺激。

③襖輪：棉袄或皮袄的罩衫。

④鞋放：鞋楦。

⑤閂【求缸 5】：横木。

⑥做文趣：指做样子。

⑦竅天：翻面朝天，喻没钱。

⑧草蜢腿：形容腿瘦长，灵活。

⑨跤後單搭地：武术要诀，马步站稳。

四七六

獎對封，迎對聘，長支[①]對碎趁[②]。人壽對年豊，國恩對家慶。輕重聲，起倒症[③]，噶疤[④]對臭癊[⑤]。香爐覆墻頭[⑥]，草薦掛廳面[⑦]。餓鬼價搶冥頭糒，教師那練手尾勁。雙拳難敵四手，萬般皆下品，難爲伊楊志賣刀；三旨不如一鞭[⑧]，五帝驚呆仏[⑨]，僣迫够劉璋過印。

注释：

①長支：长期开支。

②碎趁：零星收入。

③起倒症：时好时坏的病症。

④噶【求山 8】疤【边嘉 1】：外伤结痂。

⑤臭癊：体味重且难闻。

⑥香爐覆墻頭：喻断了香火，没了后代。

⑦草薦掛廳面：指不像画（话）。

⑧三旨不如一鞭：戏剧故事。

⑨五帝驚呆佽：喻鬼神都治不了坏人。

四七七

鬆對緊，窄對寬，過竅[①]對通關。灰爐對炭甕，滷鉢對糟甏。細姐奶[②]，新郎官，接駕對輪班。講七多道八，除五下加三[③]。務錢晡使鬼挨磨[④]，講儉野像龍過山。地理先生毛內埋[⑤]，土做燈籠暗眊眊[⑥]；麻面諸娘愛塗粉，水禮畫眉影灣灣[⑦]。

注释：

①過竅：费力通过阻碍。

②細姐奶：小老婆出身的太太（明褒实贬）。

③除五下加三：珠算的口诀。

④挨【莺西 1】磨：推磨。

⑤毛內埋：无处埋葬。

⑥暗眊眊【蒙歌 4】：黑乎乎。

⑦水禮畫眉影【莺宾 2】灣灣：照着水影画眉，眉形变弯。

四七八

審對查，批對判，通行對習慣。掌鼓[①]對掏旗[②]，搖鈴[③]對踏鑵[④]。小人家，男子漢，青光[⑤]對烏暗[⑥]。毛枷自討枷，逢担不過担[⑦]。逢三着儉羅漢齋，頭七[⑧]就拜玉皇懺。做官講官話，做名講字畫，算盤晡拍過棡[⑨]；昧窮出窮鬼，昧富出妖精[⑩]，米槌僙舞碌柄[⑪]。

注释：

①掌鼓：划龙舟时击鼓。

②掏旗：摇旗指挥。

③搖鈴：江湖行医者，摇铃招医。

④踏罐：江湖艺人的杂耍技艺。

⑤青【出宾 1】光：青光眼。

⑥烏暗：两眼黑。

⑦逢担不過担：喻小孩嘴馋，逢小吃担都讨要买。

⑧頭七：丧事的头七祭。

⑨算盤晡拍過槶：喻过分精明。

⑩精：【曾声 1】。

⑪米槌僯舞碌【柳春 4】柄：手舞米槌胡吹，以至槌柄脱落。碌，指落。

四七九

嗆對嗏[1]，嗅[2]對呸[3]，橫垛[4]對約傢[5]。老班對前輩，同事對總裁。挨過月，鬧做雷，保護對栽培。呆仈捺臭屎，敗家出大膘。偷倹台家疑新婦，破赖[6]童生假秀才。挈[7]一箸戽[8]够面前桂，横針儥曉直線；猛[9]倆步帕[10]伊背後手，好鼓伓使重槌。

注释：

①嗆【出缸 5】、嗏【曾鸡 3】：皆贬称不雅吃相。

②嗅【边之 7】：闻味。

③呸【波杯 5】：吐出。

④橫垛：蛮横强力。

⑤約傢【时催 5】：衰弱疲惫貌。
⑥破赖：破落。
⑦挈【求天 4】：椅，筷子夹取。
⑧戽【非孤 3】：舀水泼出。
⑨猛【蒙山 2】：指迅速快捷。
⑩帕【波嘉 1】：指绕。

四八〇

骨對筋，皮對膜，平長[①]對碎戳[②]。腿帶對腰牌，面盆對跤鐲。寬永文，光中薄[③]，奪親對鬧學。半碗共半匙，一繭是一箬。白花伓開紅花開，黄箬昧落青箬落。倏冬娜[④]水，講冬娜話，教徒弟拍師父毛天良；看一時風，駛一時船，孫新婦啼大媽若情局[⑤]。

注释：
①平長：喻处事妥当。
②碎戳：没有认真做事，东敲西打的。
③寬永文，光中薄：宽永通宝是日本铜钱，光中薄指民间私铸的宽永钱质量差。
④冬【低东 1】娜【日初 2】：疑问词，指哪里。
⑤若情局：喻做样子。

四八一

裁對撇，篤對圜，寡料[①]對村盤[②]。裙裙對罩罩，穗穗對環環。爽[③]對爽，平肘平，十足對萬難。刣鷄做月痢[④]，走馬看傷寒。跤踏白鷄柏小姐[⑤]，身騎黑虎趙玄壇[⑥]。東撮仈毛，西撮仏毛⑦，野和尚布施十方伓够飽；横出一式，直出一式，惡諸娘相罵九主副⑧煮饅⑨。

注释：

①寡料：不成器，不中用。

②村盤：亏欠盘算。

③奭【边宾8】：盛大。

④做月痢：指坐月子。

⑤白鷄柏小姐：民间传说中的柏姬（白鸡小姐）。

⑥趙玄壇：财神爷赵公明。

⑦東撮仏毛，西撮仏毛：喻到处占别人便宜。

⑧副【非孤3】：指来得及。

⑨饅【蒙山5】：暝，晚饭。

四八二

詐對謊，奸對巧，拍長對持久。點燭對燒香，穿花①對勸酒。渾不拘②，毛的了③，燕丸對魚餃。出世先投胎，饒人不舉手④。手內編書世間傳，錦上添花天下有。燈馬照前難照後，儷看見別仏，儥看見自家；黄金贈富不贈窮，東一幫交朋，西一幫結友。

注释：

①穿花：指在女人群中穿梭。

②渾不拘：什么都不限。

③毛的了：没完没了。

④饒人不舉手：即饶人就罢手。

四八三

煨對熇[1]，曝對晾，前套[2]對現成。枹皮對柿核，草凍[3]對松明[4]。關爺巷，孫老營，換姓對冒名。捺尿落古井，喝市造羅城[5]。南營轉灣中軍后，北庫跻[6]出下土埕。跤跛[7]嫌厝斜，拿架式野像搖輪俥，指霽衣歪呢哪[8]；空寬[9]乞伙罵，放腸風故呆連環炮，脾霆袍堂啵哩[10]。

注释：

①熇【求歌4】：烘热。

②前套：以前的套路。

③草凍：仙草冻类食物。

④松明【蒙声5】：含油脂的松木。

⑤喝市造羅城：出自《闽都别记》。喝市，指打喷嚏，喻短时间成事。

⑥跻【求声5】：行。

⑦跤跛【气嘉1】【波奇2】：跛足。

⑧指霽衣歪呢哪【日花7】：形容跛脚走路。

⑨空寬：说话音量过大。

⑩脾霆袍堂啵【边奇5】哩【低声5】：连声炮响的拟声词。

四八四

押[1]對抽[2]，支對領，辛酸對鹹醆。南澗對西禪，東湖對北嶺。打單眩[3]，拼董跛[4]，磨刀對補鐤。一碗粉包湯，倆擱[5]火燒餅。闊少七處跋八仙，窮伙一晡生九仔。肚袋野像矮八鬼嘴舌，那看伊三日又借五日伙賒；骨頭故重劉四佛土身，莽[6]讓汝九其徕[7]拖十其徕搵[8]。

注释：

①押：押入。

②抽：抽出。

③打單眩：晕头转向，走路不稳。

④拼董跛【波声 2】：跛脚走路状。

⑤擱【求歌 4】：面饼中间夹食物。

⑥莽【蒙光 2】：指姑且。

⑦徕【柳之 5】："来"的白读音。

⑧搵【他声 2】：拱，推。

四八五

踋對趹[1]，跣[2]對瘸，獨蒜對嘉禾[3]。金裝對墨搨[4]，紙樣對土模。公衆地，私家厨，鍘蔗對尚茄[5]。膽大歲昧大，面和心不和。半日風颶[6]半日雨，一行[7]月影一行雺[8]。回頭沒影[9]，反面沒情，伲仔也那起啦坎爿塔；上山要財，落水要命，乞儈都伓過這爛柴橋。

注释：

①踋【边山 1】、趹【气歪 2】：皆形容脚疾人走路状。

②跣【时天 2】：赤脚。

③嘉禾：旧指奇异稻穗，预兆吉祥。

④墨搨：用墨拓印字画。搨，指拓。

⑤尚茄【求桥 5】：骂人话，"尚"指吮吸。

⑥風颶【时开 1】：台风。

⑦一行【莺缸 5】：一阵。
⑧雺【蒙过 5】：“雾”的白读音。
⑨回頭沒影【莺缸 2】：骂人话，相传鬼无影。

四八六

喟對喉[1]，唏對嗄[2]，投標對講價。面布對頭梳，腰包對手帕。火管軪，錢爐掛，捐輪對抄化。鷄毛第一神，馬肉實在詿[3]。鬍頭諸娘愛戴花，沒齗依婆僣飡鮓。百衲衣[4]配忠孝带[5]，含癲不遂，文文轉[6]草蜢揹旗；倆耳鍋座元神爐，捏方做圓[7]，環環俥花眉跳架。

注释：
①喟【莺杯 5】、喉【莺开 1】：皆呼应之声。
②唏【非之 3】、嗄【非嘉 3】：皆随口应声。
③詿【莺花 3】：指畅销。
④百衲衣：僧衣（袈裟）或补丁很多的衣裳。
⑤忠孝带：清代官服腰带。
⑥文文轉：喻转来转去。
⑦捏方做圓：拿方的物品，摆放在圆物件上。

四八七

搖對泊，盪對挨[1]，濫鹿[2]對傒犀[3]。開倉對管庫，鎮殿對遊街。小朋友，老夫妻，吞鶴[4]對做鵝[5]。老板乍開店，先生毛噶[6]齋。記着心頭雹雹熱[7]，篆啦骨髓慢慢磎[8]。留就毛去，去就毛留，半邊跤門墊裡，半邊跤門墊外；亂久必治，治久必亂，三十年水流東，三十年水流西。

注释：

①搖、泊、盪、挨：皆驶船动作。

②濫鹿【柳东8】：指衣裳襤褛。

③傒【非西1】犀：指衣不系扣状。

④呑鶴：指舒畅。

⑤鵜【他西1】：指故作姿态摆谱。

⑥噶【求山8】：在。

⑦雹【波东8】雹熱：热乎乎。

⑧徯【气西1】：指撕咬。

四八八

嚼[①]對嚌[②]，嘰對吤[③]，出丟[④]對使揣[⑤]。苦累對歡迎，笑談對冤賴。使呆錢，做壞代，過衰對落敗。家貧親戚疎，官去衙門在。做啦細膩[⑥]又畏羞，貪這便宜僆上癩[⑦]。生的好伓使妝打[⑧]，務身份伓使排打[⑨]，老娘足足是這腓[⑩]；死沒變故哺嘔鑾[⑪]，厚皮臚[⑫]故哺威鑾，呆乇[⑬]真真毛內逮[⑭]。

注释：

①嚼【蒙鸡8】：撕咬。

②嚌【曾奇4】：浅尝。

③嘰【求之1】、吤【求开7】：皆拟声词，小声叫。

④出丟：丢弃。

⑤使揣【求歪7】：指使坏或用蛊害人。

⑥細膩：客气。

⑦上癩：染上恶疾。

⑧妝打：打扮。
⑨排打：排场。
⑩腓【边西 1】：指排场、架势。
⑪嘔蠻：指蛮横不通情理。嘔，指拗。
⑫厚皮臚【柳初 7】：脸皮厚。
⑬呆毛：坏人。
⑭毛內逮：没地方安置。

四八九

鳩[1]對鷂，鶚對鵜[3]，教館[2]對排街[4]。亞灣對拍涉[5]，粉碎對犁嚙[6]。駕單馬[7]，排禮犀[8]，獨得對孤栖。藩臺出好缺，學院跻長差。月尾堪堪[9]務大利，日頭寑寑[10]過小齋[11]。那驚乞親戚轉占徯[12]，腹老裡拍算盤，眉毛菁都儙捨[13]；看見着公婆媽步數，頭頂當放茶罐[14]，瞟手指亂不揮[15]。

注释：
①鳩【求秋 1】：斑鸠。
②鵜【他西 1】：鹈鹕。
③教館：教私塾。
④排街：沿街卖字。
⑤拍涉：指折断。
⑥犁嚙【非西 1】：裂开。
⑦駕單馬：谐音“加三码”，喻骗人。
⑧排禮犀：指转身不理睬。
⑨堪堪：刚好。
⑩寑寑【出宾 2】：指刚刚。

⑪小齋：上午九、十点间。

⑫占磎【语西1】：占便宜。

⑬眉毛菁【出声1】都儨捨：喻一点小利都不肯放弃。

⑭頭頂當放茶罐：喻小心谨慎，战战兢兢。

⑮亂不捙【柳西1】：乱指人，乱比划。

四九〇

靠①對歸②，幫對仗③，拍長④對去遠。換骨對脫胎，迸模⑤對排樣⑥。八其扛⑦，三不像，安閒對康健。目周故禮森⑧，縹手都毛尚。骨頭磨粉肉煎油，鼻屎當鹽尿涡飰。何苦過橋丟拐，沒我也務汝，沒眉毛也務嘴鬏；都毛飲水思源，使馬伓捌牛，使高陞伓捌來旺⑨。

注释：

①靠：依靠。

②歸：回归。

③仗：依仗。

④拍長：长时间。

⑤迸模：用模型翻制。

⑥排樣：摆个样子。

⑦八其扛：八人抬。

⑧森：冷眼看。

⑨高陞、來旺：皆仆人常用名。

四九一

牵對串，透①對穿②，見笑對含冤。繁華對富裕，乾净對饑荒。酸梅藕，醬檝薑，爬癢對吊傷。鴨毛插鷄蛋，猫屎拌麝香。敗子回頭金不換，秀才人情紙一張[③]。薪如桂，米如珠[④]，受怪[⑤]當家伙，爹也晡飡，奶也晡裲[⑥]；庫毛銀，倉毛粟[⑦]，難爲生意店，東又加稅，西又加捐。

注释：

①透：看透。

②穿：穿帮。

③秀才人情纸一张：喻文人用文字送人情。

④薪如桂，米如珠：喻生活费用高。

⑤受怪：吃苦受累。

⑥晡裲：指需要衣穿。

⑦粟【出光 4】：谷。

四九二

烤對熁[①]，滃[②]對瀗[③]，添箱[④]對潤筆[⑤]。搭搭[⑥]對勻勻[⑦]，文文[⑧]對即即[⑨]。拍聯墶[⑩]，起僀踼[⑪]，填房[⑫]對同室[⑬]。大少真噝吧[⑭]，細哥多啾唧[⑮]。人老珠黄不值錢，水流花謝成陳迹。應酬家都愛鋪攀面子，大事大應酬，小事小應酬；親戚轉無非勢利眼光，務錢務親戚，毛錢毛親戚。

注释：

①熁【曾之 5】：高温烫烙。

②滃【莺春 3】：揾，蘸湿。

③瀗【非宾 4】：焖熟。

④添箱：女子出嫁时，娘家亲人送的贺礼。

⑤潤筆：给写作者的报酬。
⑥搭搭：搭配。
⑦匀匀：均分。
⑧文文：装斯文。
⑨即即：慢条斯理。
⑩拍聯墋：指侧手翻。
⑪起飛【边杯 1】踢：腾空飞脚，武术动作。
⑫填房：男子丧妻续弦。
⑬同室：已有妻室再娶。
⑭嚛吧：舒服享受状。
⑮細哥多啾唧：小孩话多。

四九三

批對示，狀[①]對呈[②]，驚辣對臭熵[③]。碎刲[④]對雜凑，闊辦[⑤]對直跰[⑥]。大中寺，前左营，務份[⑦]對毛成[⑧]。捐官湖北佬，做客廣東城。白犬拖徠去當罪，烏龜做過就出名[⑨]。儘纏挪[⑩]，犬面悸生毛[⑪]，稿腿仔[⑫]伓冬羁[⑬]咧爬獵[⑭]；莫貪紹[⑮]，牛牳大捺尿，對頭仏總着拍啦輸贏。

注释：
①狀：诉状。
②呈：呈词。
③臭熵【日声 5】：指臭味溢出。
④碎刲【求鸡 1】：零碎切割。
⑤闊辦：出手大方。
⑥直跰：直截了当。

⑦務份：有参与。

⑧毛成：没成事。

⑨烏龜做過就出名：喻出丑成名。

⑩纏【低天 5】挪【日歌 3】：纠缠不休。

⑪犬面悸【求鸡 3】生毛：喻无情之人容易变脸。

⑫稿腿仔：指小孩子。

⑬羈【求鸡 1】：喻纠缠。

⑭爬獵：指捣鼓事。

⑮貪綤：垂涎眼馋。

四九四

奭①對聾，髯②對瞎③，胡盧④對躐蹋。烏檄⑤對白刀⑥，黃蜚對青蛤⑦。三劑灣⑧，四圈搭⑨，翻搜⑩對抄紮⑪。朋聚紮箍鰻，伍和⑫掛爐鴨。傖爸補奶養鶴鶉，喝六呼么逐鵓鴿。竹報平安，花開富貴，入門有喜，六房兄弟圓當當；西園翰墨，東壁圖書⑬，蓋世無雙，三字名聲赤韃韃⑭。

注释：

①奭【时宾 4】：指塞，喻装聋。

②髯：胡说。

③瞎：瞎讲。

④胡盧：糊涂。

⑤烏檄【气宾 8】：一种黑毛小鸟。檄，喻瘦小。

⑥白刀：一种扁长的淡水鱼。

⑦黃蜚【波西 5】、青蛤：均指小青蛙，前者背部浅黄色，后者背部有绿色条纹。

⑧三劑灣：条状物有多道弯。

⑨四圈搭：四周围连搭在一起。

⑩翻搜：搜寻。

⑪抄紮：没收。

⑫朋聚、伍和：皆老商铺名。

⑬西園翰墨，東壁圖書：出自唐张说诗句。

⑭赤鞋鞋【低山4】：明明白白。

四九五

箝對鑷，杖對叉，轉暀[①]對裂顋[②]。辣椒對酸豆，甜笱對苦瓜。由在我，不理他，鹽滷對飫粑。絲綫羈嘴舌[③]，火管唠令脬[④]。古墓石仈都變覆[⑤]，後門鐵树僬開花。十三椆當店，敗够精光，賭着賭番攤[⑥]，嫖着嫖蘇白[⑦]；百二塊乾修[⑧]，困[⑨]咧受用，傖是傖公众，趁[⑩]是趁私家。

注释：

①轉暀【日春3】：受潮。

②裂顋【非奇1】：干裂。

③絲綫羈嘴舌：喻管住嘴少说话。

④火管唠【边春5】令脬：喻胡乱吹捧。

⑤覆【蒙开2】：指邪魅之物。

⑥番攤：洋人开的赌场。

⑦蘇白：旧指苏杭的上等妓女。

⑧乾修：底薪。

⑨困：园，藏着、留着。

⑩趁：指赚钱。

四九六

押對租，謄[①]對贖，招財對進禄。自主對無他，非親對不俗。毛輸赢，半生熟[②]，恭維對侮辱。閒閒曝舊書，熟熟買貴肉。捧啦飵碗對頭爭，拔起草鞋拼命逐。文章乃乃[③]，一腹袋屎，難爲伊點鐵成金；議論紛紛，滿臉生春，多謝汝抛磚引玉。

注释：

①謄【低灯5】：指归还。

②半生【时山1】熟：未熟。

③文章乃乃：指文章不通顺。

四九七

薅[①]對割，佈[②]對犁，扒柮[③]對招牌。臘腸對燒膔[④]，滷爪對紮蹄。開斗褲，拍球鞋，橙露[⑤]對棗泥。與人不追悔，講話沒噶題[⑥]。毛錢教伊數羅漢，討賬等够迎彌黎[⑦]。毛生意店頭，那篆屎缸角傳單[⑧]，横貼貼直貼貼；不成材藁腿[⑨]，即是鼇爐邊古董，東排排西排排。

注释：

①薅：中耕除草。

②佈：插秧布田。

③扒柮：船桨。

④膔【日灯2】：指肋条精肉。

⑤橙露：橙汁。

⑥噶【求山 8】题：切题。
⑦迎彌黎：谐音“迎弥勒”，民俗无迎弥勒佛之日，形容赖账。
⑧傳單：商品广告。
⑨藁腿：谐音“傀儡”，指小孩。

四九八

病對殂，埋對葬，居喪對過頓。中堵[①]對邊厢，後台對前槓[②]。烏石山，白沙崙，無聊對的當[③]。烏龜喚蛇交[④]，老鼠共猫困。讀書價寫白話批[⑤]，看命故精青盲算。和尚拍嗙嗙鏰[⑥]，鋪前頂跻過都是聲；大王驚熁熁花[⑦]，元宵盲務啌毛對鑽[⑧]。

注释：
①中堵：居中的房间。
②前槓：走在前面的抬工。
③的當：适当。
④交：交配。
⑤批：信。
⑥嗙【波东 3】嗙鏰【出奇 7】：拟声词，打大钹。
⑦熁【曾之 5】熁花：小烟花。
⑧務啌毛對鑽：有窟窿没地方钻入。

四九九

峷[①]對坭[②]，硯[③]對罉[④]，海菜對洋葱。巡官對巴仔[⑤]，號俤[⑥]對包工。七晝夜，半寒冬[⑦]，錢串對紙烘[⑧]。好樣天天對，毛錢節節空。官運亨通陞八座，財源茂盛達三江。田塍居的水，道理居得仏，今旦講七，明旦講八；跍船莫占先，食酒莫退後，一句成單，倆句成雙。

注释：

①崒【曾杯1】：突起。

②坭【日嘉4】：塌陷。

③覭【气宾8】：未发酵。

④餸【蒙东1】：发酵。

⑤巴仔：指违法违规者。

⑥號俤：吹号手。

⑦半寒冬：谐音“半含通”，半通不通。

⑧紙烘：纸媒，旧时抽水烟引火具。

五〇〇

撞對衝，擒對鬥，世傳對家教。嘴蟹[①]對肼駝，頭獅[②]對臕豹[③]。股穿長，跤縫臭，皮牽[④]對貎罩[⑤]。番仔操藤牌，老婆掮[⑥]酒硶。一日人情剔[⑦]償完，十年世事看的透。聰明却被聰明误，死虎留皮，死仏留名；忤逆還生忤逆兒，容猫上竈，容仔不孝。

注释：

①嘴蟹：咧嘴。

②頭獅：额头突出。

③臕【日灯2】豹【边郊3】：胸肌发达。

④皮牽：拉皮条。

⑤貌罩：窥探、侦察。
⑥掮【求声8】：单肩扛。
⑦刜【他宾8】：打理。

五〇一

撓對挖，揭對抓，水碓[1]對風俥。伯公對娘舅，姐奶對婆嬤。務縫縫，毛渣渣，木匠對花司[2]。講錢歹神氣，撩事尋冤家。泉州夥計帶神釉，鼓山和尚送鍋粑。萬象回春，犬起水[3]猫起水，那篆佬伊婆儨起水；三羊開泰，蓮拍花草[4]拍花，故加苦條仔[5]也拍花。

注释：
①水碓【低开3】：水力磨房。
②花司【时嘉1】：养花匠。
③起水：发情。
④蓮、草：皆淡水鱼。
⑤苦條仔：池中小鱼。

五〇二

嗶[1]對唔[2]，哼對噤[3]，梟心[4]對孳症[5]。六踢對五顒，半爿對四稜。光[6]肘光，政做政[7]，剥[8]霉對臭瘡[9]。務贏伓見輸，毛涉[10]就是趁[11]。害命都是六粒骰，养家那靠一把秤。詩儨成詩，曲儨成曲，丑二學青衣，蜱螯[12]乍吐絲；坐伓像坐，跖伓像跖，依大[13]罵白面，犬牳毛一證[14]。

注释：
①嗶：喻多言。
②唔：呢喃声。
③噤【求宾3】：闭口不出声。
④梟心：野心。
⑤孽症：不治之症。
⑥光：俗话“光棍”，指骗子。
⑦政：坑人。
⑧剥：指长出。
⑨臭瘡：难闻气味。
⑩涉：蚀，亏本。
⑪趁：指赚钱。
⑫蜱螯：谐音“青蛾”，蛤类。
⑬依大：老鸨。
⑭證：指本领。

五〇三

猋[1]對鶖[2]，矗[3]對矗，詛罵對啀唔[4]。連財[5]對抬押[6]，盤典對加租。七賢奶，三仙姑，春酱對焙灰[7]。好心妹呀妹，短命夫呵夫。随手粗蘆[8]當杖具，沒耳尿壶使篋箍。水臨身水不漂，火臨身火不燒，正叫做糊鯊藉皮厚；桃過面桃先摘，李過面李先偷，都當伊豆鼉[9]磕齒酥。

注释：
①猋【边秋1】：快速。
②鶖【日秋2】：拖拉。

③讎【曾声 8】：嘈杂。
④哐【语开 5】唔【语孤 1】：因不满而嘀咕。
⑤連財：合股。
⑥抬押：抬高抵押物价。
⑦焙灰【非孤 1】：烧烤成灰，偏方多用。
⑧粗蘆：指芦苇秆。
⑨豆蠶：蚕豆。

五〇四

矩對規，機對械，抽丁對跻亥[①]。登殿對迫宮，搶關對壓寨。拍十歡，帶八敗[②]，分贓對過癩。放屁使紙包，趁錢夾龕僫[③]。得饒人處且饒人，中[④]做代時着做代。傢酒齊醉，傢肉齊飽，姆讓嬸毛爭，三節都平安；務馬自騎，務牛自刣，娘死爺不在，一身無掛礙。

注释：
①跻【求声 5】亥【非开 7】：戏台步法。
②帶八敗：旧称人命带八败者一事无成。
③趁錢夾龕僫【时开 7】：赚的钱塞在神龛内。
④中【低银 3】：懂得。

五〇五

煨對熬，燜對炣[①]，光餅對軟糕。貪歡對忍痛，耐苦對嫌艖[②]。搖鈴鼓，割紙刀，蝦滷對蠘膏。世景年年變，人心節節高。運氣逢凶僣化吉，銀錢嫌少不怕多。笑又笑，啼又啼，忽昧忽明，犯着上代公婆媽；生齊生，死齊死，有情有義，勝過同胞兄俤哥。

注释：

①煨、熬【语歌 5】、焖、炣【气歌 1】：皆烹饪术语。

②鮭【出歌 1】：鱼腥味。

五〇六

笑對嘻，啼對哭，荒塘[①]對急谷[②]。土擺[③]對風顛[④]，火狂對木欝[⑤]。犬舌鞋，鷄毛拂，逃兵對走卒。封條加臘叉[⑥]，飦碗牌等覆[⑦]。那捌蚯蚓袍當胎[⑧]，伓存蝦蟆袋一腹。城隍頂算盤拍真搭[⑨]，氣尾聽見講禮抽[⑩]；關帝廟膏藥貼够完，膿頭故儨拔的出[⑪]。

注释：

①荒塘：谐音“荒唐”。

②急谷：指挣扎动弹。

③土擺【边开 2】：乡巴佬。

④風顛：疯癫人。

⑤木欝【莺春 4】：麻木抑郁。

⑥加臘叉：打叉。

⑦牌等覆：指翻过来覆着。

⑧袍當胎：谐音“簸弄沙”，在沙上滚动。

⑨拍真搭：算得精。

⑩氣尾聽見講禮抽：喻临终前的气息。

⑪膿頭故儨拔的出：化脓的脓头还未拔出。

五〇七

佻[①]對皂[②]，矮對徘[③]，歪嘴對脫頦[④]。碰門對換户，担閣[⑤]對跋臺[⑥]。笑媚媚，嘆咳咳，佬使[⑦]對奴才。轉厝拍巴掌，上床撲腹臍。當家又惡犬又惡，乞偺也呆猴也呆。流目滓投告一困窿[⑧]，講咾又啼，啼咾又講；學拳頭頂拍毛幹使[⑨]，來者不善，善者不來。

注释：

①佻【他秋 5】：挑，挑拣。

②皂【曾歌 7】：兜底全包。

③徘【边开 5】：指摇摆着走路。

④脫頦【非开 5】：下巴脱臼。

⑤担閣：指抬阁表演。

⑥跋臺：戏剧开台戏。

⑦佬使：自诩老资格。

⑧一困窿：一大堆。

⑨頂拍毛幹使：等着与人对打，但不敢用。頂，指等；幹，指敢。

五〇八

禁對封，搜對驗，經租[①]對招佃[②]。慢慢對雄雄[③]，平平對現現。驚驚輸，打打辯，邏梭[④]對勞鍊[⑤]。保二[⑥]落賭場，忘八[⑦]裡貢院。三千毛够五千完，八百不如四百便[⑧]。堂上交椅輪輪坐，衰極必旺，旺極必衰；江中破船齊齊沉，賤莫笑窮，窮莫笑賤。

注释：

①經租：经手租赁。

②招佃：招人租佃。

③雄雄：动作雄健快捷。

④邏梭：啰唆。

⑤勞鍊：老练。

⑥保二：赌场工作人员。

⑦忘八：贱业从事者。

⑧八百不如四百便：赊账八百不如现金四百。

五〇九

窩對伴，靠對投，結髮對同胞。家猪對田鼠，野馬對山猴。請接面①，夾姘頭，閒做對亂跑。屎捺横頭桌，尿竅對面樓。青筋紫筋駁駁黨②，大汗細汗渣渣流。做官七世愆，倆張封條故呆雙把鎖；學賭三年富，一場傢伙③都覻六粒骰④。

注释：

①接面：指丧偶后续婚女子与前妻娘家续亲。

②青筋紫筋駁駁黨：形容气急而血脉贲张。

③傢伙：家财。

④六粒骰：指赌具。

五一〇

鋪對圖，區對段①，鞋箱對褲桁②。耳角對牙槽，鼻梁對頰臟③。火燒山，水過浪，取齊④對幫項⑤。手指生蛇頭⑥，目周像鵝蛋[⑦]。蚯蚓儥做想做龍[⑧]，蟑螯毛倕故倕蚌[⑨]。臭棋栗碌[⑩]，滿盤倕卒，馬後砲干[⑪]汝虌陶[⑫]；籠粟枇菩[⑬]，割草養牛，鷄爬杖[⑭]共伙理論。

注释：

①區、段：皆旧时行政区划单元。

②褲桁【莺釭 7】：晒衣裤的竹竿。

③頦臟：下巴附近器官。

④取齊：等量看齐。

⑤幫項：出手帮忙。

⑥蛇頭：毒疔疮。

⑦目周像鵝蛋：眼睛暴凸状。

⑧蚯蚓儥做想做龍：蚯蚓想成龙，异想天开。

⑨蚌：碰，碰钉子。

⑩栗碌：指走来走去。

⑪干【求山 1】：迫使。

⑫虌【莺釭 4】陶：指憋死棋。

⑬籠粟枇菩：出自童谣。

⑭爬杖：谐音“扒痒”。

五一一

原[①]對入[②]，出對存，透板[③]對踏床。出勤對認錯，道歉對帮忙。煮飫媽[④]，賣油郎，上座[⑤]對開堂。小事化無事，外行假內行。破衣遮體隨時過，淡飯充飢度日長。大缸重細缸，莫做大房當[⑥]，肉昧買侶仔啼討奶；務利扆[⑦]毛利，那捌務生意，鐵鷺灯[⑧]教伊去賣糖。

注释：

①原：原本。

②入：后入。

③透板：过渡用的长木板。

④媽【蒙嘉2】：指老妇。

⑤上座：道教仪式名称。

⑥大房當：旧指大家庭的主事。

⑦扅【气声8】：指掺夹。

⑧鐵驚灯：童谣，打铁怕被烫着。

五一二

噗[1]對咻[2]，唆[3]對咆[4]，風凉對雨漏。鞠血[5]對灌膿，噶膏對起泡。鼓樓前，劍池后，務心對毛貌[6]。芥辣南樾薑，荔支西瓜藕。滷鷄滷鴨配膏粱[7]，呆銅呆鐵換蠶豆。好也伓聽見，呆也伓聽見，耳仔比水井故深；笑呀在伊仈，駡呀在伊仈，面皮務城墙許厚。

注释：

①噗【波春8】：拍打声。

②咻【非秋1】：吵嚷声。

③唆：挑唆。

④咆：咆哮。

⑤鞠【求须4】血：淤血。

⑥毛貌：其貌不扬。

⑦膏粱：高粱酒。

五一三

謀對算，戀對貪，如此對這般。掛牌[①]對封印[②]，開筆[③]對升冠[④]。敗尾仔，刣頭官，花樣對菜乾。務命毛內死[⑤]，沒理將樣生[⑥]。借伊一斤還八兩，起着半暝困三更。秀才哥拈一本筆做文章，字字中環，篇篇錦綉；新人嫂戴四季花討衣食，年年如意，節節平安。

注释：

①掛牌：旧时出牌告示。

②封印：旧指封存印信休假。

③開筆：开始用笔写字。

④升冠：脱帽。

⑤毛內死：没地方死。

⑥將樣生：怎样生存。

五一四

畫對描，摹對倣，日暝對早晡[①]。過硬對藉強，解鬆對落軟。夾粉包[②]，燒鹽棬[③]，大袿[④]對小綱[⑤]。菜心僆拔穇[⑥]，柴頭償剥秧[⑦]。膘手靠伊單爿[⑧]肩，心肝搭[⑨]汝三下掌。務錢樣樣闊，毛錢七敷[⑩]八喝，大漢做乞偣，貪閒；好命慢慢徠，呆命三腹一時[⑪]，小鬼搶饅頭，擒本。

注释：

①晡【蒙光 2】：晚。

②夾粉包：葛粉包。

③燒鹽棬：指椒盐面卷。
④大袿【气西1】：大襟。
⑤小絅【莺光2】：窄袖管。
⑥拔【边灯8】穠【蒙东5】：菜心过熟变空心。
⑦剥【边光4】秧【莺香2】：长出芽。
⑧單爿：单边。
⑨搭：拍打。
⑩敷【非孤5】：胡，胡说。
⑪三腹一時：突然某一时刻。

五一五

兜對勒，搭對摑，累贅①對利啦②。鑌幫③對習娶④，嗚富⑤對凝鋣⑥。一滴滴，毛渣渣⑦，野草對家花。跤仔⑧凍過節，股穿坐生疤。春鰻冬鰣夏白鰓，生⑨蟳活鱟鮮黄瓜。罵伊儨威靈，又儬威靈，歪跤歪只擠⑩，過闞謝娘奶；講呀務報應，都毛報應，惡婆惡之俥⑪，拍婿治台家⑫。

注释：
①累贅：麻烦，拖累。
②利啦：牵扯，交搭。
③鑌【边宾1】幫【边釭1】：罄和鼓的拟声。
④習【时宾8】娶【时声8】：手板的拟声。
⑤嗚【莺孤1】富【非孤3】：道士角号的拟声。
⑥凝【语之1】鋣【语嘉1】：乐器声。
⑦毛渣渣：一点点都没有。
⑧跤仔：脚腿。

⑨生【出声1】：未熟。

⑩歪只擠：形容崴脚走路样。

⑪恶之俥：形容凶恶。

⑫拍婿治台家：打自己的夫婿，整治婆婆。

五一六

磨對礱，舂對搾，和奸[①]對臭罵。出份對交緣，換班對留駕。乒乓球，鞦韆架，二婚對三嫁。騎鶴上揚州，搭船去興化。踈財仗義白玉堂，劫富濟貧黃天霸[②]。務錢強講理，毛錢勒死死，知縣干[③]犯仏補柴靴[④]；乍見假畏羞，再見做嬌嬌，細姨共姊夫夾紗褂[⑤]。

注释：

①和奸：通奸。

②白玉堂、黄天霸：皆古代侠客故事人物。

③干【求山1】：迫使。

④柴靴：刑具。

⑤夹纱褂：隐指男女奸情。

五一七

堆對疊，積對囷，懇懇對懃懃。酸梅對辣菜，苦梗對甘松。唐伯虎，趙子龍，慷慨對從容。買絲綉和尚，煮酒論英雄。按司難判風流案，學院那趁歡喜銀。頭髮蒂扭緊拍出街，故凑花面公子做呈[①]，喚伊告狀；腿輪骨跋傷，扛轉厝，也好瘸跤師翁使梵[②]，替汝瘨瘀[③]。

注释：

①做呈：写诉状。

②使梵：使用魔法。

③瘼【蒙光8】瘬【出银5】：指医治脚扭伤。

五一八

屈[①]對藏，遮對躲，盤纏對繳伙[②]。扒洗[③]對搬擔，裝修對包裹。敗够完，偣毛補，肝風對肺火。近廟欺負神，搬厝拍段媄[④]。廈門文旦西羅柑，琯頭豉油紹興乳[⑤]。詛伊沒好死，呆心肝乞犬都伓偣，陳世美不認妻；挨够乜數時[⑥]，大脚色出馬實在遲，劉伯溫尋毛主[⑦]。

注释：

①屈【气春4】：躲藏。

②繳伙：结伙。

③扒洗：整理洗涤。

④媄【蒙过2】：指老婆。

⑤乳【曾过2】：豆腐乳。

⑥乜【蒙鸡4】數時："很迟时分"的口语。

⑦尋毛主：找不到明主。

五一九

承對認，託[①]對叮[②]，厝主對鄉親。務加對沒減，不敗對該興。當賭棍，講嫖經，舍弟對家兄。心肝熱㷫㷫[③]，跤手凍冰冰。死仈那使七尺地，伲仔故呆一营兵。賊去關門，尉遲恭、秦叔寶，管匙連管鎖；客徠請酒，鐵拐子、呂洞賓，顧嘴不顧身。

注释：

①託：嘱托。

②叮：叮咛。

③熱熯【波东7】熯：热乎乎。

五二〇

賊對官，兵對匪，超生對免死。吊膽對懸肝，交頭對接耳。豆腐渣，花生米，贪情對循理。京鼓迎財神，香案接聖旨。賭錢那驚落桌兇①，討嫫先見臨門喜。牛豈牛，馬豈馬②，連時③冤家滚戰④，拳頭跤踢一下徠；鴨又鴨，鷄又鷄，滿厝洵澤渣霾⑤，掃帚粪斗伓掏起。

注释：

①落桌兇：一上桌就赢得猛。

②牛豈牛，馬豈馬：传说生肖中牛与马相冲。

③連時：临时，忽然。

④滚戰：喻争斗凶猛。

⑤洵澤渣霾【柳之5】：糟蹋得一塌糊涂。

五二一

恭對順，歘對忪①，調動對疏通。送年對壓歲，消夜對接春。台家奶，保長公，過印②對爭鋒。換盆看花模③，打桌使酒風。舞手攤跤講豪套④，嫖爹曝奶請誥封。好馬着對好鞍，紅綫羈跤，成就汝百年配偶；臭鮘那貯臭甕，烏烟泥面，嗏落[5]伊九代祖宗。

注释：

①忪【时春1】：悚惧。

②過印：交接印信。

③换盆看花樸【出秋3】：民间传说求子，白花生男，红花生女。

④講豪套：指不着边际的吹牛。

⑤嗏【低嘉1】落【柳歌8】：指羞辱。

五二二

罵對誚[1]，擒對鬥，關盲對餓罩[2]。醬鴨對糟鷄，封鰻對炒鱟。三仙丹，百子炮，爛槽[3]對板透[4]。細哥嘎骰[5]床，老板喀鞬[6]竈。硯池點水起蛟龍，筆架三山藏虎豹。財神儧上卦[7]，生意扯啦平肘直[8]，趁幾千銀，涉幾千銀；酒鬼儺成精，癮頭大够毛惹孩[9]，早五十碎，暗五十碎。

注释：

①誚【时秋3】：讥讽。

②關盲、餓罩：旧时学生违规，教师给予留堂、饿午饭处罚。

③爛槽：谐音"栏槽"，木质栏杆。

④板透：指跳板。

⑤嘎【求嘉1】骰【低沟5】：滚动。民俗让小男孩在新人床上打滚以求添丁。

⑥喀【气嘉1】鞬【低嘉4】：修理。

⑦财神債上卦：喻不走财运。
⑧平肘直：喻进出扯平。
⑨毛惹孩：指受不了。

五二三

参對革，躝對撖[1]，歪嘴對磐顱[2]。惡猴對響馬，癲犬對禿驢。巷下廟，道南祠，兩可對九如[3]。有例不可越，逢證[4]都毛辭。上萬上千昧算富，講三講四真多餘。得意那[5]一回，收篷好在顺風時，關老爺賣馬[6]；知音難再遇，把盞正逢明月夜，姜太公釣魚。

注释：
①撖【出须 5】：指偷窃或作伪。
②磐顱【柳须 5】：额头大如磐。
③九如：九句带"如"字的祝颂词。
④逢證：无论什么事。
⑤那：指仅。
⑥關老爺賣馬：传说关公卖马济贫故事。

五二四

運對盤[1]，裝對載，休妻對嫁婿。懷恨對解冤，犯疑對見怪。鞋面綢，褲頭帶，上梁對翻蓋[2]。收啦手網巴[3]，欠汝跤皮債[4]。嘴講大話趁大錢，身著洋裝偝洋菜。鷄牳又愛，網蛋[5]又愛，唏敷暱暚[6]，渾不拘諸代都敢包；馬上[7]也徠，台閣[8]也徠，烏富知嗏[9]，阿毛的[10]務錢使啦快。

注释：

①盤：盘货。

②翻蓋：翻修屋顶。

③手綢巴：衣袖内藏的好处费。

④跤皮債：跑腿费。

⑤綢蛋：孵不出雏的禽蛋。

⑥唏【非之1】敷【非孤5】暱【日宾8】睸【日声4】：均指欺骗手段。

⑦馬上：指武官。

⑧台閣：文官。

⑨烏富知嗏：号角和唢呐声。

⑩阿【莺歌1】毛的：巴不得。

五二五

麻對痺，癎[①]對□[②]，活動對通融。猪哥[③]對馬仔，鴨姐對猫雄。大做大，重咾重，雜拌對碎勻。做年燒火豹[④]，走水放汽龍[⑤]。將心待月多誠意，滿面添花長笑容。汝做汝的工，伊做伊的工，各仈米㑭煮各仈飰；旺務旺其運，衰務衰其運，一百歲那趁一百銀。

注释：

①癎【非山5】：癫痫。

②□：疑作“瘲”【出银5】，扭伤。

③猪哥：公猪，喻奸夫。

④燒火豹：谐音“烧火炮”，除夕夜一种民俗祈福活动。

⑤走水放汽龍：遇火灾出动消防车。

五二六

粕對渣，枯對槁，郵差對鋪保。玉鐲對銀針，金鈎對鐵鎖。石敢當，火之寶[①]，白桃對烏棗。千真共萬真，一好毛俩好。鷄叫天光猫叫春，樹怕風吹人怕老。開一目尅[②]一目，見怪不怪，男人爲盜女爲娼；倚十方靠十方，求財得財，和尚也做嫫也討。

注释：

①火之寶：又称“火儿姆”，灶君龛中泥偶。

②尅：指闭目。

五二七

煩對厭，嗜對酣，查夜對看更。添添對發發，吉吉對安安。孝義巷，吉祥山，齊整對孤單。務做務駁下，莽[①]學莽翻生[②]。鷄毛紮啦鷄毛拂，龍眼曝够龍眼乾。夥記哥忙够毛內栖生[③]，老板儥諒情，么六單欺么五[④]；諸娘仔大咾的着發撤[⑤]，媒仈僻註話[⑥]，廿九那假廿三。

注释：

①莽【蒙光 2】：“越是什么”的口语。

②翻生【出声 1】：喻逆反，变化。

③毛內栖生：无处安身。

④么六、么五：皆赌博术语。

⑤發撤：打发出嫁。

⑥註話：编假话。

五二八

運[①]對緣[②]，灾對難，整批對雜拌。保險對消防，坐莊[③]對流犯[④]。椰飴甜[⑤]，泔腐爛[⑥]，成雙對起萬。留啦二撇鬚，揭着一把汗。大秤那配四兩錘，圓鑿故加三角鏨。做趁僋畏毛外水[⑦]，粹糞連花彩，一年也恰[⑧]十把千；慣當差都務靠山，翦鬚換草包，七處共仈五找俩[⑨]。

注释：

①運：运气。

②緣：姻缘、缘分。

③坐莊：坐地分赃。

④流犯：流窜作案。

⑤椰飴甜：喻甜味不正。

⑥泔【莺山 2】腐【边孤 7】爛：腐烂透顶。

⑦畏毛外水：反问句“还怕没有外快?”。

⑧恰【气山 4】：拾得。

⑨五找俩【柳山 7】：喻设法骗人。

五二九

嬌對媚，喜對嗔，帽穗對鞋釘。婚書對禮券，租榜[①]對聘金。三吓指[②]，半爿身[③]，送客對迎親。半暝[④]算米數[⑤]，一嘴講牌經。賭錢場上無父子，落草山頭結弟兄。夏至居多喃嘓[⑥]天，上厝曝曝霉，下厝曝曝粟；元宵也是卡調節，前街買買蚶，后街買買燈。

注释：

①租榜：招租告示。

②三【时山 1】吓【非嘉 7】指【曾开 2】：用三指号脉，指中医师。

③半爿身：指丧偶。

④半暝【蒙山 5】：半夜。

⑤算米數：指算家务账或隐喻死人。

⑥喃【日山 5】瞯【日春 3】：指潮湿闷热。

五三〇

邏對巡，吹對哨，調停對計較。洗蕩①對搬擔，鋪攀對打掃。太平橋，連發透，烏龍②對赤豹③。伊妹我的乖，先生汝毛拗④。伲仔滿地甯弄沙⑤，細婆當家拍倒竈。元寶⑥也昧糊，鎮庫⑦也昧買，一頭鷄將樣中⑧分年⑨；炮燭故是借，包麵⑩故是賖，別伙肉莽掏徠⑪報孝。

注释：

①洗蕩：洗涤。

②烏龍：乌龙茶。

③赤豹：赤豹牌烟丝。

④拗：不听话。

⑤甯弄沙：滚动沾上沙子。

⑥元寶：元宝样冥纸钱。

⑦鎮庫：供菩萨的纸扎制品。

⑧將樣中【低银 3】：怎么适合。

⑨分【边光 1】年：除夕前，供天地的祭祀。

⑩炮燭、包麵：皆长辈生日用的礼品。

⑪莽掏徠：指姑且拿来用。

五三一

爊對煿①，烤對煲，生②炒對雜炣③。印花對冰水，同佣對毫緣④。三岔墿，十字坡，樂⑤辣對鶩鹺。你爹討你奶，伊嫂養伊哥。招又伓招嫁伓嫁，騙也價騙褒價褒。貪心各樣⑥重，利心各樣長，錢當命，命當鶏腸屎；癮頭加倍深，毛頭⑦加倍缺，鍋糶⑧被，被糶鴉片膏。

注释：

①煿【边缸 4】：爆，煎炒或烤干。

②生【出声 1】：未熟。

③雜炣【气歌 1】：食材混杂同煮。

④印花、冰水、同佣、毫緣：皆丝布制作工艺。

⑤樂【语郊 7】：偏好。

⑥各樣：喻特别。

⑦毛頭：银元。

⑧糶【他秋 3】：出卖粮食。

五三二

合對分，離對別，伸冤對造孽。草把對花栽，柴爬對竹篾。參清寒①，起燒熱，嶙蜫②對臭蠘。目周圓俥俥，腹老淺碟碟。火燒夠身昧驚惶，水盤過碗儱銷涉③。小姐不獎俊④，少爺盡惱嘣⑤，原來女不女男不男；白面儱應酬，伊厝又鮮潮⑥，真正花是花葉是葉。

注释：
①参清寒：冷热病。
②嶙蜺：坏蛏，指调皮捣蛋。
③銷涉：损耗。
④不獎俊：指不怎么漂亮。
⑤慍瞯：形容头脑不清醒。
⑥鮮潮：新潮。

五三三

填對補，枘[①]對檯[②]，少取對多來。採桑對摔稻，割草對披蔴[③]。鐵門墊，硋棺材[④]，磨命[⑤]對賣頦[⑥]。髗哥髗躡隙[⑦]，矮仔矮脾排[⑧]。藥篩[⑨]上厝搬下厝，觔斗前台跋後台。七砂[⑩]八砂，毛拿别伙砂，天下沒皇帝，那捌跤手快；千算萬算，都纂自家算，左道儥發財，伓通[⑪]心肝呆。

注释：
①枘【日杯 7】：指补缝。
②檯【低开 5】：指修补。
③披蔴：剥取麻皮。
④鐵門墊、硋棺材：皆喻吝啬。
⑤磨命：苦干卖命。
⑥賣頦：使劲吆喝。
⑦躡隙：形容头发秃光。
⑧脾排：形容走路摇摆。
⑨藥篩：谐音“禳梯”，是祭奠亡者的一种仪式。

⑩砂【时嘉 1】：师，喻精通。
⑪伓通【他东 1】：不要。

五三四

瘩[1]對羓[2]，斑[3]對齪[4]，拖延對含蓄。滷麵對油粿，肉包對糖粥。三伏鹽，六神粬，辭行對寄宿。場面着光單[5]，厝頭恰[6]淺促。伊爹講話耳儘蕪[7]，佬媽彈聲[8]跤就朒[9]。贪偣婆八十四，嘴掛猪犅梁禮頂[10]，蹄科故着揀肥肥；伴房媽百卅三，手掏鷄角斗做題，花彩都晡敲足足。

注释：
①瘩【波之 2】：结痂。
②羓【边嘉 1】：疤痕。
③斑：斑点。
④齪【出须 4】：污垢。
⑤光單：表面光鲜。
⑥恰【气嘉 3】：指太过。
⑦儘蕪【莺孤 5】：装聋不理睬。
⑧彈聲：出声暗示。
⑨朒【日须 4】：指瘫软。
⑩頂：等，等待。

五三五

籠對簍，篚[1]對帕[2]，滷汁對油渣。年兄對會伯，企奶對干嬤。女光棍[3]，母夜叉，監察對稽查。股穿跋生垢[4]，頭管[5]摔開花。做啦郎中伓捌症，討隻新婦僭當家。一把扇晡掖[⑥]三等五等仈，儒胸道袖，婆嬷胼後[⑦]；幾條帶僆掏千樣百樣紮，南頭北跤[⑧]，山鬼令脬[⑨]。

注释：
①篦【柳东 8】：撫，捞起。
②帕【波嘉 1】：指抛网捕鱼。
③光棍：骗子。
④生【出声 1】垢：淤青。
⑤頭管：头颅。
⑥掖【莺声 8】：指扇动。
⑦儒胸道袖，婆嬷胼後：指戏剧表演中儒生扇胸前，道家扇衣袖，女丑类扇后背。
⑧南頭北跤：旧时习惯，冬季南方人注意戴帽保暖，北方人穿棉裤棉鞋保暖。
⑨山鬼令脬：山里人烤火笼暖裤裆。

五三六

病對殂，埋對葬，刁難對沉當[①]。板透對欄槽，地枰對樓枡[②]。陳皮梅，芹菜蒜，飽朊[③]對餓頓。猫雀搖楞楞[④]，猪姆僩槓槓[⑤]。仔上十歲鷄上斤，仈怕出名猪怕壯。大鉢重細鉢，毛做大家法[⑥]，姑吵二更，嫂吵三更；呆番掉[⑦]好番，將萬呆心肝，仈有千算，天有一算。

注释：
①沉當：清楚了当。
②樓枡【非缸 3】：用来铺设楼板的横木。

③飽肥【日西 1】：吃饱腻味了。
④猫雀搖椤椤：喻麻雀叽叽叫。
⑤猪姆㑳椟椟：喻母猪嗷嗷叫。
⑥大家法：大家庭。
⑦掉【他秋 3】：指偷着调换。

五三七

拘對管，縱對容，硬硬對雄雄①。鲔油對蝦醬，鶏露對肉絨。永泰順，同豐隆，血痺②對筋瘀③。八隻賣八隻，一重過一重。準備篙弓擒猛虎，頓開④金鎖走⑤真龍。厝租花亭裡拍索埕，盪裙盪褲，做死儹富；命帶鉸刀爿鐵掃帚⑥，想金想銀，搭底⑦是窮。

注释：
①雄雄：挺拔雄起。
②血痺【边之 3】：中医认为血行不畅引发的病。
③筋瘀【出银 5】：筋络受伤肿痛。
④頓開：猛然砸开。
⑤走【曾郊 2】：逃跑。
⑥鉸刀爿鐵掃帚：命理学中称杀星、灾星。
⑦搭底：到底或最后。

五三八

合對分，離對聚，探查對窺伺。异姓對同門，兼祧對出嗣①。難爲情，靠不住，糊刀②對焊箸③。月上游西湖，天光去南嶼。盤碗借去請親家，裙襖留咧做佬具④。卡調⑤這呆柴[⑥]卡調恰搭[⑦]，着防伊回頭鼠僀咬仈；歧襲[⑧]嗄寶物[⑨]歧襲僨痒[⑩]，那漢我縛目牛[⑪]伓捌事。

注释：

①出嗣：出继他家。

②糊刀：裁缝使用浆糊的工具。

③焊箸：烙铁。

④佬具：收殓死人用具。

⑤卡調：玩耍。

⑥呆柴：喻不良子弟。

⑦恰搭：指太过分。

⑧歧【求之5】襲【时宾8】：挠痒，指作弄。

⑨嗄寶物：那小子。

⑩痒：【时光5】。

⑪縛目牛：喻目被遮，不懂事。

五三九

窮對究，勒對追，胡鬧對亂吹。停爐對煞竈，把盞對傳杯。白目鴟[①]，緑毛龜，潑釉對燒灰。僀拍汝毛骨，莫學伊這胚[②]。大鑼大鼓擂毛歇，熢[③]鍋熢鍿架冽炊。仔伲仔伲，三歲乖四歲呆，諸話僀話屎屎僨漢[④]；生意生意，一年趁[⑤]俩年涉[⑥]，幾回裡駁[⑦]本利無歸。

注释：

①白目鴟【气光7】：眼眶长白毛的小鸟。

②胚【波杯1】：喻坏习性。

③熆【蒙山 2】：喻火力猛。
④儥漢：不懂得告诉。漢，指喊。
⑤趁：赚。
⑥涉：亏。
⑦裡【低鸡 2】駁：下场拼搏。

五四〇

化對烊[1]，銷對耗，強辭對惡報。變相對脫形[2]，改裝對換套。心懸懸，面播播[3]，碎拘[4]對殘做[5]。人情剔[6]儥完，世事看的破。百姓做好官做呆，強盜拍徠賊拍去。車弩境大王保外境，有求必應，心多事也多；後浦宮娘奶阿[7]出宮，所爲何來，禮到話不到。

注释：
①烊【莺香 5】：固体熔化。
②脫【他缸 8】形：体型变差。
③面播播：板着脸孔。
④碎拘：拘泥小礼节。
⑤殘【曾声 5】做：折磨。
⑥剔【他宾 8】：理清。
⑦阿【莺歌 1】：喻迟缓。

五四一

根對蒂，秧[1]對枒[2]，佬黨[3]對孩豯[4]。替工對幫辦，出仕對兼差。錢塘巷，紙道街，薅草對插笣[5]。心狠做后奶，病重犯前妻。臭氳[6]臭宿[7]臭網蛋，倯葷倯素倯花齋[8]。一仈一癖性，氣味不調和，哥樂煮俤又樂燂[⑨]；倆隻倆派頭，元神僨會合，姊講急妹就講稊[⑩]。

注释：

①秧【莺香 2】：指刚长出的嫩芽。

②枒【语西 1】：指树木的枝条。

③佬黨：老人一伙。

④孩谿：指小孩子，典出《闽都别记》。

⑤篙【时西 1】：指小竹竿或小竹条。

⑥氳【莺春 1】：指食物异味。

⑦宿：指霉湿味。

⑧花齋：不定期吃素，与长斋相对。

⑨燂【时山 8】：煠，用清水煮。

⑩稊【他西 1】：指显摆。

五四二

賤對頑，凶對歹，鳥籠對魚簺[①]。打算對裝修，調停對排解。胼肘胼[②]，齖拍齖，柴糟對火炱[③]。書讀浸浸[④]通，錢趁儉儉使。伲婿帖稱大三元[⑤]，親家厝宙[⑥]內九彩。符咒有時活靈活現，七小姐做痼風[⑦]，七姑爺請師翁[⑧]；夫妻僬變莽佬莽侯，三叔公捺長屎，三嬸婆掏粗紙。

注释：

①簺【柳开 2】：竹篓。

②胼【波声 1】肘胼：背靠背。

③火炱【低开 2】：残余火种。

④浸浸【出宾 2】：指刚刚开始。

⑤大三元：解元、会元、状元。

⑥宙【低秋 7】：指居住。

⑦癎【求山 1】風：羊癫疯。

⑧師翁：老道士。

五四三

鏗對鏟[①]，咡對唉[②]，剪髮對留鬚。鼠瘺[③]對牛癤[④]，獅疥對猫疸[⑤]。雜種仔，私家師，捫搽[⑥]對吹噓。沒配[⑦]伓食飫，無巧不成書。元帥白俤烏哥狗[⑧]，帝君天聾地啞駒[⑨]。假不瞞真，做伙着正大光明，何苦做猫做鼠；巧能濟拙，養仔那糊塗病笨[⑩]，故呆養犬養猪。

注释：

①鏗【气宾 1】、鏟【气缸 8】：皆和尚念经时的法器声。

②咡【语之 3】、唉【语须 1】：皆应答之声。

③鼠瘺：皮肤上长的小瘤子。

④牛癤：长在鼻头上的脓疮。

⑤獅疥、猫疸：皆指皮肤恶疮。

⑥捫搽：抚摩。

⑦配：指下饭佐餐的菜。

⑧白俤烏哥狗：传为田都元帅的两只灵犬。

⑨天聾地啞駒：传为文昌帝君的两位侍童。

⑩病笨：蠢笨不灵。

五四四

揀對抽，搜對掊[①]，竊贓對受賄。都幹[②]對員工，巡防對差委。肩尅[3]肩，尾世[4]尾，桃包對芋粿。真病毛乇醫，惡仈僯做鬼。四更起看筅帚星，五月着防磨刀水[5]。一到任就碰着命案，官星禮現，驚依毛攔轎喊冤；價捌字也晡寫番書，手腕僯靈[6]，都伓使起爐撥火。

注释：

①掊【边杯 2】：指仔细挖搜。

②都幹：总管。

③尅【气灯 4】：指挤。

④世：接续。

⑤磨刀水：传说五月十三是关老爷磨刀日要发大水。

⑥手腕僯靈：手段灵验。

五四五

撩對撥，抹對撓，鱉角[1]對鳩爻[2]。碰符[3]對壓寶，迸注對搖骰。皇帝殿，聖君樓，野碓[4]對毛巢[5]。米湯灌一腹，树箬揮[6]着頭。鐓[7]其鷄牳又毛卵，搊[8]伊馬仔將萬跑[9]。孫少奶羊眩僯做生驚，嘴皮烏碌烏[10]，痰聲呼呼叫；姑太爺鴉片那味過癮，目周獺[11]咾獺，鼻水渣渣流[12]。

注释：

①鱉角：边角卷折。

②鳩爻：变形翘起。

③碰符：碰和，赌博术语。

④野【莺奇 2】碓【低开 3】：很无奈。

⑤毛巢：无处安身。

⑥揼【低声 5】：指砸落。
⑦鐓【低缸 1】：指阉割。
⑧摺【柳秋 7】：作弄。
⑨將萬：这样子。
⑩烏碌烏：黑又黑。
⑪獭【他声 4】：指眨眼。
⑫渣渣流：口水直流。

五四六

夙[①]對鮮，清對渹[②]，財財對禄禄。看鋪對巡街，把衙對監獄[③]。耶耶呸，碰碰鋸[④]，稀奇對粗俗。貌合神先離，人生面不熟。聖水將軍單延珪，瀟湘妃子林黛玉。想價够横心横腸只混賬，講幾句話單興[⑤]撮伙毛；且莫論施[⑥]棺施襖許排場，借倆個錢故呆挖己肉。

注释：
①夙【时须 4】：指积压旧货。
②渹【求须 8】：指浓稠。
③獄：【语须 8】。
④碰碰鋸【出须 8】：儿童出手指比胜负的游戏。
⑤單興【非宾 3】：偏好。
⑥施：施舍。

五四七

烘對烤，洗對湔，艱苦對清甜。拍風對燒火，起水[①]對生烟。跳跳鬼，落落[②]仙，舊滷對新鮮。伓够塞齘縫，故嫌臭膔膛。八條硃簽[3]丢落地，明旦棺材扛起肩。官事得散，私事得休[4]，土菩薩過江，自身難保；生不帶來，死不帶去，閻羅王出示[5]，鬼話連篇。

注释：

①起水：涨潮。

②落【柳缸 4】落：悠闲溜达。

③硃簽：用朱丹作记的封签。

④官事得散，私事得休：出自《观音救苦经》。

⑤示：告示。

五四八

調對遷，充對委，桃包對芋粿。地主[1]對家神，山魈對野鬼。葫蘆瓠，茉莉蕊，捏胸[2]對傰腿[3]。棺材扛上山，牌套蕩落水。茶梗僣企客僣徠，蘭花又香命又短。困一晡五心[4]起燒熱，單倒怪[5]郎中掏斧頭；聽這話六脉[6]不調和，故那漢原差[7]拔索尾[8]。

注释：

①地主：家宅供奉的土地神。

②捏【他灯 3】胸：挺胸。

③傰【边杯 1】腿：飞踢。

④五心：心脏加两手心和两脚心。

⑤單倒怪：反而怪。

⑥六脉：中医说法，指双手的寸、关、尺三脉。

⑦原差：地方差役。

⑧拔索尾：随声附和或因人成事。

五四九

撩對撥，搭①對挨，拜把對開差②。雲霄對霞浦，光澤對尤溪。膘手棗③，眉毛榉④，四妾對三妻。拍粗拍短碼⑤，倹素倹長齋。哥故昧窮妹昧富，汝愛跖東我跖西。延平水鼓山坪⑥，溪船幫盤咾過盤⑦，貨儎又加幾倍；上海紙福州使，錢店鬼利上起利⑧，手鏡⑨僣舞滿街。

注释：

①搭：搭讪。

②開差：开拔或出差。

③膘手棗【曾歌2】：用中指关节叩打人头部；棗，叩击。

④眉毛榉【时西1】：细竹条。

⑤拍短碼：短装打扮。

⑥延平水鼓山坪【边山5】：俗称南平水面海拔与福州鼓山一样高。

⑦過盤：货物多次转运接盘。

⑧利：利息。

⑨手鏡：旧时商用可折叠小账本。

五五〇

曝對燒，晾對凍，漫矇①對難瞷②。起動對奉承，歸還對停頓。蜘蛛縵③，蛤蝌縫，刺刀對夾棍。共伙毛利拉④，養仔不獎俊⑤。鉸刀剪斷粉綫彈，熨斗砑光水花噴。活貨務伙捌，做單身哥鎚，昧苦毛嫫，那苦毛媒；軟樓⑥莫禮貪，鑚諸娘仔[⑦]縫，伓是偷屎，就是偷糞。

注释：

①漫【蒙山7】曚【蒙春1】：指不开窍。

②難【日山3】暡【日春3】：指头脑不清楚。

③蜘蛛縵【蒙山1】：蜘蛛网。

④利拉：拉扯，理睬。

⑤不奬俊：指不怎么好看。

⑥軟樓：轻松得利。

⑦諸娘仔：姑娘。

五五一

單對據，照對憑，怪狀對奇形。拖鞋對攏褲[①]，跖帳[②]對插屏。主子媽[③]，先生人[④]，後事對前情。深恩施雨露，大怒發雷霆。務話講啦心頭願，諸代困[⑤]着腹裡明。莽講莽難爲仈，耳做詐聾，聽昧真先把繞[⑥]；又歇又伓像仔，頭嵌挫腫[⑦]，肏儹裡敷應承。

注释：

①攏褲：旧时宽裤头的简便裤子。

②跖帳：活动蚊帐。

③主子媽：女主人。

④先生人【莺宾5】：先生夫人。

⑤困：园，藏着。

⑥把繞：阻挠。

⑦頭嵌【气声3】挫腫：点头点到脖颈扭肿。

五五二

錸對枷，槌對擂，收盤對匯兌。除撤對串通，主張對賠累[①]。隔煮包[②]，搭聯袋，敝東對賤內。妹妹慢慢跻，哥哥排排坐。沒緣沒故買啦名，可憐可傷受這罪。倆隻和尚扛水偗，鬼頭毛出[③]，五朝[④]又重啦五朝；儨做媒伙扁担屙[⑤]，膘嘴之顛[⑥]，一代不及過一代。

注释：

①賠累：受到拖累。

②隔煮包：席草编的饭包。

③鬼頭毛出：骂人捣鬼作怪。

④五朝：喻人无聊，故意作怪。

⑤扁担屙【气歌 5】：喻挑担卖苦力。

⑥膘嘴之颠：喻只会嘴上讲好听话。颠，指甜。

五五三

削對刿[①]，划[②]對剗[③]，拖槍對拔鋸。搶槓對圍莊，躐符對迸注[④]。眉攊攊[⑤]，耳嚝嚝[⑥]，翻搜對抗拒。使性強做風[⑦]，懇恩乞求恕。過頓三隻隔煮包，壓寒一領破棉絮。野仔養一陣，威鑾[⑧]加大，儹做毛膘手許詎[⑨]；臭録[⑩]積幾千，攤拍剥啼[⑪]，昧務這目周去覷[⑫]。

注释：

①刿【波鸡 1】：割削表皮。

②划【莺花 1】：用硬物刮刻表面。

③剸【柳须 3】：指用钝刀切削。

④搶槓、圍莊、躥符、迸注：皆赌博术语。

⑤眉擜擜【蒙嘉 1】：指胡乱抓拿。

⑥耳嚛嚛【语须 3】：指爱听不听。

⑦做風：大耍脾气。

⑧威鑾：耍威风吓人。

⑨謔【语桥 1】：贬称耍大牌。

⑩臭録：铜臭。

⑪攤拍剥啼：装派头叫人哭笑不得。

⑫昧務這目周去覰：不屑一顾。

五五四

文對雅，注[①]對于[②]，衣架對桶箍。生[③]炊對清炖，雜拌對真酥。小意思，大工夫，揀幼對嫌粗。都是雙騎馬，不如一頭猪。大少先借屏風債[④]，老爹單欠丁厝租。越佬越務精神，正當春暖花香，嘴鬏剃光討細姐[⑤]；又窮又毛倚靠，逼够山窮水盡，頭髪剪去做尼姑。

注释：

①注：注释。

②于【莺孤 1】：应为“於”，於乎（感叹）。

③生【出声 1】：未熟。

④屏風債：疑指死后才能还清的债。

⑤細姐：小老婆。

五五五

甲對丁，寅對卯，漏油對噶[①]垢。橄欖對葡萄，枇杷對栱料[②]。長池頭，横街口，猴毛對犬爪。乞咾故哺偷[③]，拿[④]着伓使走。傖補人參着論斤，鬥富真珠偝量斗。嬴，嬴死死，輸，輸死死，生意單做買空賣空；旺，旺連連，衰，衰連連，流年那驚明九暗九[⑤]。

注释：

①噶【求山 8】：黏住。

②栱料：也称“滚斗”，一种乔木结的串果。

③故哺偷：还要偷。

④拿【日鸡 8】：搦，抓住。

⑤明九暗九：年龄逢九或是九的倍数。

五五六

蕩對游，居對住，前崎對後嶼。神媽對穩婆[①]，法師對相士。長長聯，慢慢窳[②]，虚文[③]對玩具[④]。阿要難爲情，像煞有介事[⑤]。芍藥芙蓉苜莉花，珍珠瑪瑙珊瑚樹。伲仔哥鬥哺補[⑥]，孽[⑦]糟孽醬，夾紗褂偝重半摺衫[⑧]；親家母那興嗆，好菜好湯，不停匙故加連環箸。

注释：

①穩婆：接生婆。

②窳【莺须 7】：指磨损或损坏。

③虚文：表面文章敷衍应付。

④玩具：指出洋相而损害名声。
⑤阿【莺歌 1】要難爲情，像煞有介事：苏州俗语。
⑥鬥晡補：争着要穿衣服。
⑦孽：无理要求。
⑧夹紗褂儺重半搊衫：喻胡乱穿搭。

五五七

筋對脉，骨對骸，栗碌[①]對枇徘[②]。傾銷對拍賣，倒貼對歆台。自作孽，伓成材，轉動[③]對安排[④]。捺尿價上壁[⑤]，掛衣儺扛臺。十章《大學》終言利，一部《周官》半理財。自做自成花[⑥]，獨往獨來，前呀沒仈拖，後也沒仈撻[⑦]；務駁務過扇[⑧]，毛驚毛靳[⑨]□，你儺捨的死，我價捨的埋。

注释：
①栗【柳宾 4】碌【柳春 4】：指进进出出。
②枇【边之 2】徘【边开 5】：蹒跚走路貌。
③轉動【低东 7】：轻微举动。
④安排【边开 5】：妥当安置。
⑤捺尿價上壁：喻没什么本事。
⑥自做自成花：自我欣赏。
⑦撻【他声 2】：推，推。
⑧務駁務過扇：有冒险都能过关。
⑨靳【莺银 3】：指惊悚。

五五八

破對冲，生對尅，歪歪對側側。測字對抽籤，收盤對換帖[1]。氣脹膠[2]，窮出汁[3]，相宜對自得。一家一行形[4]，務貨務仈捌。現鐘不撞去借鑼，彎刀嫌鈍徠換鎟。毛錢阿[5]講話頭起，士窮當街賣藝，虎瘦攔路傷人；凡事都是命中排，時來頑鐵生光，運退黃金減色。

注释：

①換帖：金兰结拜或男女订婚时互换庚帖。

②氣脹膠：气鼓鼓的。

③窮出汁：喻穷极。

④行形：举止形态等。

⑤阿【莺歌 1】：指难。

五五九

欺對詐，騙對瞞，瑣碎對餘殘。驚風對吐水[1]，受暑對傷寒。孤兒院，無祀壇[2]，草索對花籃。滿街敲竹槓，達主掏蒲團[3]。減口濟生[4]大布施，穿跤[5]躔倒[6]打單橫[7]。水蛇腹三爺討親，排排睏，老鼠咬門闖；土螺目[8]二府[9]查夜，慢慢圜，流蜞[10]珩暗暝[11]。

注释：

①吐水：反胃吐酸水。

②無祀壇：给野鬼祭祀的祭坛。

③達主掏蒲團：挨家挨户索份子钱。

④減口濟生：减少家口救济众生。

⑤穿跤：伸腿过去。

⑥躔【柳初 1】倒：溜着躺倒。

⑦打單横：横卧。句意喻得寸进尺。

⑧土螺目：喻眼睛含糊不清。

⑨二府：衙役。

⑩流蜞：软体草虫类。

⑪暗暝：夜晚。

五六〇

悶對愁，煩對惱，小生對太老。鐵桶對銅瓢，竹梯對柴鎖。蕃薯朧[①]，芥菜腦[②]，花花對草草。看命排五星[③]，燒香醵十保[④]。就身綻[⑤]又就身緲[⑥]，務話起也務話倒。腹飢儊傖姑姑落[⑦]，一頓飰配菜頭，一頓飰配魚頭；氣斷那聽嬷嬷啼，半爿手攑薑栂，半爿手攑錢栂[⑧]。

注释：

①蕃薯朧【日灯1】：指小番薯。

②芥菜腦：芥菜根部膨大的部分。

③五星：指金木水火土。

④醵【气香8】十保：向十保居民集资。

⑤綻【低宾3】：布破。

⑥緲【柳缸5】：缝补。

⑦傖姑姑落：吃得太快，食物洒落前襟。

⑧半爿手攑薑栂，半爿手攑錢栂：福州风俗给死人手抓生姜和铜钱。

五六一

搓對捻，撚[①]對攮[②]，疊骨[③]對通腸。前崎對後浦，中選對下杭。光齋④酒，祭竈糖，美女對才郎。煎炒倹恰⑤熱，便宜去多長。訴訟民事變刑事，錢糧上忙借下忙⑥。倹鴉片着務金包銀，起碼半數暝⑦，老共⑧野諸娘扛槓⑨；推牌九僻拈天配地，通心四點仔⑩，伓存佬公媽拜堂。

注释：

①撚【莺香5】：捻。

②攮【日釭5】：指用指头搓揉。

③叠【他山8】骨：肚子饿得前胸贴后脊骨。

④光齋：谐音“扛斋”，旧私塾师生同欢日。

⑤恰【气山4】：指太过。

⑥錢糧上忙借下忙：旧时征收钱粮上季兼征下季。

⑦半數暝：半夜。

⑧老共：老是和。

⑨扛槓：喻调情。

⑩四點仔：牌九术语，天地配即四点。

五六二

腫對虛，肥對臢①，排班對從简。瘸手對瘌頭，歪跤對笪②眼。爬過墻，跳落井，商量對教管。養仔毛讀書，借錢當裡款。企弟大咾做企哥，錢姆困咧生錢仔。倹酒倹酒陣③，拍牌拍牌陣，交加大半毛正經；買糟買糟錢，買醬買醬錢，癖性僻容只古板。

注释：

①臢【曾山1】：邋遢。

②笪【出奇7】：歪斜。

③陣【低宾7】：成伙或成帮。

五六三

嘮對嘳[①]，噏對咖[②]，擒本對走梢[③]。炵油對炸醬，鰜粉對炡糟。樓頂角，門口兜，通底[④]對漏闠[⑤]。西風吹過午，明月照臭溝。轉奶百歲分手尾[⑥]，姑爺三節[⑦]搘[⑧]蹄包。隔壁厝囉嘈，伲仔球跳跳轉唱洋歌，月光光風透透；鄉下齋鬧熱，學生碌[⑨]同同聲讀對類，魚圍圍鳥交交[⑩]。

注释：

①嘮【柳初5】、嘳【求欢7】：皆骂人话。

②咖【蒙郊2】：抿嘴。

③走【曾郊2】梢【时郊1】：开溜。

④通底：底部破损。

⑤漏闠：漏网。

⑥手尾：过世后遗留的钱财。

⑦三節：春节、端午、中秋三大节。

⑧搘【求欢7】：指提着。

⑨學生碌：小学生。

⑩魚圍圍鳥交交：形容鱼和鸟发出的声音。

五六四

窄對寬，橫對笪，光鮮對華麗。軟綫對斜紋，粗胚對墊劑[①]。冬節暝，元宵夜，餘鼊[②]對含蟹[③]。賠半毛賠全，挫[④]買莫挫賣。鞠[⑤]咧務氣毛內通[⑥]，許了這願總着謝。孩兒俤出世，辦啦落梅地麪席，酸又酸，鹹又鹹；孫少奶懷胎，犯着半天吊婆官[7]，上不上，下不下。

注释：

①墊劑：指较坚实的材料。

②餘蠶：谐音“余残”。

③含蟹：指事情只做完部分。

④挫【出歌3】：指错。

⑤鞠【求须4】：指憋。

⑥毛內通：指无处发泄。

⑦半天吊婆官：三十六婆官之一。

五六五

膠對釉，粉對漿，拜表[1]對題捐[2]，修橋對鋪路，起廟對企坊。村前哨[3]，嶺裡腔，挖啌[4]對拍穿。一嘴下路[5]話，全家西洋裝。務錢買餅當街咬，隔壁煎魚撲鼻香。伊大[6]做生日，嫖客堆山，湊鬧熱務許佤龜糖馬浪[7]；老板討細婆，高朋滿座，所交加我都是當店鹽商。

注释：

①拜表：上奏章或拜神祈祷文。

②题捐：劝募，认捐。

③村前哨：曾流行于仓前一带的哨语（暗语）。

④啌【气东3】：指洞。

⑤下路【低过7】：下四府，闽南一带。

⑥伊大：指老鸨。

⑦龜糖馬浪：喻下流浪荡子弟。

五六六

抹對塗，湔對刮，顛狂對柔惡[①]。縫縫對穿穿[②]，疤疤對壑壑。嘴鬆梳，眉毛刷，犁扒[③]對雕琢。嘴舌嗏穌穌[④]，心腸硬駁駁[⑤]。小鬼昧見大猪頭，犬仔伓倹水鷄骨。尚書廟掏夾馬燭[⑥]，奉旨祀典，小老板一路威鑾；布司埕看舞龍燈，慶賞元宵，大少爺半暝碎犖[⑦]。

注释：

①柔惡：刻薄恶毒。

②穿穿：窟窿，小洞。

③犁扒：喻粗率加工。

④嗏【低嘉1】穌穌：干巴巴。

⑤硬駁駁：硬邦邦。

⑥夾馬燭：指麻秆烛。

⑦碎犖【柳釭4】：散步。

五六七

痰對痢，癲對痨，毒蜢對佬鳖[①]。紅裙對綠帽，黃帳對白袍。禁子嫣，媒仏婆，腹桶對牙槽。瓔珞[②]不须施，文章教爾曹。不孝逆子怨父母，有道明君掌山河。犯官符再加犯病符，可憐寸草俱無，那篆啦藥渣鉛鐵碎[③]；當賭棍又兼當訟棍，如果雙方並進，哺舞伊瓠蒂薩菩陀[④]。

注释：

①佬鍪【波歌5】：指蟾蜍。

②璎珞：一种华丽服饰。

③藥渣鉛鐵碎：喻不值钱之物。

④鈲蒂薩菩陀：佛教《心经》语。

五六八

藝對工，書對畫，睍喁[①]對呢哪[②]。手尾對肩頭，胸前對跨下。完完完，罷罷罷，哎呵對嗚吓[③]。白蟻絮[④]過家，紅蚣爬上瓦。目連下界度亡魂，竈君上天講好話。横半路死，直半路死，故詛伊上山乞虎咬，落海乞魚吞；傖趁後生，補趁後生，莫等够毛鬍做太婆，務鬚做佬爸。

注释：

①睍【语之1】喁【语须1】：碎语支吾。

②呢【日之1】哪【日花7】：小动作移动。

③嗚【莺孤1】吓【非嘉7】：小孩哭声。

④絮【时须3】：指蛀蚀。

五六九

跟對嫁，夾[①]對姘[②]，畫卯[③]對抽丁[④]。經商對做客，在學對當兵。五幸臭[⑤]，八成新，冷冷對清清。伯叔兄弟侄，高曾祖父身。孟宗哭竹地生筍，郭巨埋兒天賜金[⑥]。佛告阿難言[⑦]，色即是空，後生仔切莫貪嫖嗜賭；身似菩提樹，因能生果，大家仈伓冬弄假成真。

注释：

①夾：合伙。

②姘：姘合。

③晝卯：晨间点名。

④抽丁：抽壮丁。

⑤五幸臭：臭不可闻。

⑥孟宗哭竹地生筍，郭巨埋兒天賜金：二十四孝故事。

⑦佛告阿難言：佛陀涅槃前回答阿难尊者四问。

五七〇

醋對茶，鹽對米，蟶干對蝦子。八寶[1]對三才[2]，十歡對雙喜。梅柳橋，蘭荷里，花紋對草痞。店面好鬮猫[3]，山頭毛恰麂[4]。青盲邀仔看元宵，病啞當街講道理。財神爺多交加幾隻，倜東沒錢，倜西總務錢；俥仔鬼[5]那退送昧完，今旦伓死，明旦也着死。

注释：

①八寶：道家、佛家各有八宝。

②三才：天地人。

③好【非歌 2】鬮猫：指好赚钱。

④山頭毛恰麂：喻不贪小便宜，民谚“山头毛恰麂，水里无恰鲤”。

⑤俥仔鬼：也叫倩【出声 5】命鬼或索命鬼。

五七一

欹對倒，碎對崩，裡剥對抽豐[1]，講真對做假，踏實對落空。跂馬荳，歇螺菘[2]，認祖對歸宗。半信半不信，含通含不通。六道輪迴去轉世，一毫關節不通風。耳報神[3]那蓄[4]一大拖，到處害仏，七古八怪跟跟轉；腹寒[5]鬼僻纏毛的攏[6]，沒時倒運，半暝三更榷榷皴[7]。

注释：

①抽豐：揩油。

②跂馬荳，歇螺菘：骂人话。

③耳報神：暗中通风报信者。

④蓄【非东 4】：备着，养着。

⑤腹寒：痁疾。

⑥攏【柳东 4】：指解脱。

⑦榷【气缸 8】榷皴【曾春 1】：冷颤貌。

五七二

异對超，奇對特，寬舒對斬截。骨骨對皮皮，筋筋對腴腴[1]。親保親，賊偷賊，歇三對活十[2]。嘴哆[3]僻占溪[4]，皮厚經[5]掏澤[6]。前尖後肘三吓嘘[7]，上吐下瀉倆頭拔。見錢就眩，見糟就醉，汝哥這鼻務爬柑[8]許長；逢話都講，逢證都真[9]，我俤其嘴比笊籬故密。

注释：

①腴【求灯 8】腴：肢体弯折处。

②活十：喻头脑活络，手脚灵活。

③哆【莺鸡 7】：指贪吃。

④占溪【语西 1】：占便宜。

⑤經：受得住。
⑥掏澤：指作弄。
⑦三吓嘘【语桥1】：喻戏谑。
⑧爬栕：船桨。
⑨逢證都真：凡事都精通。

五七三

丟對摔，絆對抄[①]，犬棍對鷄爬[②]。萬豐對百愛，五福對九華[③]。冬節糍，午時茶，炒蠘對烰[④]蝦。嗆啦一腹飽，詛够四跤爬。硬命那怕出欄虎[⑤]，興家價养鑽灶猫[⑥]。聲名伓顧，敗尾仔那捌使錢，一隻樂嫖，兩隻樂賭；光景只呆，當家仏難免受罪，今旦苦米，明旦苦柴。

注释：
①抄【时嘉5】：指套住。
②鷄爬：形似鸡爪的竹扒。
③萬豐、百愛、五福、九華：皆店号或品牌名。
④烰【波孤5】：油烹。
⑤出欄虎：寅时出生的人，命相属凶。（凌晨三点老虎出穴捕食）
⑥鑽灶猫：喻懒惰人。

五七四

狀對批[①]，簽對稿，洋刀對廣鎖。梯椅對榻床，鈎鐮對網栳。花生糖，豆腐棗，紅花對紫草。嘴斗實在饞[②]，腹桶僻許好。又鮮又蛙[③]鮮荔支，越佬越辣佬薑牳。蛾，蠶繭[④]變，拍賤[5]汝杭绸蘇緞，都是只幾疋家蠟絲[6]；鮰，魚字爿，鼓[7]翻這活草鮮蓮，那使伊一頭潭蝨[8]姆。

注释：

①批【波鸡 1】："信件"的口语。

②饞【出声 5】：喻不忌口。

③蛙【莺花 3】：指畅销。

④蠶【出灯 5】繭【求灯 2】：蚕茧。

⑤拍賤【时声 7】：贱价。

⑥家蠟絲：质量差的家织土丝。

⑦鼓【求孤 2】：搰，搅扰。

⑧潭蝨：鲶鱼。

五七五

寅對卯，甲對丁，重重對輕輕。犯頭[1]對經手，出面對過身[2]。壁裡角[3]，臺中心[4]，帮旺對落陰。乾柴莫近火，好鐵怀打釘。孝男先理藥篩債，皇帝也務草鞋親[5]。開起祠堂門，乞養仔毛當塢[6]，親生仔隻算數；排定男女命，唐哺人進黄金，諸娘仏趁燈芯[7]。

注释：

①犯頭：犯事的由头。

②過身：过这时刻。

③壁【边声 4】裡【低鸡 2】角：靠墙里侧。

④臺中【低缸 1】心：正当中。

⑤草鞋親：喻穷亲戚。

⑥塢【莺孤3】：指名分。

⑦諸娘仏趁燈芯：旧指女子在娘家仅取回丧祭蜡烛。

五七六

棧對倉，埸對驛①，堆山對列□。帽刷對鞋刀，燈鈎對钁②鉫。生般般③，舊襞襞④，奸邪對妖孽。一厝嬤嬤遑⑤，滿街蹁蹁拿⑥。目周覷鼻自心焦，耳仔朝口務乇倿。親家母做仏雖然和氣，原來油嘴剃刀心；財主官生相乇乇稀奇，居多沙面元寶額⑦。

注释：

①埸對驛：边界对驿站。

②钁【气香4】：大锄。

③生【出声1】般【语郊5】般：形容生疏、不熟悉。

④舊襞襞【边宾4】：形容陈旧。

⑤嬤【蒙嘉1】嬤遑：忙得团团转。

⑥蹁【边鸡3】蹁拿【日鸡8】：跑跑抓，儿童游戏。

⑦沙面元寶額：凶脸豹额。沙，指狮。

五七七

鋤①對築②，掘對犁，蒜醬對芋虋③。緞靴對紗帽，草履對花鞋。不景氣，沒問題，急迫對舒排。草索羁牛鼻，花香襯馬蹄。先供墓前土地禮，三拜堂上祖宗牌。拖泥帶水，望雨祈晴④，像儂家做田園，辛辛苦苦；閉月羞花，沉魚落雁，只一隊女裙釵，整整齊齊。

注释：

①鋤：锄草。

②築：筑垒。

③芋䕩【日西 5】：芋泥。

④望雨祈晴：望着雨天，祈求放晴。

五七八

撥對攤，銷對抵，甜瓜對苦李。見面對談心，交頭對接耳。奴才胚，伲仔痞，神經對脉理。皇帝倯白糟[①]，老爹糴烏米[②]。明偷暗偷都是偷，遲死早死總着死。百年好合，做啦新郎官添犅淌[③]，伓驚六脉不調和；十月懷胎，養隻唐晡仔落盆冲[④]，真正一場空歡喜。

注释：

①皇帝倯白糟：喻收受贡品，白吃白拿。

②糴烏米：喻暗中受贿。

③添犅淌：疑指“上马风”。

④落盆冲：临盆受到冲煞，小儿没活成。

五七九

移對換，變對遷，罪過對冤愆。開頭對世尾[①]，插角對鑲邊。橄欖紙，檳榔箋，破棱[②]對削尖。瀠花湠四世[③]，股穿竅[④]半天。半碗清湯鷄絲麵，一盤下水猪肚尖。報應本循環，奸淫婦女，婦女奸淫，一大批風流債；陰陽成配偶，恩愛夫妻，夫妻恩愛，倆其囨[⑤]快活仙。

注释：

①世尾：后续。

②破【波歪3】棱【柳宾3】：劈成碎片。

③四世：四处。

④竅【气秋3】：翘。

⑤困【气缸3】：睡觉。民谚称“俩其困快活仙”。

五八〇

拭對塗，泥對抹，糟甏[①]對粥鉢。崴化[②]對歪攢[③]，長琅[④]對縫邋[⑤]。下半旗，留全髮，畲婆對倭韃[⑥]。一官一衙門，務廟務菩薩。跤仔毛歇羅盤俥，脰項故衰燈芯撥[⑦]。許一坐坐三年，許一跖跖千里，閒仅閒，忙仅忙；共仈賒賒過節，共仈借借够期，當毛乇當，押毛乇押。

注释：

①糟甏：过年存储卤货或糟鱼的缸。

②崴【求灯5】化：外貌高挑。

③歪攢【曾歪1】：外表形体不好。

④長琅：长上衣。

⑤縫【波山3】邋【柳山4】：宽松的上衣。

⑥倭韃：日本兵。

⑦脰項故衰燈芯撥：脖子瘦到像灯芯。

五八一

強對壯，弱對虛，盤馬對駁車[①]。爬單[②]對谷碌[③]，撽屐[④]對呢帑[⑤]。三花面，五柳鬚，布施對捐輸。毛鼻拿伲仔，臭頭做軍師⑥。氣惱就是三分病，話長僲講一本書。做一工傖一冬⑦，拍算东邊園栽薯，西邊園栽芋；熟毛放⑧生毛弄⑨，伓通今年瞑養鴨，明年瞑養猪。

注释：

①盤馬、駁車：皆象棋术语。

②爬單：谐音“蹒跚”。

③谷【求春 4】碌【柳春 4】：挣扎动弹。

④檄【气宾 8】屐【气声 8】：拟声词。

⑤呢【日之 1】帑【日须 1】：家具松动而歪扭声响。

⑥毛鼻、臭頭：皆形容无能者做不成事。

⑦一冬：一个季度或一年。

⑧熟毛放：熟悉的营生不要放手。

⑨生【出声 1】毛弄【柳东 7】：生疏的营生不要上手。

五八二

晝對妝，鑲對褙，餘殘①對輕貴②。紮脚③對圍肩，掛鬚對假髻④。紫葡萄，紅玫瑰，批評對比賽。知縣斬按司，城隍接太歲。地下無媒不成親，人生有酒須當醉。傖啦八十六，佬火⑤只枘鑿，婆咾婆，聲聲句句價師豪⑥；貼伊百卅三，嫁裝够鋪攀，妹吓妹，千千萬萬聽仈嘴。

注释：

①餘殘：残余、零碎。

②輕貴：谐音“金贵”。

③紮脚：绑腿。

④掛鬚對假髻：舞台道具。

⑤佬火：谐音“老货”，指老人家。

⑥師豪：舒适安逸。

五八三

昏對亂，惑對迷，犯怒對懷疑。寬心對縛腹[1]，暢膽[2]對開脾[3]。臺灣籍，洋嶼旗，弱女對孤兒。毛乇儉啦快，務錢趁[4]價徠。太爺太奶老姑太，姨公姨媽親家姨。一仔一伲[5]，自馬自騎，何苦惹蜂釘頭，管南管北；講話講理，儉乇儉味，伓使畫蛇添足，爭早爭遲。

注释：

①縛腹：喻心定。

②暢膽：放大胆。

③開脾：开脾胃，喻身心舒畅。

④趁：指赚。

⑤一伲：女孩子。

五八四

樣對模，聲對響，來來對往往。承重[1]對貤封[2]，偷生對乞養[3]。羊肚巾，馬蹄網[4]，排頭[5]對執掌[6]。價富也昧窮，毛罰故務賞。五成舊搭五成新，一句硬來一句軟。美雨西來，歐風東漸，留學生總着踦紐約巴黎；青山不老，緑水長存，大和尚故晡揀霍童方廣[7]。

注释：

①承重：承担重任。

②貤【莺之5】封【非春1】：古时有爵位者申请将其转授给嫡亲尊长。

③乞養：抱养。

④馬蹄綱【莺光2】：满清官服马蹄状袖口。

⑤排頭：领头。

⑥執掌：主事的。

⑦霍童、方廣：皆寺庙名。

五八五

瓜對李，豆對瓠，春欖對夜壷。生張對熟魏，大蔡對小盧。牧羊洞，落馬湖，騙瞎[①]對麻翡[②]。學法七星劍，煉丹八卦爐。務仔諸娘帮仔福，做官大少犯官符。捌傳[③]大小姐佳期，薄禮毛嫌，送伊兩雙鞋面料；難得老先生光降，點心理便[④]，請汝一碗鍋邊糊。

注释：

①騙瞎：胡说，吹牛。

②麻翡：马虎。

③捌傳：知道了。

④理便：置办好了。

五八六

膩對黏，污對穢，拖延對累贅。於术[①]對黨參，川連對浙貝。倉角頭，河口嘴，蘇巴[②]對爽脆。務譫[③]務來回，越罕越輕貴。老板姘啦生人妻[④]，大班討隻鹹水妹。賭够伓愛賭，牌九跤麻雀跤凑嗵[⑤]，前門去後門徠；于咾故哺于[⑥]，財主媽管家媽兼差，上椅坐下棹蹶[⑦]。

注释：

①於术：中药材。

②蘇巴：口感和味道让人舒心；爽快。

③譮【低山7】：疑为“澹”，指错。

④生人妻：有夫之妇。

⑤嗵【莺东7】：指热闹。

⑥于：舒适安逸。

⑦蹶【求杯3】：摔倒。

五八七

拏[①]對撆[②]，蹼[③]對蹨[④]，碎碎對綿綿。過文[⑤]對拿字[⑥]，落後對提前。三夾米[⑦]，五銖錢，罰俸對捐廉。光棍使假票，哨船拿私鹽。請啦律師嗅[⑧]伊告，免的冤鬼跟咧纏[⑨]。訃文頭一行，“罪孽深重，弗自殞滅，禍延顯考”；奏摺尾三句，“末學新進，罔識忌諱，干犯宸嚴[⑩]”。

注释：

①拏【日嘉5】：指张开拇指与中指两端测距。

②撆【边花8】：用肢体度量。

③蹼【波欢8】：指一步伐的距离。

④蹨【出天5】：指左右手张开的距离。

⑤過文：过场敷衍。

⑥拿【日鸡 8】字：挑字眼。
⑦三夾米：三种主粮掺和的米。
⑧喚：招引。
⑨跟咧纏：跟着纠缠。
⑩宸嚴：触犯帝王的威严。(上两句为讣文与奏章的套话)

五八八

閉對開，成對破，落倉對歸隩[①]。漂白對過朱，染青對拍糙。打嚴嵩，罵曹操[②]，辭行對報到。磁器漆棺材，檀香雕牌套。拿手工夫毛内尋，刣頭生意務亻从做。虎落平洋乞犬欺，魚游淺水遭蝦戲，闊少僻够只支離[③]；屋破更逢連夜雨，船危又遇對頭風，苦命伓存許[④]坎坷。

注释：
①隩【莺歌 3】：堂屋深处角落。
②打嚴嵩，罵曹操：戏剧目名。
③支離：惨状。
④伓存許：想不到如此。

五八九

跟[①]對躐[②]，擃[③]對撈，嶺表對畬婆。亮紗[④]對光緞[⑤]，軟葛[⑥]對横羅[⑦]。龍湫巷，虎節河，小帽對長袍。疋頭[⑧]爭尺寸，鳌戥論分毫。重利盤俥鷄啄米[⑨]，私刑敲詐猴抱桃[⑩]。莫嫌四碗四盤，閒咾卡調，沒一年也莽[⑪]留半載；那死七暝七日，暗哩受罪，游十殿故着過六曹[⑫]。

注释：

①跟：跟着转。

②蹴：到处游窜。

③攎【柳东8】：捞取。

④亮紗：薄丝制品。

⑤光緞：光滑的丝缎。

⑥軟葛：细葛布。

⑦横羅：丝罗。

⑧疋頭：泛指布头。

⑨重利盤俥鷄啄米：高利贷盘剥财物如鸡啄米。

⑩猴抱桃：一种酷刑。

⑪莽【蒙光2】：指姑且。

⑫過六曹：喻通过各种关卡。

五九〇

搖對抱，坐對停，肥白對聰明。做嬌對好傻[1]，務媚[2]對真伶[3]。狐鼻腦，獅頭形[4]，手鐲對跤鈴。乖乖食飽飽，懵懵困眠眠。尿燥[5]褓裙馬毛被，瀵遮[6]屎布牛能瓶[7]。毛做聲聽拍門奈奈來[8]，伊哥伓通啼，伊哥伓通吵；價自在請隔壁婆婆唸，娘奶[9]第一聖，娘奶第一神。

注释：

①好傻【他声3】：可爱。

②務【莺孤7】媚【蒙之7】：有趣。

③真伶：谐音“精灵”，灵动。

④狐鼻腦，獅頭形：喻高鼻梁，头大额宽。

⑤屎燥：尿布。
⑥瀃遮：围涎。
⑦牛能瓶：奶瓶。
⑧奈奈來：慢慢来。
⑨娘奶：临水夫人。

五九一

唱對彈，歌對舞，開鑼[①]對掌鼓。蓋一[②]對成雙，搶三[③]對落伍。過山龍，抓地虎[④]，經文[⑤]對緯武[⑥]。大悲陀羅尼[⑦]，奇勇巴圖魯[⑧]。魚貨揭市[⑨]中亭街，米帮議行番舍府。偷共仏睹睹好[⑩]仏緣相得，日頭落山，表嫂後生；拍劫賊講講其[⑪]賊運禮跻，西風過午，火鷂毛苦。

注释：
①開鑼：开台或开场的锣鼓。
②蓋一：第一或超一流。
③搶三：五局三胜制。
④過山龍，抓地虎：草药名。
⑤經文：文治。
⑥緯武：武功。
⑦陀羅尼：梵语，指长咒语。
⑧巴圖魯：满语，指英雄或勇士。
⑨揭【求鸡 4】市：指批发进货。
⑩睹【低孤 2】睹好：碰巧或刚好。
⑪講講其：姑且说说。

五九二

收對養，督對圈[①]，換碗對添盆。婆婆對媽媽[②]，奶奶對娘娘。單倒水，雙重墙，生醭[③]對臭磺[④]。按司歇飰店，小姐游花園。牡丹富貴芝如意，脩竹平安草吉祥。穿衣見父，脫衣見夫，禮是禮，情是情，僀容含混[⑤]；男怕病頭，女怕病尾[⑥]，生伓生，死伓死，何等張皇[⑦]。

注释：

①圈【气光 5】：管束。

②媽【蒙嘉 2】媽：指大龄妇女。

③生醭【波孤 2】：发霉。

④臭磺：霉臭味。

⑤僀容含混：诘问句，怎么允许含糊不清。

⑥男怕病頭，女怕病尾：男的怕病情开头，女的怕病情末尾。

⑦張皇：惊慌。

五九三

疿[①]對痳[②]，疤對痞[③]，鹽梟[④]對土匪。辛卯對甲寅，庚申對戊己。不聊生，可惜死，十歡對雙喜。鐵尺磨花針，銅鍋煮白米。共伙僀好務伙緣，這地僓發毛地理[⑤]。在下向來酒當飰，伓察[⑥]伊奶表子，務酒先解眼前愁；世間都是錢做伙，莽讓[⑦]親家太爺，毛錢僓講話頭起。

注释：

①痱【边杯3】：痱子。

②痳【蒙嘉5】：指麻风病。

③痞【波之2】：指结痂。

④鹽梟【非秋1】：贩私盐的头目。

⑤毛地理：喻无好风水。

⑥怀察【出声4】：指不搭理。

⑦莽讓：姑且让。

五九四

噥[①]對吵，咶[②]對嘈，地網對天羅。鷄棡[③]對鴨罩[④]，犬宿對猪牢。板枰巷，柴鋪河，班架[⑤]對駁槽[⑥]。務心大伯伯，毛齗佬婆婆。出水蝦蟆穿緑襖，落湯螃蟹着紅袍。一滴膽也毛，驚政[⑦]驚過餘[⑧]，抖抖顫[⑨]，好像風吹楊柳；半爿身都硬，拍寒[⑩]拍的重，壑壑皴[⑪]，故呆水浸葡萄。

注释：

①噥：小声嘟哝。

②咶【求欢8】：大声说话。

③鷄棡【低秋5】：关鸡的笼子。

④鴨罩：关鸭的竹罩。

⑤班架：摆架子。

⑥駁槽：辩驳。

⑦驚政：怕事。

⑧過餘：过分。

⑨抖抖顫：直发抖。

⑩拍寒：打摆子发冷。

⑪壑壑鈹：浑身打冷颤。

五九五

訪對尋，探對偵，面辭對心領。擂户[①]對拍門，爬山對挖嶺[②]。四角甑[③]，倆耳鍋，做糖對拍餅。面脾黄椑椑[④]，嘴舌白醆醆[⑤]。屎哥尿哥夾紗[⑥]哥，金仔銀仔壓桶仔[⑦]。愛趁倆個錢，那溜够[⑧]頭汪目暗[⑨]，晡拿我千解衰萬解衰[⑩]；通心幾椿代[⑪]，都伓捌屎臭尿香，毛共伊七攏擰[⑫]八攏擰。

注释：

①擂户：用拳脚交加大声叫门。

②挖【莺花 4】嶺：喻翻山越岭。

③甑【时缸 5】：蒸笼。

④黄椑椑【波西 5】：正黄色。

⑤白醆醆【曾声 2】：舌苔白厚无味觉。

⑥夾紗：指挑事。

⑦壓【低山 4】桶仔：随母改嫁的孩子。

⑧溜【柳秋 7】够：折腾到。

⑨頭汪目暗：头昏目眩。

⑩解衰：作弄。

⑪通心幾椿代：拢共几件事情。

⑫攏【柳东 5】擰【日声 2】：掺和混杂。

五九六

鬍對鬚，翅[①]對㹥[②]，好看對難聽。□疤對痰迹，屎汁對尿馨。妹跟姊，俤拍兄，刮舌對爬胼。半爿單撇水[3]，一座倒朝廳。一啼二鬧三上吊，七騷八媚九成精。五百同賊，五百同公[4]，文武對台，便見一場真本色；三十年前，三十年後，仔孫落隸[5]，那留上代好名聲。

注释：

①翅【出鸡 3】：刺。

② 猏【语声 1】：软的细尖物耸起。

③半爿單撇水：披榭或靠墙的单倒水建筑。

④同賊、同公：喻与同类的一群人在一起会被认为是同类人。

⑤落隸：败落。

五九七

散對完，零對整，丈篙[1]對釐戥[2]。花帽對草翎，玉牌[3]對金頂[4]。察院庄，狀元境，門風對市景。氣尾拔長長，錢頭揣緊緊。千金難買好兒孫，七世務修做姆嬸。佬仈盡呑鶴[5]，倹够嘴鬏白雪雪，看的見五代同堂；刑事好鬮猫[6]，告啦命案血淋淋，故着務三司會審。

注释：

①丈篙：丈量长度的长篙。

②釐戥：厘戥秤。

③玉牌：镶嵌在帽子前额的饰物。

④金頂：镶嵌在帽子顶部的饰物。

⑤呑鶴：舒畅。

⑥鬮猫：指受贿。

五九八

行對動，歇對停，樂助對歡迎。甘心對苦口[①]，悦意對貪情。七穿井，九曲亭，妥當對高明。青盲拿伲仔，黄腫做新人。惜食惜衣原惜福，求名求利總求榮[②]。杏脯核桃酥，添倆碟五香橄欖、十錦檳榔、酸梅拌藕片；蚌湯干貝蛋，凑幾碗黄燜魚唇、紅燒鴨掌、冬筍炒蝦仁。

注释：

①甘心對苦口：情愿乐意对反复劝告。

②惜食惜衣原惜福，求名求利總求榮：刘统勋联语曰："惜食惜衣，非为惜财缘惜福；求名求利，但须求己莫求人。"

五九九

浸對浮，流對涌[①]，刮皮對鏤啌[②]。碟碟對盤盤，甏甏對甕甕。豐井營，泰山巷，分糖對燂[③]粽。聽書解心焦，講話夾鼻齉[④]。大少高興養鵪鶉，細哥病疳食蝈蝀。豉油黄燜鴨，北仔包擱[⑤]蹄科塊，一身食够肥瓜瓜；蒜醬白片羊，南京肉配高粱燒，滿嘴嚼啦辣唴唴[⑥]。

注释：

①涌【他东3】：指随水漂流。

②鏤【柳沟2】啌【气东3】：镂雕技艺。

③燂【时山8】：用清水浸煮。

④夾鼻齉【日东3】：鼻腔不通的说话声。

⑤搁【求歌 4】：上下夹住。

⑥辣唔【求东 3】唔：形容极辣。

六〇〇

詉[①]對播[②]，寂[③]對竂[④]，赶瓦[⑤]對爬溝。掌盆對護桶，掏盒對拍包。城隍頂，塔仔兜，鏨鏨對鈎鈎。猪肝連猪尺[⑥]，猫屎調猫糟。把總移營拿花會[⑦]，鎮臺吹號看水操。何苦向親戚轉做威風，江中破船臭溝壑盤本；那篆共兄俤哥鬧癖性，仈前哲鼓[⑧]門後角跋梢[⑨]。

注释：

①詉：辩吵。

②播：传扬。

③寂：静待。

④竂【蒙郊 1】：指窥伺。

⑤赶【求山 2】瓦：盖瓦。赶，谐音“𤮖”，盖上。

⑥猪尺：猪胰子。

⑦花會：一种博彩。

⑧哲鼓：指当面出人洋相。

⑨跋梢：翻本。

六〇一

挽對留，催對請，桃包對李餅。望柱[①]對崗亭，插屏[②]對覆鍋[③]。丞相坑，大夫嶺，毛聲對務影[④]。野女配野男，歪奶養歪仔。實授七品小京官，候補八旗正佐領[⑤]。少爺福氣實在重，十矮九殘疾，土螺目[⑥]又兼耳聾；姨娘身架[⑦]偌壞超[⑧]，三跻四跏投[⑨]，韞駝胼[⑩]故連跤跛[⑪]。

注释：

①望柱：墓道旁或桥梁栏杆中的石柱（眺望之柱）。

②插屏：几案上的小摆设。

③覆鍚：指坟头。

④務影【莺声 2】：指有效果。

⑤佐領：清朝八旗官名。

⑥土螺目：眼神不好。

⑦身架：身价。

⑧超：指风骚。

⑨跏【求嘉 1】投【低郊 5】：指打滚。

⑩韞【莺春 2】駝【低歌 5】胼【波声 1】：指驼背。

⑪跛：【波声 2】。

六〇二

磯對柱，磉對垠，崎頂對河塍。隩橋對井衕，廠巷對塔亭[①]。論歲數，等時辰，手鐲對跤鈴。同心誼兄弟，移步出家庭。拍鑼拍鼓做新婦，無花無酒過清明。旱田使水俥俥，倩[②]倆隻興化猴[③]做工，佤踏踏傢[④]踏踏；表伯乞颺颺[⑤]，叫一位閩清獅[⑥]唸咒，天靈靈地靈靈。

注释：

①崎頂、河塍、隩橋、井衕、廠巷、塔亭：皆为地名。

②倩【出声 3】：雇请。

③興化猴：旧时对兴化人的贬称。

④伓【求花1】、伱【低须5】：莆仙话称"我""你"。
⑤乞颰【时花3】颰：指得面瘫症。
⑥獅：师，指道士。

六〇三

破對殘，焦對窊[①]，刨[②]刀對銲箸[③]。上殿對中亭，前崎對後嶼。玫瑰花，珊瑚樹，書生對相士。文官不要錢，庸人自生事。舌䏲[④]上頷做肝風[⑤]，手托下頦想心緒。孀居仏六親求毛應，招夫攙仔[⑥]，搭心肝萬分難爲情；大家法三節舞儥通[⑦]，賴債過年，拍巴掌[⑧]一街對不住。

注释：
①窊【莺须7】：指磨损。
②刨【他催1】：刨刀。
③銲箸：烙铁。
④䏲【他灯3】：指向上挺起。
⑤肝風：犯癫痫。
⑥招夫攙【出声5】仔：寡妇招夫继续抚养子女成人。
⑦大家法三節舞儥通：大家庭开销大，三大节（端午、中秋、春节）难以应付。
⑧拍巴掌：两手空空，喻贫穷。

六〇四

撩對搔，括對拉，妗妗對家家[①]。墊腰對交指，靠背對掏跤[②]。拍笪笪[③]，做哇哇，嗡嗡對哈哈。懶尸[④]僬躲世[⑤]，散野毛噶[⑥]家。評話先生蝦蟆俤，度繩師父蝙蝠司。看電戲又連跑汽車，再三務意務心，花幾塊錢徠請我妹；撞木鐘[7]故加敲竹槓，將萬[8]毛規毛矩，掌倆巴摔去見汝爹。

注释：

①家家【求嘉1】：指家叔。

②墊腰、交指、靠背、掏跤：皆休闲动作。

③拍笪【出奇7】笪：铙钹声。

④懶尸：懒惰。

⑤躲【低过7】世：磨洋工。

⑥噶【求山8】：在。

⑦撞木鐘：做不到的事，指欺诈蒙骗。

⑧將萬：这样，如此。

六〇五

忌對疑，慚對愧，聯歡對擇配。立嗣對填房，離婚對就贅。倉頭角，河口嘴，挾嫌[1]對犯諱[2]。東家過西家，後輩跟前輩。冬至百六是清明[3]，年至廿九做小晦[4]。趁戲枰中肩頭前尅[5]過去，晡想共花旦拍笪笪捧場；鑽佬媽奶跤膀下爭出徠，故着叫道公搖鈴鈴凈穢[6]。

注释：

①挾嫌：怀着怨恨。

②犯諱：旧指没有回避尊长或上级的忌讳。

③冬至百六是清明：冬至后一百零六日前后过清明节。

④年至廿九做小晦：福州民俗，除夕前一天祭天地，俗称小晦。

⑤尅【气灯 4】：指挤。

⑥净穢：消除秽气。

六〇六

承[①]對舀[②]，掬[③]對掏[④]，十足對三毛[⑤]。長衫對小帽，大褂對光袍。靠手板，蓋頭羅，酒癮對錢癆。同胞親姊妹，隔壁佬婆婆。老健春寒秋後熱[⑥]，更長夢価日間勞。關門厝裡坐，禍從天上來，漢[⑦]風就風，漢雨就雨；借汝口頭言，傳我心腹事，是李講李，是桃講桃。

注释：

①承：盛、接。

②舀：瓢舀。

③掬：双手捧。

④掏【低歌 5】：用手拿。

⑤三毛：什么东西都没有。

⑥老健春寒秋後熱：指老人气候冷热适应性差。

⑦漢：说。

六〇七

惻對惶，慌對�[①]，寬舒對餘剩。減壽對迎年，奪魂對拼命。昂昂騰[②]，肅肅靜，十全對一定。新官逐舊官，後任接前任。蒯[③]呵蒯呵長短跤，班[④]者班者大細臂[⑤]。覷汝頭毛想頭，覷汝鼻僆清痺，踢俩跤尖干汝去伽劉[⑥]；看伊嘴只哆嘴，看伊腁晡成精，摔一巴掌，乞伊做記認。

注释：

①儱【非宾7】：指内向，寡言。

②昂昂騰：闹腾腾。

③蒯【气歪2】：指跛脚。

④班：指两脚分很开走路。

⑤大細腎【时宾7】：疝气病。

⑥伽劉：指滚动。

六〇八

磁對料[①]，石對硋，布置對安排。竈眉對爐嘴，桌面對鍚臍。蹄踏踏[②]，嘆咳咳[③]，接骨對抛骸。共馬咬一樣，比犬吠故呆[④]。官星難照乞倉命，窮鬼儥得富家財。生儯好伓使梳頭，務身份伓使行頭，粗布衣晡倉伊酒；夾儥落[⑤]又着亞手[⑥]，請出關[⑦]又着幫手，破船板也搭的臺[⑧]。

注释：

①料：料剂。

②蹄踏踏：心神不定，来回踱步。

③嘆咳咳：唉声叹气。

④故呆【语开5】：还要坏。

⑤夾儥落：合不来。

⑥亞手：较劲，掰手腕。

⑦出關：打通关节。

⑧破船板也搭的臺：破船板也可搭戏台，喻每件东西都有用处。

六〇九

瘠對瘨，瘤對癧[1]，搜查對破獲。納妾對捐官，招兵對解賊。印色盆[2]，流光宅[3]，商量對計晝。藥籤[4]實在靈，花會[5]真正特。心慈筆尾超的生，嘴歁[6]箸頭遮儨密[7]。當賭棍務錢都落肚袋底，尖尖老鼠嘴，横財也發三五千；論請齋伊仔故倫光餅干，約約[8]死蛇拖，佬命僻嗆八九十。

注释：

①瘠【边杯 3】、瘨【气之 5】、瘤【柳秋 5】、癧【柳灯 8】：皆皮肤病名。

②印色盆：印制各种花色的盆。

③流光宅：福泽流传后世的住宅。

④藥籤：指在神或佛前抽的治病药签。

⑤花會：博彩的一种。

⑥嘴歁【气鸡 4】：兔唇。

⑦密：【蒙灯 8】。

⑧約約【莺桥 4】：有气无力貌。

六一〇

謀對計，測對猜，草把對花栽。柴盤對竹箄，柳栳對棕簑。膽只歁[1]，心昧磏[2]，長鼻對大顊[3]。肥婆跅板透[4]，矮仔爬樓梯。獅公鬥法病仈死，馬快查臟賊仔乖。土司務[5]疊匡門磚，前碰壁，後碰墙，鋪幾塊明三暗五[6]；伲仔哥起坎爿[7]塔，汝點香，我點燭，踢一跤東倒西歪。

注释：

①膽只歉：喻胆小。歉，怯。

②心昧磙【非歪1】：心事未化解。

③大額【求开1】：指大脖子病。

④板透：又叫“跳板”，指连接的木板条。

⑤土司務：泥水匠。

⑥明三暗五：古典建筑中铺砖的花纹格式。

⑦坎爿：破瓦片。

六一一

很[①]對頑，兇對暴，奸官對強盜。石楯對籐鞭，柴閂對鐵邏。四海春，三山座，尊名對寶號。量腹灌米湯，比頭做紗帽。汝伯當着[②]布司房[③]，我公做過鹽法道[④]。好呆佮相带累[⑤]，正防邪邪也防正，是誰將心比心；紅白運務輪流，窮變富富僻變窮，何苦毛傲做傲。

注释：

①很：狠。

②當着：当过。

③布司房：布政使司。

④鹽法道：盐官。

⑤带累：互相连累。

六一二

呼對喚，引對招，編號對插標[①]。傳鑼[②]對掌鼓，拍板對吹簫。白頭髮，紅嘴鬏[③]，八折對雙抽[④]。務話當面講，毛佮解心焦。後生討嫫添嫫淌⑤，伲仔務嬷做嬷嬌。倹柿留核，倹瓜留囊，務時僻許玀⑥，毛時乾烤烤⑦；做鬼僨靈，做神僨聖，生呢那伓貂⑧，死呢硬丢丢。

注释：

①插標：插上标签。

②傳鑼：鸣锣召集众人。

③紅嘴鬏【出秋1】：红胡子。

④雙抽：两头抽成。

⑤添嫫【蒙歌2】淌【他东3】：疑指“上马风”。

⑥玀【柳歌3】：指自在傲气。

⑦乾烤烤：干巴巴，喻啥也没有。

⑧貂【低秋1】：指调皮作乐。

六一三

獎對褒，懲對戒，風爐①對電碓②。鋪路對築墻，上梁對翻蓋。三嬸婆，五姨太，慈悲對慷慨。娶妻得妻財，養仔欠仔債。講書鐪鐪③十訴牌，起土鎊鎊④三焚拜⑤。佬媽佬媽困暗起早，上落厝養鴨，下落厝養猪；姑夫姑夫倹飰收租，東邊園栽薯，西邊園栽菜。

注释：

①風爐：装有风箱的炉灶。

②電碓【低开3】：用电动马达的碾米厂。

③鐪【出奇7】鐪：指铙钹。

④鎊【柳宾1】鎊：道士手摇法器。

⑤焚拜：焚香祷拜。

六一四

拉對扭，撮對搽[1]，缸蓋對磨層。頭先對背後，胯下對胸前。汝一稜[2]，我半爿[3]，有益對無能。夾字伓好寫，借其總着填。出關[4]手段半硬軟，落水身屍三浮沉[5]。搬裡七柱扛梁廳，賀客盈門，滿厝紅丹丹金赤赤；補啦四袿破背褡，窮伙現世，一身抵斗斗形衡衡[6]。

注释：

①搽【气灯5】：拉牵。

②稜【柳灯3】：碎片或块状。

③爿【边灯5】：量词，片。

④出關：通过关卡。

⑤三浮沉：俗说要救落水者须待对方浮沉多次后下手。

⑥抵斗斗形衡衡：形容衣服破烂，如布条垂挂。

六一五

匯對儲，存對劃，幫閒[1]對拍雜[2]。户榻[3]對籬笆，欄槽[4]對閘苙[5]。老章程，新生活，存糧對恰粒[6]。錢趁毛內摟[7]，話講都是竅[8]。退光破襖油縵縵[9]，潑[10]件長衫竅納納[11]。郵政差共老師同時出發，前隊黄㑳㑳[12]，后隊綠澎澎；死着伙連喜事闔第舉行，上厝白茫茫，下厝紅伢伢[13]。

注释：

①幫閒：奉陪着消遣玩乐。

②拍雜：打杂。

③户槅：屋内分户门槅。

④欗槽：楼上护栏。

⑤閘苙【柳山 8】：栅栏。

⑥恰【气山 4】粒：本指捡拾零碎谷物，喻勤俭节约。

⑦毛內攖【莺灯 1】：指无处放置。

⑧竂【曾花 8】：指差错。

⑨油縵【蒙山 1】縵：油光发亮。

⑩潑【波花 8】：指披挂。

⑪竂納納：形容坚挺。

⑫黄傕【日歌 3】傕：形容黄颜色。

⑬紅伢【语花 8】伢：形容大红色。

六一六

鍸[①]對鐪[②]，鏌對釾[③]，鹽滷對藥渣。抽骰對剪綹[④]，測字對跑巴。倉碗面，抱桌跤[⑤]。螽箸對刀叉，好犬伓當路，野猫毛噶[⑥]家。孫立孫新顧大嫂，薛葵薛猛樊梨花。公債公攀，私債私攀，水盡山窮，傻一隻[⑦]故撟[⑧]呀犬骨；好景好過，呆景呆過，柴荒米貴，那毛倉儮餓够仈疤[⑨]。

注释：

①鍸【边缸 1】：鼓声。

②鐪【出奇 7】：钹声。

③鏌【语须 3】、釾【语嘉 1】：皆弦乐声。

④剪綹：偷盗。

⑤抱桌跤：喻赖着不走。

⑥毛噶：指不在。

⑦傻一隻：每一个人。

⑧擠【气秋5】：指极穷。

⑨仫疤：人成干瘪状。

六一七

撤對銷，除對毀，員丁[①]對差委[②]。頭角對嘴唇，皮毛對骨髓。冬節糍，清明粿，爭風對走火[③]。貪富做填房，賭錢輸窮鬼。年暝廿五[④]食尾肴[⑤]，六月初一趕頭水[⑥]。苦其苦不勝[⑦]，樂其樂毛快，富嫌命短，窮嫌命長；輸着[⑧]輸通桌，病着病倒床，男怕運頭，女怕運尾。

注释：

①員丁：员工。

②差【出西1】委：当差。

③走火：过头，失控。

④年暝【蒙山5】廿五：农历十二月廿五日。

⑤尾肴：尾牙宴。

⑥趕頭水：茉莉花当年头一次盛开时赶着采摘。

⑦苦不勝【时宾1】：苦不堪言。

⑧着：要。

六一八

勾對篤[①]，撇對叉，瘟痞對噶疤[②]。冬裘對夏葛，秋紡對春紗。跑快快，笑哈哈，苦滷對焦粑[③]。呆胚毛乇鬱[④]，竚貨[⑤]愛□巴。娘娘國舅平平大，奶奶相公樣樣砂[⑥]。三小姐百媚千嬌，伓使塗粉畫眉，好僫樣都着目生水水[7]；大少爺七敷八嚇[8]，那捌欺窮重富，儥像裝[9]乞伙面拍花花。

注释：

①篤【低春4】：指笔画，小点。

②噶【求山8】疤【边嘉1】：结痂。

③焦粑：烧焦。

④呆胚毛毛鬱【莺春4】：喻坏料难成材。鬱，弯折，喻无法教诲。

⑤竚【气须5】貨：蠢笨。

⑥砂：师，喻精通。

⑦目生水水：喻眼睛水灵灵的。

⑧七敷八嚇：胡说八道。

⑨儥像装：不像样，不正经。

六一九

忌對誇，愁對悔，懷疑對犯諱[1]。軟弱對溫柔，細微對輕貴。福清哥，寧德妹，刮鬚對梳髻。江西水納糧[2]，福建山毛稅[3]。羅漢儕排五百身，王爺自稱九千歲。四六哥錢水儥足，粗粗衣，淡淡飯，饑寒倆字總伓驚；五二伯[4]草蟲只通[5]，肥肥肉，濃濃茶，消補兼行[6]儕相配。

注释：

①犯諱：旧指冒犯忌讳。

②江西水納糧：旧传江西水域水产品丰富，故所得收入也需纳税。

③福建山毛税：旧传福建多山地，百姓生活不易，宰相叶向高上奏朝廷给予免税。
④四六哥、五二伯：皆指旧时市井人物。
⑤草蟲只通：草蟲，指喉咙；只通，喻胃口如此好。
⑥消補兼行：消食与滋补相兼。

六二〇

犂對布[①]，掘對鈀[②]，討店[③]對排衙[④]。西輝對北忌，東亞對南華[⑤]。三夾米，六和茶，拿隻[⑥]對撌蝦。三日九頓粥，倆隻一橛柴。鳥衕傘衕茶葉衕[⑦]，羊牙米牙菓子牙[⑧]。做蕪圖[⑨]，下下[⑩]犯官符，老爹出告示儙捌也着捌；毛細膩[⑪]，道道[⑫]做噶忌[⑬]，皇帝起粪坑伓捺干汝捺。

注释：
①布：播种。
②鈀：耙田。
③討店：寻找客店。
④排衙：衙门升堂仪式。
⑤西輝、北忌、東亞、南華：皆星座或商号名。
⑥拿隻【曾鸡4】：抓麻雀。
⑦原注：此三衕在铺前顶。
⑧原注：此三牙在水部街。牙，牙行，批发商店。
⑨蕪圖：耍赖。
⑩下下【莺嘉7】：每次。
⑪毛細膩：不小心。
⑫道道：果然或不出所料。

⑬做噶忌：中计吃亏。

六二一

正對歪，斜對側，包抽對倒貼。接骨對鑲牙，洗腸對驗血。半摺衫[①]，全頁帖[②]，身題[③]對口德。十成算十成，一色彈一色。佈願目周攤攤開[④]，毛份心肝生生惻[⑤]。逐鹿得鹿，逐兔得兔，溪頭務燒山，佈是半暝就五更；養猪刣猪，養羊刣羊，關口[⑥]毛論節，那做重陽共十八。

注释：

①半摺【曾鸡4】衫：短上衣。

②全頁帖：即“全帖”，表示尊重的帖子。

③身題：人的外观装束。

④佈願目周攤攤開：因为不甘心而睁眼不闭。

⑤毛份心肝生【出声1】生惻：因为分不到利益，所以心生愤怨。

⑥關口：指年关，节关。

六二二

斜對倒，換對移，墨海對硯池。欄槽對廊斗，棬棢[①]對櫳籬[②]。金錢蟹，鐵綫蛇，茶板對湯匙。共犬相爭偝，務馬儧曉騎。魚翅燕窩鵓鴿蛋，墨蝀瑣蛖鰮鯷鯑[③]。夏天開電扇，冬天燒火爐，寒佈見寒，暑佈見暑；死日搬藥篩，生日拜吉斗，笑佈着笑，啼佈着啼。

注释：

①棬椈：拱形木建筑。

②櫳籬：指六离门。

③墨蛛、瑣蛣、鰮、鯷、鮬：皆海产品名。

六二三

痙[①]對瘀[②]，瘸對朒[③]，三牲[④]對六畜[⑤]。圓轉[⑥]對光鮮，支離對屈曲。酒娘糟，醋姆粬，遷移對建築。家藏萬卷書，門對千竿竹。衣食省儉錢債輕，年歲豐登米糧足。山猪看見春菜，無不過膘親肞戚，大姨肘肘[⑦]接妹夫；田鼠偷食冬瓜，都伓管屎臭尿香，兄嫂偏偏傻細叔。

注释：

①痙【求宾 2】：痉挛，抽搐。

②瘀【出银 5】：扭伤肿痛。

③朒【日须 4】：瘫软，收缩。

④三牲：猪、牛、羊。

⑤六畜：马、牛、羊、鸡、犬、猪。

⑥圓轉：圆满。

⑦肘肘：有心遇上。

六二四

連對接，合對當，結竈對拍墩。飯瓢對茶碗，粥鉢對油缸。小花巷，舊米倉，擔菜對布秧[①]。課黎儥泅水，乞食望落霜。親母做伙真細膩[②]，姊夫講話伓像裝。哆嘴務花[③]，那顧自家，軟糕食儥飽，僻怪老姨媽；後生愛脆[④]，伓捌大輩，清飦放禮酸，毛養外甥孫。

注释：

①布秧：插秧。

②細膩：指客气。

③哆【莺鸡 7】嘴務花：喻花言巧语骗吃喝。

④愛【莺催 3】脆【出杯 3】：爱装派头。

六二五

播對傳，稱對贊，青皮[①]對光蛋。翅膀對肝花，蹄包對腿柄。三字經，百家姓，成雙對折半。出路跍外江，上山當好漢。愛傛白米自做田，價唱青衣哺[②]學旦。伽蓝爺[③]記裡毛記出，不明不白，乖乖隻[④]耳掏乞捫；牛頭口[⑤]好請伓好辭，全捌全驚，定定着[⑥]鼻莫敢唤[⑦]。

注释：

①青【出声 1】皮【波杯 5】：喻无赖。

②哺【边过 1】：指要。

③伽蓝爺：护法神。

④隻【曾奇 2】：指这个。

⑤牛頭口：喻地痞。

⑥定定着：安静不乱动。

⑦鼻莫敢唤：“唤鼻”谐音“放屁”，屁都不敢放，喻不敢做什么事。

六二六

剛對健，乏對疲，暗暗對遲遲。尖頭對禿尾，賤骨對頑皮。

奶咾奶，姨呀姨，可恨對無疑。嘴闊儥過耳，眼高伓見眉。苦面難看看笑面，赢脾[1]伓做做輸脾。手毛歇故凑跤毛停，插過清明柳，種菜種瓜忙不了；鼻禮流沒够嘴禮嘞[2]，食完冬節糈，破褲破襖補起徠。

注释：

①脾：谐音“牌”。

②嘞【柳声4】：指舔。

六二七

和[1]對判[2]，品對評，草率對麻煩。畫符對燒紙，過板[3]對開盤[4]。婆婆洞，奶奶坪，跳硤[5]對拍圜[6]。自怨自流淚，莽講莽噶痰。賣馬英雄滚[7]馬盜，擒虎容易從虎難。前鍋味滚，後鍋滚脬脬[8]，老爹伓做聲，太太沒的過字[9]；頭醋儥酸，二醋酸溜溜，細婆先伴夜，奶奶毛內投暝[10]。

注释：

①和：和解。

②判：判决。

③過板：承前启后的过渡。

④開盤：开市。

⑤跳硤【气声4】：跳过小缺口。

⑥拍圜：打转转。

⑦滚：指混入。

⑧滚脬【波山8】脬：沸腾貌。

⑨過字：过关。

⑩毛內投暝【蒙山 5】：无处投宿。

六二八

賴[①]對攀[②]，擒對搶，椰胡對骰管[③]。交指對過肩，開頭對搭掌。衰肘衰，軟對軟，偷生對乞養[④]。吞瀇[⑤]自惆心，燒香毛折本。籐牌着對七步槍，竹篙故加雙把槳。媒仏味徠，喜神先動，是姻緣到底是姻緣；郎中一够，病鬼就跑，務挽轉當然務挽轉。

注释：

①賴：依赖。

②攀：攀附。

③椰胡、骰管：皆十番乐器。

④乞養：抱养。

⑤吞瀇【柳山 2】：咽口水，喻忍气反思。

六二九

財對勢，利對權，够本對還原。珠花對金葉，紙幣對銀元。七穿井，九彩園，出店對回門[①]。太歲補鞋套，孩兒坐鑼盆。竹篙量布價禮講，鐵尺磨針工價完。頭鬧[②]只重心性又浮，仏懶價酬債[③]，犬懶伓踏碓[④]；能膣味除跤骨先硬，仔大不由娘，鷄大傂過墻。

注释：

①回門：初婚女儿头次回娘家。

②頭鬧：指思虑。

③酬債：听话，服从管束。
④踏碓【低开 3】：踏板表演。

六三〇

解對纏，伸對鬱[①]，横行對悖出[②]。便益對繁難，簡單對重複。細婆精，伲仔碌[③]，空頭對假腹。講啦許黏挪[④]，拿了毛拮觳[⑤]。抹着羊肉一身膻，恰[⑥]隻銅錢三兩福。女莫笑男，男莫笑女，左右鄰海底海[⑦]，故事儕講一困窿[⑧]；姑也罵嫂，嫂也罵姑，日暝本[⑨]街格街[⑩]，戲文那排幾徠齣[⑪]。

注释：
①鬱【莺春 4】：指拗折。
②悖出：被反噬而丧财。
③伲仔碌【柳春 4】：戏称小孩子。
④許黏挪：那么缠绵。
⑤拮【求之 1】觳【求春 4】：指动弹。
⑥恰【气山 4】：拾，捡起。
⑦海底海：海阔天空谈天说地。
⑧一困窿：一大堆。
⑨日暝【蒙山 5】本：指姑嫂吵架如日夜连本唱戏。
⑩街格街：街挨着街。
⑪幾徠齣：连演几出。

六三一

油對汗，汁對漿，講瓦對談磚。老楊對小李，熟魏對生[①]張。耳皮軟，腎氣奔[②]，蜜棗對糖薑。儕捌寅呀卯，伓管臭共香。磬顱碰着硬頭骨，熱面對汝清股穿。毛跤討路跻，十里牌坊五里亭，目周環汝排等白③；務命沒塊死，三場告狀倆場火④，家當舞够邋遢光。

注释：

①生【出声1】：未熟。

②腎氣奔：肾气虚耗。

③排等白：指翻白眼。

④三場告狀倆場火：喻打场官司如家遭火灾。

六三二

機對會，運對緣，使勢對爭權。土司對河督，城守對海防①。上方頂，下底泉，薤白對薑黄②。蜘蛛儥結網，蛹蟻③僣存糧。明旦拿猪去上架，這天拍犬伓出門。破病請郎中，君臣先生④酒肉飾，草藥先生膘毛尚⑤；積錢做傢伙，鄉下財主猪牛羊，城裡財主討姨娘。

注释：

①土司、河督、城守、海防：皆旧官名。

②薤【非开7】白【边山8】、薑黄：皆中药材名。

③蛹蟻：蚂蚁。

④君臣先生：指中医郎中，中药分为：君、臣、佐、使。

⑤膘毛尚：喻什么好处也没尝到。

六三三

幼①對粗，精對糙，混顛②對浮躁。短欠對長支，碎攀③對殘做[④]。烏骨鷄，青鱗鮰，傳呈[⑤]對抱告[⑥]。南辰拍北辰，東暴[⑦]埕[⑧]西暴。大腎冰班冰凍班[⑨]，噶嗷噫奥噫所奥[⑩]。細膩仏應該細膩，昧見伊又驚鬼又驚賊，三思又三思；風流代即管風流，結果是自做孽自做愆，一報還一報。

注释：

①幼：细嫩。

②混顛：疯癫。

③碎攀：零碎花销。

④殘做：折磨糟蹋。

⑤傳呈：传递诉状。

⑥抱告：旧时原告委托亲友代理诉讼。

⑦暴【边歌3】：指台风。

⑧埕【低声5】：指接续挤压。

⑨大腎冰班冰凍班：疝气病患者张腿走路貌。

⑩噶【求山8】嗷【语歌5】噫奥噫所奥：因喉疾言语不清貌。

六三四

硝對腦[①]，炭對磺，出力對幇言。東京對西貢，北海對南洋。潤光厚，協順祥[②]，率直對循良。新人請下轎，侶婿招上門。苦上更加苦上苦，強中還有強中強。街爿巷角，故事務仏傳，余府三鍚金，長池十八癩[③]；世尾朝初[④]，話文難盡講，福建出天子，江西做戰場。

注释：

①腦：樟脑。

②潤光厚，協順祥：皆店号名。

③癩：皮肤病，喻贫民。

④世尾朝初：朝代更迭之际。

六三五

照對烘，睒[①]對映，馬包[②]對狼帳[③]。加稅對勒捐，裁薪對欠餉。七煞神，八家將[④]，酸粿對辣醬。倆境[⑤]核桃酥，一拖尾梨串。火駁故加啦火狂，水淌那等够水湤[⑥]。五鬼穿心[⑦]跖庫地，星君來解厄，全藉運尾務效神；兩耳垂肩大貴人，南無[⑧]不居財，可惜目頭[⑨]生破相。

注释：

①睒【低山 5】：指光照。

②馬包：马背上驮着的长布袋。

③狼帳：行军帐。

④八家將：游神时的阵仗。

⑤倆境：疑为“两块”。

⑥水湤【波光 3】：指退潮。

⑦五鬼穿心：走倒运。

⑧南無：“南無”谐音“拿宝”（人名），出自《闽都别记》。

⑨目頭：喻长相。

六三六

啣對咬，嗦[①]對啞[②]，幼秀對鹵粗[③]。苦瓜對甜筍，淡菜對香菰。拍蟋蟀，倹鹧鸪，七里對三都。做官欠官項，起厝收厝租。柱珠也務瓦爿[④]塾，柴把故着蔑皮箍。講倹就倹，講補就補，一家一家法，俩家敷搭喝[⑤]；是親還親，是疎還疎，務姐務姐夫，毛姐碌黜烏[⑥]。

注释：

①嗦【时歌4】：吮吸。

②咂：疑此字有误。

③鹵粗：粗鲁。

④瓦爿：碎瓦片。

⑤敷搭喝：胡说敷衍。

⑥毛姐碌黜烏：喻姐死后与姐夫没亲情了。

六三七

脂對臘，草對莿[①]，早早對遲遲。喜金對禮券，燭票[②]對香儀[③]。拿蟋蟀，釣蟚蜞，擇日對定時[④]。鈍刀扼咧縷[⑤]，破碗恰去錤。十三太保仏仏捌，百二錢道[⑥]講講其。片單單片亂不□[⑦]，三桌菜加啦三桌葷，毛南味毛北味；仏欠欠仏都着截[⑧]，數簿頭查够數簿尾，務上眉務下眉[⑨]。

注释：

①莿【出之5】：芒刺草。

②燭票：香烛店的代金券。

③香儀：指敬香礼仪。

④定時：按新生儿生辰八字算命。

⑤扼咧縷【柳须3】：慢割。

⑥錢道：喻不正道的人。

⑦片單單片亂不□：指各种欺骗手法。

⑧截【曾灯8】：拦截制止。

⑨上眉、下眉：指账簿中上下页码空白处。

六三八

歪對笡[①]，拗對揷[②]，生蛘對上�[③]。鋪綿對織縯，換葛對披蔴。保定巷，平遠臺，小器對高材。同行儨夾手[④]，野講[⑤]僣脫頞。五更捌早跰踏踏，一日够暗嘆咳咳。柴槓[⑥]拔的雄[⑦]，三四年醫運大跰，時來十二月受暑；鐵門攔儨帶[⑧]，五六次山標連着，命好廿七少發財。

注释：

①笡【出奇7】：歪斜。

②揷：疑此字有误。

③生蛘、上蚧：皆指寄生虫。

④儨夾手：不能合作。

⑤野講：乱讲话。

⑥柴槓：指轿子。

⑦拔的雄：喻手脚勤快。

⑧攔儨帶：拦不住。

六三九

罩對遮，圍對襏[①]，頑膝[②]對殺獵[③]。雙壽對重喪，六旬對七臘。軟嚌嚌[④]，衰詘詘[⑤]，落衰對犯跋。病痯愛偺香，温瞷伓驚辣。何苦假公徠濟私，伓成舍本去逐末。旗下仔[⑥]燒冥衣錢紙，毛病毛痛，許三千化一千；福清哥排博浪糍[7]攤，又大又甜，買一粒送一粒。

注释：

①襏【波欢 8】：指披盖。

②頑膣【出宾 5】：冥顽不灵。

③殺獵：果敢。

④軟嚌【曾之 5】嚌：软塌塌。

⑤衰𤓰【气山 8】𤓰：干巴瘦。

⑥旗下仔：旧称旗人。

⑦博浪糍：谐音“簸弄糍”，冬至小吃。

六四〇

擦對抲，翔[1]對籟[2]，合婚對交拜。盤典[3]對勒捐，加租對賴債。鞋面綢，褲頭帶，安閒對爽快。出名就居奇，倹飽又作怪。醋甏醋甕摔渣梨[4]，紗袦紗裙扯粉碎。做老爹銀僻壓沈樓枛[5]，大富特富，媒仏那捌拍嘴花[6]；叫婆奶仔都坐够轎俥[7]，死懵[8]爛懵，趁倹將萬閏皮菜[9]。

注释：

①翔【时光 5】：痒。

②籟【柳开 3】：受毛虫毒液所伤。

③盤典：盘点。

④摔渣梨：摔得满地狼藉。

⑤樓枛【非缸 3】：楼板下面横梁。

⑥拍嘴花：耍嘴皮。

⑦轎俥：儿童椅。
⑧漕【曾初 1】：指拖拉，不负责任。
⑨閏皮菜：喻磨洋工。

六四一

糊對貼，掛對張，票櫃對銀箱。圓當對扁把①，細嫩對平光②。傖尾頓，燒頭香，雜稅對苛捐。制臺卞寶第，提督丁汝昌。盆結糖③調蕃薯米，油炸粿④配豆腐漿。珠簪玉鐲換花生，把膽鼓⑤擔，搬空金銀庫；烈士清官企牌匾，單身哥鎚，埕倒節孝坊。

注释：
①圓當、扁把：皆家具上的抓手。
②平光：家具漆面平整光亮。
③盆結糖：结块红糖。
④油炸粿：油条。
⑤把膽鼓：拔浪鼓。

六四二

簡對繁，詳對略，拍金對換玉①。魚白對蟹青，蛇黄對鴨綠②。提拖拖③，嚌嚼嚼④，牽纏對綑縛。灌水灌的呆，督火⑤督僣着。嘴講大話使小錢，手出真方賣假藥。菜攤僣拍賣，蝦米熟魚鯉都上市，斤六秤⑥晡買伊一簸箕；木匠講工夫，刨刀斧頭鑿不停臺，丈二柴那剖⑦够毛門鑰。

注释：

①玉：【语光 8】。

②魚白、蟹青、蛇黄、鴨緑：皆指颜色。

③提拖拖：喻不停拖挪。

④嚌嚼嚼：喻不停咀嚼。

⑤督【低春 4】火：指点火。

⑥斤六秤：诈秤。

⑦剑：削切。

六四三

僧對道，釋對儒，玉璽對金輿①。堂姑對舍妹，令正②對家慈。陳衙里，鄭厝祠，加減對乘除。無私却有弊，務請都毛辭。夏至務雷曝死犬③，年兜做旱俥毛魚④。毛倜你討椅租，坐坐惹内行⑤，七講八痛也是好；故呆呀做田契⑥，平平幾句話，三徵倆在⑦儘多餘。

注释：

①金輿：镶金饰的车。

②令正：旧称对方嫡妻。

③夏至務雷曝死犬：农谚，夏至日若有雷雨，预示整个夏季气温高。

④俥毛魚：车干池水见不到鱼。

⑤惹【日奇 2】内【日催 7】行【莺缸 5】：一会儿。

⑥故呆呀做田契：喻何必那么认真。

⑦三徵倆在：一再叮嘱。

六四四

嘲[1]對囷[2]，殘對碎，多疑對伓愛[3]。夾合對分離，齊全對配對。指揮刀，巴達擂[4]，開包對揀塊[5]。老鼠嘞[6]猫肞，黄牛鑽犬窟[7]。仫稱貪倫大王爺，官拜怕妻都元帥。啞子夢見媽，目滓流一把，四更望够五更早[8]，孤恓；秀才遇着兵，道理講不清，三步缩做倆步跖，倒退。

注释：

①嘲【低春 3】：囤积。

②囷【气银 5】：堆放。

③愛【莺催 3】：喜好。

④巴達擂：木工手钻。

⑤揀塊：挑选好货。

⑥嘞【柳声 4】：指动物舔食。

⑦犬窟【他催 3】：给狗进出的洞。

⑧五更早：才过五更，那么早。

六四五

蒙[1]對藏[2]，佛對耶[3]，屈曲對欹斜。鬱金對滑石，郁李對升麻[4]。十滴水，六和茶，細草[5]對呆柴[6]。玄壇騎黑虎，法海收白蛇。頭尖又愛戴高帽，跤正□使補歪鞋。孔夫子面前講孝經，真正一把米摔壁毛噶粒[7]；王天君爐下做厭法[8]，那使三張符鎮宅就驅邪。

注释：

①蒙：蒙古。

②藏：西藏。

③耶：耶稣基督教。

④鬱金、滑石、郁李、升麻：皆中药名。

⑤細草：此指远志，中药名。

⑥呆柴：坏木料。

⑦毛噶【求山8】粒：没粘住一粒，喻不相干。

⑧厭法：魇法，祈禳法术。

六四六

愕對慌，懵對倱[1]，多思對在覺[2]。除撤對牽連，保存對丟摔。一把抓，倆頭摝[3]，橋南對窑北。菩蠅堆馬膘，老鼠拖蠟殼。我俤夸悖犯馬頭[4]，老娘拍明包猪角。背時仏肯做肘坎坷，想起怀使做，熚鍚僣經柴塊燒；欠債仔一圈[5]發顛狂，搭底毛乇圈，破船價下竹篙劖[6]。

注释：

①倱【曾东4】：指身心难受。

②在覺【求东4】：有所觉察。

③摝【柳东4】：指断绝，散伙。

④夸悖犯馬頭：走背运得罪了头人。

⑤圈【气光5】：管束。

⑥劖【他东4】：指刺撑。

六四七

割對裁，攤對裂[1]，勞工對旅費。立券[2]對經租[3]，包捐[4]對驗契。倉前營，濂浦熾[5]，行香對上祭。三步倆回頭，千方百設計。大哥嗜賭抱桌跤，表伯鬧房掏籠臂。寂寞恨更長，歡娛嫌夜短，倆場牌九，一場詩巴[6]；座上客常滿，樽中酒不空，上頓燕窩，下頓魚翅。

注释：

①裂【柳鸡 3】：裁割开。

②立券：订立契约。

③經租：经管租赁。

④包捐：旧时向官府包揽捐税。

⑤濂浦熾：福州濂浦人名。

⑥詩巴：又称“诗葩”，旧时诗词填字的游戏。

六四八

焦對爛，漠[1]對淵[2]，遺臭對流芳。招兵對買馬，指省[3]對封疆[4]。桶內布，斗底磚，再造對重張。使伙務手段，養仔毛股穿。竈下柴糟頑頑着[5]，帳前花露噴噴香。八字帶驛馬[6]儥思豪，能者多勞，即足[7]猴盤俥[8]毛的歇；一身生蜚蛇[9]那驚死，醫不對症，𠆧做犬撲屎許滿[10]慌。

注释：

①漠【蒙釭 4】：指腐烂。

②淵：发臭。

③指省：旧时捐官后去指定省份任职。

④封疆：地方大吏。

⑤頑頑着：火烧得很旺。

⑥八字帶驛馬：喻命里注定该劳碌。
⑦即足：就像。
⑧猴盤俥：喻不停折腾。
⑨蜇蛇：指毒疮。
⑩許滿：那么。

六四九

律對條，文對案，彌封[1]對滿貫[2]。跤習[3]對肚尖，蹄科對腿柄。綠澎澎[4]，藍灌灌[5]，同知對通判。中秋八月中，半夜三更半。一夜憐蛾不點燈，三餐愛鼠常留飯。替相好浮場[6]，拍雙抽麻雀，八扇白[7]故加元寶烏龜[8]；共老爹拜斗，請六合齋公[9]，滿堂紅着務穿花[10]夾灌[11]。

注释：
①彌封：旧时试卷封名，以防舞弊。
②滿貫：喻达到极限。
③跤習：家禽的爪子和翅膀。
④綠澎澎：形容浓艳的绿色。
⑤藍灌灌：形容浓艳的蓝色。
⑥浮場：捧场。
⑦八扇白：旧时赌场行话。
⑧元寶烏龜：旧时妓院行话。
⑨六合齋公：六对道士。
⑩穿花：法事仪式名称。
⑪夾灌：加上乐队伴奏。

六五〇

交對遞，接對傳，向意[1]對從權[2]。耐勞對受苦，貪懶對發狂。牙沓劑[3]，股屯躪[4]，後福對前緣。救人須救澈，求士莫求全。烟[5]食三筒當歇氣，酒飲倆杯未開言。鬧饑荒可憐十室九空，財主開當店，太婆困草薦[6]；講評話都是千篇一律，小姐游花園，書生中狀元。

注释：

①向意：一心一意。

②從權：权宜变通。

③牙【语嘉 5】沓【低山 8】劑【曾奇 7】：歪斜貌。

④股【求孤 2】屯【低春 1】躪【出光 5】：蜷缩蹲着。

⑤烟：指水烟或旱烟。

⑥困草薦：睡草垫。

六五一

鏨對雕，鈎對鎖，超生[1]對養老。額角對胼皮，耳心對鼻腦。走無常，跛[2]不倒，呆胚[3]對死寶[4]。心粗膽也粗，命好運昧好。大爺乍包大猪牙，佬媽故惡佬虎牳。風吹南京店[5]大鏟[6]撣[7]細鏟，擳擳惶[8]櫃頭面夥記哥；火熾[9]中亭街，鮮魚變熟魚，跳跳轉飣饅攤[10]老板嫂。

注释：

①超生：超度。

②跛【边花 8】：摔倒。

③呆胚：坏材料。
④死寶：无用之宝。
⑤南京店：指杂货店。
⑥�童：悬挂货物的撞击声。
⑦撣【低声5】：撞击。
⑧擿【蒙嘉1】擿惶：喻手忙脚乱。
⑨火熾【出鸡3】：喻热得如火烤。
⑩飦饅攤：谐音“盆盘摊”，指水产摊子。

六五二

清對潔，濁對渾，長輩對親房[①]。婚男對嫁女，教子對訓蒙。窮變富，老還童，褌斗對袍輪。轎轎先生轎，船船太古船。養仔不過盡人事，講書都是勸世文。務蓮蓮禮拜這香[②]，那卜你一回如意倆回如意；毛鎮鎮僨行的道[③]，伓管伊頭字相同尾字相同。

注释：
①親房：关系亲密。
②務蓮蓮禮拜這香：出自甘国宝故事。
③僨行的道：喻办不成事。

六五三

屈對挍[①]，藏對躲，喧賓對奪主。俗語對神方，家批對族譜。半爿風[②]，三消火[③]，招夫對死嫫。熱季莫貪凉，虛伙愛倹補。講來講去僨成花[④]，做好做呆毛結果。十三老掛牌徠興化做縣[⑤]，一任莆田，一任仙遊；二七庫押櫃去福寧包捐，五千賽岐，五千霞浦。

注释：

①挍【求秋 1】：勼，蜷缩。

②半爿風：偏瘫。

③三消火：燥热伤阴致残之症。

④成【时声 5】花：成交，喻成事。

⑤做縣：任知县。

六五四

殘對缺，塌[①]對寵[②]，踏實對落空。鹹鰻對鮮帶，乾鮝對臭鱸[③]。寒酸氣，辛苦工，抱穩[④]對拍通[⑤]。新蓮乍上市，早粟[⑥]昧收冬[⑦]。筍仔出頭節節老，棉花結子粒粒雙。一日𨫼[⑧]九猪，九日沒猪𨫼，生意鬧其鬧靜其靜；單俥駕雙馬，雙俥等馬駕，境況緊又緊鬆又鬆。

注释：

①塌：扶不起。

②寵：溺爱。

③鱸【非东 1】：魟，又称鲂鱼。

④抱穩：十拿九稳。

⑤拍通：打通关节。

⑥早粟【出光 4】：早稻谷。

⑦昧收冬：还未收成。

⑧𨫼【低缸 1】：指阉割。

六五五

控對批[①]，呈對告，嫌疑對嗜好。照顧對搜羅，收容對倚靠。硬尾鰣[②]，大頭鮰[③]，中衣[④]對外套。膽歉心也虛，脾寒肺也燥。通前徹後扛連埋，指東話西嚘[⑤]肘誐[⑥]。務錢修公德，沒錢修私德，無非善果，靠俤[⑦]佬不修；好命做師爺，呆命做大爺，都是奴才，便宜坐禮做[⑧]。

注释：

①控對批：控告对批复。

②硬尾鰣：咸鱼干。

③大頭鮰：大头鱼干。

④中衣：内衣。

⑤嚘【语之3】：含糊发声。

⑥誐【语歌3】：不屑表态。

⑦靠俤：为啥。

⑧坐禮做：偷懒。

六五六

宽對闊，嫩[①]對微，街幔對門帷。白桃對烏豆，紅棗對黄梨。脝脝滚[②]，沓沓鏾[③]，落薄對居奇。赢偾輸毛理，衰過旺就徕。儂家船快風來順，郎處[④]山高月出遲。指甲染紅紅，能模[⑤]豹豹[⑥]，頭髮獅獅[⑦]，相公娘果然出色；手腿塗白白，面孔鼍鼍[⑧]，目周蟹蟹[⑨]，孫少奶加倍跻時[⑩]。

注释：

①嫩：小。

②脬【波嘉1】脬滚【求春2】：水沸腾貌。

③沓【低山8】沓鏃【出之5】：烧水时锅边起泡声。

④郎處：男子所在处。

⑤能模：胸部。

⑥豹豹：指凸出，丰满。

⑦狮狮【时开1】：头发蓬松貌。

⑧蠶蠶：板着脸孔。

⑨目周蟹【非嘉7】蟹：眼睛倒吊貌。

⑩跖【求声5】時：时髦。

六五七

噏[①]對噓，吹對噴，挨延對停頓。海賊對山魈，天師對地棍。番薯燒，杏仁凍，銷差對報竣。猪肝炒的香，鴨卵尋毛縫。北門鄉紳龔易圖，東街財主柯玉棟。見賭儘揚意[②]，那幾盤四字寶[③]，一把抓哺撮通桌頭毛[④]；講困[⑤]就愁眉，務八板三其鋪[⑥]，半數瞑着魮[⑦]倆邊跤糞[⑧]。

注释：

①噏【非宾4】：吸气。

②揚意：洋洋得意。

③四字寶：赌博术语。

④撮通桌頭毛：赢全桌人钱。

⑤困【气缸3】：睡觉。

⑥務八板三其鋪：有规矩三人睡一铺。

⑦鼽【边之7】：嗅闻。
⑧跤糞：脚臭味。

六五八

薯對芋，蒜對葱，鮮帶[1]對鹹熏[2]。殺山對登殿，拜塔對祭江[3]。手頭緊，毛孔鬆[4]，坐北對朝東。汗流頭髮尾，屎塞股穿空。野詛諸娘毛長命，落敗大少當小工。那是泖泖[5]水養泖泖魚，大趁大使，大倯大捺屎；伓成悶悶柴瀹悶悶飰，越鞠越梭[6]，越嚗越開通[7]。

注释：
①帶：带鱼。
②熏【非东1】：指魟鱼。
③殺山、登殿、拜塔、祭江：皆剧目名。
④毛孔鬆：受惊吓而汗毛竖起。
⑤泖泖：一点点，小小的。
⑥越鞠【求须4】越梭【曾东1】：怒气越憋越炽。
⑦越嚗【边歌4】越開通：越发泄骂人心里越畅快。

六五九

碾對礱，舂對搾，竹簏對茶卡[1]。盤井對開溝，鋪橋對築壩。佬不修[2]，尋相罵，驚惶對駭怕。跤踏蓮花缸[3]，面覷葡萄架[4]。生仔諸娘儥記時，發財老板盡在價。養猪儥厭，養伙儺厭，多的多見財起意，惡毒故勝兩頭蛇；教猴務工，教仔毛工，動不動請奶過關，頑膣又加大蒲鲊[5]。

注释：
①竹鳌、茶卡：皆指农具。
②佬不修：为老不尊。
③跤踏蓮花缸：喻吉祥如意。
④面覷葡萄架：喻遭遇困难。
⑤大蒲【边过 5】鲊【他嘉 3】：大海蜇皮，喻难以对付。

六六〇

留對蓄，弃對丢，牛契[1]對馬標[2]。粗□對重鎚，薄索[3]對輕飄。七橋店[4]，三縣洲，生醭對臭焦。單車破兩馬，一箭射雙雕。竹桁欄薸算一格，茶花轤榠[5]賽兼桃。白露白茫茫，毛被難上床，夜凉似水眠方覺；清明清冷冷，傹酒當拍版，事大如天醉亦休。

注释：
①牛契：卖牛契约。
②馬標：售马标志。
③薄索：缚束。
④七橋店：地名，指新店赤桥村。
⑤轤榠：育树苗。

六六一

順對和，兇對暴，奸官對強盜。補傘對鉷缸，修俥對鐓磨[1]。討眠鞋，戴困帽，求神對得道。歪奶梳歪頭，番仔吹番號。散斗[2]着使銅箍箍，大門故加鐵邏邏。家庭事藉端起口舌，毛管一飰甑傹飰，兄俤哥掏槍刀；菩薩前拜把搭心肝，價記同香爐燒香，朋友道生瘸瘥。

注释：

①鐓【低缸 1】磨：用铁凿制作或修理石磨。

②散斗：物品损坏散架。

六六二

生對活，俐對伶，交代對應承，筐筐對簍簍，罐罐對瓶瓶。巷下廟，洋中亭，塔巷對河塍。賊名表子姓，姆相諸娘形。翰林拍退[1]做知縣，細婆卓正[2]是夫人。弟塊[3]山頭毛仈厝，弟塊嶺尾毛火烟，近其近，遠其遠；七處巷角務賭場，七處街爿務烟館，暗又暗，明又明。

注释：

①拍退：倒退，降格。

②卓【低缸 4】正：由偏位转正。

③弟塊：哪一块。

六六三

篦對梳，爬對刮，披頭對撒髪。醋甕對鹽甏，茶匙對粥鉢。掃帚神，簸箕煞，啞巴對光瞎[1]。汝哥頭許尖，我仔嘴只窄[2]。癲婆七處都晡癲，闊少一心那想闊。天氣做的好，一日三碎老[3]，倴飽樓下倒，漁翁過夏儘思豪；時道[4]我敢包，七鑿八搭鈎，更深墻裡偷，贼仔發財故糕鞋[5]。

注释：

①光瞎：睁眼瞎。

②嘴只窄：喻挑食。

③老：老酒。

④時道：运气。

⑤㨴【蒙山2】韃【低山4】：迅猛达到。

六六四

薦對推，科對舉，凄風對苦雨。舌戰①對手談，心交對耳語。打神鞭②，降魔杵③，相帮對自煮。務冤毛的伸，這願總着許。亡人見土如見金，世上篆男④毛篆女。諸娘仔爬樖，土地公叫救，伊傩配青雲直上，獨占高魁；乞侬婆請花⑤，夫人奶蹬跤，你也想白手成家，連生貴子。

注释：

①舌戰：口头争论。

②打神鞭：相传姜子牙的法器。

③降魔杵：又名羯磨杵，相传佛教的法器。

④篆男：剩男。

⑤請花：向临水夫人庙求子嗣。

六六五

嗔對怨，妒對猜，齷齪對癞皃①。肥肥對髒髒，歁歁對乖乖。七七做②，十十開③，享福對當灾。表兄儘長鼻④，親母好大顖⑤。五月酸梅六月藕，大暑油蔴小暑豁⑥。冤務冤家，仇務仇家，三叉路口會相逢，故的好五雷解厄；男看男命，女看女命，百花橋頭先註定，誰僣免十月懷胎。

注释：

①癞炱：肮脏。

②七七做：民俗，做七，人死后每七天祭奠亡灵，连做七次。

③十十開：指五十后逢十做寿。

④長鼻：喻贪心。

⑤大顣【求开1】：大脖子病，贬指胃口大，贪吃。

⑥黏【低开1】：小米。

六六六

偎①對奭②，沒對湮，當敗對該興。四房對三代，五族對六親。收賭債，講嫖經，幫手對企身③。有容君子量，最毒婦人心。屠户拿猪來上架，狀元騎馬去看燈。務這公務這婆，務嘎樹生嘎桃，毛毛賴賴陶代；一時風一時雨，一鍋炊俩鍋煮，第的④怨怨表兄。

注释：

①偎：煨。

②奭【非宾4】：熻。

③企身：就业立身。

④第的：第一。

六六七

覷①對暲②，暲③對睨，裝身④對裸體。明騙對暗偷，軟求對強買。伏毒膘，歪躋睥[⑤]，多勞對少禮。門楸銃譫爿[⑥]，棺材拍塌底。死着半路白柴扛[⑦]，窮够一家清水洗。衆善奉行，萬邪歸正，關口[⑧]拍老虎，全藉都天爺[⑨]；一靈不昧，百怪潛藏，潭頭收妖精，多謝臨水奶。

注释：

①覾【出须3】：看、瞧。

②睛【语郊1】：偷看一眼。

③瞕【曾光1】：指偷窥。

④裝身：装束打扮。

⑤伏毒膘，歪躋睥：骂人话。

⑥銃【出银3】譫【低山7】爿【边灯1】：装错边。（“譫”疑为“澹”）

⑦白柴扛：人死后用薄木棺材收葬。

⑧關口：关隘，山口。

⑨都天爺：都天菩萨。

六六八

零對雜，碎對傻[①]，銅片[②]對票條[③]。好莊對呆料，絕算對硬摟[④]。上黃癉[⑤]，生白喉，巧計對良謀。三么出古怪，一子起高樓。千人落水千人福，一日當家一日愁。碎錢莽趁，權錢[⑥]莽徠，歡喜錢着看臨時，伓使抄心拍腹[⑦]；大仔得寵，細仔得抱，帶當仔毛伙承坐[⑧]，空由擺尾搖頭。

注释：

①傻【时沟5】：指均匀。

②銅片：铜钱。
③票條：支票。
④硬摟【柳沟 5】：赚钱少的苦活。
⑤黄瘴【低山 2】：黄疸病。
⑥權【求光 5】錢：整钱。
⑦抄心拍腹：操心思虑。
⑧承坐：关照，爱怜。

六六九

破對傷，殘對缺，披肩對紮脚[1]。水漬[2]對火燒，風吹對雨沃[3]。刳跤筋，割頭髮，跟燈[4]對挺燭[5]。發性一聲雷，使錢六月雪[6]。黄忠獨斬夏侯淵，宋江大破呼延灼。客鵲嘴好心呆，老鴉嘴呆心好，到底所爲何來；鷺鷥[7]項長身短，鴨姆項短身長，未免相形見拙。

注释：
①紮脚：绑腿。
②漬：水注，浸湿。
③雨沃【莺光 4】：雨淋。
④跟燈：游神时提灯在后。
⑤挺燭：举烛，信俗活动中的仪式。
⑥六月雪：喻出钱难。
⑦鷺鷥：鸬鹚。

六七〇

椽對柱，堵對槽，寂寞對囉嘈。磨墩[1]對塌底[2]，落枘[3]對充�румбах④。吹長號，拍大鑼，開市對爬河⑤。巡街八家將，值日四功曹。老哥看錢交朋友，媳婦毛仔怨公婆。裡菜堂⑥那纂啦苦雨凄風，差不多虎婆奶⑦西山得道；做睹棍俳輸够落花流水，也着學猴聖王東海養毛⑧。

注释：

①磨墘：边缘磨损。

②塌底：底部塌陷。

③落枘【日杯 7】：接上子母缝。

④充【出银 1】輍【求歌 5】：对接恰当。

⑤爬河：疏浚河道。

⑥裡菜堂：妇女入庵堂修行。

⑦虎婆奶：传说临水夫人点化虎精为护婴女神。

⑧猴聖王東海養毛：孙悟空因在火焰山猴毛被烧，到东海养伤。

六七一

暴對殘，剛對狠，報鐘①對文鉠②。牛索對猪刀，馬鞭對狼筅③。十七光，廿一點④，相符對不等。講錢就碰釘，做代價雜剪⑤。噶喋⑥一厝都價通，隗魏⑦滿街毛内揀。女愛男貪，無奇不有，相思病，桃花癲，相見好，糖淌甜⑧；眉歡眼笑，随遇而安，愛值⑨錢，康熙板⑩，愛傖肉，後腿瘖。

注释：

①報鐘：报时钟。

②文鉠：文房镇纸。

③狼筅：戚继光发明的竹制兵器。
④十七光、廿一點：皆赌博术语。
⑤雜剪：杂乱。
⑥噶【求山 8】喋【求初 5】：半通不通。
⑦隗魏：喻丑类。
⑧糖淌甜：形容似糖甜。
⑨值【低宾 8】：指要。
⑩康熙板：康熙年间发行的铜板。

六七二

光對潤，砌對鏾[1]，各樣對合宜。苦頭對惻面[2]，凸嘴對愁眉。炒酒肉，烀油（米時），狡獪對稀奇。和尚是伙做，天師乞鬼迷。毛水扒船空由急，務米煮飰伓驚遲，師父作佳[3]毛拿自家，生出來是志氣，教出來是臭氣；命運偝順伓使學問，沒伙請就退時，務伙請就跻時。

注释：
①砌【出鸡 3】、鏾【出之 5】：皆表面粗糙刺手。
②苦頭、惻面：皆形容满面愁容。
③作【曾歌 3】佳：做家，积攒家财。

六七三

泡對冲，溲[1]對濾，接連對干預。吉吉對安安，同同對聚聚。伙驚伙，自害自，祭儀對文具。靴帽起行頭[2]，犁耙[3]知世事。齊八乞恰做門生，鄭四[4]正是中進士。小鬼去搶糯，跐[5]翻菜湯飰，可憐又餓又慌；大王毛洗面，偷盡猪頭鵝，真正無憂無慮。

注释：

①溲【时沟1】：调拌。

②行頭：指出门的穿戴。

③犁耙：指努力求取。

④齊八、鄭四：皆戏剧人物。

⑤跐【出声8】：踩踏。

六七四

坊對保，鋪對區①，褒護②對吹嘘。纏跤對釘耳，剪髮對留鬚。龜笑鱉，虎駝豬，坎坷對崎嶇。開弓冇放箭，出炮去攔車。欲高門第須爲善，要好兒孫在讀書。前門企橫牌③，後門企直牌④，僬拍晡啼⑤，無不過⑥瞞生騙死；五日一大宴，三日一小宴，開消許闊，阿毛的⑦假公濟私。

注释：

①坊、保、鋪、區：皆行政区划名。

②褒護：指保佑。

③横牌：牌匾。

④直牌：牌套，祖宗牌位。

⑤僬拍晡啼：搞得哭笑不得。

⑥無不過：只不过。

⑦阿毛的：有没有。

六七五

懺對經，齋對醮，香花對符咒。支據對收條，截單對匯票。

三角歧，兩頭竅，歉哥對麻少。僨走那趁爬[①]，昧跖先學跳。青盲也務開目牽，覆甲[②]故乞提胸[③]笑。這禮講[④]，膾務鳳崗裡糖板蒲許大，頭致[⑤]被鋪中榷榷皴；自家吹，方比烏石山糞斗乩[⑥]故靈，鬼屈招牌下咭咭[⑦]叫。

注释：

①僨走【曾郊2】那趁爬：走不动只能爬。

②覆【波春4】甲：驼背。

③提【他灯3】胸：鸡胸。

④這禮講：正谈及。

⑤致【低之3】：钻入。

⑥糞斗乩：指用乩斗装沙问卜。

⑦咭咭【求声8】：拟声词。

六七六

崴[①]對躲，伏對蔥[②]，狡獪對牺猊。將離[③]對獨活[④]，久門對斜題[⑤]。戴冰帽[⑥]，拍草鞋[⑦]，石楯對藤牌。一直一曲尺，五柱五椆排。一碗菜湯一碗飫，五斤跤柄五斤蹄。行當一總包，講醬又着糟，女嫁男婚，莽讓伊三花做皇帝；人情剔的透，務鍋也毛竈，膘親朊戚，故呆呀五子抱彌黎[⑧]。

注释：

①崴：疑为“藏”。

②蔥【蒙西5】：蹲伏。

③將離：芍药。

④獨活：药草名。

⑤斜题：偏题。
⑥戴冰帽：物理降温法。
⑦拍草鞋：喻男子自慰。
⑧五子抱彌黎：喻找到靠山。彌黎，弥勒。

六七七

瀝對癌，疤對痞，贊成對褒比[①]。水鬼對火夫，鹽梟[②]對土匪。賽月亭，梯雲里，關防對制止。教頭犯天條，賊嘴出聖旨。講話務聲拍毛聲，冤家無理奪出理。頭回見情，倆回討厭，鴨蛋煎甏蜞，明旦伓通徠；福無雙至，禍不單行，滚湯潑老鼠，一窩都是死。

注释：
①褒比：赞扬。
②鹽梟：贩私盐头目。

六七八

刣對撤，扯對揸[①]，詐歁對含痴。來回對長短，好歹對尊卑。講又講，知不知，海袋[②]對洋衣。開張新字號，收買舊傢私。日日大王徠補庫[③]，晡晡太子去登基[④]。天良伓顧，死活都着錢，怪不得上山要財，落水要命；家賊難降[⑤]，爸奶傻呆仔，講些名[⑥]生兒防老，積穀防飢。

注释：
①揸【出之1】：指揪拽。
②海袋：装粮米的大麻袋。

③大王倈補庫：烧纸钱元宝补充大王（神明）金银库。

④太子去登基：歇后语“大赦天下”，谐音“大泻”，指拉肚子。

⑤降【非缸 5】：防备。

⑥些名【蒙声 5】：什么。

六七九

通對透，托對承，拍散對凑成。松松對李李，葛葛對林林。美且有，公生明[1]，白鰼[2]對紅鱘。娘娘生太子，媽媽[3]邀[4]新人。今年菓子明年榠，七里牌坊五里亭。去請姨媽倈，姨媽就僣倈，今旦桶盤鍘[5]儘便宜儘務味；邁乞孤老值，孤老也伓值，只隻伲仔哥又貪僋又爻膝[6]。

注释：

①美且有、公生明：皆店号。

②白鰼：白力鱼。

③媽媽【蒙嘉 2】：指喜娘。

④邀：指引领。

⑤桶盤鍘【曾声 8】：宴席剩余杂烩菜。鍘，指杂。

⑥爻【语郊 5】膝【出宾 5】：顽耿执拗。

六八〇

跐[1]對跙[2]，蹚[3]對踏，樂甜對驚辣。割草對纏松，抽菁對炒麥。火販街，水關閘，結困對拍雜。儐贏就着輸，毛賞故務罰。金身菩薩僣駁僮[4]，土擺郎中儐捫脉。細婆精屈被鋪中拍錢劍[5]，罵長罵短，目周尅[6]嚍[7]伊目周開；唐晡仔困手綱[8]裡跋筊杯[9]，揀肥揀衰，頭髮青嫁够頭髮白。

注释：

①跐【出声 8】：乱踩。

②跙【出须 8】：指用力踩踏。

③蹬【低缸 5】：踩脚。

④駁僮【低东 5】：请神起乩。

⑤錢劍：也称“钱套”，指调情。

⑥尅【气灯 4】：指闭合。

⑦噍【曾秋 5】：吵扰。

⑧綱：椀，衣袖。

⑨困手綱裡跋筊杯：喻暗中算计。

六八一

削對裁，修對改，漪歪[1]對旎乃[2]。賤賤對良良，乖乖對歹歹。搭搭梂[3]，端端楷[4]，移山對倒海。餓鬼搶麫糒，活仫使錢紙。惹伊五肚僯生烟[5]，屌[6]我一身都是屎。呆仫意毛足，積四五萬仍原當羅漢[7]，都伓顧害仔害孫；佬貨命只長，飡八九十價捨見閻王，故晡留變精變蠆[8]。

注释：

①漪【莺之 1】歪：歪来歪去。

②旎【日之 1】乃【日开 2】：蹑手蹑脚貌。

③梂【求歪 7】：疑指邪术。

④端端楷：正楷模样。

⑤五肚僯生烟：喻气得五内俱焚。

⑥戽【非孤3】：舀泼。
⑦當羅漢：当光棍。
⑧蠆【出开3】：害人虫。

六八二

熬對炖，燃對炣[①]，勞練對禁呵[②]。跤筒對腹桶，目箭[③]對鼻刀[④]。玫瑰露，硇砂膏[⑤]，冤捽[⑥]對佬遭[⑦]。在家千日好，騰駕九霄高。遠離他方律令勅[⑧]，阿悉陀夜婆娑訶[⑨]。野和尚膽膽嘴傖十方，鼻屎當鹽，一塊番[⑩]故大吓網栳；小老板傻傻錢[⑪]放四世[⑫]，掌心迸火，五分利又加啦厘毫。

注释：
①燃、炣：皆烹煮法。
②禁呵：禁忌很多。
③目箭：目光锐利如箭。
④鼻刀：鼻梁高形似刀。
⑤玫瑰露、硇【日歌2】砂膏：皆药用品。
⑥冤捽：喻失态。冤，指晕。
⑦佬遭：老而无德。
⑧遠離他方律令勅：符咒用语。
⑨阿悉陀夜婆娑訶：佛经用语。
⑩一塊番：一块银元。
⑪傻傻錢：指零钱。
⑫四世：到处。

六八三

懶對忙，衰對健，寬容對體諒。炒鍋對炊甑，裁衣對叉杖。

圓俥圓，上等上，高陞對來旺。大代使大錢，閒工倹閒飦。窮仏留命看太平，財主出家當和尚。較場[1]墘拍京鼓，帽帶磐磐[2]，比炭簍故長；鋪前頂看伽骰[3]，鞋盪顋顋，共筊杯一様。

注释：

①較場：指古代教武场所。

②磐【边欢 5】磐：盘绕。

③伽骰：滚动。

六八四

煉對燒，烊[1]對鑄，題緣對納課。孱脚[2]對生頭[3]，賤胚對呆貨。渾不拘，胡之註，巡街對看鋪。學生偷躲齋[4]，財主卡搭墓。早又毛錢暗毛錢，横也一句直一句。仔孫瘸手，前輩家故着苦柴苦米，難爲兩老取東川[5]；爸奶邁胼[6]，後生哥那捌掏刀掏槍，敢講三英戰呂布。

注释：

①烊【莺香 5】：固体熔融。

②孱脚：残疾。

③生頭：做神做鬼。

④偷躲齋：逃课。

⑤兩老取東川：三国故事，喻年迈之人还要去打拼。

⑥邁【蒙开 7】胼【波声 1】：背在背上。

六八五

啼對罵，怒對嗔，點卯對抽丁。下層對前套，中襯[1]對上經[2]。女菩薩，男觀音，青黛[3]對素馨[4]。三日倹三頓，一仈保一身。大石拍墩細石塾，裡鐳煮飦外鐳烟。船艄公搖櫓，好比張果老騎驢[5]，擺渡毛仈管，自倹自洗碗；鴉片鬼倒鋪，故赢諸葛亮拜斗，烟館交的親，務過務開燈。

注释：

①中襯：中间层次。

②上經：指上层。

③青黛：药名。

④素馨：花名。

⑤張果老騎驢：张果老倒骑驴，喻艄公摇橹面朝后。

六八六

議對評，批對判，新聞對舊案。夾灌[1]對抽包，抄賍對伙販。居中中，去半半，張羅對打扮[2]。夫妻夾黏挪，奶姐詛烏暗[3]。擔沙築壩延去工[4]，搥椅打桌急發性。崴鼻石[5]總務長跤指踢，冰山有日倒，何苦來做盡威蠻；黄土堆預備臭皮囊埋，鐵漢也着完，毛事幹留啦把柄。

注释：

①夾【求山4】灌：道教音乐中的伴奏。

②扮：【边灯7】。

③詛烏暗：咒骂到天黑。

④延去工：白费时间。

⑤崴鼻石：高出路面的石头，喻贪心者。

六八七

痛對呻，瘋對痺，破除對添置。肥腿[①]對瘸跤，罄顱[②]對歪鼻。出猪聲，拍鱉氣[③]，芋頭對瓠蒂。帶閏八十三，拉雜二五四[④]。一把投管[⑤]一把簫，伓像笊籬伓像箄。單單呆，單單惡，看伊拳頭拔出節[⑥]，伓管伙五勞七傷；半半假，半半真，害我目周望生花，乍捌你三心兩意。

注释：

①肥腿：血丝虫病腿。

②罄顱：扁形头。

③拍鱉氣：打到无法出气。

④拉雜二五四：喻杂乱无章。

⑤投管：逗管，十番乐器。

⑥拳頭拔出節：摩拳擦掌准备开打。

六八八

鬆對緊，密對稀，勸酒對盤詩。灣灣對曲曲，側側對攲攲。搭金篚[①]，燒紙衣，詐歁對含痴。逢伙都哺罵，連我也不知。當初原是好伙仔，只隻真正呆傢私[②]。叫天天毛應，叫地地毛門，沒事幹東討鑼西討鼓；做鬼鬼僨靈，做神神僨聖，何苦來横倜僮直倜乩[③]。

注释：

①搭【气山 4】金篚：移葬捡尸骨，放进小木棺。

②呆傢私：坏家伙。

③倜憧【低东5】、倜乩【求之1】：旧时迷信，求神问卜。

六八九

邊對底，角對旁，中等對內行。放寬對趕急，鬥快[①]對幫忙。五子衕，三官堂，透板對踏床。歉哥望小姐，和尚做新郎[②]。鎮殿將軍覺羅桂[③]，封疆總督左宗棠。家累[④]實在深，鹹酸苦辣醆，件件都嘗，伓講共甕一樣；世情捌的透，生旦丑末淨，傻傻[⑤]禮做，這話比書故長。

注释：

①鬥快【气嘉3】：抢先。

②歉哥望小姐、和尚做新郎：皆《闽都别记》中故事。

③覺羅桂：清朝将领名。

④家累：指家事劳累。

⑤傻傻【时沟5】：常常。

六九〇

粟[①]對糠，蘇對秕[②]，蒐[③]羅對救濟。雜躄對隨跻[④]，前夫對後替[⑤]。元宵丸，冬節糌[⑥]，猫疸對獅疥。驚輪就偕輪，愛快毛的快。當佬郎罷是奴才，騙別仈仔做皇帝。講錢啊啊是[⑦]，講書僨裡耳，寬寬心過日子，伓歇伓痴；吼[⑧]倹跋跋跑[⑨]，吼做沒想頭，尖尖嘴罵盡仈，毛大毛細。

注释：

①粟【出光4】：“谷”的白读音。

②秕【波嘉3】：疑作“稗”。

③蒐【时沟 1】：搜。

④雜躄【边鸡 3】對隨踭【求声 5】：乱跑对跟着走。

⑤後替：替死鬼。

⑥糌【出奇 3】：米浆榨干后的粉块，可做小吃原料。

⑦啊啊是：连声称是。

⑧吼【非郊 2】：叫唤。

⑨跋【边花 8】跋跑：跑得快。

六九一

牽對絆，縛對羈，教戲對學伬。糟鰻對醉蟹，醬鴨對湯鷄。澤澤落[①]，嗶嗶施[②]，生䉒對臭脂[③]。仙家胮豹豹，佷仔嘴蟣蟣[④]。源里青皮收把俤，洲邊白面拜乾爹。廿幾年又只大只鹹，刀過冰冰凉凉[⑤]，北較場拍拱抖[⑥]；一長陣都無憂無慮，酒醉歪歪跛跛，西禪寺偷荔枝。

注释：

①澤【低灯 8】澤落【柳歌 8】：水淋淋貌。

②嗶嗶施：细碎颗粒洒落不停。

③臭脂：荤食腐败所生异味。

④嘴蟣【蒙鸡 1】蟣：形容唇薄善辩说。

⑤凉凉【柳光 5】：刀锋似寒光。

⑥北較場拍【波山 4】拱【求春 2】抖【低郊 2】：指古代在北较场处决犯人。

六九二

慌對惑，譫[①]對恾[②]，䊀粉[③]對鋸糠。貪功對記過，謝罪對開恩。安奶廟，耿王庄，做陣[④]對求幫。倆頓三升米，四盤一碗湯。急够心肝彭彭[⑤]顫，做的跤手攄攄酸[⑥]。錢就是命，命就是錢，笑窮莫笑賤，那捌米髭淀[⑦]；白僫變烏，烏僫變白，生[⑧]剥共生吞，使驚算盤村[⑨]。

注释：

①譫【曾天1】：多言胡言。

②悾【蒙缸1】：指晕头转向。

③䊩【气天3】粉：芡粉。

④做陣：陪伴。

⑤彭彭：象声词，指心跳声。

⑥攄【柳东8】攄酸：劳累酸痛。

⑦淀【低天7】：指满。

⑧生【出声1】：未熟。

⑨使驚算盤村：何怕筹划失算。村，喻蠢。

六九三

顴對額，項對頦[①]，花樣對藥材。鍍金對鑲玉，拍鐵對燒硋。硬駁駁，軟䑋䑋[②]，生剥對活埋。新書乍出版，好戲味開臺。肖兔肖鷄配價落，呆牛呆馬拿去刣。諸娘仔着做大大方方，姊夫看見了，細姨伓使走；店頭家那捌如如意意，烏龜進門來，老板就發財。

注释：

①頦【非开5】：下巴。

②軟䑋【时开5】䑋：软绵绵。

六九四

寸對分，斤對兩，鳥籠對魚網。攤股[①]對扣頭[②]，拆梢[③]對盤本[④]。接官亭，乞倐廠[⑤]，風鰻對雪鮝。捌伊倆樣心，搭你三下掌[⑥]。姐夫講話儘糊塗，老板掏錢徠發賞。舅吓舅，莫笑我大橋頭野轎，尚幹務外甥，前紀套[⑦]擔蜱；哥咾哥，都講你灣邊角竹篙，懷安毛保長，後斗跻盪漿[⑧]。

注释：

①攤股：平均分摊股份。

②扣頭：指折扣时扣除余额。

③拆梢：敲诈。

④盤本：盘点本金。

⑤乞倐廠：旧地名。

⑥搭你三下掌：旧有三击掌立誓，诅咒。

⑦前紀套：前段时间。

⑧後斗跻盪漿：乘船过渡最后上船者协助划桨。

六九五

惡對兇，奸對詭，衰仈對活鬼。闊嘴對大腊[①]，跳腰[②]對肥腿。拍鞦韆，跳傀儡，開除對捽毀。三醭百二毛，九頭十八尾[③]。斷氣先卡[④]四條釘，攔頭乞倒一桶水。飫僨曉[⑤]的米煮，逢代都伓察[⑥]，倐咕咕落[⑦]，困傲傲鼾[⑨]；火僣掏使紙包，駁第[⑧]共伊徠，務鐃鐃糕，毛塌塌粿[⑩]。

注释：

①大腊【求开1】：大脖子貌。

②跣【时天2】腰：闪，扭伤。

③九頭十八尾：形容头绪太多理不清。

④卡【气山3】：指敲进。

⑤儨曉：不晓得。

⑥逢代都怀察：什么事都不管。

⑦傄咕咕落：吃相不好。

⑧困傲傲鼾【非山5】：睡觉鼾声大。

⑨駁第：拼命硬干。

⑩務鑤鑤糕，毛塌塌粿：喻成王败寇。

六九六

樂對歡，狂對興[①]，改邪對歸正。量斗對进盤，裝箱對過秤。白帝城，朱仙鎮，戒嚴對開禁。跤尖踼令脬，膘手縮坎頑[②]。三拳[③]老酒拍通關，一帖經方[④]瘼[⑤]急症。古老莽古老，賽過山東棗，三頓三升米，大腊[⑥]；時髦也時髦，障滿廈門桃，一壑一坵[⑦]田，麻面。

注释：

①狂對興【非宾3】：发狂对起兴。

②跤尖踼令脬，膘手縮坎頑：骂人话。

③拳：划拳。

④經方：经验的药方。

⑤瘼【蒙光8】：指医治。

⑥大腊【求开1】：喻饭桶。

⑦垢：【气孤 1】。

六九七

撳對銷，開對革，堆七對塌八。接骨對抽筋，調經對補血。苦辛酸，痨鼓膈[①]，海涵對津貼。隔壁搬藥篩，過街搭綵結[②]。看戲愛看武十回[③]，拍牌晡拍清一色。好諸仏捌，呆諸仏捌，人身七尺長，天下毛內[④]藏；生務時辰，死務時辰，閻王一張貼，陽間留不得。

注释：

①痨、鼓、膈：肺痨、肝腹水、食道癌。（旧称绝症）

②搭綵結【求灯 4】：张灯结彩。

③武十回：指武打连本戏。

④毛內：无处。

六九八

油對滷，餅對糖，靠椅對搖床。芙蓉對茉莉，豆蔻對檳榔。演火棍，鎖雲囊[①]，打倒對投降。送喪何九叔[②]，探母楊四郎。岳飛直搗黄龍府，林冲误入白虎堂。天地儨公平，好仏又餓又受寒，一嫫一仔，毛柴刮鍋；陰陽沒報應，呆代務賍務干證，横心横腸，煮飦成甑。

注释：

①鎖雲囊：戏剧名。

②何九叔：《水浒传》人物。

六九九

浮對涌①，湃②對沉，少禮對多能。當然對可以，並且對何曾。懶乍懶，閒昧閒，盪片對叭爿③。四角肘四角，一層加一層。發性罵爹共罵奶，得財買厝連買田。伊僫學四老爹理欠理賒，跤穿眠床下，心想伓是下；你那漢三歲仔爭糖爭餅，尿竅④櫳籬前，皮厚毛仪前⑤。

注释：

①涌【他东 3】：指随水漂流。

②湃【波光 3】：指退潮。

③叭【边山 4】爿：掰开。

④尿竅：尿洒。

⑤毛仪前：人前失礼。

七〇〇

寫對抄，簽對註，驚惶對恐怖。驗稅對催征，收捐對解課①。青盲齋②，白面厝，春紗對夏布。平水跖平船，現錢買現貨。滿天那看五色雲③，毛水僫泅十把舖④。僫倉當請客，儥倉嘴斗窄，隨緣惜福，減口濟生⑤；大氣餓死仪，小氣面皮紅，欠債難償，少禮羈⑥過。

注释：

①解課：解送税收。

②青盲齋：盲校。

③五色雲：喻重点关注对象。

④鋪：旧指驿站，“一鋪”为十里路。
⑤减口濟生：减少自家人口粮，救济众人。
⑥羼【求鸡1】：指容易。

七〇一

唔[①]對詛，叫對呻，花蛤對竹蟶。能癌對血塊，痰濕對汗斑[②]。杏仁露，蓮子羹，慶賀對豐登。硬弓好搭箭，粗线阿[③]穿針。叫伊手段即管使，害我心肝毛内攖[④]。前怕墙塘[⑤]，後怕池塘，世事讓三分，天高地闊；近看厝運，遠看墓運，心田留一點，子種孫耕。

注释：
①唔【语孤1】：支吾，絮叨。
②汗斑【边灯1】：皮肤病。
③阿【莺歌1】：形容难或耗时长。
④毛内攖【莺灯1】：无处放。
⑤墙塘：围墙。

七〇二

滃[①]對湔，澇對瀹[②]，萬三對千七。軟軟對綿綿，文文對積積[③]。陶陶居，借借室[④]，正經對平匹[⑤]。手頭放的鬆，尿尾驚僆滴。居多呆伙累好伙，莫作無益害有益。好猫僨鑽竈，好仔肯受教，敢爬我頭頂當擺寯[⑥]；荒鶏[⑦]伓驚箠[⑧]，荒伙毛顧皮，都困[⑨]着手網裡出式[⑩]。

注释：

①滃【莺春 3】：水满。

②滃【非宾 4】：水流湍急。

③文文對積積：文绉绉对慢吞吞。

④借借室：在闽江金山寺。

⑤平匹：对等或扯平。

⑥攞窩：筑巢，喻欺人。

⑦荒鷄：饿鸡。

⑧伓驚箠【他杯 5】：不怕驱逐。

⑨困【气缸 3】：园，藏匿。

⑩出式：出点子或耍花样。

七〇三

挼[①]對掬[②]，扯對搢[③]，外套對中衣。皂礬[④]對紅柚，赭石對黃礜[⑤]。鹽法道，布政司，馬桶對狼機[⑥]。門書[⑦]那是紙，銀票昧够期。滿懷不樂雙眉鎖，一事無成兩鬢絲。婊子無情情在戲班，爭鋒[⑧]偕鬧反天，擠[⑨]肘擠好跋摔；婦人有罪罪及夫主，盪褲哺想攔海，胶拍胶毛驗屍。

注释：

①挼【日杯 5】：推揉。

②掬【求须 4】：双手捧。

③搢【出之 1】：指揪扯。

④皂礬：一种蓝黑色的颜料矿石。

⑤黃礜【莺之 1】：黄色颜料。

⑥狼機：旧称西洋大炮。

⑦門書：名刺，名片。
⑧爭鋒：争风吃醋。
⑨捔【求东4】：指雄性。

七〇四

算對樺[①]，評對估，龍翔對鳳舞。彈面[②]對凑跤，當頭[③]對夾股[④]。撞木鐘[⑤]，打花鼓，橫文[⑥]對直武[⑦]。爲公莫爲私，離鄉不離祖。菩蠅噴絮目金金，草蜢[⑧]捎旗嘴土土。食葷價加肥，食素價加瘦，無酒學佛，有酒學仙；勸男莫做保，勸女莫做媒，上山防蛇，下山防虎。

注释：
①樺【非花5】：划，谋划。
②彈面：打照面。
③當頭：做带头人。
④夾股：合伙。
⑤撞木鐘：不响，喻无用功。
⑥橫文：喻横竖无序。
⑦直武：喻胡来。
⑧草蜢：蚱蜢。

七〇五

調對拌，夾對叉，南棗對西瓜。糖燒對鹹醃，宿濃[①]對乾嗦[②]。拍水撇[③]，賣山楂，媄媄對娃娃。油麻塞齗縫，火管歕[④]令脬。先認企奶後轉奶，好做親家呆冤家。八字帶驛馬，沒歇沒停，日做暝做，毛錢買牌套；一厝點油猴，半倫半餓，東賒西賒，當被困綿花。

注释：

①宿濃【日春 3】：久湿未干。

②乾嗏：干透了。

③拍水撇：扔瓦片打水漂游戏。

④歕【边春 5】：吹气。

七〇六

騙對敷[①]，偷對傝[②]，鹽硝對麵餑。糖豆對蜜桃，糟薑對醬樾。蜈蚣蛟，鬣蜞涬[③]，三奇對十絕。一嘴油縵縵[④]，毛齖嚌嚼嚼[⑤]。使筆着使文苑堂，塗粉哺塗蓝臺局。娘娘宫元宵大夜，牡丹喜年花，放起儘作佳；婆婆洞守本[⑥]單方，酸楖病仔[⑦]藥，尋伊毛的着。

注释：

①敷【非孤 1】：敷衍。

②傝：设局诈骗。

③涬：指吐泡。

④油縵【蒙山 1】縵：油腻腻，喻油嘴滑舌。

⑤毛齖嚌嚼嚼：没牙需细嚼慢吞。

⑥守本：看家。

⑦病仔：妊娠反应。

七〇七

缸對甕，鉢對鍋，金箔對銀硃。釃砂[①]對蟬退[②]，蛇蜕對蜂竇。半開化，小登科[3]，綫襪對釘靴。毛學規矩矩，那興媚摺摺[4]。癖拗[5]過身[6]燒冷竈[7]，錢輪轉厝搶熱鋪。做商家伓是畫柳畫花，巴掌兩塊記，發財也着碰運氣；講親事僀比買糖買餅，嘴皮一粒珠，滿心那想揀唐哺。

注释：

①蠶砂：蚕粪，可入药。

②蟬退：蝉蜕，可入药。

③小登科：旧时对新婚的美称。

④那興媚摺摺：就喜欢到处乱摸。

⑤癖拗：脾性倔强，不听教导。

⑥過身：过了时间或过后。

⑦燒冷竈：喻受冷遇。

七〇八

盖對匡，張對套，承行[1]對抱告[2]。積滯對流通，開除對銷耗。合溆蟆[3]，台灣魺[4]，春温對秋燥。叮单叮屯單，噫奥噫所奥。閒者自閒忙自忙，補也價補破價破。三回五次鈍鈍刀乞伊劃，刻薄存心，弄假成真；四盤八缸竅竅飫[5]在你硠[6]，咡嗽掏報[7]，僀僋價做。

注释：

①承行【非灯 5】：旧时承办事务或作中介人的称谓。

②抱告：旧时原告委托亲属出庭。

③合溆蟆：谐音“哈士蟆”，可入药。

④台灣魺：一种鱼干。

⑤簸簸飦：大米干饭。

⑥硠【柳缸 1】：大口吞食。

⑦呫【语之 1】嗷【语歌 3】掏報：喻听不进别人话，装聋作哑。

七〇九

查對辦，貼對賠，鼓架對鑼錘。辣椒對甜杏，淡菜對酸梅。狐鼠尾，鯊魚皮，細作[①]對長隨[②]。頭平[③]好欺負，腹痛自偎挼。百般臭氣言難盡，一縷香魂喚不回。借即管借，賒即管賒，認真真伓使徵[④]，認熟熟伓使逐；嚴又着嚴，傻又着傻，倹飽飽務經打，倹肥肥務經槌。

注释：

①細作：暗探。

②長隨：常年仆役。

③頭平：俗语头平众人摸，喻受人欺负。

④徵：盯。

七一〇

詳對解，準[①]對猜，油甕對米篩。鐓[②]鷄對洗馬[③]，餂鴨[④]對拍獅[⑤]。開風扇，上電梯，補腹對安胎。三千八百坎，八十一層階[⑥]。毫韜[⑦]先拍九五扣，回佣[⑧]着掏四六開。爹死扛去埋，娘死等舅來，踏其路總着留三分地步；傻伊毛衣食[⑨]，嫌伊姑的力[⑩]，趁這橋故偝免一帳天灾[⑪]。

注释：

①準：猜。

②鐓：阉割。

③洗馬：在马前作前驱。

④餂【低灯 5】鴨：填鸭。

⑤拍獅：舞狮。

⑥三千八百坎，八十一層階：景点，分别在南平芒砀山和福州乌山。

⑦毫韜【他歌 3】：闲聊。

⑧回佣：回扣佣金。

⑨毛衣食：不吉利。

⑩姑的力：反而更得力。

⑪趁這橋故僣免一帳天灾：喻借助这个机会免掉一场灾祸。

七一一

細對精，粗對糙，襖輪[①]對鞋套。磚塊對瓦爿，藥渣對糞燥[②]。死綿綿，生芼芼[③]，稽查對報告。文齊[④]福不齊，財破家昧破。銀錢伓通恰疎巴[⑤]，光景僣存[⑥]只坎坷。風透透，請公請媽來儉罩，今旦欣逢馬祖誕華筵；月光光，喚姐喚妹去燒香，大家齊唸王靈官[⑦]寶誥。

注释：

①襖輪：棉袄或皮袄的外套。

②糞燥：垃圾。

③生【出声 1】芼芼【蒙歌 3】：喻不成熟或生手。

④文齊：文章功力齐备。

⑤恰【气山4】踈【时孤1】巴【边嘉1】：太随心浪费。
⑥傩存：反问句，谁会想到。
⑦王靈官：指王天君，福州俗神。

七一二

撩對撥，搭對擒，鋸角對磨墘。灯糟對炒醬，㴵[①]醋對調鹽。帕帕滚[②]，俥俥圆[③]，行道對坐禪。做晦又毛月，收冬大務年。大王傩欠鬼仔債，少奶倒貼企哥錢。正正經經，夫唱婦隨，大大方方，毛事[④]依偎偎益扼扼[⑤]；直直捷捷[⑥]，錢來貨去，清清楚楚，伓使秉絆絆停纏纏[⑦]。

注释：
①㴵【莺春3】：揾，蘸取。
②帕【波嘉1】帕滚：水沸貌。
③俥俥圆：团团转。
④毛事：无视，不理睬。
⑤依偎偎益扼扼：喻遮掩欺瞒。
⑥直捷：直接。
⑦秉绊绊停缠缠：喻纠缠扯绊。

七一三

遣對差，幇對雇，土雕對木塑。倚靠對欺凌，維持對照顧。縛蔴裙[①]，補纃褲，務摟[②]對毛塢[③]。小姐儘風流，細婆做露污[④]。妮仔儨通溝路通[⑤]，奴夫昧富火管富[⑥]。跖是跖，坐是坐，伓通毛规毛矩，的着學像像莊莊[⑦]；辣就辣，酸就酸，何苦含汁含漿，總哺[⑧]愛吞吞吐吐。

注释：

①縛蔴裙：腰捆麻裙，指丧服。

②務摟【柳沟 5】：有好处。

③毛塢【莺孤 3】：指没有份额或根据。

④露污：丑事暴露。

⑤妮仔儣通溝路通：前“通”指头脑开窍；后“通”指食量大。

⑥奴夫昧富火管富：前“富”指发财；后“富”指吹火管声音。

⑦像像莊莊：端庄正派。

⑧晡【边过 1】：指要。

七一四

娘對奶，仔對伲，鳥店對魚池。九哥對七姐，二婿對三爺。做受怪[①]，貪便宜，躐蹋對蹺蹊[②]。破衫重破襖，巧鎖配巧匙。野兔昧驚城裡犬，強龍不壓地頭蛇。耳皮只軟，巴結羈[③]跖，呆話總晡[④]聽，呆錢總晡使；肝火儘鬃[⑤]，腹腸又淺，好仈儣曉用，好馬儣曉騎。

注释：

①做受怪：装可怜相。

②蹺【非秋 1】蹊【非鸡 5】：做事出格。

③羈【求鸡 1】：指容易。

④晡【边过 1】：指要。

⑤鬃：쏫，发火。

七一五

傲對驕，乖對拗，瘋風對痰嗽。梯椅對桁叉，櫳籬[①]對板透。趙子龍，申公豹，升旗對拍炮。賭錢手只猪，坐桌胼僻鬣[②]。七夕客鵲頭沒毛，過午黃螺尾就臭。五鋪接五鋪，喉嚨吞破布[③]，驢夫趕站，斷茶斷湯；一溪流一溪，腹腸掛奔筃[④]，船户過灘，餓瞑餓罩。

注释：

①櫳籬：六离门。

②鬣【非郊3】：形容驼背。

③喉嚨吞破布：喻口干舌燥。

④筃：指梢排工用的竹篙。

七一六

秘對科，機對要，免捐對平糶[①]。三煞對二婚，重喪對再醮。鼻钩鈎，目吊吊[②]，鹵粗[③]對鮮笑[④]。嘴臭齘又疏，頭彈尾僻竅[⑤]。菜花乍黃蛈蝶僛，荔支味紅鴉螬[⑥]叫。財跟財陣[⑦]，闊倹闊補，喜神禮動，土地公搭着銀[⑧]；壽看壽門，横心横腸，賊命故長，閻羅王拍斷票[⑨]。

注释：

①平糶：官府出售平价粮食。

②目吊吊：眼尾上翘。

③鹵粗：粗鲁。

④鲜笑：甜笑。

⑤頭彈尾傩竅：喻机灵祥，一点拨就开窍。

⑥鴉鰿：知了。

⑦陣：结伙。

⑧土地公搭【气山 4】着銀：穷神捡到钱，喻走财运。

⑨閻羅王拍斷票：喻命不该绝。

七一七

怪對魔，妖對孽，龍潭對虎穴。歇站對打尖[①]，跑山對趕驛[②]。猪肝花，牛肚葉，沙埕對土澉[③]。長鼻長犂犂[④]，淺量淺碟碟[⑤]。板板調調卡撩仈[⑥]，邊邊角角講究倫。伓相信死鬼使錢紙，仔孫愛報孝，七王[⑦]莽禮燒；都着讓惡仈削铰刀，世代做冤愆，五帝毛敢拿。

注释：

①打尖：短暂停歇或吃饭。

②趕驛【莺鸡 8】：指赶路。

③土澉【波鸡 8】：水边的平地或坡地。

④長犂犂：形容长。

⑤淺碟碟：形容浅。

⑥板板調調卡撩仈：想方设法捉弄人。

⑦七王：旧指阴间泰山王。

七一八

箝[①]對銃[②]，褙對鑲，北調對南腔。層層對架架，板板對匡匡。清白社，朱紫坊，衙署對家鄉。荔支酸梅藕，菜補醬樾薑。八十故塗胭脂粉，百歲儨掏霎飄香[③]。大腹假二囊虚，老共厨子俥夫，奶媽那瞞啦奶奶；方腸捺四角屎，伓存賭場酒館，光棍④偕碰着光光⑤。

注释：

①箝【气宾 5】：夹住。

②銃【出银 3】：指对接。

③百歲儨掏𩞯【莺开 3】馫【气之 3】香：百岁老人不能拿气味过浓的香。

④光棍：骗子。

⑤光光：更狡诈的骗子。

七一九

柑對橘，柰對橙，新杏對舊蓮。灣邊對源里①，嶽後對倉前。白水醆，苦滷鹹，桌罩對稠層。火烘熻熻熱②，水浸浮浮沉③。蹊指④也務長短節，肩頭儨㦬⑤輕重爿。賠錢解賊⑥，替依擔偌壞責成⑦，好仏難做，做仏難好；賣力操心，都那換一聲起動⑧，能者多勞，勞者多能。

注释：

①灣邊、源里：皆地名。

②熻熻【日山 5】熱：温热。

③浮浮沉：多物浮起。

④蹊【曾天 2】指【曾开 2】：手指。

⑤儨㦬【曾开 3】：经不起，受不了。

⑥賠錢解賊：花钱保释窃贼。

⑦責成：责任。

⑧起動【低东 7】：劳驾，谢谢。

七二〇

薦[1]對推[2]，承[3]對委[4]，寫脏對受賄。苦竹對賤茅，殘花對敗葦。不倒翁，無常鬼，銀包對票匭[5]。瓦上五更霜，檐墘一滴水。春分下種夏布田[6]，冬節搓丸年做粿。講話的着工夫仔[7]，君子僻蠻嘴紐紐[8]，何曾有口無心；做錢那趁歡喜銀，老爹務脚手雄雄[9]，不必大頭細尾[10]。

注释：

①薦：保荐。

②推：推举。

③承：承担。

④委：委派。

⑤匭【求杯 2】：匣子。

⑥布田：插秧。

⑦的着工夫仔：的确要花些时间。

⑧僻蠻嘴紐紐：喻能言善辩都是理。

⑨雄雄：出手大方。

⑩大頭細尾：虎头蛇尾。

七二一

俊[1]對靈[2]，粗對劣，規章對條約。勒揹[3]對誇張，競爭對搶掠。五更霜，六月雪，爛頭[4]對乾脚[5]。子弟子弟兵，江湖江湖訣。一年四季都平安，八字五行毛欠缺。半半飽，半半餓，紅青白緑黄昧見，幾回錢申[6]乞你長[7]。時時憂，時時愁，鹹酸苦辣醆都嘗，一日硋擔擔毛歇[⑧]。

注释：

①俊：俊俏。

②靈：机灵。

③勒揹【气灯3】：勒紧盖住。

④爛頭：头生疮。

⑤乾脚【求香4】：脚干裂。

⑥錢申：指银钱尾数。

⑦乞你長：让你多赚。

⑧硋擔擔毛歇：挑陶器沿街不停叫卖，喻既辛苦又赚不多钱。

七二二

消對化，滚對烊，造幣對完糧。桃紅對菜緑，藕白對椰黄。棗泥巷，荔支園[①]，做福[②]對題緣[③]。膽小驚賊賊，命好做娘娘。逢三着倯竈君菜，十六直出貢院前。揚州路上採買替身[④]，赫靈靈玄武大神，青龍太歲；達明河墘公建普度，活跳跳淨壇使者[⑤]，焦面鬼王。

注释：

①棗泥巷、荔支園：皆福州老地名。

②做福：民俗祈福活动。

③題緣：签名认捐。

④替身：替人受罪之身。

⑤淨壇使者：指猪八戒。

七二三

嘈[1]對咶[2]，吵對噍[3]，攢桶對漏瓢。紅燒對黄燜，朱塌[4]對白描。瀏陽繽，印度綢，梅餤[5]對荳苗。漢謝漢恭喜，趁倈趁客調[6]。駁[7]肚僬淵二月蠣，開嘴就臭隔暝蟷[8]。蛋毛拖儧出仔，井毛滲[9]儧出泉[10]，曲蹄婆放炮仗——駁水；書重講伓好聽，菜重揀伓好食，興化兄跻板透——猴讐[11]。

注释：

①嘈【曾歌5】：嘈杂。

②咶【求花8】：吵闹。

③噍【曾秋5】：吵扰。

④朱塌：红色拓印。

⑤梅餤：以梅子等制成的蜜饯食品。

⑥客調：游玩。

⑦駁【边缸4】：指胀破。

⑧隔暝蟷：隔夜的蚬子。

⑨滲【出光7】：指汲井水。

⑩泉【时声5】：泉脉。

⑪跻板透——猴讐：过跳板行走求稳，手脚乱舞。

七二四

糠對粃[1]，粕對穇[2]，分半對合同。米缸對茶鈷[3]，酒碎對油篅。噶鼻齉[4]，流耳聾，花鳥對草蟲。厝租毫猪衕，墓做白鴿籠[5]。佬虎莽呆伓倈仔，癲犬儧吠僬咬伙。哺嚗一百句毛同聲，皇帝嘴乞倈身，碰着財主官跤就朒[6]；聽講三十歲昧討嫫，自家頭別仈剃，見隻諸娘仔面僀紅。

注释：

①秕【波嘉5】：谷物中掺杂的禾草籽实。

②穖【蒙东5】：谷种上的芒。

③鈷：罐子。

④噶鼻齈【日东3】：说话瓮声瓮气。

⑤毫猪術、白鴿籠：皆地名。

⑥肭【日须4】：指软了。

七二五

堆對套，副對雙，剥落對解鬆。穿穿[①]對竂竂[②]，縫縫[③]對腔腔[④]。爸嗟擨[⑤]，婆嚨棕[⑥]，苦命對勞工。三三炒興化，六六煮山東。愛倽枇杷愛倽柿，一時韭菜一時葱。東跏投[⑦]，西跏投，日日望山頭，十八錢尿壶那買啦嘴；早交際，暗交際，時時泊門翅[⑧]，六月天火籠故抱禮爋[⑨]。

注释：

①穿穿：小孔。

②竂竂：小洞。

③縫縫：小缝。

④腔腔：空洞。

⑤爸嗟擨：摇头不同意。

⑥婆嚨棕：发火，耍性。

⑦跏投：打滚，喻在外四处打拼。

⑧泊門翅：靠在大门楹柱边，喻求人。

⑨六月天火籠故抱禮燻：喻寒暑不分。

七二六

鮮對艷，麗對華，犬棍對鷄鈀[①]。桃酥對柿瀌[②]，瓜蒂對豆芽。紹興醋，普洱茶，柴馬[③]對土猫[④]。臭溝生香草，好山出呆柴。爐怕獅頭瓶怕耳[⑤]，杯宜馬腦[⑥]箸宜牙[⑦]。搬啦新厝好舒排，也順事也居財，都講陽宅務幾成風水；討隻細婆儘漂亮，僬當家僬理計，可惜額頭多倆粒花麻。

注释：

①鷄鈀：清扫鸡窝的耙子。

②柿瀌【日东 3】：加工的软柿子。

③柴馬：木匠用的叉形支架。

④土猫：放在屋脊上的猫型陶俑。

⑤爐怕獅頭瓶怕耳：指易损坏的部位。

⑥馬腦：谐音“玛瑙”。

⑦牙：象牙。

七二七

脅[①]對攀[②]，扶對助，展威[③]對還怒。含濃[④]對臭熓[⑤]，生疤[⑥]對出瀛[⑦]。馬尾三，魷魚五，駁鍾對碌臼。牛馬僬犯冲，鴨鸡伓成菢。昧見課黎做老爹，伓存財主變欠户。勢利勢利，毛勢也毛利，高朋滿座，都是孤老蟲[⑧]認親；寃慫寃慫，務寃就務慫，怨鬼攔門，故呆鯽魚仔排度[⑨]。

注释：

①脅：胁迫。

②攀：攀附。

③展威：发威。

④含濃：伤口化脓。

⑤臭煴：发出臭味。

⑥生疕：结痂。

⑦出滷：破裂流脓。

⑧孤老蟲：传为麻风病人身上的蝇虫。这里指趋炎附势的人。

⑨排度：排成一份一份。

七二八

窺對伺，偵對張[①]，築銃[②]對掏槍。箍膿[③]對驗血，止痛對吊傷。武聖廟，文儒坊，品配對題捐。倯啦歇馬[④]大，敗够邋遢光[⑤]。共伊做目做跤仔，到底是嘴是股穿。平講伬故唱喇喇酥，播間祭，三怕妻，場面像上海白[⑥]；本地話儸講咾咾熟，崽羅哥，丢那媽[⑦]，口頭不離廣東腔。

注释：

①偵對張：察看对张罗。

②築銃：火铳填塞火药。

③箍膿：用药收敛脓血。

④歇馬：鲁莽壮汉。

⑤邋遢光：精光。

⑥上海白：上海白话戏剧。

⑦崽羅哥，丢那媽：系粤语。

七二九

攤對夾[①]，派對匀[②]，養活對收容。猪哥對鴨姐，犬姆對猫雄[③]。三月菜，萬年松，好錫對呆銀。討租兇似虎，講倹活成龍。一回見面倆回熟，十主交情九主窮。一身親母狀親母形[④]，菱角褲好跻時，腿肉傕灯呢倆鉢[⑤]；十足乞倹胚乞倹樣，葭資包[⑥]乍現世，面皮着剥去幾重。

注释：

①攤對夾【求山 4】：分摊对合伙。

②派對匀：分派对均分。

③猪哥、鴨姐、犬姆、猫雄：皆对某些人的贬称。

④一身親母狀親母形：对亲家母的贬义形容。

⑤腿肉傕灯呢倆鉢：形容腿粗难看。

⑥葭資包：葭苴草编的提物袋。

七三〇

籌[①]對揀，算對科，評品對賭輸。官廳對客店，工廠對賊窩。獅銜劍，龍搶珠[②]，鐵櫃對硋鍋。撟仈撟斗斗[③]，硬漢硬跔跔[④]。養老那領死仈項，隔暝有驚生分鋪。務冤毛內伸[⑤]，草仈仔故傕駁僮，雙雙五離方散[⑥]；逢债都敢欠，门垫户[⑦]乞仈踏塌，日日三十暝晡[⑧]。

注释：

①籌：“挑捡”的口语。

②獅銜劍，龍搶珠：皆墙壁装饰的吉祥画。

③撟【气秋 5】仫撟斗【低沟 2】斗：形容穷人缺衣少食冷得身上发抖。

④硬跔跔【气过 1】：硬邦邦。

⑤毛內伸：无处伸张。

⑥五離方散：喻离散。

⑦门垫户：门槛。

⑧日日三十暝晡：喻年关讨债人多。

七三一

焦對爛，濃對嗏[①]，七里對三沙。鳖頭對鱟尾，鴨掌對鷄脬。蚱蜢腿，蜈蚣跤，苦主對冤家。手巾香噴噴，肚袋[②]乾疤疤[③]。掏槌掏杖拍人命，買靴買帽做佬爹。毛嫌箸鹽[④]咬薑，那嫌七婊八娼，臭蚨臭蜞獬𪖙[⑤]四勢[⑥]；寧願挑葱賣菜，伓願倆嫫一婿[⑦]，醋甏醋鉢都摔五顋。

注释：

①嗏【低嘉 1】：指干燥。

②肚袋：以前钱币多放在红肚兜的袋子里。

③乾疤疤：什么都没有。

④箸鹽：用筷子蘸盐就饭。

⑤𪖙【莺声 1】：喻臭味扩散。

⑥四勢：四处。

⑦倆嫫一婿：一丈夫两女人。

七三二

剌對箐[①]，蹬[②]對骾，經收對看管。茶棧對湯房，醬園對鹽舘。輕重肩，大細眼，栽贜對破產。講話圓俥俥[3]，做代硬板板。烟除煩惱酒除愁，衣壯精神錢壯膽。龍游淺水遭蝦戲，皇帝出身苦仔，劉備賣草鞋；虎落平洋乞犬欺，英雄落魄窮途，秦瓊拍鐵鐧[4]。

注释：

①箐【出声1】：指小刺。

②蹬【低灯1】：指脚底被尖物顶到。

③圓俥俥：喻说话圆滑无漏洞。

④秦瓊拍鐵鐧：秦琼落魄时出卖武器铁锏。

七三三

粽對糍，糟對粿，頭神[1]對耳鬼[2]。嘴臭對心焦，胼灣[3]對跤跪。肩尅[4]肩，尾世尾，巡風[5]對覷水[6]。乞儉罵盡伙，耶穌真僾我[7]。再來伓值半爿錢，臨去故捺一腹屎[8]。閒時毛燒香，急時抱佛脚，俤伙[9]又叫你上轎纏跤。窮日慣欠債，富日看財奴，儘早就捌伊[10]過橋丢拐。

注释：

①頭神：主精神的。

②耳鬼：管听力的。

③胼【波声1】灣：驼背。

④尅【气灯4】：指挤。

⑤巡風：巡逻。

⑥覷水：望风。

⑦我【语杯2】："我"的长乐腔白话。

⑧捺一腹屎：拉一泡屎。

⑨俤仏：谁人。

⑩捌伊：知道他。

七三四

招對贅，夾[1]對姘[2]，青黛對素馨[3]。插頭[4]對紮脚[5]，圍肚[6]對掛身[7]。拍火把[8]，放水燈，鰜粉[9]對漿冰[10]。神仙掏拂拂[11]，道士搖鈴鈴[12]。摜[13]啦猪肚送轉奶，盪起狐皮寄表兄。仔孫仔孫，背義忘恩，死時做盡孝，活時拔透透[14]；親戚親戚，藉題出式[15]，好景假小心，呆景冷清清。

注释：

①夾：合伙。

②姘：姘居。

③青黛、素馨：皆中药名。

④插頭：插头饰。

⑤紮脚：绑腿。

⑥圍肚：肚兜。

⑦掛身：马甲。

⑧拍火把：举火把。

⑨鰜粉：芡粉。

⑩漿冰：冰糖。

⑪掏拂拂：拿拂尘。

⑫搖鈴【柳宾 1】鈴：道士摇法器铜铃。

⑬摜：提着。

⑭拔透透：躲远远的。

⑮藉題出式：借题耍花样。

七三五

俊對超[1]，佳對妙，進財對增壽。頂馬[2]對包俥[3]，跻鋪[4]對看轎。尼姑庵，娘奶廟，偏偏對又又。講好毛講呆，聽宣不聽調。三更起煞捽蘇蛇[5]，九月登高放紙鷂。呂奉先轅門射戟，雙方讓步，你呀毛氣，伊呀毛爭；伍子胥吴市吹簫，萬里投荒，高也不成，低也不就。

注释：

①超：俏，风骚。

②頂馬：官员仪仗中前导的骑马差役。

③包俥：指私家车或包用的车。

④跻鋪：临时搭的床铺。

⑤起煞捽蘇蛇：旧时道士做法事。

七三六

丟對捽，躝[1]對踋[2]，無故對有餘。伊乖對小寶，細娭對啊渠[3]。孤兒院，烈士祠，革退對驅除。兩生合一旺[4]，三多配九如[5]。惡猫管够九家鼠，潭蝨[6]鼓[7]翻一池魚。滿厝抈毛尿壶，沒內尋[8]將萬[9]渾飄飄，一其困[10]百其找；務仈下全頁帖[11]，故成意[12]傲做柄栟栟[13]，七主請八主辭。

注释：

①躝【柳山 8】：指用力捋。

②踋【出须 5】：指偷盗。

③伊乖、小寶、細媄、啊渠：皆是对小孩的昵称。
④两生合一旺：两人生肖相合能旺运。
⑤三多、九如：皆为我国传统祝颂之辞。
⑥潭蝨：鲶鱼。
⑦鼓：指搅动。
⑧沒內尋：无处找。
⑨將萬：这样。
⑩困：藏匿。
⑪全頁帖：也叫全帖，隆重的请帖。
⑫故成意：故意。
⑬柄栟栟【边灯 3】：故意为难，不理不睬。

七三七

挼[1]對挫[2]，拌對闖[3]，搭搭對鈎鈎。紅丹對烏墨，青靛對白膠[4]。八果粿，一團糟，把繞[5]對拗揺[6]。爬伊櫃頭[7]角，泊[8]我門口兜。十其郎中十貼藥，一隻和尚一個包。甜嘴都價抹着甜頭[9]，開嘴拍秋風[10]，秋風吹古井[11]；好心故僻趁毛好報，將心待明月，明月照臭溝。

注释：
①挼【日杯 5】：用手轻揉。
②挫【出歌 3】：用力按下摩擦。
③闖【气郊 1】：指掺入。
④白膠【气郊 1】：松香。
⑤把繞：把住不放，独自掌握。
⑥拗揺【日郊 1】：喻贪心，谋求多得。

⑦櫃頭：商铺柜台。
⑧泊：倚靠。
⑨甜嘴都儙抹着甜頭：讲得很好却没办到。
⑩秋風：也叫“抽丰”，指占便宜。
⑪秋風吹古井：古井水不起波浪，喻捞不着好处。

七三八

凍對凝，和[①]對冷，攤簧[②]對倒板[③]。暢膽對操心，滑頭對張膔。真自然，雜不等，贪歡對發狠。驚熱又驚凉，傖肥伓傖瘖。七哥毛嫫[④]十三年，四嫂做□廿一點。馬着鞭絆[⑤]，賊着索絆[⑥]，含半□獨獨步火管鞦[⑦]；佛要金裝，仈要衣裝，好多套彈彈新[⑧]鉸刀剪[⑨]。

注释：
①和【非过5】：温和。
②攤簧：江浙的传统曲艺。
③倒板：戏曲的板式，也叫“导板”。
④毛嫫：没有老婆。
⑤鞭絆：鞭子抽打。
⑥索絆：绳子捆绑。
⑦鞦【时嘉5】：活套。
⑧彈彈新：嶄嶄新。
⑨鉸刀剪：指新制衣服。

七三九

牳對雄，雌對犰[①]，花籃對藥籠。生廯對噶疤[②]，着痧[③]對出疹[4]。延平策，長樂桶，頒顋[5]對拉攏。轎上絕頂峰，船駛秃頭港。大暑先曝荔支乾，立冬預製菜頭鬆。做代那值[6]切切實實，便宜毛合式[7]，趁早拈開這脾花[8]；待仏着務謙謙虛虛，和氣就生財，伓通排出嘎[9]面孔。

注释：

①犸【求东 2】：指雄性。

②噶【求山 8】疤【边嘉 1】：结痂。

③着痧：中暑。

④出疹【蒙东 2】：麻疹。

⑤頒【边山 1】顋【非奇 1】：张大分开。

⑥那值：只要。

⑦合式：合算，好处。

⑧拈開這脾花：拿掉这种想法。

⑨嘎【非嘉 7】：指那样。

七四〇

把[1]對拈[2]，挨對擱，畏羞[3]對學愕。箸衕[4]對爐承[5]，碗籃對匙托。落桌兇，上台曝，挑梭對駁索[6]。受咬伓肯捱[7]，食補又驚挹[8]。晡趁伊錢好跋梢[9]，乍聽這話僐瑣旺[10]。檀口[11]只通七姑奶，買倆瓶紹興酒，請伊試共親家伯對臺；目周伓剋[12]三嬸婆，倜一卦靈前錢，因爲昧看諸娘孫出閣。

注释：

①把：握持。

②拈：拿取。

③畏【莺杯 3】羞【出秋 1】：害羞。

④箸衔：装筷子的竹筒。

⑤爐承：炉底部铁条。

⑥駁索：辩驳。

⑦受咬伓肯捱【语开 1】：被欺负不愿承受。

⑧挹【曾歌 4】：指不消化。

⑨跋梢：喻障碍多。

⑩瑣【时歌 2】眊【蒙歌 4】：扫兴。

⑪檀口：口才。

⑫目周伓尅：喻死不瞑目。

七四一

栲對枷，囚對縛，逢迎對拒絕。踏路[1]對攔門[2]，收臺對落局。掃帚星，篦梳月[3]，銜銜對嚼嚼。早花早春開，暗粟暗日[4]曝。一頭蜜蠟[5]一頭油，伓像芋瓠伓像樾[6]。主心價定，就害大命，半開門鴉片館，共我都毛摟[7]；急博莫貪，着倜先生，四字寶搖骰攤[8]，乞伙拿去瘼[9]。

注释：

①踏路：探路。

②攔門：民间婚俗挡门。

③篦梳月：篦梳形半轮月。

④暗日：下一日，日后。

⑤蜜蠟：旧指发蜡。

⑥樾【莺过 8】：瓜类。

⑦摟【柳沟 5】：指利益或兴趣。

⑧四字寶搖骰攤：一种赌博形式。

⑨瘼【蒙过 8】：医病，喻被人算计。

七四二

強對健，勇對剛，市鎮對鄉村。莊家對票友，伙販[1]對商幫。表叔侄，娘姑孫，好汁對清湯。癲犬毛乞咬，死蛇也着吞。揹[2]啦大鑼七處拍，爬上亮轎[3]在仈[4]扛。做文章比三嬸婆跤帶故長，自稱句句中圜，篇篇中選；論針黹借七小姐肚爿[5]憑樣，真正花花相對，葉葉相當。

注释：

①伙販：指木材商人。

②揹【求欢 7】：指提着。

③亮轎：软轿。

④在仈：任人。

⑤肚爿：肚兜。

七四三

奸對盜，騙對偷，迸注[1]對拈鬮。儀門[2]對引道，暖閣[3]對燥[4]溝。菊花餅，荷葉包，擒本對翻梢[5]。踼落眠床下，拍够尿缸兜。鹽法衙門舞鹽弊，水師提督看水操。乍換其娘奶花盆[6]，仍原十月懷胎，生仔<u>又</u>生毛蒂蒂[7]；作塌啦大老銃藥[8]，含伊[9]八營拍靶，練兵故練亂糟糟。

注释：

①迸【边声 3】注：合并投注。

②儀門：礼仪之门，旧官署第二重大门。

③暖閣：设炉取暖的小阁。

④燥【时歌 3】：干燥。

⑤擒本對翻梢：捞回本钱对翻本。

⑥娘奶花盆：到临水夫人神前请花求子。

⑦毛蒂蒂：喻生女孩。

⑧銃藥：弹药。

⑨含伊：还以为他。

七四四

兆①對機②，風對影③，莫㺘④對該獮。草笠對花鞋，皮靴對羢領。七條鬚⑤，千里眼，辛酸對鹹醆。鯉魚出西江，蝦鮮賣北嶺。爬板架頂偷香盤，蹲鏊爐邊倌光餅。看見普庵符⑥流清汗，妻呀妻，賒柴賒米，節數⑦故欠滿街；跗出繕寫室病顫風⑧，仔吓仔，扣稅扣捐，薪工伓够補鍋。

注释：

①兆：征兆。

②機：时机。

③影【莺声 2】：指小恙。

④㺘【日沟 1】：指撒娇作态。

⑤七條鬚：鲶鱼七条须。

⑥普庵符：端午节贴的吉祥辟邪符咒。

⑦節數：过年过节开支的钱款。

⑧病顫風：偏瘫状，喻全身发抖。

七四五

防對戒，勸對懲，外殼對中心。鉗鉗對鑷鑷，鏨鏨對釘釘。鄭國姓[①]，柴皇親[②]，練勇[③]對招兵。務長也務短，毛假就毛真。做詩無過李太白，食酒着讓呂洞賓。趁早頭[④]擔菜裡城[⑤]，達主[⑥]拍門，十櫥排都僆捌鄉下妹；够月尾寄批乞伙[⑦]，毛伙寫字，三行半着起动嶺表兄。

注释：

①鄭國姓：郑成功受封国姓爷。

②柴皇親：赵匡胤黄袍加身后，原后周皇帝柴荣的后裔变成皇亲。

③練勇：训练兵勇。

④早頭：早晨。

⑤裡【低鸡 2】：进。

⑥達主：挨家挨户。

⑦寄批乞伙：寄信给人家。

七四六

痘對疔，瘤對痣，銅瓢對鐵箅。大耳對欹頭，短跤對長鼻。尖頭三，闊嘴四[①]，掛名對添記。心安空就寬[②]，口惠實不至。讀書都讀頭頂當[③]，受罪故受尾後蒂[④]。戴斗笠喚表細姨親嘴，不離不即，做這影戲故務神[⑤]；拍草鞋當野淫婦落身，是色是空，貼啦本錢伓使氣[⑥]。

注释：

①尖頭三、闊嘴四：民间童话中十兄弟别称。

②空【气东 1】就寬：嗓门就大。

③讀頭頂當：喻读不进去，没有领会。

④受罪故受尾後蒂：指屁股受罪。

⑤務神：觉得有趣味。

⑥伓使氣：不要生气。

七四七

情對義，愛對恩，苦酒對甜湯。天醫[①]對歲德[②]，月忌[③]對魁罡[④]。本生父[⑤]，承重孫[⑥]，私事對公帮。拍球鼻拍拍，扛轎脛[⑦]扛扛。倚婿爲兒成畫餅，毛男靠女做糖霜[⑧]。無所不愆[⑨]僲講儨完，三頓飰跋八仙[⑩]，爹樂灯奶又樂燉；毛之噶涉[⑪]也爭許恻[⑫]，一塊柴，鋸倆橛，哥愛窄俤就愛滂[⑬]。

注释：

①天醫：管疾病的天神。

②歲德：指土地的功德。

③月忌：夏历每月初五、十三、廿四为月忌，凡事必避之。

④魁罡：又称魁罡贵人，是八字命理中四柱神煞之一。

⑤本生父：生身父亲。

⑥承重孫：代替亡父主持祖父母丧礼的嫡长孙。

⑦鼻、脛：皆为语气词。

⑧糖霜：一层膜，喻靠不住。

⑨無所不愆：无关紧要的。

⑩三頓飰跋八仙：三餐都吵个没完。

⑪毛之噶涉：鸡毛蒜皮小事。

⑫恻：变脸。

⑬滂【波釭 1】：宽阔。

七四八

足對餘，豐對滿，麞頭對鼠眼[①]。緊緊對雄雄[②]，胖胖對髒髒。霞浦街，漳湖坂，皮條對氣管。官廳禮抽租，番仔又做反。乾濕脚氣千鏈膏[③]，偏正頭風一字散[④]。賊心賊腸賤繆手，做一齣兵圍普救寺[⑤]，無非坐地分贓；好頭好面臭股穿，倚這回威震逍遙津[⑥]，真正僩大借膽。

注释：

①麞頭、鼠眼：皆喻长相难看。

②雄雄：坚挺紧绷。

③千鏈膏：治疗风湿的膏药。

④一字散：治偏头痛的药方。

⑤兵圍普救寺：出自《西厢记》。

⑥威震逍遙津：出自《三国演义》。

七四九

掘對埋，鋤對掃，長啼對佬嗽。族譜對行規，私財對公教[①]。平平犂[②]，寖寖[③]透，桶箍對燈罩。做鱉毛笑龜，務獅故拿豹。含伊[④]關門自做倲，使你[⑤]落井去拍炮[⑥]。暗咧開臺基[⑦]，明是租公館，真正前鐤炒醬，後鐤炒糟[⑧]；你那辦稅務，我就掛洋牌[⑨]，免的東家倒墻，西家倒竈。

注释：

①公教：官办教育。

②犂：指靠近边缘。

③𡪢【出宾2】𡪢：刚好。

④含伊：还以为他。

⑤使你：谁要你。

⑥落井去拍炮：喻落井下石。

⑦臺基：指男女偷情场所。

⑧前鍋炒醬，後鍋炒糟：喻做事乱糟糟。

⑨掛洋牌：挂洋人牌号偷漏税。

七五〇

横對蠻，卑對鄙，監臨[①]對經理。凑股[②]對輪跤[③]，當頭對序齒[④]。扛扛扛，比比比，多勞對且喜。興化[⑤]炒荳芽，高麗[⑥]燉蓮子。膘手瀆[⑦]够嘴皮墘，跤尖踢着令核只。仈倆口舌倆，對付又難，揚傳[⑧]又快，無故晡暢[⑨]昂昂騰[⑩]；事忙應酬忙，巴結價上，運動價徠，真正儺急吊吊死[⑪]。

注释：

①監臨：到场监督。

②凑股：集资入股。

③輪跤：轮值。

④序齒：按年龄大小排序。

⑤興化：兴化粉。

⑥高麗：高丽参。

⑦瀆【低孤8】：捅向。

⑧揚傳：传播。
⑨晡暢【他光3】：耍传。
⑩昂昂騰：沸沸扬扬。
⑪吊吊死：喻急死人。

七五一

湔對漂，曝[1]對晾[2]，活脫對生成[3]。長街對古廟，窄巷對空埕。大雅里，小排營，草號[4]對花名。務手[5]當官薦，毛跤討路蹢。家住江南蘇州府，信寄湖北武昌城。伊實在野荒唐，總務一日打單眩[6]，看伊故敢許呆惡[7]；你伓通渴[8]欺負，那惹老哥婆陶操[9]，共你就併啦[10]輸贏。

注释：
①曝【波光8】：日晒。
②晾【柳声5】：晾干。
③生成：天生的。
④草號：绰号。
⑤務手：有门路。
⑥打單眩：晕头转向。
⑦許呆惡：那样横行作恶。
⑧伓通渴【气山3】：不要太过分。
⑨婆陶操：形容暴怒。
⑩併【边声3】啦：拼斗。

七五二

搥對捏，挫對捱[1]，竹骨對棉胎。銅鈎對鐵絚[2]，籐椅對索梯。七七做，十十開，解厄對消灾。可憐佬碻碻[③]，好傻小乖乖。前隊那輸后隊朒[④]，上梁不正下梁歪。窮時受怪[⑤]，富時忘恩。氣起來僢共伊咬倆嘴；先看仈緣，後看志運，薦[⑥]出去也倚你趁一腊[⑦]。

注释：

①捱【语开 1】：承受。

②緆【蒙东 7】：指网。

③佬碻【气歌 3】碻：老朽。

④朒【日须 4】：退缩，喻斗志不强。

⑤受怪：受苦，可怜。

⑥薦：指抢先出头。

⑦趁一腊【求开 1】：赚一把。

七五三

蓰對偎，胎對養[①]，瓦諳[②]對灰仰[③]。起鎮[④]對拔篷[⑤]，挨舵[⑥]對盪漿[⑦]。搭心肝，拍巴掌，象標[⑧]對螺管。月無夜夜圓，草是年年長。燈掛上壁照儧明，鑼掯過山拍故響。十一指猜拳沒對手，隨便在你揀三元四喜、七巧五魁；二八天相體亂穿衣，難道都毛拘夏葛冬裘、春羅秋紡。

注释：

①胎對養：怀胎对生养。

②瓦諳【莺山 5】：屋顶承椽的横木。

③灰仰：檐口的石灰扎口。

④起鎮：起锚碇。

⑤拔篷：升帆。

⑥挨【莺西 1】舵【低歪 7】：指摆舵。

⑦盪【他缸 3】槳：指摇桨。

⑧象標：象形标志。

七五四

燥對乾，枯對槁，拉長對拍倒。碗仔對缸婆[①]，酒娘[②]對醋粡[③]。半摺衫[④]，百衲襖[⑤]，交缘對取保。如何如之何，無可無不可。失意事從得意來，去年仈到今年老。意見務參差，㑂一樁[⑥]都儺棉搭絮，早就捌我其鏽儨對汝甑[⑦]；元神[⑧]那會合，逢百證[⑨]故勝蜜鬮[⑩]糖，總着借伊嗄匙[⑪]俫開這鎖。

注释：

①缸婆：大海碗。

②酒娘：传统制作的初酿酒。

③醋粡：酿醋的酵母。

④半摺衫：前半段有褶皱的上衣。

⑤百衲襖：出家人穿的衣衫。

⑥㑂【时沟 2】一樁：每一桩。

⑦甑【时缸 5】：蒸笼。

⑧元神：指精神意愿。

⑨逢百證：遇见任何事。

⑩鬮【气郊 1】：掺入。

⑪伊嗄匙：它那把钥匙。

七五五

湯對汁，滷對浆，戀愛對淫奔。冰梅對鹽豆[1]，蜜棗對糟薑。謝袍巷，衣錦坊，過秤對添箱[2]。目周燈盞大，頭髮眼鏡光[3]。孝親勝唸千聲佛，濟衆強燒萬柱香。強將手下無弱兵，經過百折千磨，孟不離焦，焦不離孟[4]；歇仔口頭僨算數，爭恻[5]半斤八兩，張莫笑李，李莫笑張。

注释：

①鹽豆：一种家常小菜。

②添箱：女子出嫁时，娘家亲人送的贺礼。

③眼鏡光：油光发亮。

④焦、孟：皆指杨延昭手下孟良与焦赞二将。

⑤爭恻：争吵翻脸。

七五六

筐對斛，斗對升[1]，厨子對社丁[2]。苦差對肥缺，雜稅對逃兵。拍官話，認鄉親，義重對言輕。同名毛同姓，知面不知心。國家責任天來大，夫婦恩情海樣深。餞行就搭千里長棚，興盡悲來，再沒僨散其筵席；起厝[3]都寫萬年寶盖，墙歪壁倒，那有不壞的金身。

注释：

①筐、斛、斗、升：皆容器或量具。

②社丁：村社义工。

③起厝：盖房子。

七五七

破對傷，虚對損，長衫對短䘰[①]。帶鎖對披枷，吊梁[②]對囤磙。菩提紗[③]，金剛鑽，虚化[④]對魯莽。做伙着謙虚，儉乇乇揀選。價廉物美諸伙贪，福至心靈在你[⑤]講。覆栳神[⑥]臨時務聖，發財票壓着頭彩，使錢也使喇喇疎[⑦]；俥仔鬼[⑧]退送價完，普庵符縛落手關[⑨]，做代故做剥剥黨[⑩]。

注释：

①䘰【柳缸2】：内上衣。

②吊梁：吊起横梁。

③菩提紗：用菩提叶制作的画类工艺品。

④虚化：虚与委蛇。

⑤在你：任你。

⑥覆栳神：迷信请神活动。

⑦喇喇疎：形容熟练、轻易。

⑧俥仔鬼：捣蛋的小鬼神。

⑨縛落手關：缚在手腕关节处。

⑩剥剥黨：喻累做不成。黨，指断。

七五八

蠢對靈，尖[①]對笨，温馴[②]對疲閏[③]。冷拌對嗦糟[④]，生[⑤]炊對清炖。灯灯燒，打打繕，謙和對恭順。不滅亦不生，所答非所問。儨做蚯蚓儨做龍，伓像烏鴉伓像鳳。急水好找魚，也着碰時道[⑥]，生意固然務生意機緣；將軍不下馬，各自奔前程，長官真正拿[⑦]長官身分。

注释：

①尖：尖刻刁钻。

②馴：【时春5】。

③疲閏【日春7】：疲软拖沓。

④嗏【低嘉1】糟：用米糟参调食物的烹饪方式。

⑤生【出声1】：未熟。

⑥時道：运气。

⑦拿【日鸡8】：指端着。

七五九

煩對惱，急對驚，噶[①]垢對臭馨[②]。咬牙對切齒，覆甲[③]對灣胼。三排巷，五落廳，拔刺對抽菁[④]。僻捫野猫衕，真像老鼠精。冒調吃調不够調[⑤]，好聲呆聲伓是聲。蝴蝶面，務八版，慣做二花，那練這鼻喳攤攤，舌尖軟軟；鴉螬頭，乍一紅，味登兩榜，先學啦目寧釣釣[⑥]，嘴鬏犴犴[⑦]。

注释：

①噶【求山8】：指粘黏。

②臭馨【非声1】：臭气溢出。

③覆【波春4】甲：肩胛前俯貌。

④菁【出声1】：指小刺。

⑤冒調吃調不够調：指唱戏不着调。

⑥目寧釣釣：眼角上吊。寧，指睖。

⑦犴【语声1】犴：形容胡须竖起上翘。

七六〇

啞對聾，駝對瞎，巡丁對保甲。耳帽①對肩章，腰包對背褡。卍字紋，四方格，征收對監察。山頭找鵰鴣②，厝脊認鵓鴿③。野猫毛主過家偷，小馬乍跖嫌路窄。親家伯喬灣灣④半飠半餓，扁担頭禮困，務仈去幫鋪⑤；諸娘孫那隻隻⑥只大只咸⑦，囊市覆⑧卡調，伓存都做客。

注释：

①耳帽：带护耳的棉帽。

②山頭找鵰鴣：俗语“一山头一鵰鸪”。

③厝脊認鵓鴿：鸽子只停在屋顶上。

④喬灣灣：喻极穷。

⑤幫鋪：合床睡觉。

⑥隻隻：人人。

⑦只咸：这般高。

⑧囊【日缸 5】市【出之 7】覆【波春 4】：拧转钱币叫“囊”，猜正反面叫“猜市覆”。

七六一

親對眷，誼對胞，監印對代庖①。躐符②對迸注，壓寶對抽骰。蝴蝶店③，鴛鴦樓④，驛馬對山猴。目滓⑤涔涔落⑥，瀾渤嚌嚌流。好曲休教愁裏聽，明珠莫向暗中投。猪牳那奔槽，猪豚就爭槽，務乇嗆儨頂呢嗆够嘴；蜂王沒着厝，蜂仔拍倒厝，毛仈管就乞伊管過頭。

注释：

①代庖：喻替别人做事。

②蠟符：喻不靠谱。

③蝴蝶店：小规模商店。

④鴛鴦樓：喻新婚夫妻所住楼房。

⑤目滓：眼泪。

⑥涔【气宾 5】涔落：哗哗流。

七六二

鎚對鍊，棍對叉，油蠟對香花。改頭對換面，紮脚對纏跤。肞脾紐，股穿疤，俤俤對娃娃。瑜伽三密院[1]，唐宋八大家。養肥白鴿放白鴿，賣去黄瓜買黄瓜。十二月雷，死仈毛棺材[2]，送葬嬷嬷遑[3]，汝燒轎，我燒紙；年嗄[4]廿五，老鼠做新婦，添箱膨膨鈿[5]，姊送網，妹送紗。

注释：

①瑜伽三密院：密宗文化。

②十二月雷，死仈毛棺材：旧说农历十二月打雷是凶年预兆。

③嬷嬷遑：忙个不停。

④年嗄【蒙山 5】：近过年，指腊月。

⑤膨膨鈿：装得满满。

七六三

靠對依，偎對傍，插標[1]對掏磅[2]。傘柄對俥門[3]，碗籃對燈桁[4]。三劑灣[5]，半長歇[6]，折乾[7]對幫項[8]。東風拍西風，後浪推前浪。榮華富貴總是空，朋友親疏都毛論。來從來處來，去從去處去，和尚頭教徒弟，將萬[9]坐禪；短其短又短，長其長又長，秀才伯做文章，故呆告狀[10]。

注释：

①插標：插上标签。

②掏磅：过磅。

③俥閂【出釭3】：车辆横杠。

④燈桁【莺釭7】：大厅上挂吊灯的横梁木。

⑤三劑灣：喻多段弯曲。

⑥半長歁：半傻不傻。

⑦折乾：以金钱折价贿赂。

⑧幫項：帮扶项目。

⑨將萬：这样。

⑩故呆告狀：喻比写诉状还难。

七六四

鑢對雕，磨對鎁[1]，倉前對巖下。盤井[2]對搭檐[3]，扒溝對趕瓦[4]。毛猪鐓[5]，乞馬咬，唱書對賣畫。麻麻做軍師，葛葛[6]拍郎罷。够捌稱去稱又毛銀[7]，僙講的出都是話。讀萬卷書，跖萬里路，萬方多難，空空南跑够北，東跑够西；換一朝代，做一世仫，一事無成，白白秋忙過冬，春忙過夏。

注释：

①鎁【语嘉7】：指抛光工艺。

②盤井：清理井底污泥。

③搭檐：搭盖屋檐头。

④趕瓦：盖瓦片。

⑤鐓【低釭 1】：指阉割。

⑥麻麻、葛葛：皆戏剧人物。

⑦够捌稱去稱又毛銀：学会用厘戥称银子，又无银子可以称，喻学无所用。

七六五

勾對搭，挖對撓，外貎對内爻[①]。蘭孫對桂子[②]，松茂對竹苞[③]。白雲寺，明月樓，肚帶[④]對頭鍪。眼覌對勿動，心急跤價跑。蓄[⑤]啦當差蓄啦馬，務這乞倹務這猴[⑥]。兇起兇，踢着腹老筋，共猪共犬相爭，也驚失手；惡肘惡，拍傷心肝骨，務虎務豹禮對，何苦趁頭[⑦]。

注释：

①内爻：指易经六爻卦象。

②蘭孫、桂子：皆美称他人子孙优秀。

③松茂、竹苞：皆称颂他人家族兴旺。

④肚帶：指马肚带。

⑤蓄【非东 4】：雇佣，购置。

⑥務這乞倹務這猴：乞丐与猴子是常配。

⑦趁頭：出风头。

七六六

漲對浮，冲對湧，厲行對容縱。建醮[①]對持齋[②]，上香對排供。牛目燈[③]，狼機銃[④]，收成對布種[⑤]。膽大伓驚仏，皮厚假出衆。欠錢填錢毛乇推，務理講理伓使靳[6]。鐓[7]鴣騅[8]價着，鐓隻隻仔[9]故價着，沒時道共伙出口總是輸；歕喇叭毛聲，歕[10]嗶嗶響[11]也毛聲，這脚色替我搬跤都伓中[12]。

注释：

①建醮：道士设坛做法事。

②持齋：斋戒。

③牛目燈：大口径挂灯。

④狼機銃：大炮。

⑤種：【曾银3】。

⑥靳【语银3】：受惊吓。

⑦鐓：指诱捕。

⑧鴣騅：鹧鸪。

⑨隻【曾鸡4】隻仔：小麻雀。

⑩歕【边春5】：吹气。

⑪嗶嗶響：口哨。

⑫搬跤都伓中【低银3】：喻很不中用。

七六七

雙對伍，伴對陪，合夥對做媒[1]。集團對排陣，改組對拍圍[2]。三折柳，二度梅[3]，滿滿[4]對回回。捺尿掏粗紙[5]，舂米揀細槌[6]。隔壁婆婆洗鍋蕩[7]，當店俤俤曝箱霉。干[8]我扁不要臉，干我圓又毛錢，空嘴講價怪的空嘴應；共伙摙[9]沒這命，共伙比着去死，自腹痛那篆啦自腹挼[10]。

注释：

①做媒：指设局诱人的托。

②拍圍：解围。

③三折柳、二度梅：戏剧名。

④满【蒙欢 5】满：次次。

⑤捺尿掏粗紙：喻精细过头，也称“掏丝绵”。

⑥舂米揀細槌：喻偷懒。

⑦洗鑷蕩：刷锅洗碗具。

⑧干【求山 1】：迫使。

⑨搉【波声 7】：指相比。

⑩自腹痛那篆啦自腹捘【日杯 5】：喻苦楚自知。

七六八

雪對霜，雷對雹[①]，替身對做目[②]。青黛對皂礬[③]，烏烟對白墨。欹頭三，瘸手六，灯燒對滥漉[④]。排隻正面龍，拍啦回頭鹿[⑤]。鬶圭水管[⑥]笊籬瓢，墨斗推刀鐵鎚鑿。青春不再來，白髮催人老，沒志運澈底[⑦]總是窮；苦竹蛇兒口，黄蜂尾上針，呆心肝居多只滿毒。

注释：

①雹：【波东 8】。

②做目：做耳目，暗探。

③青黛、皂礬：皆清热中药。

④滥漉：煮烂捞起。

⑤排隻正面龍，拍啦回頭鹿：武术套路。

⑥鬶圭、水管：皆厨房用具，當棒与水瓢。

⑦澈底：最后到底。

七六九

召對傳，呼對喚，瞎生[1]對麻旦[2]。東嶽對西禪，北湖對南澗。白湖亭，青都觀，雙簧對夾灌[3]。昧拍也昧招，莽搓就莽散。仈過後生花過時，年怕中秋月怕半。畫一幅八面威風岳元帥，先排啦馬前張保、馬後王横；演幾臺三軍司命楊令公，着配這關外孟良、關内焦贊。

注释：

①瞎生：戏剧中眼瞎的生角。

②麻旦：麻脸的花旦。

③夹灌：道教法事中的伴奏音乐。

七七〇

圖對保，鋪對區[1]，歇馬對肥猪。堪堪對的的[2]，乍乍對于于[3]。山邊炮，河墘車，炎熱對陰虚。媒仈倆吓嘴，會伯七條鬚[4]。十字街頭去賣卜，倆跤亭下聽講書。學你真滑頭，伓願當差捧飦碗，那願當工毛仈管；教伊僻吐血，故載[5]共愽[6]倒尿壶，儥載[7]共歇做軍師。

注释：

①圖、保、铺、區：旧指基层行政区划。

②堪堪、的的：临界、恰好。

③于于：气定神闲。

④七條鬚：鲶鱼，喻指世故老人。

⑤故載：情愿。

⑥㥸【莺歌 4】：聪明人。

⑦儹載：不甘愿。

七七一

節對貞，廉對恥，磋商對評比。乏力對勞神，容情對講理。衰肘衰，喜冲喜，齊眉[①]對序齒[②]。好店使呆錢，窮仪僋貴米。一頂緑帽滿天飛，百尺朱樓平地起。心肝共火燒，動不動受伊脅制，屈[③]仪手下讓仪三分；目周乞屎潑[④]，現打現看儹分明，近着面前遠着千里。

注释：

①齊眉：举案齐眉，喻夫妻相敬如宾。

②序齒：按年龄大小排序。

③屈【气春 4】：指处在。

④目周乞【气须 4】屎潑：眼睛被屎糊住，喻目光短浅。

七七二

本對基，胚對劑[①]，催銷對變賣。正座對套間，迴廊對撇榭。可然亭[②]，同善社[③]，徵求對倚藉。告状扛連埋[④]，賭錢日透夜。先教俤俤做哇哇，昧共姑姑漢[⑤]謝謝。話箱[⑥]開沒歇，五更捌早[⑦]刮刮叫，嗄嘴[⑧]真像老鴉；聖架跋儹完，一日够暗搊搊遑[⑨]，這手故呆毛蟹。

注释：

①劑：做产品的材料。

②可然亭：酒楼名。
③同善社：晚清著名社团。
④告状扛連埋：喻兴狱包讼到底。
⑤漢：指说。
⑥話箱：话盒子。
⑦五更捌早：凌晨早起。
⑧嗄【非奇 2】：那（张）。
⑨搗搗遑：喻手忙脚乱。

七七三

葱對蒜，芋對薯，沒够對多餘。跣腰[1]對僫腿，歪鼻對禿顱[2]。新生活，大掃除，好勢對強辭。鋪橋共鋪路，拜廟連拜祠。師傅工夫務够位，姑爺景況實在儒[3]。棺材裡拍算盤，抖數[4]過半暝[5]。夥計罵老板犬呀犬；竈廊頭排酒盞，好食那一碗，課黎請親家魚囉魚。

注释：
①跣【时天 2】腰：闪着腰。
②顱：【柳须 5】。
③儒：懦，软懦。
④抖數：把数目重新清算一遍。
⑤暝【蒙山 5】：瞑，夜晚。

七七四

前對後，始對終，紗帽對網巾。合歡對報喜，解煞對開冲。自鳴炮，不斷鐘，財庫對命宮[1]。故差[2]萬八丈，够重百三斤。萬慮能消惟有酒，一年之計在於春。真真劉玄德得人和，坐鎮東西川，丞相無雙諸葛亮；道道[3]李世民務天意，掃平南北寨，將軍蓋一尉遲恭。

注释：

①財庫、命宮：皆算命卜卦用语。

②故差：还差。

③道道：果然。

七七五

糧對麥，豆對秧[1]，築壩對拍墩[2]。布商對柴客，米販對錢幫。金大力[3]，土行孫，水巷對鹽倉。雲遮佤見月，雪重又加霜。嘴皮佛掛的燈馬，手指儨做呢門楦。頭髮㹀㹀[4]，務鬼看佛驚，留禮乞癲婆去拌落菜[5]麵；目周矚矚[6]逢仈[7]都哺嚇，豢那騙歁仔來偷薑姆湯。

注释：

①秧【莺釭 1】：幼苗。

②拍墩【低釭 1】：打桩。

③金大力：小说《施公案》中人名。

④ 㹀【语声 1】 㹀：须发稀疏且硬挺貌。

⑤落【他之 5】 菜：苔菜。

⑥矚【日声 4】矚：眼睛一睁一闭地闪动。

⑦逢仈：无论什么人。

七七六

運對銷，租對賣，圍棋對學畫。小暑對大寒，中秋對立夏。

面鼊鼊[1]，嘴蟹蟹[2]，挖墙對爬瓦。出頭難難難，倒手罷罷罷。猪屎莽臭也值錢，牛屄僆吹都是話。五姨太罵伙，真真機叫，跤骨仔亞[3]對橛[4]，插汝股穿；三老爹出路，正正累追[5]，令脬袋一長拖[6]，掛伊腹下。

注释：

①面鼊鼊：面相不善貌。

②嘴蟹蟹：嘴型难看，嘴角下斜。

③亞：挜，拗断。

④對橛【气过 8】：中间折断。

⑤累追：累赘。

⑥令脬袋一長拖：喻各种物件装一大堆。

七七七

瘟對疫，賴[1]對瘋，討迹對跟踪。巡丁對保甲，縣伯[2]對門公[3]。半長懵懵，百件通，拔綫[4]對爭鋒，講南僆走北，跖西又去東。半日黄沙半日雨，一時烏暗一時風。偧飦快，捺屎粗，夥計哥支辛工[5]，老板嫂僆算啦踺踺座[6]；養仔紗[7]，使錢大，相公娘鬧癖性，唐哺伙那够蝦蝦皴[8]。

注释：

①賴：指麻风病。

②縣伯：县衙胥役。

③門公：看门的人。

④拔綫：牵线联络。

⑤支辛工：支取工钱。辛，指薪。

⑥躂躂座：喻精算到底。

⑦紗：师，喻精通此道。

⑧蝦蝦皺【曾春 1】：喻吓得缩成一团。

七七八

傲對貪，煩對厭，糖燒對盐醃[①]。雙枪對單刀，八鎚對三箭。安福膏[②]，太平醼[③]，詩巴[④]對畫展。不即也不離，無聞亦無見。波平浪靜汪汪眩[⑤]，日暖風和斗斗[⑥]顫。忙裡添忙，地土都成寸寸寶，一鄉拍[⑦]芋墘，七八鄉拍薯栽；苦上加苦，天氣也變時時翻[⑧]，六月掏火籠，十二月掏蒲扇[⑨]。

注释：

①醃【时天 3】：用盐浸渍。

②安福膏：止痛消肿的膏药。

③太平醼：谐音“太平燕”，福州名菜。

④詩巴：文人诗会。

⑤汪汪眩：晕头转向。

⑥斗斗：抖抖。

⑦拍：指打算栽种。

⑧時時翻：歇后语，常常变。

⑨六月掏火籠，十二月掏蒲扇：喻气候反常。

七七九

鋤對灌，鑼[①]對犁，玳瑁對玻璃。波斯對緬甸，捷克對高麗。烏蛇膽[②]，白馬蹄[③]，孽話[④]對難題。衣裳襆[⑤]去當，盞箸排啦齊。不看僧面看佛面，真像天牌拍地牌。食芋賠薯，教嫖好比釣魚，當過馬肚帶，貼錢沒界載[⑥]；佩墻泊壁，偷脏故快拿隻[⑦]，換拉鶏毛鞋，做贼就舒排[⑧]。

注释：

①䆉：碎土农器。

②烏蛇膽：中药名。

③白馬蹄：荸荠。

④孽話：恶语。

⑤𧙗【边春 4】：指双手捧物。

⑥界載：规定，界线。

⑦拿隻：捉麻雀。

⑧舒排：舒畅。

七八〇

豐對嗇，儉對奢，捏緊對頒顯。汗巾對痰盆，尿燥[①]對瀾遮[②]。攆攆轉，圜圜俥，雙料對單奇。汝公討汝媽，伊奶閣[③]伊爹。倆其猜拳三其賭，七主欠數八主賒。姨娘卓正[④]，故勝皇帝登基，十桌酒筵，倆張公座[⑤]；和尚出喪，好像波斯進寶[⑥]，一套鑼鈸，七件袈裟。

注释：

①尿燥【时歌 3】：尿布。

②瀾遮：围涎。

③閣【求歌 4】：指亲热。

④卓正：扶正。

⑤公座：太师椅。

⑥波斯進寶：喻外国进贡的仪仗。

七八一

裹對包，裝對儎，聯歡對結拜。得罪對居功，懇恩[①]對酬債[②]。鞋面綢，褲頭帶，醃臢對尷尬。討嫫[③]換衣裳，銷差捲鋪蓋。花旦倒串[④]做大花，菜婆皈依僋長菜。頭仔羇本錢奔開□，拚啦伓成仈，土菩薩僣駁僮[⑤]；膘手落批袋漢謝勞[⑥]，揀著毛好婿，外家親做受怪。

注释：

①懇恩：请求恩典。

②酬債：喻听话顺从。

③討嫫【蒙过 2】：讨老婆。

④倒串：反串。

⑤土菩薩僣駁僮：指泥菩萨也可帮忙解厄。

⑥膘手落批袋漢謝勞：喻嘴上道谢，背地咒骂。

七八二

印對鈐[①]，章對記，呆聲[②]對臭氣。殼殼對皮皮，根根對蒂蒂。咀只哆[③]，迦羅唎，高情對厚意。借刀去刣頭，掏箸來遮鼻。火鉗桌布釘板刀，水管鼎筅笊籬箅。大魚伓爭，小魚爭哺惻，面仔猴猴[④]，老做對頭；左傳昧讀，右傳[⑤]讀乍完，目周猑猑[⑥]，那想考試。

注释：

①鈐：盖印章。

②呆聲：不友善的声音。

③咀只哆，迦羅唎：梵语。

④面仔猴猴：喻面目不善。

⑤右傳：喻杜撰的书。

⑥猑【日之3】猑：眯缝眼或近视眼。

七八三

擒對扭，摘[1]對抓，務味對毛渣。榨油對濾汁，研粉對熬膠。掏籠臂，起轎跤[2]，托腎對嚎脬[3]，濫漕[4]好躲世[5]，刻薄不成家。近水樓臺先得月，滿城簫管盡開花。白面小姐，竹槓隨便莽敲，講牌就牌，講酒就酒；紅帶師爺[6]，米湯[7]加倍好灌，種豆得豆，種瓜得瓜。

注释：

①摘【低宾4】：指迫近。

②起轎跤：婚前一天，娘家办酒席送新娘的习俗。

③托腎、嚎【非初1】脬：皆戏称拍马屁。

④濫漕【曾初1】：指极度拖拉。

⑤躲世：偷懒。

⑥紅帶師爺：指男方接亲代表。

⑦米湯：米酒。

七八四

助對捐，供對給，拍長[1]對平匹。爭氣對掛心，勞神對煞息。偵查庭，編輯室，耳聞對目擊。錢勴[2]共錢爬，鍋乾加鍋熚[3]。貴造[4]缺水又缺金，錯工[5]拍銅連拍錫。米數[6]一街欠够盡，米缸都榻柏，年曖兜燈馬僆跑；酒錢一節都昧攀[7]，酒店禮纏松，大橋頭尿桶肘急。

注释：

①拍長：持续长时间。

②勴【柳初 7】：指往里扒。

③鍚熚【边宾 4】：锅裂开。

④貴造：敬称求相命者。

⑤錯工：金属加工工艺人。

⑥米數：指日常生活费用。

⑦昧攀：未偿还。

七八五

白對烏，乾對净，金條對銀錠。鬅鬅對鬍鬍，光光對灧灧[1]。嫌命長，慶糧賤，心安對力健。尼姑走下山，水鬼爬上岸。道士拍死道士聲，財主生成財主命。姨娘儘務式[2]，做件蘿蔔絲皮襖，身分又重，斤兩又輕；大少伓是形[3]，生啦橄榄核股穿，企跤儨噶，座位儨定[4]。

注释：

①灧【莺声 7】：闪闪发光。

②務式：花样多。

③伓是形：没人样。

④企跤儨噶，座位儨定：喻坐立不安分。

七八六

餘對另，缺對差，的篤[1]對之抓[2]。碗糕對缸豆，盆結[3]對鍋粑。目出火，鼻流沙，閒講對細查。好面伓見客，白手自成家。五行山下孫行者，十字坡頭母夜叉。三腹戳仈客[4]，毛酒又毛肴，那篆噶齖[5]尤魚抽心白菜；五籌靳[6]諸娘，歪奶養歪仔，盡像㔥頭老鼠黨蒂西瓜。

注释：

①的篤：随意点触。

②之抓：胡乱抓取。

③盆結：结块。

④三腹戳【出歌8】仈客：不速之客。

⑤噶【求山8】齖：塞牙。

⑥五籌靳【语银3】：恶作剧瘆人。

七八七

早對遲，來對去，三回對五次。節節對枝枝，花花對絮絮。訓練班，審查處，周旋對挹注[1]。半假共半真，毛憑也毛據。使錢容易積錢難，立法尊嚴行法恕[2]。啞子吃黄蓮黄那那[3]，吞儥裡吐儥出，可憐有口難言；闊哥戴緑帽緑彭彭[4]，皮又厚肉又肥，真正毛目去覻[5]。

注释：

①挹注：取多余以补不足。

②恕：宽恕。

③黄那【日嘉5】那：黄澄澄。

④緑彭彭：绿油油。

⑤毛目去覻：看不上眼。

七八八

泡對煎，熬對燙[①]，花秤對竹桁[②]。肥胖對衰頹，粗攙[③]對細嫩。猪仔牙，鴨姆卵，干脩[④]對幫項[⑤]。兩老取東川[⑥]，八美征西藏[⑦]。抓着犬棍拍賤人，縛啦馬裙邁冤狀。大喉嚨[⑧]務煞神許惡，喝咾喝干伊[⑨]變鴨，呎[⑩]咾呎干伊變鷄；呆癖性比強盜故兇，哼一哼叫你僋蟶，碰一碰叫你僋蚌。

注释：

①燙【他釭 7】：二次加热食物。

②竹桁：晾物竹竿。

③粗攙：粗暴鲁莽。

④干脩：干薪。

⑤幫項：帮扶项目。

⑥兩老取東川：《三国演义》中黄忠与严颜的故事。

⑦八美征西藏：《八美楼》中八女征伐西藏立功。

⑧大喉嚨：大声喊叫。

⑨干伊：要让他。

⑩呎【出鸡 1】：斥责。

七八九

重對叠，砌對堆，玉鎖對金杯。熬油對磨粉，研炭對燒灰。笑面虎，縮頭龜，死貨對呆胚[①]。計多龍許活[②]，事過馬難追。明人伓講背後話，好漢昧僋眼前虧。一池清水，倆下半鼓够俳俳渾[③]，又做湖鰍[④]，又做潭鯛[⑤]；滿座春風，幾句話引伙哈哈笑，伓像客鵲，伓像鴣雛[⑥]。

注释：

①死貨、呆胚：皆骂人话。

②龍許活：像龙那样活跃。

③俳【边西5】俳渾：浑浊。

④湖鰍：泥鳅。

⑤潭鯯【曾灯4】：鲶鱼。

⑥鴣雛：鹧鸪。

七九〇

粥對糊，漿對�[1]，賣刀對借傘。正面對偏心，愁眉對淚眼。蒙古營，福安館，強梁[2]對古板。講話使呆錢，食飰揀大碗。投河跳井上麻繩[3]，踏罐竚缸拍鐵鐧[4]。麻油拌韭菜，各仏心裡愛，臭做香，香做臭，干仏五肚生烟□；荷包貯檳榔，跟班手頭長，偷咾攝[5]，攝咾偷，真正一身都是膽。

注释：

①粇【莺山2】：指米汤。

②強梁：霸凌。

③上麻繩：上吊。

④踏罐竚【他初3】缸拍鐵鐧：江湖杂耍的节目。

⑤攝【语鸡4】：指夹取。

七九一

簫對笛，管對弦，璧合對珠聯。紡紗對織布，賣綫對彈棉。十樣錦，五銖錢[1]，目水[2]對心田。觀音請羅漢，嫦娥愛少年。邂逅相逢緣不淺，英雄只怕病來纏。請醫生相信這袋屎郎中[3]，單腹脹那漢呢務身喜；揀伲婿[4]僚碰着噶痰[5]子弟，大頭靠仈加啦爛目墘[6]。

注释：

①五銖錢：汉代钱币名称。

②目水：眼光。

③袋屎郎中：指医术不精的医生。

④揀伲婿：挑女婿。

⑤噶痰：喻糟糕，不良。

⑥爛目墘：眼疾。

七九二

羇[1]對吊，掛對懸，得道對參禪。纏纏對絆絆，絮絮對綿綿。刀出鞘，箭離弦，接洽對牽連。愆做頭髮尾[2]，話够嘴皮墘[3]。駿馬偏駝[4]痴漢走，巧妻常伴拙夫眠。善惡到頭終有報，只爭來早與來遲，笑死牛皋氣死兀术[5]；衙門舞弊本難除，大半講錢毛講理，昧拜嚴嵩先拜嚴年。

注释：

①羇【求鸡1】：绳系。

②愆做頭髮尾：喻缺德事做太多。

③話够嘴皮墘【求天5】：话到嘴边。

④駝【低歌5】：驮着。

⑤笑死牛皋氣死兀术：出自《说岳全传》故事。

七九三

兇對狠，詐對刁，火日[①]對花朝[②]。夾紗[③]對剪綹[④]，拐帶對流鏕[⑤]。死毛救，麻的超[⑥]，嘴苦對心焦。務仔受仔累，毛嬷做嬷嬌[⑦]。鳳仙[⑧]開過蓮房[⑨]老，燕子巢成柳絮飄。相罵沒好話，相拍沒好拳，牛皮瞞[⑩]鼓終須破；能儉莫笑窮，能勤莫笑賤，馬屎當柴也着燒。

注释：

①火日：五行居火的日子。

②花朝：农历二月。

③夹纱：指偷情。

④剪绺：指盗窃。

⑤流鏕：开玩笑或作弄人。

⑥麻的超：女人麻脸又风骚。

⑦嬷嬌：撒娇。

⑧鳳仙：指凤仙花可做中药材。

⑨蓮房：指莲子果实可做中药材。

⑩瞞【蒙山 5】：指蒙在。

七九四

半對全，奇[①]對偶，才情對技巧。海賊[②]對山神，畲婆[③]對嶺表[④]。一字師，三花丑，殘花對敗柳。弄假反成真，將無來作有。不關心處也關心，得放手時須放手。觀音佛七世那修一粒痣，悟得透香味色聲[⑤]；青盲算三弦僯擰[⑥]十歡伬，辨不出精粗好醜。

注释：

①奇：【气鸡 1】。

②海賊：海盗。

③畲婆：畲族妇女。

④嶺表：旧称山里人。

⑤香味色聲：《心经》句“色声香味触法”。

⑥擰【日声 2】：掺和在一起。

七九五

煨對焙，滃[1]對滃[2]，佛子對仙翁，調蟾[3]對捫蟲，賣蛤對刣蜂[4]。講豪套[5]，打抽豐[6]，引线對爭鋒。做鬼脫[7]仈後，毛位占代中[8]。幾家飽暖千家怨，一竅聰明百竅通。講評話講出名，彈彈新[9]清代奇書，年羹堯征西北藏；做佬生坐在價[10]，刮刮叫京班好戲，諸葛亮祭東南風。

注释：

①滃【非宾 4】：指焖。

②滃【莺春 1】：指洒灰盖住。

③調蟾：指钓蟾。

④刣蜂：割蜜。

⑤豪套：闲聊。

⑥打抽豐：揩油。

⑦脫：【他缸 8】。

⑧代中：正当中。

⑨彈彈新：崭崭新。

⑩坐在價：因而身价高。

七九六

拐對欺，瞞對誘，拍長對持久。兩兩對雙雙，三三對九九。馬牛羊，龍虎狗，居奇對出醜。揀佛乍燒香[①]，饒人不舉手。功名事業不如閒，富貴神仙何處有。一職壓一職，都司管遊擊，官大架大，七其册[②]，八其扛[③]；八珍[④]加八珍，羅漢請觀音，菜滂[⑤]席滂，倆頓飦，三頓酒。

注释：

①揀佛乍燒香：初来烧香者挑拣佛供奉。

②册【出声 4】：指搀扶。

③八其扛【求釭 1】：八人抬。

④珍：量词，指尊。

⑤滂【波釭 1】：指酒席丰盛。

七九七

堵[①]對富，攔對隔[②]，跤聲對面色。轉動對騰挪，追加對勒迫。呆做呆，尅[③]肘尅，花園對綵結。親母親母賅[④]，傻婆傻婆塞[⑤]。着了裟袈事更多，抱粒牌套啼儘恻。官親[⑥]搓火腿索，烏雲黑暗，那見伊只手去許手來；歇仔傄蕫牳湯，清水白煠，僬笑汝務目開毛目刻[⑦]。

注释：

①堵：古代称钱币为“阿堵”，福州民间则称“所堵”。

②隔：【求灯 4】。

③尅：指挤。

④親母眩：骂亲家粗口。

⑤優婆優婆塞：指僧尼。

⑥官親：菅【求山 1】菁（讹官親），草名。

⑦目刻【气灯 4】：闭眼。

七九八

足對豐，充對裕，報銷對斡預。手卷[①]對腰包，骨牌對牙箸。抱不平，靠的住，狐疑對猶豫。半路乍[②]修行，一冬[③]做玩具。芍藥芙蓉茉莉球，珍珠瑪瑙珊瑚樹。一朝權在手，巴掌晡揜仈嘴[④]，印柄乍攜想發財；念佛不離心，目周看透世情，袈裟未著嫌多事。

注释：

①手卷：坤包。

②乍：刚刚。

③一冬：一直。

④巴掌晡揜【莺天 2】仈嘴：巴掌要捂着人嘴，不让说话。

七九九

圜對點，撇對叉，闊少對名家。糖膏對蜜浸，蔗粕[①]對糍粑。膠手棗，股穿花[②]，野轎[③]對家車[④]。好呆儨配對，長短務參差。醉愛罵仈醒愛笑，坐成痨疾睡成痧。該食偌壞藥，着拍偌壞針，伓通醫即管醫，病即管病；務種些乇[⑤]因，就結些乇果，到底豆還是豆，瓜還是瓜。

注释：

①粕【波歌4】：渣滓。

②膠手棗、股穿花：皆市井脏话。

③野轎：路上拉客的轿子。

④家車：私家专用车。

⑤些【时鸡1】乇【日歌4】：什么。

八〇〇

唆[①]對詛[②]，嘆對咳[③]，歪鼻對脫頦[④]。爬灰對拍石，洗炭[⑤]對燒硋[⑥]。美且有，知者來，小器對庸材。矮仏休笑矮，財主善居財。狸猫屈落[⑦]狸猫洞，鳳凰𠉂上鳳凰臺。倒東一擔柴，倒西一擔柴，看風勢全藉三角肩[⑧]，毛橫不直；朝南也是竈，朝北也是竈，冲火頭都着兩吓嘴[⑨]，伓好便呆。

注释：

①唆：教唆。

②詛：谩骂。

③咳【非开5】：叹息声。

④脫頦【非开5】：下巴脱臼。

⑤洗炭：民间传说彭祖的故事。

⑥燒硋：烧制陶器。

⑦屈落：藏在。

⑧三角肩：喻蛮横貌。

⑨兩吓嘴：指进出两个通风口。

八〇一

海對溪，蘇對廣，多勞對久仰。貪懶對做嬌，藉[①]強對欺軟。趕頭刀[②]，壓手捲[③]，落訛[④]對夠本。客去主心寬，山高皇帝遠。姊夫講話尽胡塗，老闆掏錢来發賞。好就棺材，呆就草襯，蚯蚓報當沙[⑤]；務者牢獄，闘者罪仈，蜘蛛僓結網。

注释：

①藉【曾奇7】：倚仗。

②趕頭刀：赶去第一个杀头，骂人话。

③壓手捲【莺光2】：压人衣袖，喻抑制冲动。

④落訛：落人陷阱。

⑤報【边歌1】當【低釭1】沙【时开1】：在沙子中打滚。

八〇二

碰對屯[①]，丟對化[②]，纏松[③]對攤柏[④]。伶俐對佂倪[⑤]，黏挪[⑥]對抄扎[⑦]。班唏唏[⑧]對盪他他[⑨]，聽聲對拿格[⑩]。兄弟階座鹹，寃愆路頭窄。毛時[⑪]僣遇對頭仈，務錢晡做沒目客[⑫]。畫蛇添足，刣犬也者身，禮佛也者身；惹蜂釘頭，大王又着拍，馬夫又着拍[⑬]。

注释：

①屯【低春1】：触碰。

②丟、化【非花4】：皆指厨师混合搅拌食料。

③纏松：谐音“缠龙”，喻纠缠。

④攤柏：谐音“摊掰”，喻显摆。

⑤佂倪【语西5】：谐音“细睨”，喻过分挑剔。

⑥黏挪【日歌5】：喻关系密切状。

⑦抄扎：精干貌。

⑧班唏【非奇 1】唏：两腿张开。

⑨盪他【他嘉 4】他：脱光光。

⑩拿【日鸡 8】格：谐音“搦格”，指摆架子。

⑪毛時：指运气不好。

⑫務钱晡做没目客【气开 4】：有钱人还要日夜劳作，没得休息。客，指合眼。

⑬大王又着拍，馬夫又着拍：民间典故，喻上下都不讨好。

八〇三

惡對横，乖[①]對拗[②]，朱和[③]對青臭[④]。做夢對熬眠，夾嗽[⑤]對空嗽。馬桶枷[⑥]，棺材罩，轉灣對直透。頭髮匏東獅[⑦]，目周古董豹[⑧]。雷那拍秋莽毛收[⑨]，日晡彈罩禍就夠[⑩]。尧舜胶拔直，死虎留皮，死伙留名；文武打俱全[⑪]，容貓上灶，容仔不孝。

注释：

①乖：乖巧。

②拗：忤逆。

③朱和：指红得恰到好处。

④青【出声 1】臭：“青”，指未成熟。（俗语“青臭熟香”）

⑤夾嗽：咳不出声。

⑥馬桶枷：指马桶圈。

⑦匏東獅：蓬松貌。

⑧古董豹：眼球突出貌。

⑨雷那拍秋莽【蒙光 2】毛收：农谚，立秋打雷，预示晚稻

歉收。

⑩日晡彈罩禍就夠：太阳快到中午了才出来，雨就要来了。夠，到。

⑪文武打俱全：戏剧文武角色都演齐。

八〇四

趕對追，催對迫，薯湯對芋汁。錢紙對箔儀[①]，禮書[②]對弔貼[③]。臭金龜，荒木蝨[④]，監三對忘八[⑤]。汝行我也行，先得後不得。孩兒做官娘做鬼，郎罷十七仔十八[⑥]。偸倹價瞞嘴齒，少禮羈過[⑦]，欠債難償；吞瀻着倜心肝，眞話毛蠻[⑧]，客調僯惻[⑨]。

注释：

①箔儀：用纸箔作祭仪。

②禮书：订婚文书。

③弔贴：吊唁死人的帖子。

④荒木蝨：饥饿臭虫。

⑤监三、忘八：皆赌具牌九中的牌名。

⑥孩兒做官娘做鬼，郎罷十七仔十八：民间传说故事。

⑦羈過：容易过去。

⑧毛蠻：不能随意开玩笑。

⑨客調僯惻：开玩笑会翻脸。

八〇五

腫對虛，膨對脹，騃錘[①]對混帳。受氣對現形，含癲[②]對借倜[③]。羊腦瘋[④]，豬頭瘴[⑤]，拍球對踢鞬。僂仔兩樣心，入門三般相[6]。財主做夠榜榜沉[7]，莊家拈着班班漲[8]。日裏徒弟，盲裡企弟，令脬壠磨刀；好是親家，呆是冤家[9]，胶腹頭[10]生況[11]。

注释：

①駁錘：拳打，指打架互殴。

②含癲：神经质。

③借僩：传说人触犯神鬼，称被借问。

④羊腦瘋：羊癫疯。

⑤豬頭瘴：腮腺炎。

⑥入門三般相：佛家、相士认为人有三般相。

⑦榜榜沉：名声大噪。

⑧莊家拈着班班漲：赌场术语，指庄家拿的牌是零点（最小）。

⑨冤家：指吵架。

⑩胶腹頭：膝盖。

⑪生況：指长疮疖。

八〇六

鑢對磨，驫對瘋[1]，過文[2]對本事。歇馬[3]對定蟲[4]，像裝[5]對玩具。□□對不住，仙家對相士。犬背[6]賴獃仏[7]，雞叫鞠舉懼[8]。好仔伓趁六月錢，請客何在一雙箸。劉伯溫尋毛主，天上雷公，地上舅公；梁惠王拍夠□，舉人一柱，秀才一柱[9]。

注释：

①窳【莺须 7】：差劣。

②過文：走过场，做样子。

③歋【语釭 7】馬：愚鲁。

④定蟲：懒惰。

⑤像装：端庄。

⑥犬背：谐音“犬吠”。

⑦賴㱡仏：肮脏的人。

⑧鞠舉懼：拟声词，鸡鸣。

⑨柱：旧时为中举者所立表彰石柱。

八〇七

毒對兇，頑對歹，塡錢對燒紙[①]。胶糞對鼻濾[②]，耳毛對目滓。一橛[③]柴，半桶屎，宋江對劉海。水火本無情，江山有日改。親母講話伓中聽，財主務錢儥曉使[④]。開一目剋[⑤]一目，拿[⑥]豬上架，抬[⑦]犬落湯；告在官由在[⑧]官，買蠣連搣[⑨]，毛魚脘篆[⑩]。

注释：

①塡錢、燒紙：皆指丧仪。

②鼻濾【柳初 5】：浓鼻涕。

③橛：量词，一截。

④儥曉使：不懂得花。

⑤剋【气灯 4】：指闭。

⑥拿：搦，抓。

⑦抬【他开 1】：指拖。

⑧由在：任凭。

⑨𢷹：指装海蛎器具。

⑩睨篓【柳开 2】：斜视鱼篓想要。

八〇八

獺對狐，駝對象，講情對誓願。看轎對提爐，彎刀對拐杖。罵罵啼，爬爬癢，拔中對看上①。羅漢請觀音，陶代換和尚。父母生成那這形，姆婶相罵像乇樣②。賁水僆夾鼎③，扒豬屎碰着病瀉豬；看風好使船，開飯店故驚大儈飰。

注释：

①拔中、看上：皆堪舆术语。

②像乇样：像什么样。

③夹鼎：粘锅。

八〇九

濺對鹹，濃對鎮①，搜神②對参政③。土擺④對火狂，草頭⑤對花面。升一升，進不進，掛刀對過印。鼇戥簸箕紋，胶鐲鋸錘磬⑥。賠錢解賊隻是倉⑦，近廟欺神單不信⑧。倚老賣老，七十莫留罩⑨，八十莫留盲⑩；含顛不顛，上聲真好講，下聲毛好應。

注释：

①鎮：指味道过浓。

②搜神：谐音“搜寻”。

③参政：参与其中。

④土擺【边开 2】：乡巴佬。

⑤草頭：山大王。

⑥錕錘磬：脚镯上的挂饰。

⑦隻是倉：这才是大错。

⑧單不信：执拗、偏偏不信。

⑨罩：指午餐。

⑩盲：瞑，指留宿。

八一〇

纏對紮，縛對拘，亂做對胡思。靠琵[①]對哲鼓[②]，蝦領[③]對蚯嘘。寫大字，曝舊書，早市對夜劶[④]。放禮引甕蟻，教依[⑤]做蜘蛛。一年夠尾[⑥]毛出息，七落透後盡寬舒。惡人自有惡人磨，面掏尿缸去照；強中賽過強中手，頭靠門殿[⑦]野於[⑧]。

注释：

①靠琵：抵平。

②哲鼓：奚落，作弄。

③蝦領：过一会儿。

④夜劶【求须 1】：夜间劳作。

⑤依：伊。

⑥夠尾：到尾。

⑦門殿：门槛、门限。

⑧於【莺须 1】：指舒畅。

八一一

掄對拌，截對攔，拍碎對篆彈[①]。搜尋對炒致[②]，幼秀[③]對鸁殘。落地稅，過年盤，鶴突[4]對雕難[5]。搭船去興化，毛胶行浦城。長書僙容兩截講[6]，扁擔拍倒一字平。帶當[7]葫蘆，旁邊尿壺，真真呆靳[8]；自家文章，別伙佬媽，句句中環[9]。

注释：

①篆彈：剩余。

②炒致：搅局。

③幼秀：细嫩。

④鶴突：偶发冲突。

⑤雕難：刁难。

⑥僙容兩截講：能分成两段来讲。

⑦帶當：谐音“当中”。

⑧呆靳【语银3】：令人诧异，不可理喻的。

⑨中環：旧时在文字边画圈表示点赞。

八一二

倉[1]對劑[2]，駁對敲，嘴快對心焦。藥渣對粿女[3]，草寫對花銷。烏豆老[4]，番薯燒，拖穗對戰鍬。呆伙俪目滓[5]，土地毛嘴秋[6]。安蜂唤蜡[7]做企弟，老鼠邀貓看元宵。爭氣不爭財，倹倹儨飽，餓餓儨死；笑窮毛笑賤，麻麻的嬌，烏烏的超[8]。

注释：

①倉：指做错事吃亏。

②劑：喻受人作弄。

③粿女【日须3】：制米粿的熟剂子。

④烏豆老：酒类。

⑤呆伙俩目滓：坏人眼泪多，喻装可怜相。

⑥土地毛嘴秋：喻土地公地位底下。谐音“嘴鬏”，胡须。

⑦蜡：指蟑螂。

⑧麻麻的嬌，烏烏的超：麻脸的会撒娇，黑脸的弄风骚。

八一三

揀對搜，抄對掊[①]，哪吒對傀儡。毀佛[②]對敲爻[③]，衰伙對惡鬼。貓笋干[④]，龜桃粿[⑤]，窩風[⑥]對灌水。腹老儹流通，手指務長短[⑦]。蝦鮮倛夠路通橋，鱟奎寄去糞船尾。嘴只擠[⑧]，受怪汝奶，頭頂蒂剁煙[⑨]；理不平，氣死旁人，手掌中迸火。

注释：

①掊【边杯2】：翻找搜寻。

②毀佛：疑指恢复。

③敲爻【语郊5】：变形翘起。

④貓笋干：谐音“麻笋干”，引申为小竹梢。

⑤龜桃粿：用龟或桃形木模做的粿糕。

⑥窩風：避风处。

⑦短：【低杯2】（押韵用音）。

⑧嘴只擠【曾西2】：指小辈人嘴巴很能狡辩。

⑨頭頂蒂剁煙：头顶冒烟。

八一四

燒對滾，湅對灯[①]，破相對管痕[②]。加和[③]對定做，附會對串行[4]。臭犬屎，死貓腸，馬蛋[5]對龜糖。快活儨肘痛[6]，便宜去多長[7]。書駘[8]開嘴講書語，賭棍空身落賭場。隻隻[9]保新鮮，月裡孩兒，新來新婦；真真好景致，地下蘇杭，天上天堂。

注释：

①灯【求缸 5】：烫。

②管痕：裂纹。

③加和：特制加工。

④串行：伪劣冒牌货。

⑤馬蛋：一种米制的油炸食品。

⑥儨肘痛：抵不上疼痛。

⑦便宜去多長：贪便宜反而损失更多。

⑧書駘：谐音“书呆”，书呆子。

⑨隻隻：个个。

八一五

翁對宋[1]，懶對助[2]，糊篤[3]對餌娜[4]。扒單[5]對抵斗[6]，着踢[7]對蹢攄[8]。夠中尾[9]，當原初，臭兄[10]對含呵[11]。郎中病吐瀉，孤老臭腥臊。親母做伙盡縋悶[12]，姊夫講話毛濫縷[13]。八字胶好義[14]禮兵頒[15]，水流灣[16]買閑架[17]；一個嘴盡呵僐牌店[18]，和尚寺借庇[19]梳。

注释：

①翁對宋：姓氏对，福州话指愚昧无知用“愠戇”。

②助【曾初 1】：指过分马虎不作为。

③糊【非孤5】篤【低孤4】：一刹那。
④餌【日之1】娜【日初1】：迟缓散漫。
⑤扒【边嘉1】單【柳山1】：行路蹣跚。
⑥抵【低之2】斗【低沟2】：手脚颤抖。
⑦着【低过7】踢【他宾4】：走路踢上障碍物。着，指墿，路。
⑧蹰【他初1】攄【柳初1】：仰面摔倒。
⑨够中尾：到最后。
⑩臭【出郊3】兄【非声3】：作势显摆。
⑪含【非山5】呵【非初1】：含糊应付貌。
⑫縋【他杯3】悶【蒙春7】：话多，重复不断。
⑬濫【柳山7】縷【柳初1】：言语低俗。
⑭好義：好不容易。
⑮兵【边宾1】頒【边山1】：左晃右摆走路貌。
⑯水流湾：地名，家具店居多。
⑰閑【非山5】架【求嘉3】：家具俗称。
⑱牌【边灯3】店【柳灯3】：翻来覆去多变。
⑲庇【边之1】：篦。

八一六

罰對賠，褒對賞，暗盲[①]對早莽[②]。剪數[③]對透支，駁槽[④]對扒本[⑤]。手頭長，耳皮軟，行鋪對走網。揭蓋揭的鹹，奪魂奪儨轉[⑥]。那篆老婿[⑦]拔死鬮，伓存表嫂假生養。是好講好，三代莫罵天，養仔中狀元；毛呆做呆，後生毛執掌，夠死害保長。

注释：

①暗【莺山3】盲【蒙山5】：暗地里或背地里。

②莽【蒙光2】：指晚。

③剪數：指经费限额。

④駁槽：倾囊投入。

⑤扒本：捞回本钱。

⑥轉【低光2】：回转。

⑦老【柳郊7】婿【时嘉3】：指老子。（老年男子的自称）

八一七

禿對光[①]，彎對鬱[②]，畫符對杼卒[③]。兇手對賊頭，頑皮對賤骨。搖船車[④]，囊市覆[⑤]，茶山[⑥]對橘谷[⑦]。軍師哈迷嗤[⑧]，孝子傅蘿蔔[⑨]。八字行庫僯破財[⑩]，三頓偣補價發福。東偣仈麥，西偣仈豆，雷嘴之甜[⑪]；小時偷雞，大時偷牛，鬼頭毛出。

注释：

①光：光滑。

②鬱【莺春4】：把条状物拗弯定型。

③杼【他须2】卒：下棋指拱卒。

④搖船車：船型童车。

⑤囊【日缸5】市【出之7】覆【波春4】：拧转钱币叫“囊”，猜正反面叫“猜市覆”。

⑥茶【低嘉1】山【柳山1】：谐音“蹝躧”，蹒跚。

⑦橘【求之1】谷【求春4】：由静而挣扎晃动。

⑧哈迷嗤：传说金兀术的军师。

⑨傅蘿蔔：《木连救母》典故中，木连菩萨汉化的名字。

⑩八字行庫儺破財：卦语中库字离开会破财。

⑪雷嘴之甜：贬称甜言蜜语。

八一八

狂[①]對放[②]，悖[③]對荒[④]，拍獭[⑤]對慌獐[⑥]。七敷對八嚇，百頁對千張。臭五信[⑦]，講六章[⑧]，頭桶對話箱[⑨]。姑爺帶三煞[⑩]，和尚偷十方。家刀[⑪]引針針引線，衣裳補布布補漿。醬又醬，糟又糟，一個錢剃頭故着连扒耳[⑫]；麻是麻，豆是豆，毛直伊潑糞，也伓使燒香[⑬]。

注释：

①狂：疯狂。

②放：放肆。

③悖：悖谬。

④荒：荒唐。

⑤拍【波山4】獭【他声4】：霎时。

⑥慌獐：谐音“慌张”。

⑦臭五信：形容奇臭。

⑧講六章：泛指讲书上话（文字）。

⑨話箱：话匣子，指嘴。

⑩三煞：带煞气。

⑪家刀：指剪刀。

⑫扒耳：掏耳朵。

⑬毛直伊潑糞，也伓使燒香：喻无须褒贬。

八一九

杭[1]對紹[2]，魯[3]對巴[4]，煙館對骰家。長鄉對薄索，宿戇[5]對干打[6]。娘奶紙，灶君花[7]，羊目對豬胶。藹爺[8]倹神紬，老將賣山楂。夥記股穿紅既既，老爹破布之遮遮。活馬當死馬醫，奪魂轉竹[9]；白刀裡紅刀出，刣仔种瓜[10]。

注释：

①杭【非釭 7】：指杭州，喻提防。

②紹【时秋 5】：指绍兴，喻美慕。

③魯【柳孤 2】：指山东，喻合伙谋算。

④巴【边嘉 1】：指重庆，喻讨好。

⑤宿【时银 4】戇【日春 3】：潮湿不干，喻头脑不清。

⑥干【求山 1】打【低嘉 1】：干透状。

⑦娘奶紙、灶君花：分别指供奉临水夫人的纸钱和灶君的花。

⑧藹爺：下界爷（阴间神祇）。

⑨奪魂轉竹：民间招魂回转的道术。

⑩刣仔种瓜：一种江湖戏法。

八二〇

拗[1]對乖[2]，翻[3]對順[4]，紅燒對白燉。粒隙[5]對榔時[6]，捷勞[7]對病笨[8]。奢轉灣[9]，打單椿[10]，討闗[11]對解悶。十事九不成，三年一轉閏。屎哥屎哥毛名堂，金仔銀仔務身份。抱着金剛胶腿，觀音佛拍腹寒；爬上皇帝糞坑，平君燦行屎運。

注释：

①拗：悖逆。

②乖：乖巧。

③翻：抵触。

④順：和顺。

⑤粒隙【气宾 4】：颗粒不剩。

⑥椰時：过时。

⑦捷勞：手脚麻利。

⑧病笨：笨拙。

⑨奢【出奇 1】轉灣：转回头。

⑩打【低嘉 2】單【低山 1】椿【出春 7】：反向用力拧绞。

⑪討關：打通关节。

八二一

搥對擂，扭對攀，變死對翻生[①]。輪宮[②]對鎮殿[③]，出閣對過關[④]。湖北老，古田兄，五祀[⑤]對十歡。毛錢坐中堵，務鑼綰過山。雞屎落地三寸氣，燕仔轉厝七月般。胡論過年，毛柴領牛螺[⑥]來煞[⑦]；挑唆成事[⑧]，耳聾聽鴨姆叫冠[⑨]。

注释：

①變死、翻生【出声 1】：皆形容人的脾性突然大变。

②輪宮：轮流值守。

③鎮殿：单独值守。

④過關：旧时相命认为人生会经历各种关卡，要请道士作法过关。

⑤五祀：指中国古代五种祭祀活动。
⑥牛螺：牛鞭。
⑦煞【时山8】：煠，熬煮。
⑧成事：谐音“寻事”。
⑨叫冠：指公鸡叫更。

八二二

枷對鎖，弔對刣，牌套對棺材。當差對趁倯[①]，夥記對奴才。跋不倒，扛連埋。換鼻[②]對脫頦，五螺[③]做乞倯，八蟹生的呆[④]。大王價曉弟子苦，羅漢毛事[⑤]窮鬼嗳[⑥]。好就笑伓好就啼，一把鼻濾[⑦]一把目滓；合則來不合則去，伓像螺手伓像腹臍[⑧]。

注释：
①趁倯：指仆人。
②換鼻：谐音“放屁”。
③五螺：手指上的斗和箕的数量。
④八蟹【非嘉7】生的呆：喻眉毛长成倒八字显丑。
⑤毛事【时须7】：不理睬。
⑥嗳：依赖。
⑦鼻【波之3】濾【柳初5】：“鼻涕”的口语。
⑧伓像螺手伓像腹臍：喻人上不上，下不下，不合正道。

八二三

螳對蛤，草對蓮[①]，芋蒂對瓠爿。壁刀[②]對板架，椅墊對磨層。多啾唧[③]，半浮沉，背後對面前。吾弟張翼德，家兄王化行[4]。一張校椅[5]輪輪坐，兩其兄弟平平鹹。月暈蕩[6]，日暈晴，南風剝報[7]，土沙拍到；天對來，地對去，烏雲黑暗，竹篙犁田。

注释：

①草、蓮：皆淡水鱼。

②壁刀：古厝房间隔堵的泥竹构件。

③啾【出秋 1】唧【曾宾 4】：喻小声细说。

④王化行：人名，清康熙名将，曾任台湾镇总兵。

⑤校椅：指交椅。

⑥蕩【低缸 7】：指下雨。（此句为天气谚语）

⑦剝【边光 4】報【边歌 3】：指生成风暴。

八二四

蘇對閏[1]，臭對央[2]，瞎瞎[3]對冤冤[4]。跳牆對繞灶，夾瓦對拍磚。風透透，日光光，賠[5]芋對咬薑。担遲莫担錯[6]，離祖不離腔。無意栽花花不發，有心拍石石務穿。變犬變豬，好仔來填錢[7]，呆仔[8]相欠債；做貓做鼠，窮仈好[9]看命，富仈欲[10]燒香。

注释：

①蘇【时孤 1】、閏【日春 7】：谐音“酥、韧”，皆指食物口感。

②央【莺香 1】：指极臭。

③瞎【非山 4】瞎：指马马虎虎。

④冤【莺光 1】冤：指晕头晕脑。

⑤賠【边杯7】：指焙。

⑥擔【低山7】遲莫擔错：宁可做得慢不要做错。

⑦填錢：还钱。

⑧呆仔：不良子弟。

⑨好【非歌3】：偏爱。

⑩欲【莺催3】：喜欢。

八二五

尋對討，乞[①]對干[②]，拿溜[③]對叫更[④]。草包對柴配[⑤]，火駁[⑥]對冰頒[⑦]。菩毒述[⑧]，蕪圖縵[⑨]，竅能[⑩]對灣胼。三千年結子，十八省透番。銀錢难買外家路，風水都着别仈山。老闆嫂行时仈，比街中馬肉故罜[⑪]幾十倍；諸娘仔賠錢貨，是廟裹豬頭務主伓使爭。

注释：

①乞：给予。

②干：迫使。

③拿溜：开溜。

④叫更：打更。

⑤柴【出奇5】配【波杯3】：谐音“柴杮”，木材加工的木屑和刨花。

⑥火駁：用火烘烤。

⑦冰頒：用冰块打碎冰镇食物。

⑧菩【边孤5】毒【低孤8】述【时春8】：打寒噤。

⑨蕪【莺孤5】圖【低孤5】縵【蒙山1】：蒙头蒙脑貌。

⑩竅【气秋3】能【日灯2】：胸肌上翘貌。

⑪罣【莺花 3】：指热销。

八二六

鋸對搥，磨對鑢，猴薑對蛇葯。水擻對灰匙①，柴排對草銼②。排等嗤③，亂搖誥④，知打對嘆耗⑤。護起僯爬單⑥，拿着毛踢抒⑦。君子伓殺頭滿⑧棋，陶代儨囷⑨隔盲疏。嘆汝倫毛唤汝賭，术米飰軟時時⑩；乞伙道莫乞伙號⑪，番薯粿肥娜娜⑫。

注释：

①水擻、灰匙：皆泥水工用具。

②柴排、草銼：皆草药名。

③排【边西 5】等【低灯 2】嗤【出之 1】：整体翻转过来。

④亂【柳欢 7】搖【莺秋 5】誥【求歌 3】：胡乱叫喊或告状。

⑤嘆【莺歌 1】耗【非歌 3】：拟声词，道士做法事吹的长号角声。

⑥爬單：蹒跚。

⑦踢【他之 4】抒【他初 3】：两腿交换踹着貌。

⑧滿【蒙欢 5】：盘。

⑨囷【气缸 3】：囥，藏匿。

⑩软時時：绵软之状。

⑪乞伙道莫乞伙號：让人称道，不要让人指手画脚地说。

⑫肥娜【日初 3】娜：软绵之状。

八二七

撞①對犁②，承③對探④，勸蠻對慶贊⑤。雪洞⑥對花亭，籬笆對衕柄[⑦]。模模光，混混暗，仙家對羅漢。無糧不聚兵，務聲毛來擔[⑧]。油菜開花滴滴金，竹篙燒火長長炭。上氣儥接下氣着，平平路跋死仪；一回做賊百回疑，鹹鹹樓企禮[⑨]看。

注释：

①撞：冲撞。

②犁【柳西 5】：乞求。

③承：继承。

④探：探究。

⑤慶贊：相互美言。

⑥雪洞：古厝大宅院内建的消暑纳凉洞式通道。

⑦衕【柳东 7】柄【边山 3】：连接前厅后院的通道。

⑧來【柳开 5】擔【低山 3】：货担。

⑨禮【柳西 2】：语气词。

八二八

靠對欹，敲對蹶[①]，俭𩨆[②]對拍穢[③]。卓正[④]對欹爿，出奇對裡縋[⑤]。興化婆，連江妹，典威[⑥]對犯諱。和尚做新郎，陶代穰太歲。犬棍拍出小方卿，豬刀黜死假秦檜。街中摔二巴掌，官差吏差，來人不差[⑦]；門後磕三假頭[⑧]，柴貴米貴，鴉片故貴。

注释：

①蹶【求杯 3】：跌倒。

②𩨆【出歌 1】：腥臊。

③拍穢【莺杯 3】：遭受秽气。

④卓正：搬移端正。

⑤裡【低鸡 2】縋【他杯 3】：话多且重复貌。

⑥典威：展现威武形象。

⑦官差【出奇 1】吏差【出奇 1】，来人不差【出奇 1】：此处三个“差”字皆指差错。

⑧三假頭：三个头。

八二九

啄對唆[1]，哮對嗽，搭簷[2]對企竈[3]。般本對跛梢[4]，奪親[5]對駁教[6]。雞上斤，犬毛罩[7]，對車對拍炮。逢症[8]都晡沙[9]，自屎伓捌臭。三更燈火五更雞，大暑荔枝小暑鴜。惡婆惡欺屐[10]，京鼓花轎扛裡來；矮仔矮兵邦[11]，冥衣钱紙燒昧透。

注释：

①唆【时歌 1】：指鹅鸭类用嘴觅食。

②搭簷：沿着屋檐搭建。

③企竈：建造灶台。

④跛【边欢 8】梢【时郊 1】：喻反输为赢，捞回本钱。

⑤奪親：设局抢亲。

⑥駁教：搏打。

⑦毛罩【低郊 3】：指不给午食。

⑧逢【非春 5】症【曾宾 3】：喻无论什么事。

⑨都晡【边过 1】沙【时嘉 1】：自以为精通，即逞能。

⑩欺【气之 1】屐【气声 8】：指闲言碎语。

⑪兵【边宾 1】邦【边山 1】：走路左右摇摆状。

八三〇

鑲對銃[1]，銲對鑢，國卓[2]對邦菩[3]。肥豬對歇犬，臭蚔[4]對秃驢。家三馬[5]，天九牛，臺閣[6]對江湖[7]。盤盤拍八馬，滿滿段九魚[8]。牛能看淡[9]水豆腐，孝圭[10]倒餌[11]术米糊。熱雹雹[12]僻記心肝頭，丁厝租肘棺材數[13]；亂糟糟拍蕩[14]腹老底，午時書屐普庵符[15]。

注释：

①銃【出银 3】：指对接。

②國卓：俊秀。

③邦【边山 1】菩【边孤 5】：体型似胡瓜。

④蚔【出天 8】：蠘，梭子蟹。

⑤家三馬：指欺瞒行为。

⑥臺閣：是民俗活动的游艺项目。

⑦江湖：泛指四处流浪卖艺卖药的艺人。

⑧盤盤拍八馬，滿滿段九魚：玩纸牌的术语；“拍”指出牌，“段”指缺牌。

⑨淡【低山 7】：指错。

⑩孝【非郊 3】圭【非鸡 1】：谐音“鲎桸”，用鲎壳制作的锅瓢。

⑪餌【日之 3】：黏。

⑫熱雹【波东 8】雹：热烘烘。

⑬丁厝租肘棺材數：停棺的租费用于抵买棺材的钱。

⑭拍【波山 4】蕩【低釭 7】：丢失。

⑮午時書展【气声8】普庵符："展"，彼此间隔放置；端午节在家门楣上间隔张贴午时书和普庵符咒。

八三一

拈對撮，攝對抓，金豆[①]對木瓜。牛之[②]對猴耳，犬爪對豬脬。拍達達[③]，做哇哇[④]，過印[⑤]對掛巴[⑥]。幾條靈香草，包放牡丹花。黃牛莽衰[⑦]三篥[⑧]骨，惡犬僻管百仈家。做好做呆，諸娘仔賊，伓偷鞋面，也偷鞋帛[⑨]；不倫不類，朋友親家，昧偺雞習[⑩]，先偺雞胶。

注释：

①金豆：豌豆。

②牛之：牛屄。

③拍達達：打板鼓的声音。

④做哇哇：指戏台上的傀儡娃娃。

⑤過印：杀猪报税后，税务人员给猪肉上印。

⑥掛巴：谐音"掛疤"，烙印。

⑦莽【蒙光2】衰【时催1】：虽然瘦。

⑧篥【柳开5】：大箩筐。

⑨鞋帛：谐音"鞋拔"。

⑩雞習：谐音"鸡翅"。

八三二

聖[①]對靈，求對拜，變精對作怪。報窄[②]對當痕[③]，起先對租塊[④]。麻獅爺[⑤]，翅貓太[⑥]，當葱[⑦]對擬艾[⑧]。屎尿抵茶煙，衣食羈裙帶。來朝早旦天又明，一路行程風似快。駝胼韫韫[⑨]，鄭二伯拍落僮[⑩]；象鼻交交[⑪]，劉九媽認淡[⑫]婿。

注释：

①聖【时声3】：灵验。

②報窄：指偶尔、临时。

③當【低缸1】痕【非缸5】：防备。

④租【曾孤1】塊【莺歪3】：这儿。

⑤麻獅爺：指不结网的大蜘蛛。

⑥翅貓太：毛毛虫。

⑦當葱：不当回事。

⑧擬艾：萌动，起抬。

⑨韫韫【莺春2】：形容驼背。

⑩拍【波山4】落【柳歌8】僮【低东5】：扛乩问卦的迷信活动。

⑪象鼻交交：形容鼻子勾（高）。

⑫淡【低山7】：指错。

八三三

麻對痛，痺[①]對痒[②]，搭壁對碰門。爬鹹對抱倒[③]，驚熱對貪涼。小氣鬼，臭頭王，玖怪[④]對捌傳。手快三分臭[⑤]，屎急兩頭惶。一銃僯拍雞角衕[⑥]，這嘴着掛豬母梁。龍船鼓響隻捌[⑦]粽香，朝南厝，講北話；紙鷂季起價累[⑧]麥熟，挖東壁，補西牆。

注释：

①痺【边之3】：麻木。

②痒：【时光 5】。

③抱【边歌 7】倒：摔跤。

④玖【求秋 2】怪【求歪 3】：怪异。

⑤手快三分臭：急于求成反而失败。

⑥雞角衖：旧时枪决犯人之地。

⑦隻【曾奇 2】捌【边灯 4】：才晓得。

⑧債累：不拖累。

八三四

公對姆，角[①]對雛[②]，盪鶴[③]對涵㒟[④]。當豬對做馬，逐犬對恩牛[⑤]。去南嶼，遊西湖，破鼎對傲[⑥]爐。三么初古怪，六出毛連符[⑦]。伓賣僬酸豆腐仔，一文[⑧]就熟鼎邊糊。花旦倜扛戲箱借錢，毛監介[⑨]做拉監介；掌鞋[⑩]共賣水鲊講政[⑪]，僬胡塗即管胡塗。

注释：

①角【求东 4】：指雄性禽兽。

②雛【曾孤 5】：幼禽。

③盪【他缸 3】鶴【非缸 8】：喻舒服。

④涵【非山 5】㒟【非孤 5】：指含糊。

⑤恩【莺缸 3】牛：放牛。

⑥傲【语歌 5】：熬。

⑦三么、六出、毛連符：皆玩纸牌的术语。

⑧文【莺春 5】：制作锅边的手法。

⑨監【求山 1】介【求开 3】：尴尬。

⑩掌鞋：修鞋匠。

⑪講政：闲聊。

八三五

鬆對埶[①]，慣對便[②]，訃聖[③]對坐禪。夾紗[④]對做帳[⑤]，賣線對彈棉。栗栗儉[⑥]，藜藜墘[⑦]，綸絆[⑧]對韜黏[⑨]。命好做太老，心寬出少年。伲仔伓冬蟲只定[⑩]，先生毛法馬著嚴[⑪]。半路死覽渤之之流，伓講理故加嘴臭；八其扛骹骨疲疲重[⑫]，毛掏錢也著腹炎[⑬]。

注释：

①埶：指密实。

②便【边天5】：随机而为。

③訃聖：一种迷信活动。

④夾【求山4】紗【时嘉1】：不懂装懂。

⑤做【曾歌3】帳【他光3】：谐音“做畅”，开玩笑。

⑥栗【柳宾4】栗儉【求天7】：恰到好处。

⑦藜藜墘【求天5】：刚好触边。

⑧綸【柳春1】絆【边欢7】：跟随左右，听从驱使。

⑨韜【他歌1】黏【日天5】：絮絮叨叨，依附不离。

⑩蟲只定：像懒虫一样。

⑪馬著嚴：规矩要严。

⑫疲【波西5】疲重【低东7】：形容沉重。

⑬腹【边孤4】炎【莺天5】：谐音“腹圆”，形容吃饱饭。

八三六

積對藏，擟[①]對録[②]，駁家[③]對落局[④]。抄紮[⑤]對鋪攀[⑥]，帕沙[7]對光縛[8]。開天門，破地獄，猴酬[9]對羊嚼[10]。一百二層階[11]，五十三對[12]石。尾梨炖鲊是單方，芋瓠拍犬差一厥。得尺則尺，得寸則寸，下鹽僨鹹；變青就青，變黃就黃，督火[13]僆著。

注释：

①擵【蒙嘉1】：揸，用手抓物。

②録【柳光8】：捋，用手扫物。

③駁【边缸4】家【求嘉1】：败露、泄露。

④落【柳歌8】局【求光8】：落入圈套。

⑤抄紥：紧凑。

⑥鋪攀：大范围铺展、应付。

⑦帕【波嘉5】沙【时嘉1】：喻花钱搞交际。

⑧光縛：喻谨慎、约束。

⑨猴酬：喻无休止的纠缠。

⑩羊嚼：喻絮叨不停歇。

⑪一百二層階：乌山从卖鸡弄登山到最高处共一百二十层石阶。

⑫對【低催3】：块。

⑬督【低春4】火【非杯2】：点火。

八三七

獺[1]對獅[2]，蛇[3]對豸[4]，剝瘟[5]對過癩[6]。可惡對毛成[7]，不堪對自在。伓中圈[8]，毛囚逮[9]，犁巴[10]對懈怠。強盜畫壽身[11]，秀才做破賴[12]。豬頭毛破也毛沖，犬肉附勝不附敗。七其扛，八其冊[13]，犬尾草務日開花；一更富，二更窮，龍眼核[14]着看伙待。

注释：

①獭【他声 4】：指眨眼。

②狮：指动物毛发蓬松。

③蛇：指喻缓进貌。

④豸【曾开 7】：指舒服背靠。

⑤剁【边光 4】瘟【莺春 1】：得瘟病。

⑥過【求过 3】癞【柳开 7】：被传染上麻风病。

⑦毛成：不成事。

⑧伓【莺宾 1】中【低银 3】圈【气光 5】：指不值得教管。

⑨毛【蒙歌 5】囚【时秋 5】逮【低开 3】：指小孩不听教诲。

⑩犁【柳西 1】巴【边嘉 1】：积极谋事谋利。

⑪壽身：指画福寿之相。

⑫破赖：落魄无奈。

⑬冊【出声 4】：指搀扶，帮助。

⑭龍眼核：喻眼珠子。

八三八

拍對吹，腔對調，拖槍對扛轎。滚斗[1]對梭衣[2]，珠紋[3]對溜臼[4]。半寒冬[5]，全福壽，土貓[6]對火鹞。咀嘴[7]當養家，做福論起廟。旗下企奶偷共伙，尚幹外甥大過舅。拍股穿[8]放錢債，火燒厝務趣，難為東家；盪踐胶[9]過火埕，下渡尾迎神，好看在後。

注释：

①滚斗：植物种子名。

②梭衣：萝卜丝。

③珠【出过 1】紋【莺春 5】：杨梅。

④溜【柳秋 3】白【气秋 7】：似蒜的小咸菜。

⑤半【边欢 3】寒【非山 5】冬【低东 1】：一知半解。

⑥土貓：指家贼。

⑦咀【曾孤 3】嘴【出杯 3】：发誓。

⑧拍股穿：光屁股，喻身无分文。

⑨盪【他釭 3】踐【曾天 2】胶【气嘉 1】：打赤脚。

八三九

炖對炊，煤對□，嘈冬[①]對咳夏[②]。栗碌[③]對瓠都[④]，唏嘘[⑤]對呢哪[⑥]。引路龍，泊壁蟹[⑦]，雜□對亂咬。段氣四條釘，遮頭三塊瓦。齒痛隻捌齒痛仈，皮厚那講皮厚話。諒情勿靠榻板，孟姜女萬里長城；賜顧請認招牌，唐伯虎四季淡畫[⑧]。

注释：

①嘈【曾歌 5】冬【低东 1】：受惊吓而打寒噤。

②咳【非开 5】夏【非嘉 7】：惊叹声。

③栗【柳宾 4】碌【柳春 4】：指上下或进出。

④瓠【边孤 5】都【低孤 1】：嘴上支吾声。

⑤唏【非之 1】嘘【非初 1】：随意应付或叹息声。

⑥呢【日之 1】哪【日花 7】：随便处置。

⑦引路龍、泊壁蟹：指蜥蜴、壁虎。

⑧淡【低山 7】畫：指画错的画。（传说唐伯虎有错的画作更值钱。）

八四〇

衰對佬[①]，腐[②]對羸[③]，矮嫩對魁巍。通融對輪活，調動對炎圍[④]。半硬軟，包來回，皮厚對眼危[⑤]。火鉗做轎槓，燈心當鼓槌。㜑仈儥經三回惹，光棍那篆一重皮。螺手頭抹覽假精[⑥]，慍頓[⑦]做，慍頓着；令核只[⑧]泡茶好幸[⑨]，喇查[⑩]倯，喇查肥。

注释：

①佬【柳郊 7】：老。

②腐【边孤 7】：朽烂，“腐”的白读音。

③羸【柳杯 5】：瘦弱貌。

④炎【莺天 5】圍【莺杯 5】：斡旋，打圆场。

⑤眼【语山 2】危【语催 7】：尴尬。

⑥螺手頭抹覽假精：形容假装精通的人，低俗语。

⑦慍【莺春 1】頓【低春 3】：形容不开窍的人。

⑧令【柳宾 7】核【非缸 8】只【曾之 2】：睾丸的俗称。

⑨幸【非灯 7】：指腥臭味。

⑩喇【柳嘉 1】查【曾奇 1】：指肮脏。

八四一

跑對踢，踏對跟，拐杖對硬弓。飳巴對粿角，腐片對麵筋。拍鐵錭[①]，撞木鐘，詳夢對開沖[②]。巴結都儥上，亞贈伊之中[③]。快看葛葛[④]拍郎罷，硬拿回回戴網巾。上重下輕，獨腳棹墊板板哥，價載力；前尖後肘，一八秤[5]加鎚鎚仔，怀夠斤。

注释：

①拍鐵鐗：江湖卖艺表演。

②詳夢、開沖：指解梦、避邪之类信俗活动。

③中【低银 1】：忠。

④舃舃：戏剧中的孝子。

⑤一八秤：指短斤少两的秤。

八四二

驕[1]對勁，錬對熬，好過對思豪。攝嗜[2]對托腎[3]，創嘴[4]對夾鳌[5]。犬咬粽，猴抱桃，散斗對鬱陶。烏字上白紙，藍衫換紫袍。倹飽弄朝[6]做皇帝，毛米轉厝拍佬婆。慣者為師，兩個和尚扛水倹；大叫拉舅，價做媒仏扁擔柯[7]。

注释：

①驕【求秋 1】：指用力收缩。

②攝【日鸡 4】嗜【求开 1】：捏住嗉囊，吐出食物。

③托腎：喻吹捧。

④創嘴：吵架。

⑤夾鳌：有话说不出。

⑥弄朝：指小儿戏学作朝仪。

⑦扁擔柯【气歌 5】：指挑夫。

八四三

翻對覆[1]，燥對浮，敷喝[2]對雜謅[3]。青頭對烏面，紅鼻對白喉。嘴蟹蟹[4]，腹虬虬[5]，獬痛[6]對猴售[7]。外甥多似舅，丁厝漢[8]是樓。針線換拉飰黏劑[9]，衣裳扯夠柳絲條。姊做花，妹做鞋，頭嫁伓捌嫁，二嫁僻搭架；東討鑼，西討鼓，姑笑就是笑，嫂笑犯羅嵊[10]。

注释：

①覆【波春4】：面朝下。

②敷【非孤5】喝【非山4】：胡说吓唬人。

③雜【曾声8】謅【曾沟5】：胡编乱造。

④嘴【出杯3】蟹【非嘉7】蟹：下嘴唇下垂，口合不拢貌。

⑤腹【边春4】虬【求秋5】虬：肚子圆隆。

⑥獬【非开7】痛【他声3】：耍赖拖延。

⑦猴【求郊5】售【时秋5】：纠缠不休。

⑧漢【非山3】：还以为。

⑨針線換拉飰黏劑：干针线活换口饭吃。

⑩犯羅嵊：指卖弄风骚。

八四四

蠻[1]對譁[2]，惑對惶[3]，泔濺[4]對火狂。炒糟對炖飰，詭粽[5]對搓丸。尼姑道，乞儉洋，漆桶對錠樘[6]。雞姆扒糞燥[7]，鴨仔過城門。胶踏馬屎藉官勢，捫著油垢是諸娘。大家務馬騎，各仈勒塾籠頭索；一回乞鱉咬，下次扼緊鼎片[8]梁。

注释：

①蠻：野蛮。

②譁【非花8】：指奸滑。

③悫、惶："惶悫"音，另指劳累。

④泔【莺山 2】溅【曾声 2】：喻看淡。

⑤詭【求杯 2】粽【曾东 3】：裹粽。

⑥錠楻：染料桶。錠，指靛。

⑦糞【边春 3】燥【时歌 3】：粪埽，垃圾。

⑧鼎【低声 2】片【蒙天 3】：指锅盖。

八四五

楹[①]對楻，量對糴，拔梢[②]對扭捏。筆注[③]對書包，桶箍對鼎掣[④]。扁擔刀，簸箕裂[⑤]，對唐[⑥]對拍涉[⑦]。鴨卵煎彭其[⑧]，鵲瓦[⑨]做胡蝶[⑩]。出爐光餅確確穌，開鼎番薯坡坡熱。頭頂當放茶罐，乞儂僻嫌孤老臭腥臊；令脬墩磨剃刀，青盲那漢開目務乇儈[⑪]。

注释：

①楹【时声 7】：贮粮的大木柜。

②拔【边灯 8】梢【时郊 1】：跟风追随。

③筆注【曾须 3】：装水的小壶。

④鼎【低声 2】掣【出鸡 8】：木锅盖中的把手。

⑤裂【柳鸡 8】：笏，指晒谷大竹席。

⑥對唐：谐音"对断"，从当中断开。

⑦拍涉：谐音"拍折"，折断。

⑧彭其：谐音"蟛蜞"，一种小蟹。

⑨鵲瓦：谐音"厝瓦"，房上的瓦片。

⑩做胡蝶：瓦片被风吹起像蝴蝶飞。

⑪務乇儈：有东西吃。

八四六

輪對套，榻對籠，窮鬼對罪伙。抽心對拔節，黨蒂對拔芒[①]。剝皮鮬，儉骨蟲，腹桶[②]對胶箭[③]。好心乞雷拍，急性使水淙[④]。歪奶做鞋歪仔䘿，樓頂點火樓下紅。前人栽樏，後人乘涼，佬籐牌抵煞[⑤]；黄犬儉肉，白犬當罪，草伙仔駁僮[⑥]。

注释：

①芒【蒙东5】：指瓜果过熟，内部空心。

②腹桶：肚子。

③胶箭：小腿。

④淙【曾东5】：淞，用水冲。

⑤佬【柳郊7】籐牌抵煞：传说老藤牌可用作辟邪。

⑥草伙仔駁僮：稻草人也可用来卜祝，喻不可轻视小物件。

八四七

擒對亞[①]，揭[②]對掏，猴柿對龜桃。騎牆對蕩路[③]，落井對隔河。班笨姐[④]，難泥婆[⑤]，高帽對光袍。龜胸鴨不節[⑥]，犬面雞[⑦]生毛。夾蚤[⑧]蕩落破棉絮，老鼠跳上添秤羅。話重講討伙嫌，戲重做伓好看；湯莽熱那是水，泔莽凍故黏娜[⑨]。

注释：

①亞【莺嘉2】：拗折。

②揭【求鸡4】：椅，夹取。

③蕩路：喻断绝来往。

④班笨姐：笨拙女。

⑤難泥婆：疲沓拖拉寻衅诬赖的妇女。

⑥龜胸鴨不節：喻指平胸、驼背的人。

⑦雞【求鸡 3】：容易。句意喻翻脸变卦迅速。

⑧夾【求山 4】蚤【出郊 2】：跳蚤。

⑨黏【日天 1】娜【日歌 5】：粘稠。

八四八

偈對符，妖對怪，齋功[①]對團拜。病壳對刁才，串心對圜邁[②]。棺材丁，房桶蓋，抽菁[③]對擬艾[④]。講價拍嘴花，做代閏皮菜[⑤]。奴爹奴奶佅像仈，我仔我孫相欠債。鴨姆粧死嘴是扁，孤老包臭，乞儈叫街；犬屎講夠成那[⑥]長，和尚討親，尼姑死婿[⑦]。

注释：

①齋功：伊斯兰教五功之一。

②病壳、刁才、串心、圜邁：皆偏旁部首名。

③抽菁：抽芽转青。

④擬艾：指萌动。

⑤閏【日春 7】皮【波杯 5】菜【出开 3】：拖拉、磨蹭。

⑥那【日嘉 5】：指量词，指一掌指的长度。

⑦和尚討親，尼姑死婿：喻稀罕事。

八四九

正對斜，歪對倒，在伊對含我[①]。横槓對直門，活紗[②]對巧鎖。伏毒螺[③]，古董㑩[④]，十成對兩可。話故俪犬毛，鼻禮生牛腦。富仏毛病就是仙，大漢伓癡變曰寶。一條草諳[⑤]一滴露，兵隨將，仔隨娘；兩個手嬤[⑥]兩拳頭，仏怕老，債怕討。

注释：

①含我【语歌2】：纠结在心。

②活【莺花8】紗【时嘉5】：指活结。

③伏毒螺：指（竖）中指，喻阴毒之人。

④古董㑩：指肥胖女人。

⑤諳：分沾。

⑥嬷【蒙嘉1】：指抓紧。

八五〇

簸對扇[①]，氳對賴，裁刀[②]對寶蓋[③]。嚇影對困裝[④]，居奇對受怪。柴老爹鹽大使，名堂對氣概。本事十般全，古老百年載。送伊兩盞轎後燈，恰著一條褲頭帶。浸水鯉兩頭吐，大王倜夫人，之嘴[⑤]上菩蠅；鳳凰鳥百樣毛，轉奶傻伲婿，能干炒韮菜。

注释：

①扇【时天1】：风枕，扬冇谷器具。

②裁刀：笔画，捺。

③寶蓋：部首，宝盖头。

④困裝：暗藏。

⑤之【曾之1】嘴【出杯3】：“自嘴”的连读音。

八五一

詐對貪，姦對狡，居中對做小。出口對抄心，壓頭對制肘[①]。倯蚌丁，恰蠷丑[②]，幾乎對完了。帶仔腹炎炎[③]，講錢面酉酉[④]。尼姑拍死曲蹄婆，犯仈證做劊子手。荔支對初[⑤]，奶[⑥]頭親媽[⑦]頭親，不如外家親；西瓜黨藤，兩代表三代表，僣去伊奶表[⑧]。

注释：

①制肘：谐音“掣肘”。

②丁、丑【日秋2】：皆指贝壳类的肉柱。

③炎炎：谐音“圆圆”。

④酉酉【莺秋2】：喻嘴唇上翘，表示不满。

⑤初【出初3】：丝瓜。

⑥奶【日西2】：指妈，母亲（辈）。

⑦媽【蒙嘉2】：指奶奶，祖母（辈）。

⑧表：表亲。

八五二

助對幫，封對贈，放鬆對過硬。閒屐[①]對老牌，雜投對碎念。吞吞光[②]，老老辦，磨盤對椅墊。曲蹄請親家，佬媽共知縣。昧佬先企百歲坊，無事不登三寶殿。討討討，討拉古董栂[③]，逝屎[④]滿眠床；行行行，行夠福州城，搬胶過門限。

注释：

①閒【非山 5】屐【气声 8】：指闲聊。

②吞吞光：慢慢吞吞做事。

③古董㑋：指肥胖女人。

④逝屎：指大便失禁。

八五三

翕[①]對煨，披對盪，踧盆[②]對刣槓[③]。報喜對舉哀，鬧房對送葬。渾䖵䖵[④]，光崙崙[⑤]，冤慾對沈當。年佬做水災[⑥]，崎頂迎霜降。莊家去看十九炎，媒仏著傗百二頓。覆籮神覆籮聖，儥存拍符洩[⑦]只快就完；眠床公眠床婆，那曉僻逝尿[⑧]伓成去困。

注释：

①翕【非宾 4】：指封口以保温、升温。

②踧盆：丧事中的摔盆动作。

③刣槓：丧事中起棺动作。

④渾【非春 5】䖵【波西 1】䖵：形容浑浊。

⑤光崙崙【柳釭 3】：形容光溜溜。

⑥年佬做水災：喻年老多尿。

⑦拍【波山 4】符【非孤 5】洩【时鸡 4】：指时间很短。

⑧逝尿：指小便失禁。

八五四

押對抬，抽對稅，離胡[①]對爽脆。左道對下邪[②]，小生對前輩。黃蜂腰，草盂髻，開葷對淨穢[③]。桶塌毛下箍，碗破篆拉胚[④]。拳頭跤踼當點心，之髀螺手掛定嘴[⑤]。南風不出三日雨，鴉鰟叫，荔支紅；滿天那看五色雲，羊肉飡，老酒配。

注释：
①離【柳奇5】胡【非孤5】：指违规、出格。
②下邪：指下作。
③淨【曾声7】穢【莺杯3】：遭遇污秽食物。
④篆【低光7】拉【柳嘉1】胚【波杯3】：篆，指剩下；胚，指碎片。
⑤之髀螺手掛定嘴：指脏话不离口。

八五五

梭[①]對繡，補對痕[②]，破爛對囫圇。簡粧對横哨，宜桶對困牀[③]。乞飡廠，觀音堂，削痛對驚灯。歉哥[④]飡龍眼，塌骨銜檳榔。師爺搬厝拍蕩姆，漁子撑船來討郎。買膏藥看小弟招牌，百發百中；做文章像親母胶帶，又臭又長。

注释：
①梭【时歌1】：梭边。
②痕【非缸5】：指用稀针脚缝缀。
③簡粧、横哨、宜桶、困牀：皆指嫁妆。
④歉【气鸡4】哥【求哥1】：缺嘴的人。

八五六

憔對噪，懦對恂[①]，坐北對朝東。豬哥對羊判[②]，馬快[③]對獅公[④]。巴達煞[⑤]，葛渠通[⑥]，廊斗[⑦]對壁縫[⑧]。鐘馗拿小鬼，廖化做先鋒。務錢難買六月瀉，使船那看一時風。鴨仔隻剝[⑨]四對花[⑩]，前擺西習[⑪]，後擺西習；犬姆僻記千年屎，頭菩東宗[⑫]，尾菩東宗。

注释：

①恂【时春5】：恐惧。

②羊判：判案的神羊。

③馬快：旧社会的捕快。

④獅公：指施法的道士。

⑤巴【边嘉1】達【低山8】煞【时山8】：指一窍不通。

⑥葛【求山8】渠【求初5】通【他春1】：指半通不通。

⑦廊斗：长廊斗拱。

⑧壁【边鸡4】縫【边春1】：谐音“壁枋”，木板壁。

⑨隻【曾奇2】剝【边光4】：指初长出。

⑩四對花：指翅膀、尾羽和颈部四处长出粗羽毛。

⑪擺【边西2】西【时西1】習【时宾8】：指翻动翅膀。

⑫菩【边孤5】東【低春1】宗【曾春1】：指甩抖毛发使其蓬松。

八五七

闌[①]對閘，插對宣[②]，賭本對嫁粧。添箱對迸斗，補鼎對鋃缸。興化肉，滿州湯[③]，爬辣[④]對攤酸[⑤]。漿袋[⑥]邁胼後[⑦]，柴糟塞股穿[⑧]。鳴吓[⑨]段落胶桶下，咷吞關着甕城中。和尚邁尼姑，南無阿彌陀佛；海賊做普度，太乙救苦天尊。

注释：

①闌【柳山5】：欄。

②宣【时釭1】：楦。

③滿州湯：高汤加盐加葱花生成最简易汤品，传说为满族人发明。

④爬辣：指摇头。

⑤攤酸：指反胃，呕酸。

⑥漿袋：装面粉或米浆的布袋。

⑦邁【蒙开7】胼【波声1】後【非郊7】：指背在身后。

⑧柴糟塞股穿：喻过于忙碌，有苦难言。

⑨嗚【莺孤1】吓【莺嘉7】：指婴儿出生时的第一声啼哭。

八五八

華①對算，惻②對烘③，鴨罩對雞籠。飫瓢對茶竇④，酒磅對油箭。長頭髮，大喉嚨，黨蒂對拔芒。發財年年進，生意日日紅。前世對頭目出火，俤仈⑤講話嘴生蟲。三碗菜供公婆，故務⑥大魚大肉；一錢銀買墓地，晡值⑦石馬石仈。

注释：

①華：指谋划。

②惻：指愤懑。

③烘：喻心头热，蠢蠢欲动貌。

④茶竇【低郊7】：谐音“茶砒”，锅边烧热水的器具。

⑤俤仈：指何人。

⑥故務：指还有。

⑦晡值：指想要。

八五九

剋對爭，容對讓，可憐對伓願。畫影對圖形，迸模對塑像。自來香，伓僋飫，殿宣[①]對關鍵。務督[②]務輸贏，莽[③]佬莽康健。講夠傷心目滓流，看仈那[④]屎股穿癢。路禮平，線禮直，長胶誦鞋，短胶出錢；來無跡，去無蹤，大犬爬牆，細[⑤]犬學樣。

注释：

①殿【低灯 7】宣【时缸 1】：谐音“垫楦”，本指做鞋用木楦垫紧中空的部分。

②督【低春 4】：丟，赌场押注。

③莽【蒙光 2】：介词，指越是。

④那：拉，排泄。

⑤細：幼小的。

八六〇

火對痰，眩對嘔，横三[①]對過九[②]。蠟殼對糖心，酒渾對油垢。豬仔牙，牛頭口[③]，添丁對比卯[④]。屎急毛開那[⑤]，鼻流儨曉[⑥]抖[⑦]。自水儨流别仈田，好馬伓僋回頭草。病做病，藥做藥，頭過人參二過茶；幼[⑧]又幼，乖[⑨]又乖，粗柳簸箕細柳斗。

注释：

①横三：佛教中的横三世佛。

②過九：福州民俗拗九节，年龄逢九的老人要过运。

③牛頭口：看口齿情况判断牛龄。

④比卯：旧时官府征收钱粮或缉拿罪犯，限期追比。

⑤那【日嘉5】：拉，排泄。

⑥儥曉：不晓得。

⑦抖【他郊2】：擤鼻。

⑧幼：嫩。

⑨乖【求歪1】：指植物枝条长大变粗，不再细嫩。

八六一

搠[①]對摸，胡[②]對注[③]，那班[④]對排佈。請奶對謝夫，拍僮對起課[⑤]。旗下裝，廣東貨，坐齋[⑥]對看鋪[⑦]。大鬧夠八球[⑧]，多謝伊一厝。變豬變犬來報恩，騎牛騎馬去上墓。鼻血流馬椅，在汝手頭窮，也着三分銀；金被罩雞籠，趁伊身邊過[⑨]，故隔一重布。

注释：

①搠【时釭8】：指按摩推拿。

②胡：敷衍应对。

③注：无中生有添加闲话。

④那班：指拿架子，摆谱。

⑤請奶、谢夫、拍僮、起課：皆指民间信俗活动。

⑥坐齋：在书斋教书。

⑦看鋪：看店铺。

⑧夠八球：喻纷乱。

⑨趁伊身邊過：从他身边过。

八六二

換對還，操對練，趁鮮[①]對理便[②]。現世對當家，開堂[③]對裡院[④]。慦不慦，現打現，懸虛對作賤。嘴舌軟糋糋[⑤]，面睥油麳麳[⑥]。姨娘罵伊佬不修，先生教奴性本善。偝華儥算，買餅當頓，傖着親母洗胶湯；相拍吼救[⑦]，務贏毛輸，恰拉和尚頭髮辮。

注释：

①趁鲜：喻趁早抓住时机。

②理便：利用现成的，顺便。

③開堂：打开厅堂或祠庙大堂等。

④裡【低鸡 2】院【莺天 7】：旧指进入污秽场所，如妓院、麻疯院等。

⑤嘴舌軟糋糋：喻花言巧语。

⑥面睥油麳麳：喻油嘴滑舌。

⑦相拍吼救：打架喊叫。

八六三

藕[①]對薯[②]，梨對棗，搶標對壓寶[③]。在下對當初，居中對夸左[④]。諡嘴[⑤]婆，欹頭嫂，秤錘對網栳[⑥]。水鹹船也鹹，牆倒基伓倒。臺頂唱戲台下聽，床頭怨家[⑦]床尾好。挑儥成掏[⑧]，挈[⑨]儥成箸，曲蹄請親家；東不着店，西不着村，原差[⑩]個地保。

注释：

①藕【语郊 5】：乐，指爱好。

②薯【时须 5】：辞，指拒绝。

③搶標、壓寶：皆赌博术语。

④夸【气花 3】左：偏左。

⑤謚【莺鸡 7】嘴：指贪吃，多话。

⑥網【莺光 2】栳【柳歌 2】：指秤盘。

⑦怨家：谐音“冤家”，指吵架。

⑧掏【低歌 5】：指坨、团。

⑨挈【求鸡 4】：椅，夹取。

⑩原差【出西 1】：差役。

八六四

巢對塔，洞對坑，短站對長班。荒塘對野道，牳死[①]對頭生[②]。坐清椅，跑大攤，落井對出關。牌套蕩落水[③]，棺材扛上山。仫頭一隻六斤四[④]，女命今年七十三。價做媒仫扁擔靠[⑤]，慢慢口[⑥]，百二頓；偷傄親母股穿睥[⑦]，長長盲[⑧]八十更[⑨]。

注释：

①牳死：妻亡。

②頭【他郊 5】生【时山 1】：生头胎叫头生。

③蕩【低缸 7】落水：掉落水中。

④仫頭一隻六斤四：旧时律法，凡贪污一百两银子者杀头；一百两银子重六斤四两，故戏称人头重六斤四两。

⑤扁擔靠【气歌 5】：指依靠肩挑卖苦力为生。

⑥口【气郊 5】：抠。
⑦股穿睥【蒙西 2】：屁股，腚部。
⑧盲【蒙山 5】：暝，夜晚。
⑨八十更：又称“十八更”。

八六五

綿對絮，羽對呢，古怪對稀奇。夾蛾[①]對倹蚌[②]，煞蛤[③]對喇狸[④]。俥俥滾，達達嗤[⑤]，盪芋[⑥]對查梨[⑦]。一晡[⑧]都毛困[⑨]，明旦伓冬[⑩]來。拳怕後生杖怕老，蔥補丹田麥補脾。慣者為師，城樓頂跟老將；矮僆做奶[⑪]，衕柄[⑫]頭碰細姨。

注释：
①夾【求山 8】蛾【语歌 5】：指发不出声音。
②倹【时鸡 8】蚌【波缸 7】：谐音“食碰”，指碰钉子。
③煞【时山 4】蛤【求山 4】：指了断、结局。
④喇【柳嘉 2】狸【柳之 5】：喻为谋私利而积极掺和。
⑤嗤【出之 5】：拟声，水刚烧开的起泡声。
⑥盪芋：喻办事清楚利落。
⑦查梨：喻办事糊涂不清。
⑧一【时歌 8】晡【边过 1】：一晚上。
⑨困【气缸 3】：睏，睡觉。
⑩伓【莺宾 1】冬【日东 1】：指不要、不能。
⑪奶【日西 2】：指妈，母亲（辈）。民谚称个矮的妇女能生育。
⑫衕【柳东 7】柄【边山 3】：房子前厅到后进的过道。

八六六

屈[1]對泯[2]，泅[3]對蹲[4]，全來對冒降[5]。拿格[6]對盪圜[7]，拖槍對扛楨。鴨雄聲，鵶片困，串杭[8]對原當。逢樓[9]都晡兜[10]，務空毛内鑽。親家講話務斤身[11]，老板發財毛科算[12]。大事化小事，拍草鞋[13]毛當[14]伊仔生；七哥倜八哥，火燒厝那漢呢做烘[15]。

注释：

①屈【气春 4】：指躲避。

②泯【蒙宾 1】：覴，藏匿。

③泅【时秋 5】：游泳。

④蹲【低釭 3】：蹾，跺脚。

⑤冒【蒙歌 7】降【求釭 3】：指冒昧降临，偶然出现。

⑥拿【日鸡 8】格【求山 4】：端架子貌。

⑦盪【他釭 3】圜【气欢 5】：指散架、完蛋、死亡。

⑧串杭：谐音“串行”，指冒牌货。

⑨樓【柳沟 5】：指利益、好处。

⑩都晡兜：指都想捞取。

⑪務斤身：喻有分量。

⑫毛科算：没料到。

⑬拍草鞋：喻不经意干的事。

⑭毛【蒙歌 5】當【低釭 3】：指意想不到。

⑮做烘【非釭 3】：旧时夜间烧湿草出烟驱蚊。

八六七

撞對掄，攔對擠，火燒對水洗。得罪對開恩，承情對失禮。

生的呆，死毛解，鳩居[①]對鵝睨[②]。會伯嘴鬚[③]牙，親母股穿髀。生瘖儨瞞鼻空胶，寄信拍段[④]腹老底。乞儉務吃，五帝務拿，現拍现傷；老爹補靴，百姓誦鞋，一鹹一矮。

注释：

①鳩【气秋 1】居【求须 1】：指居住简陋。

②鵝【语歌 5】睨【语西 2】：斜眼看，妒恨貌。

③嘴鬚【出须 1】：胡子。

④拍段：指丢失，意指忘记转达口信。

八六八

押對賒，收對買，大方對小體[①]。匿惹[②]對哈喇[③]，歪賫[④]對雜霽[⑤]。竈眉頭[⑥]，牀嘴髀[⑦]，前夫對後奶。嘴舌糖霜甜，目周橄欖睨。外媽除起自家仈，本縣也是歹仔底。白儺變烏，烏儺變白，上句講下句毛；龜莫笑鱉，鱉莫笑龜，做者官行者禮。

注释：

①小【时秋 2】體【柳西 2】：指害羞。

②匿【日宾 8】惹【日声 4】：喻一闪而过。

③哈喇：指不认真办事。

④歪【莺歪 1】賫【曾歪 1】：歪斜貌。

⑤雜【曾奇 1】霽【曾西 2】：杂乱不齐。

⑥竈眉頭：指灶台。

⑦牀嘴髀：旧床铺前的两块挡板。

八六九

敗對輸，亡對絕，飦包對麪餑[①]。闊辦對儉行，過餘對約略。邏邏圜[②]，纏纏雪[③]，僣癲對毛摸[④]。失賊那一更，伲仔毛六月。千言總在一言中，上氣價接下氣着。横草伓拈，直草伓動，馬衰[⑤]毛長；日進斗金，夜進斗銀，財多身弱。

注释：

①麪餑：指馒头。

②邏邏圜：不停打转貌。

③纏纏雪【时光8】：指纠缠不休貌。

④毛【蒙歌5】摸【蒙过8】：指没有药救。

⑤衰【时催1】：瘦。

八七〇

烘對浸，澀對乾，拔直對亞灣。落身[①]對遷世[②]，蕩路[③]對討關[④]。十錦素，三缸青，入利對貼搬。苦五諳完六，扁二配監三[⑤]。黄腫[⑥]諸娘[⑦]百般病，宰相家人七品官。佬虎倈菩蠅，兩塊半蕃薯粿做石嘴[⑧]；安蜂拖佳蠟，七錢二頭髮線潑胶單[⑨]。

（注“苦五諳完六”系辦捐稅的流行話猶言旺淡月）

注释：

①落身：流产。

②遷世：逝世。

③蕩路：断绝关系。

④討關：过难关。

⑤扁二、監三：皆赌博的牌名。

⑥黄腫：肝病所致的浮肿。

⑦諸娘：女人。

⑧石嘴：一口（吃掉）。

⑨潑【波花 8】胶【气嘉 1】單【低山 1】：下垂至脚后跟。

八七一

嫉對利[①]，活對兼[②]，窰角對洲邊[③]。刁才對撇曰，達土對抒[④]天。出奶腹，倚娘肩，苦惱對冤愆。摔汝一巴掌，踢伊兩胶尖。烏龜出仕做二萬，鯉魚放子化三千。單片狀[⑤]告死伙，豬膽拍破一腹苦；三十歲昧討姆[⑥]，羊肉毛食滿身羶。

注释：

①利：利拉，指善交际。

②兼【求天 1】：指花样多。

③窰角、洲邊：皆地名。

④抒【他东 4】：指戳破。

⑤單片狀：告片面的状。

⑥昧【蒙杯 7】討姆：指还未找老婆。

八七二

估[①]對抄[②]，批[③]對賣[④]，奶嬷[⑤]對皂隸[⑥]。賤骨對頑皮，賊胚對歇劑[⑦]。知豬豬，喜蟹蟹，拍長[⑧]對斗価[⑨]。覩覩[⑩]出人生，劉劉做契弟。奴爹奴奶伓像伙，表兄表弟好排第。侯伙價經三回惹，橫來直來；本事真正十般全，粗僯嫩僯[⑪]。

注释：

①估：估价。

②抄：炒作。

③批：批发。

④賣：零售。

⑤奶【日西2】嬷【蒙嘉1】：乳母。

⑥皂隸：衙门杂役。

⑦歇剷：傻胚。

⑧拍長：长时间。

⑨斗俪【时嘉7】：比多。

⑩靚靚：刚刚好。

⑪粗僆嫩僆：形容粗细活都会。

八七三

粟對糠，灰對炭，殆成[①]對毛幹[②]。過秤對開盤，添盆對凑擔[③]。犬姆娼，豬仔販，單單對半半。產鬼[④]討親仏，金剛俪明旦。雙車難破鳳凰全[⑤]，一錢壓倒英雄漢。錢使毛內去[⑥]，銀粉晡醃死仏；嘴講盡好聽，米鎚僆舞碌柄[⑦]。

注释：

①殆成：将成事。

②毛幹：不做事。

③添盆、凑擔：均指增添分量。

④產鬼：产妇死后的鬼魂。

⑤雙車難破鳳凰全：棋艺用语。

⑥毛內去：指无处去。

⑦碌柄：指手柄脱落。

八七四

密對疎，稀對埶[①]，調停對打辦[②]。軟主對衰家，前門對後殿。單單批，嘖嘖念[③]，脹膠[④]對染靛。腹老通肘[⑤]通，拳頭硬拍硬。伲婿寄批乞傳仭[⑥]，宰相轉厝拜知縣。水鬼爬上岸，稿突[⑦]胶插[⑧]落土煤漿[⑨]；嶺表[⑩]隻[⑪]裡城，鬆覆掌[⑫]闗[⑬]着石門限。

注释：

①埶：指密实。

②打辦：打理办事。

③嘖【曾声 4】嘖念【日灯 7】：不停念叨。

④脹膠：染色工艺。

⑤肘：对顶着。

⑥傳仭：丈人。

⑦稿突：滑落，滑倒。

⑧插：指踩。

⑨土煤漿：烂泥浆。

⑩嶺表：山里人。

⑪隻【曾奇 3】：指刚刚。

⑫鬆覆掌：谐音“双覆掌”，摔倒双掌着地。

⑬闗【求欢 1】：指绊到。

八七五

早對遲，希對罕，投鹽[①]對趁泔[②]。破爛對光鮮，奢華對儉省。輕重頭，大細眼，醋婆[3]對茶仔[4]。務菜伓儉菰，毛鐵拍破鼎。伓傻仈時也傻錢，不怕官來只怕管。關老爺抱代井，千災百難盡消除；後浦奶阿出宮，三年五載又一款。

注释：

①投鹽：谐音“调盐”，米粥加盐调拌。

②趁泔【莺山 2】：掺入粥油。

③醋婆：装醋的壶罐。

④茶仔：小茶杯。

八七六

雙對隻，半對全，務勢[1]對毛緣。牙槽對胶甲[2]，嘴斗[3]對鼻梁。禁子媽[4]，秀才娘，漂白對椰黃[5]。孝孝賣娘奶，行行出狀元。好男伓得祖上業，後生不信老人言。大少奶桃花癲，上厝搬下厝，也着三疋布；三嬸婆葫蘆線，前門肘後門，那隔一重牆。

注释：

①務勢：有势力。

②胶甲：脚趾甲。

③嘴斗：指嘴巴。

④禁子媽：古代指女监看守。

⑤椰黃：指东西久置变色发黄。

八七七

送對迎，翻對駁，枇爬[1]對栗落[2]。刻薄對寬餘，謙虛對柔惡[3]。新糞坑，臭溝壑[4]，獅頭對鱉角。行夠谷[5]起身，貪大挈[6]着骨。嘴脾故紅猴股穿，螺手僯比鴨兜確[7]。單身哥討親，自家主意，嫔毛定[8]假正經；賭錢鬼借債，明旦就填[9]，解伓副[10]那趁作[11]。

注释：

①枇爬：指婴儿地上爬。

②栗落【柳釭 4】：指踱步。

③柔惡：喻待人刻薄。

④臭溝壑：臭水坑。

⑤谷：动身。

⑥挈【求鸡 4】：椅，夹取。

⑦兜【低郊 1】確【气釭 4】：脰项，脖子。

⑧嫔毛定：指不安分，卖弄风骚。

⑨填：指还。

⑩伓副：喻来不及。

⑪趁作：着急扯断。

八七八

式對形，模對像，溫馴對漂亮。欣麵對搶糯，唱湯對辭飫。窮秀才，野和尚，開刀對舞杖。在伊請毛辭，邀汝去又遠。六月驢寒[1]確確宗[2]，半盲獅疥額額癢[3]。隙虧做快活倫，胼脊骨務蝦坵許灣；暴乍富欺負仈，目周子共蠣肚一様。

注释：

①驢寒：发冷病名。

②確確宗：冷得发抖。

③額【语声 4】額瘆：形容奇痒。

八七九

堆對積，扯對尸[①]，在汝對含伊[②]。鴨雄對鵝姆，豬角對貓迷。黃錢紙，白字詩，盪隙[③]對開絲[④]。糊獅[⑤]藉皮厚，佬虎假慈悲。皇帝晡倹雞角蛋，神仙難煞[⑥]白蠟[⑦]之。大蟲倹細蟲，孤老院務裡毛出；前巷行後巷，青盲算未卜先知。

注释：

①尸：撕，指撕成细条。

②含伊：随他意。

③盪【他缸 3】隙【气宾 4】：贝壳用开水烫到微露裂隙。

④開絲：见罅口。

⑤糊獅：鱼名，虎沙鱼。

⑥煞【时嘉 3】：肏。

⑦白蠟：指左右摆动。

八八〇

巡對邏，接對迎[①]，灰店對炭埕。難精[②]對不將[③]，毛救對包贏。織緞巷，打線營，快去對慢行。乞犬都伓倹，刣雞做毛名。千日養兵一日用，務[④]命生仔毛[⑤]命攙。興鼓山，敗雪峯，火燒慶城寺；銅延平，鐵邵武，紙背[⑥]福州城。

注释：

①迎：【语声 5】。

②𩐳【日山 7】精【曾声 1】：慌张莽撞，不成器。
③不將：指禽畜染疫死亡。
④務：有。
⑤毛：无。
⑥背：褙。

八八一

撤對除，居對蓄①，哈喇對嘈囑。五假對十全，雙抽對一黜②。目露睛，頭出角，笑談對冤摔③。犬頭假羊頭，蛤殼刣蜆殼。子弟讀書一字毛④，親戚蕩路兩頭落⑤。細姑精故活二花丑，目尾開西；親母鬧那漢十歡支，耳聾打北⑥。

注释：
①蓄【非东 4】：储备，雇佣。
②黜【他春 4】：指下棋向前走一步。
③冤摔：昏头昏脑胡折腾。
④一字毛：一个字都没学到。
⑤落【柳东 4】：指了断。
⑥耳聾打【低嘉 1】北【边东 4】：装聋作哑。

八八二

糖對蜜，蠟對膠，喝喝①對哈哈。糊蘆②對煞葛③，重絮④對調瓜⑤。沉當當，乾巴巴，混帳對夾紗⑥。大眼看細眼，千家過一家。愆孽僯做頭髮尾⑦，瘤痝儥瞞手門叉⑧。郎中掏斧頭，飫頓討的著，故勝食補藥；師父誦皮褲，股穿那毛疤，伓中當仙胶⑨。

注释：

①喝【非嘉4】喝：形容马虎应付。

②糊蘆：指糊涂。

③煞葛：指收场。

④重絮：重复啰唆。

⑤調瓜：指调情。

⑥夾紗：形容逞能、抢风头。

⑦慫孽儸做頭髮尾：喻坏事做到透顶了。

⑧叉：指摩擦。

⑨仙胶：指掌局者。

八八三

扭對囚[1]，拖對拔，鈎連對搭截[2]。急谷[3]對濫塘[4]，含沙[5]對淘澤[6]。仈驚仈，賊偷賊，洗三[7]對做十[8]。摺被倒尿壺，誦靴掏鞋帛[9]。犯風搭著核桃船，點火恰拉[10]松明勒[11]。豬姆務的過，豬豚仔帶使[12]驚；牛尾莽禮長[13]，牛股穿遮價密。

注释：

①囚【出秋5】：揪。

②搭截：一截一截连接。

③急谷：指动弹。

④濫塘：指断成两截。

⑤含沙：意含沙射影。

⑥淘澤：指作弄，戏谑。

⑦洗三：婴儿出生第三日，俗行沐浴仪式，为婴儿祝福。

⑧做十：年龄逢十做寿。

⑨鞋帛：鞋拔。

⑩恰拉：指捡到。

⑪松明【蒙声5】勒：易燃的松明。

⑫帶使：何必，何用。

⑬莽禮長：虽然长。

八八四

損對傷，殂對活，青鞋對白襪。裡駁[①]對落空[②]，趁爬[③]對犯跋[④]。鬧昂昂，企踏踏[⑤]，秦潺[⑥]對魯獵[⑦]。自醉自加劉[⑧]，莽做莽辣拔[⑨]。鴨姆生蛋填主仈，蝦蟆教書講子曰[⑩]。毛清不楚，親家伯儉牛螺含打癲[⑪]；伓好便呆，嶺表兄搖孝[⑫]尾栗碌闊[⑬]。

注释：

①裡駁：衣里破裂。

②落空：漏空。

③趁爬：赶紧爬。

④跋【边花8】：跌倒。

⑤企踏踏：走也不是，站也不是。

⑥秦潺【曾声5】：指唾沫溅洒。

⑦魯獵：指撸起。

⑧自醉自加劉："加劉"指滚动。意指自己惹祸自己处理。

⑨辣拔：喻带劲。

⑩曰【莺花8】：指蛙鸣声。

⑪含打癲：喻像疯子貌。

⑫孝：鲎，海产品。

⑬栗碌闊【气花 8】：松动活络貌。

八八五

格對量，添對湊，饑荒對械鬥。怨命對破財，尋喬[①]對上吊。七轉灣，三折透，忌辰[②]對生肖。京鼓知都打，喇叭懿獨哮[③]。關公面睥紅丹丹，孔子令脬紋縐縐。頭頂中放茶罐，露絲[④]碰著獺犯沖；棺材裡拍算盤，豬姆拍倒蜂[⑤]照扣。

注释：

①尋喬【气秋 5】：故意找茬。

②忌辰：先人去世的日子。

③知都打、懿獨哮：皆乐器拟声。

④露絲：指鸬鹚。

⑤拍倒蜂：打翻泔食料。

八八六

沖對破，塞對通，保舉對誥封。關前對顧後，坐北對朝東。牙關硬，額島[①]崩，解癮對開葷。僯詛即管詛，好宗[②]又伓宗。表[③]子假做先生母，皇帝看淡[④]保長公。伊奶去虛[⑤]，做生日請拉歁妮婿[⑥]；這仔毛救，急驚風碰著慢郎中。

注释：

①額島：额头。

②宗【曾春 1】：指显摆。

③表：婊。

④淡【低山7】：指错。

⑤去虚：骂人语。

⑥歇妮婿：傻女婿。

八八七

熱對凉，遲對早，踩[1]歪對跋打[2]。正好對平長[3]，圓當對扁把[4]。一路行，對塘亞[5]，割[6]烹對煎炒。大王欲倹雞，皇帝拖下馬。死蛇又臭命又長，漢馬[7]莽大[8]心莽野。好酒價醉呆酒醉，閒錢好使，閒話羈[9]聽；大魚不來小魚來，碎做毛工[10]，碎倹價飽。

注释：

①踩：踩。

②跋打：表演武打功夫。

③平長：一样长。

④圓當、扁把：皆器物名。

⑤對塘亞：对折成两段。

⑥割：指合伙。

⑦漢馬：指个头。

⑧莽大：越大。

⑨羈：指容易。

⑩碎做毛工：零打碎敲的工作体现不出工作成效。

八八八

慌對愣，渺對茫，一橛對半塘[1]。串湯[2]對做藥，慍[3]醋對條[4]糖。險險博[5]，弭弭長[6]，企楄[7]對上樑。半肓拍蕩被[8]，滿厝捫毛門[9]。門縫看佽總是扁，風前講話真正涼。務過繼仔，毛過繼孫，倜親母將樣主意；一莫醫親，一莫醫友，做郎中也着充行[10]。

注释：

①半塘：指半截。

②串湯：用高汤氽熟食物。

③慍【莺春3】：蘸取。

④條：调拌。

⑤險險博：涉险通过，险胜。

⑥弭弭長：一点点长。

⑦企楄：盖房子，竖立预制的木框架。

⑧半盲拍蕩被：半夜被子从床上滑落。

⑨捫毛門：找不着门。

⑩充行：懂行。

八八九

劫對偷，扒[1]對趁[2]，野心對高興。受怪對當痕[3]，倒思對參證。口頭禪，手尾勁[4]，出聲對寄信。閒頦[5]講債完，短命叫毛應。銀錢是白目是烏，傀儡換頭佽換面。久病床前無孝子，那篆令核子泡茶[6]；情人眼裡出西施，伓驚骨落下臭蔭[7]。

注释：

①扒：尽力捞取。

②趁：指赚取。

③當痕：预防，防备。

④手尾勁【求宾 3】：手劲。

⑤閒頦：嘴闲，话痨。

⑥令核子泡茶：喻连正规泡茶的东西都没有。

⑦骨落下臭蓙：咯吱窝狐臭。

八九〇

開對合，緊對寬，潤肺對平肝。除零[①]對去半，拍白[②]對含青[③]。長樂桶，廣東攤，輸夾對赢單。客調[④]手牽手，儉飫胼尅胼[⑤]。樓梯爬上九屑九，糟鬏儉夠三月三。老爺要不要高升，窮富伓差汝一粒鴨姆蛋；伲仔多的多賤作，頑墶就賞依幾條貓笱乾。

注释：

①除零：小数点后数舍去。

②拍白：透明，公开。

③含青【出声 1】：指带青未熟。

④客調：玩乐。

⑤胼尅胼：背靠背。

八九一

甘對願，替對輪，可比對相逢。夾烹[①]對自煑，務味[②]對毛文[③]。夾蜊縫[④]，搓螺紋[⑤]，蹙指對猜拳。天上九頭馬，地下五爪龍。好柴儨流閩安鎮，大水拍破山東船。前三年，後三年，蟳比蟹差的価；買一色，送一色，雞共鴨儨夾群。

注释：

①夾烹：合伙办伙食。

②務味：有趣。

③毛文：不走运。

④夾蝲縫：拼木板的凹凸缝。

⑤搓【出过 1】螺紋：螺旋纹。

八九二

諳對補，在對叮，夾垢[①]對生星[②]。藉強對欺軟，講假對瞞真。鄉下妹，嶺表兄，燒紙對念經。恨生毛恨死，賣面不賣身。今朝有酒今朝醉，一寸光陰一寸金。上馬管兵，下馬管民，籤筒筆架硯；男大當婚，女大當嫁，房桶簡粧燈[③]。

注释：

①夾垢：污垢。

②生星：生锃，指生锈。

③房桶、簡粧、燈：皆嫁妆物品。

八九三

搜[①]對拌，夾對參，解熱對收驚。修胶對接骨，剃面對爬胼[②]。白鴿哨[③]，土雞精，搬架對搖攤。瓢仔[④]瓢禮鹿[⑤]，菜蟲菜裡生。全豬全羊放禮謝，別牛別馬毛相干。手網裡掏刀，伏毒雷沙死親家母；喉籠頭拔鋸[⑥]，弟死鬼[⑦]單討科場兄。

注释：

①搜：指掺和。

②爬胼：扒背挠痒。

③白鸽哨：绑在鸽子脚上的哨子。

④瓢仔：小浮萍。

⑤鹿：漉，捞。

⑥喉籠頭拔鋸：形容苟延残喘。

⑦弟【低嘉 7】死鬼：替死鬼。

八九四

臂對腰，胼對肘[①]，巡查對看守。截短對勢[②]長，添多對嫌少。閪師爺，窮朋友，光详[③]對小巧。伲仔解心焦，呆伙假膽小。做花伓做夾竹桃，栽樸毛栽垂楊柳。又驚鬼，又驚賊，重重帽伓肯剃頭；真僣算，真僣華[④]，鈍鈍刀對着利手。

注释：

①臂、腰、胼、肘：分别指跑、扶、拼、对顶。

②勢：指接续。

③光详：光亮。

④華：指谋划。

后 记

2020年12月，历时七年编著而成的《现代福州八音字典》正式出版。《字典》问世以来，得到社会各界人士的关注，尽管其付梓之初仍处新冠疫情期间，我们还是在领导部门的支持下，由主编卢美松带领，有序地开展了数场发布会和读者见面会，收到许多读者的积极反馈。遗憾的是，由于年事已高加之疾病等因素，涂祯樑、林圜、陈清狂、黄国栋等几位参与编撰、审稿的老先生已先此离开人世，他们虽未能亲眼见证工作成果，但其执着、严谨、无私的付出仍为编者和读者所怀念，他们的精神更是非遗保护工作中的一笔宝贵财富。

《字典》收字范围涵盖“常用”“生僻”“俗字”等，收字量甚至超过新版《新华字典》，基本实现常见字“皆有读音”“话音可以见诸文字”的设计初衷。然而，欲将口语中的所有白话转化成文字，依然是各种汉语方言的应用难点，要满足“音”的准确与“义”的确当，其难度不亚于外文翻译对“信、达、雅”的追求。

清末民国时期，福州著名学者陈天尺在《华报·闽谚声律启蒙》（以下简称《闽谚》）栏目中发表文章；1983年，卢为峰从福建省图书馆古籍部查到《华报》刊载的部分原文，并加以复印；2021年，我们接受福州市政协文史委杨凡主任的建议和委托，决定运用《字典》的编撰经验，继续发挥编辑组成员的专业特长及生活阅历，对陈天尺发表的这些文章进行整理并标音释义。

本书编辑之初由卢美松（福建省文史研究馆原馆长）统筹整体框架和标注计划并进行文字把关，施文铃（省级非遗福州八音代表性传承人）收集整理《闽谚》，由郑广森高级讲师逐条预习并手写释义，林雁怡副教授协助查询释义与僻字读音；福州方言爱好者并研究者朱咏（福州市优秀传统文化研究院秘书）负责全文录入并备制稿件，高世煌（上海星爆文化传播有限公司演出经纪人）承担文档修改及整理编排工作，福州市政协文史委编辑陈常飞负责对接出版工作。

为帮助读者正确读音、理解文意，更真切地感受方言韵味，本书采用二维码语音播放功能，采集郑广森老师对《闽谚》原文的朗读录音。整个工作自2021年8月8日始至2024年8月18日止。编辑组利用周末、节假日时间，集合在福州鳌峰坊李世甲故居，字斟句酌地进行审音释义，后又进行七轮复审，累计现场审议百余场，汇成约20万字书稿。报送福州市三坊七巷历史文化研究会领导林飞、杨凡复审并批准资助出版。

《闽谚》一书大量记录福州经典和常用的传统谚语、熟语、成语及俗语，反映当时城乡民众的生活场景和思想观念。作者陈天尺先生对古今乡土语汇和中西人文广有涉猎，对市井生活和民间口语十分熟悉；他学识渊博、构思巧妙、行文诙谐，将文言白话熔于一炉，雅俗谣谚罗致一集，可供喜爱福州方言者赏读，也可供研究者参考。陈天尺先生在行文中善于借音借字、一语双关，令人忍俊不禁，又能活用典故，避免文字重复，因而许多字词只可意会，难以言传，或经反复揣摩后令人恍然大悟，兴味盎然。诚然，由于时代变迁，音义转移更革，文中所涉物事和词语今已少用甚至消失。为了最大限度地挖掘和保护方言语素，我们在现场审议中尽量予以保留；在后续审稿过程中我们还请教了福州学者及民俗爱好者，听取各方意见，博采众长，以匡不逮。

令人欣喜的是，近年来各地运用方言素材开展文化创作或进行文艺表演，既有新编、改编的闽剧、评话，也有新媒体播出的方言节目，通过多种途径和表现形式满足社会需求，这为福州方言的传承保护提供了更加广阔的舞台和传播机会。我们希望本书的出版能为广大读者提供有趣味的观感和有价值的参考，能引起读者更大的学习和讨论兴趣。毋庸讳言，由于时代和社会的原因，加上意识和价值判断的差异，本书原作者所选择的“谚语”内容，难免有未合时宜甚至包含消极成分，希望读者在阅读时加以分析判断并审慎对待。对于传统文化，我们确应保持敬畏之心和学习态度，正如毛泽东主席所教导的，应当“取其精华，弃其糟粕”，在理解和运用中下一番“改造制作功夫”。

福州市三坊七巷历史文化研究会对《闽谚声律启蒙》的注释解读工作高度重视并充满期待。研究会认为，《闽谚声律启蒙》是福州城市方言熟语的集萃，是福州社会风情的记录和民间智慧的结晶。把《〈闽谚声律启蒙〉释读》作为福州非物质文化遗产的抢救工程，纳入今年的出版计划和“福州三坊七巷历史文化丛书”系列，并在出版经费上给予支持，确保了本书的如期出版。

编者
2024 年 8 月

附录

正文编者录音二维码

〇〇一～一〇〇　　一〇一～二〇〇　　二〇一～三〇〇

三〇一～四〇〇　　四〇一～五〇〇　　五〇一～六〇〇

六〇一～七〇〇　　七〇一～八〇〇　　八〇一～八九四

拾音自郑广森先生